Dirk Brantl, Rolf Geiger, Stephan Herzberg (Hg.)

Philosophie, Politik und Religion
Klassische Modelle von der Antike bis zur Gegenwart

Dirk Brantl, Rolf Geiger,
Stephan Herzberg (Hg.)

Philosophie, Politik und Religion

Klassische Modelle von der Antike
bis zur Gegenwart

Akademie Verlag

Lektorat: Mischka Dammaschke
Einbandgestaltung: Hauser Lacour

Bibliografische Information der Deutschen Nationalbibliothek
Die Deutsche Nationalbibliothek verzeichnet diese Publikation in der Deutschen Nationalbibliografie; detaillierte bibliografische Daten sind im Internet über http://dnb.d-nb.de abrufbar.

Library of Congress Cataloging-in-Publication Data
A CIP catalog record for this book has been applied for at the Library of Congress.

© 2013 Akademie Verlag GmbH
www.degruyter.de/akademie
Ein Unternehmen von De Gruyter

Gedruckt in Deutschland

Dieses Papier ist alterungsbeständig nach DIN/ISO 9706.

ISBN   978-3-05-006438-3
eISBN   978-3-05-006520-5

Otfried Höffe zum 70. Geburtstag

Inhaltsverzeichnis

Vorwort

Unter dem Eindruck einer „Renaissance des Religiösen" einerseits und der zunehmenden Politisierung von Religionen andererseits rückt die Verhältnisbestimmung von Politik und Religion im staatlichen wie im internationalen Kontext verstärkt in den Fokus des politischen und gesellschaftlichen Interesses.

Seit einiger Zeit trägt auch die politische Philosophie dieser Situation vermehrt Rechnung. Konzentrierte sich die einschlägige Literatur nach dem Ende des Kalten Krieges primär auf die wirtschaftlichen Implikationen einer Globalisierung, auf die staatsrechtlichen Probleme einer transnationalen Integration von Nationalstaaten und auf das Schicksal des Nationalstaats in einer multipolaren Welt „nach dem Ende der Geschichte" (F. Fukuyama), so rückten, zunächst unter dem Stichwort des „clash of civilizations" (S. P. Huntington), im Laufe der Zeit zunehmend die Folgen komplexer globaler Migrationsbewegungen und der Entstehung multikultureller Gesellschaften in den Fokus der Debatte. Angestoßen von politischen Diskussionen reduzierte sich die Frage nach dem Zusammenleben von Kulturen oft auf das Zusammenleben verschiedener Religionen.

In den letzten Jahren findet auch in philosophischen Diskussionen eine Rückbesinnung auf das Religiöse statt: Es wird zunehmend nach der Relevanz religiöser Überzeugungen und Traditionen für die Stabilität des modernen, säkularen Verfassungsstaats gefragt. Auf einer anderen Ebene lässt sich eine Revitalisierung von Religionen beobachten, mit der oft der Anspruch Hand in Hand geht, auf ihrer Basis eine politische und gesellschaftliche Umgestaltung vorzunehmen, die freilich in verschiedenen Gesellschaften eine unterschiedliche Ausgestaltung findet. Mit dieser Rehabilitierung und Revitalisierung des Religiösen scheint die Diagnose eines „säkularen Zeitalters", in dem Spielarten des Laizismus die allgemein akzeptierte Grundlage politischer Gestaltung waren, zu einer historischen Position unter anderen geworden zu sein.

Die philosophische Reflexion dieser Entwicklungen kann auf eine reiche Tradition philosophischer Modelle zum Neben-, Mit- oder Gegeneinander von Politik und Religion zurückblicken. Diese Tradition spiegelt die Vielfalt der Philosophiegeschichte selbst wider, und eröffnet dadurch die Möglichkeit, das Phänomen von einer Vielzahl unterschiedlicher Perspektiven her zu beleuchten.

Beginnt die politische Philosophie die durch die erwähnte „Renaissance des Religiösen" aufgeworfenen neuen Fragestellungen einzuholen, so fehlt in der entsprechenden Diskussion bisher jedoch eine differenzierte Darstellung der für die Verhältnisbestimmung von Politik und Religion klassischen Modelle, die der Komplexität des Phänomens gerecht wird. Der vorliegende Band soll einen Beitrag dazu leisten, dieses Defizit zu beheben und – freilich selbst nur exemplarisch – einen Überblick über die bedeutendsten Modelle bieten, angefangen von der griechischen Antike bis in die Liberalismus-Kommunitarismus-Debatte des ausgehenden letzten Jahrhunderts.

Neben der inhaltlichen Ausrichtung, die dieser Sammlung von Aufsätzen zugrunde liegt, verfolgt dieser Band auch ein persönliches Anliegen. Mit ihm wollen die Herausgeber Otfried Höffe ehren und sein Modell einer politischen Philosophie, die systematisch erklärungskräftig, historisch informiert und gesellschaftlich relevant ist. Dieser Band ist ihm zum 70. Geburtstag gewidmet.

Wir danken allen Autoren für ihre Mitwirkung. Für ihre großzügige finanzielle Unterstützung des Bandes danken wir dem Universitätsbund Tübingen, der Stiftung „Humanismus Heute" des Landes Baden-Württemberg sowie der C.H. Beck Stiftung. Herrn Dr. Mischka Dammaschke vom Akademie Verlag danken wir für die gute Zusammenarbeit.

Dirk Brantl, Rolf Geiger, Stephan Herzberg

CHRISTOPH HORN

Platons politische Philosophie und ihre theologischen Grundlagen

Platons politische Philosophie beruht auf der grundlegenden Überzeugung, eine Polis bleibe solange unzulänglich geordnet, wie ihre Verfassung nicht an göttlich-transzendenten Standards orientiert ist. So fernliegend sich eine solche Überzeugung aus der Perspektive der gegenwärtigen Politischen Philosophie ausnimmt, so wenig lässt sich von der Hand weisen, dass sie sich durch die Hauptwerke Platons hindurchzieht. Nach seiner Auffassung müsste die bestmögliche Polis unter der direkten Leitung eines Gottes stehen; da dies aber unmöglich ist, gilt, dass Staaten umso besser verfasst sind, je näher sie diesem Idealzustand kommen. Die verschiedenen Verfassungs- und Gesetzesordnungen, welche Platon vorschlägt, haben daher die Gemeinsamkeit, dass die Polis vernunftförmig, und d. h. nach dem Vorbild der Ideenordnung konstruiert sein soll, die Platon in seiner theoretischen Philosophie postuliert. Denn er interpretiert das Göttliche als Ausdruck der Vernunft (*nous*). Die Existenz der Ideenordnung wiederum wird für Platon sichtbar an den wohlgeordneten, mathematisch beschreibbaren Bewegungen der Himmelskörper. Man sieht daran, wie direkt das politische Denken Platons, seine Theologie, Ontologie, Epistemologie und Naturphilosophie miteinander verbunden sind. Ich werde im Folgenden diese platonische Überzeugung anhand der einschlägigen Äußerungen in der *Politeia*, dem *Politikos* und den *Nomoi* näher in Augenschein nehmen. Dabei entsteht ein differenziertes Bild, denn Platon hat die skizzierte Grundthese recht unterschiedlich ausformuliert. Zuvor scheint aber eine Skizze dessen angebracht, was man als ‚Platons Theologie' bezeichnen kann.[1]

1.   Grundzüge der platonischen Theologie

Die für unser Thema wichtigste platonische Textpassage zur Religionsphilosophie findet sich in *Politeia* II (376c–383c), und zwar im Rahmen pädagogischer Überlegungen

---

[1] Dazu grundlegend F. Solmsen 1942 und M. Bordt 2006.

zur Erziehung der Wächter und Herrscher in einer bestmöglichen Polis. Platon formuliert dort den Grundsatz, dass die Geschichten, mit denen Kinder erzogen werden, keine Unwahrheiten und keine für das moralische Bewusstsein desaströsen Inhalte vermitteln dürften (377c). Dabei führt er den Ausdruck *theologia* in der Wortbedeutung von ‚Darstellung des Göttlichen' ein und formuliert deren Prinzipien (*hoi typoi peri theologias*: 379a5 f.). Zu diesen zählt, dass Gott gut ist und daher ausschließlich als Ursache von Gutem betrachtet werden muss (380c). Überdies soll Gott einfach und invariant sein; er tritt also nicht in wechselnden Gestalten auf und verhält sich nicht schwankend (380d). Hinzu kommt, dass Gott weder täuscht noch lügt (382a). Hesiod und Homer, so Platon, haben die Götter somit in einer pädagogisch inakzeptablen Weise präsentiert. Statt der Grausamkeiten, die Hesiod den drei Göttergenerationen im Umgang miteinander zuschreibt (377e–378e), und statt der Streitigkeiten und Kämpfe, von denen Homer berichtet (378e), müsse man das Göttliche stets mit Bezug auf die Tugend (*pros aretên*: 378e3) darstellen.[2]

Im Hintergrund steht bei Platon die Überzeugung, dass Gott die weltordnende Vernunft repräsentiert.[3] Dem *Timaios* zufolge gestaltet der Gott den Kosmos aufgrund seiner Überlegungen (*logisamenos*) als ein guter Weltordner schön, und d. h. soviel wie vernunftförmig. Dabei erhält die Welt selbst den Charakter eines mit Seele und Vernunft ausgestatteten Lebewesens (29e ff.); denn der *nous* des Demiurgen erfasst die im ‚seienden Lebewesen' enthaltenen Ideen und überträgt sie nach Beschaffenheit und Anzahl auf die sichtbare Welt (39e). Auch im *Sophistes* führt Platon die Gestaltung der sichtbaren Welt auf das Wirken der göttlichen Vernunft zurück; der Ideenbereich, das ‚vollkommen Seiende' (*pantelôs on*), soll daher zugleich Vernunft, Leben, Seele und Bewegung aufweisen (248e ff.). Platon übersetzt seine ideentheoretische Kosmologie häufig in die Sprache einer rationalen Theologie, etwa in dem Diktum: „Das Überlegen (*dianoia*) des Gottes nährt sich von Vernunft (*nous*) und Wissen (*epistêmê*) in unvermischter Form" (*Phaidros* 247d1 f.).

Damit verbunden ist, dass Platon eine teleologische gegenüber einer mechanistisch-kausalen Welterklärung favorisiert. Im *Phaidon* lässt er seinen Sokrates dessen frühe Fehldeutung der anaxagoreischen These schildern, der zufolge der *nous* alles strukturiere und die Ursache von allem sei. Sokrates interpretiert die These so, dass die „Vernunft alles einzelne so ordnet, wie es sich am besten verhält" (*ton ge noun kosmounta panta kosmein kai hekaston tithenai tautê hopê an beltista echê*: 97c; vgl. *Kratylos* 400a9). Die wahre Ursache von etwas anzugeben, bedeute folglich herauszufinden, auf welche Weise etwas bestmöglich gestaltet ist, z. B. ob es besser sei, dass die Erde flach oder rund ist. Das geforderte Erklärungsprinzip kann man als ‚Prinzip der bestmöglichen Ordnung des Universums' bezeichnen. Platon lässt seinen Sokrates ergänzen, dass man das Handeln

---

[2] Ob es neben diesen Prinzipien der Darstellung des Göttlichen bei Platon eine negative Theologie gibt, etwa mit Blick auf *Politeia* VI 509b9 oder den zweiten Teil des *Parmenides*, lässt sich schwer beantworten. Jedenfalls beschreibt Platon die Gotteserkenntnis in *Timaios* 28c3–6 – hier mit Blick auf den Demiurgen dieser Welt – als sachlich und darstellungstechnisch schwierig: „Den Schöpfer und Vater dieses Alls ausfindig zu machen, ist eine schwierige Aufgabe, und ihn allen darzustellen, wenn man ihn gefunden hat, unmöglich."

[3] Dazu besonders S. Menn 1995.

einer Person (hier Sokrates' Verbleiben im Gefängnis trotz der drohenden Hinrichtung) nur mit Blick auf deren *nous* verstehen könne, nämlich bezogen auf die Gründe, die eine Handlungsoption für jemanden attraktiv machen, nicht jedoch im Rahmen einer naturalen Erklärung, etwa als Wirkung der Sehnen, Knochen oder Gelenke des betreffenden Akteurs (*Phaidon* 98c-99a).

Ähnlich im *Philebos*. Dort gehört die Vernunft zur ‚vierten Art des Seienden‘, nämlich zur Ursache des Werdens. Ihre Ordnungsleistung schließt alles Zufällige und Vernunftwidrige in der sichtbaren Welt aus (28c-31b). Pointiert kommt die Lehre von der Vernünftigkeit der Weltordnung zudem in der Lehre von der Weltseele zum Ausdruck (*Timaios* 34a-37c; vgl. *Nomoi* X 896d-899c). Im *Timaios* wird die sichtbare, werdende Welt jedoch nicht allein auf die Wirkung des *nous* zurückgeführt, vielmehr existiert auch ein Gegenprinzip, die Notwendigkeit (*anankê*: 47e ff.). Allerdings setzt sich der *nous* gegen den Widerstand der *anankê* mithilfe ‚vernünftiger Überredung‘ durch (48a); dies erklärt, warum die sichtbare Welt in stärkerem Maß vernunftförmig geordnet als zufällig-ungeordnet ist, wenn auch kontingente Aspekte nicht fehlen. Auch in den *Nomoi* konstatiert Platon unverändert, Ordnung und Gesetz seien nicht stärker als das Wissen (*epistêmê*); der *nous* dürfe nichts anderem untergeordnet sein (IX 875c-d; XII 963a).

Im Hintergrund steht bei Platon die Vorstellung einer metaphysischen oder vertikalen Kausalität. Sich die Welt als Wirkung einer Top-down-Verursachung (statt einer Früher-Später-Kausalität) zu denken, wie Platon dies tut, hat den Vorteil, dass man auf diese Weise zu den ‚wahren‘ und ‚abschließenden‘ Ursachen der Welt gelangen kann. Denn während man auf der Basis horizontaler Kausalität in einen explanatorischen Regress gerät, der entweder auf zeitlich immer weiter entfernte Ursachen, auf immer kleinere Bauteile oder auf immer allgemeinere Gesetze zurückgreifen muss, ohne je zu einer Ersturursache zu gelangen, erheben vertikale Prinzipienerklärungen einen definitiven Erklärungsanspruch. Mehr noch, sie liefern (zumindest ihrer Intention nach) eine Begründung dafür, weshalb es überhaupt eine untere Welt mit den uns bekannten Struktureigenschaften gibt. Selbstverständlich war es bereits in Platons Umkreis umstritten, ob die vertikale Erklärungsform wirklich leistet, was sie verspricht. Als interessantestes einschlägiges Phänomen betrachtet Platon den Umstand, dass der Kosmos von Symmetrie, Harmonie, Ordnung, Proportion und Mathematik bestimmt zu sein scheint. Einen vertikalen kausalen Einfluss spiegeln aber möglicherweise auch die mentalen Eigenschaften und Fähigkeiten des Menschen, besonders sein Vermögen, Allgemeinbegriffe zu bilden. Nach einem solchen Erklärungstyp scheint ferner die Idee moralischer Normativität und die der moralischen Selbstperfektionierung zu verlangen, also unsere Vorstellungen von Gerechtigkeit und Tugend.

Aus verwandten Überlegungen gewinnt Platon in *Nomoi* X sogar eine Art Gottesbeweis (893b–896d). Den Kontext bildet dort der Versuch, einen materialistisch ausgerichteten Atheismus zu widerlegen. Die zu beweisende These ist genau genommen, dass die Seele in ihrer Existenz dem Körperlichen vorangeht; indirekt soll damit zugleich der Vorrang des Intelligiblen vor dem Körperlichen erwiesen sein. Platon differenziert zunächst zwischen zehn Varianten von Bewegung: zwischen Bewegung an ein und derselben Stelle und ortsverändernder Bewegung, sodann zwischen Trennung, Verbindung, Wachsen, Abnehmen, Entstehen, Vergehen, und schließlich zwischen fremdbewirkter und selbstinitiierter Bewegung. Das Prinzip, nach dem er diese Aufzählung vornimmt, bleibt unklar, ist für den Argumentationsgang allerdings auch unerheblich. Worauf Platon hinauswill, ist jedenfalls, dass er den besonderen Charakter der Selbstbewegung zu akzentuieren versucht: Es soll die Besonderheit der Seele sein, sowohl sich selbst als auch anderes bewegen zu können. Platon bezeichnet diesen Bewegungstyp als „stärkste und besonders wirksame Bewegung" (894d1 f.), als „zehntausendfach über alle andere Bewegungsarten hinausragend" (894d3–4). Platon ist also der Überzeugung, Selbstbewegung sei die Ursache aller anderen Bewegungsformen. Das Argument ist: Die Bewegungsprozesse im wahrnehmbaren Kosmos bilden eine kontinuierliche Kausalkette. Einen infiniten Regress in der Erklärung einer Bewegung durch eine andere kann man nur durch die Annahme von Selbstbewegung vermeiden (894c–895a). Dazu bedarf es freilich der Annahme einer der Selbstbewegung fähigen Entität. Selbstbewegung bedeutet aber soviel wie Leben; Leben ist jedoch das Definitionsmerkmal der Seele (895e f.). Damit ist die vorrangige Existenz einer kosmischen Seele und damit auch der göttlich-intelligiblen Realität erwiesen.

Soweit einige der basalen theologischen Aussagen Platons. Die vorrangigen Interpretationsfragen zur platonischen Theologie lauten: Wie muss man den genauen Bezug zwischen Gott (oder den Göttern) und der Ideenordnung verstehen? Ist Gott in einem globalen Sinn identisch mit der Vernunft? Oder ist er mit der höchsten Idee (der Idee des Guten) und entsprechend die Götter mit den anderen Ideen gleichzusetzen? Wäre es vielleicht richtiger anzunehmen, dass Platon mit Gott die Weltseele meint? Welchen Bezug unterhält der Gottesbegriff zur Kosmologie, also zu den Himmelskörpern, d. h. den Fixsternen, den Planeten, Sonne und Mond – gegeben, dass diese in der Volksreligion und der philosophischen Tradition als göttlich betrachtet wurden? Einen für unser Thema interessanten Interpretationsansatz vertritt F. Ferrari (1998), dem zufolge Gott oder das Göttliche von Platon als Vermittlungsinstanz verstanden wird, durch welche die kosmische Ordnung in die wahrnehmbare Welt und schließlich auch auf die Polis übertragen wird.

2.   Das Modell eines bestmöglichen Staates in Platons *Politeia*

In seiner *Politeia* entwickelt Platon bekanntlich ein Staatsmodell, das der ideentheoretischen Vorstellung folgt, die ‚schöne Polis' (*kallipolis*: *Politeia* VII 527c) sei als strikte Einheit zu bestimmen, nämlich als das geordnete Zusammenspiel funktional differenzierter (individueller und institutioneller) Einzelkompetenzen und Einzelleistungen. Platon meint also, der beste, d. h. der im höchsten Grade einheitliche (und damit konfliktfreie sowie dauerhafte) Staat müsse als organisiertes Ganzes einander ergänzender Teilfunktionen verstanden werden. Ebenso wie die Ideen eine strukturierte Einheit im Bereich des Begriffslogischen bilden, wird in einem ersten Schritt die Seele dessen, der sich mit ihnen beschäftigt, zu einer geordneten Einheit transformiert (VI 500b–c); in einem zweiten Schritt soll die betreffende Person dazu fähig sein, den bestmöglichen Staat sowohl theoretisch zu skizzieren als auch praktisch einzurichten sowie zu leiten. Dass Platon fordert, die Philosophen sollten herrschen oder aber die Herrscher zu Philosophen werden (V 473c–e), erklärt sich nicht so sehr daraus, dass er die philosophische Kompetenz als eine Form argumentativer oder begrifflicher

Fähigkeit charakterisiert, sondern daraus, dass er sie präzise durch ihren Bezug auf die transzendente Ideenordnung bestimmt.

Platons Modell eines bestmöglichen Staates wird somit nicht so sehr programmatisch-realisierungsbezogen präsentiert; was seine Realisierbarkeit anlangt, geht es Platon um nicht mehr als um die Möglichkeit, den Vorwurf kompletter Absurdität und Weltfremdheit zurückzuweisen. Es geht vielmehr um eine normative Skizze, an die man reale politische Verhältnisse möglichst eng annähern muss. Man könnte nun annehmen (wie es z. B. Eric Voegelin getan hat), Platons Rede von der *kallipolis* als eines Paradeigma im Himmel sei als Antizipation der augustinischen Konzeption einer *civitas Dei* aufzufassen.[4] Doch das wäre falsch; die *civitas Dei* ist gerade nicht als jenseitiges Vorbild für die staatliche Ordnung in der zeitlichen Welt zu verstehen, sondern meint eine unter Diesseitsbedingungen nur schwer identifizierbare Gemeinschaft der Erwählten, welche in der Endzeit manifest werden soll, um dann als ‚himmlisches Jerusalem‘ fortzubestehen; zwischen *civitas Dei* und *terrena civitas* existiert, anders als in Platons Modell, kein normativer Zusammenhang (dazu Horn 1997).

Dass Platons Anliegen nicht in direkter Form von politisch-programmatischer Art sein kann, ergibt sich aus der Thematisierung der Realisierungschancen des in der *Politeia* entwickelten Modells. Dazu heißt es im Text, sogar die Möglichkeit des zu beschreibenden Staates werde wohl grundsätzlich in Zweifel gezogen werden (V 450c); die Tendenz dieser Aussage scheint dahin zu gehen, diese Möglichkeit im Prinzip zu verteidigen. Doch als später daran erinnert wird, die Möglichkeit eines solchen Staates sei noch nachzuweisen (VI 471c), heißt es, die Staatskonstruktion diene als Beispiel für die Gerechtigkeit der Seele, und es sei genug, dass sich ein Staat angeben ließe, der der gegebenen Beschreibung ziemlich nahe komme. Zur Begründung gibt Platon an, es sei unmöglich, etwas so auszuführen, wie es idealiter konzipiert werde, da die Praxis hinter der theoretischen Darstellung zurückbleibe (V 473a). Später heißt es ergänzend, der beste Staat existiere nirgendwo auf der Erde, sondern bestehe lediglich als Paradeigma im Himmel (IX 592b). Dass die Herrscher zu philosophieren begännen, sei nämlich an die anspruchsvolle Bedingung einer göttlichen Eingebung geknüpft (*theia epinoia*: VI 499; vgl. *theia tychê*: IX 592a); auch dass sich einmal ein Philosoph der Einrichtung eines solchen Staates annehme, sei zwar nicht unmöglich, aber zumindest ‚schwierig‘ (*chalepa*: VI 499d). Und selbst wenn der bestmögliche Staat einmal erreicht werde, müsse er aufgrund der Mangelhaftigkeit der menschlichen Natur wieder verloren gehen, weil es unweigerlich einmal zu einer Fehlberechnung der sogenannten ‚Hochzeitszahl‘ komme (VIII 546a–547a).

Dass Platon in den Verdacht kommen konnte, ein politischer Ideologe zu sein, ist auf das Missverständnis zurückzuführen, seine Position sei die eines politischen Ideals, d. h. eines Programmentwurfs. Hier ist Poppers prominentes Werk *The Open Society and Its Enemies*, vol. I: *The Spell of Plato* (1945; dt. [6]1980) zu erwähnen. Poppers Vorwürfe an die Adresse Platons sind bekanntlich die des Ästhetizismus, des Kollektivismus und des Historizismus; Platon sei als einer der Vordenker der geschlossenen Gesellschaften

---

[4] So z. B. Eric Voegelin in *Order and History*: „The leap in being, toward the transcendent source of order, is real in Plato; and later ages have recognized rightly in the passage a prefiguration of St. Augustine's conception of the *civitas Dei*“ (vol. III, 92; vgl. Horn 2001).

und des Totalitarismus im 20. Jahrhundert zu betrachten. Doch so zahlreich die Details sein mögen, die sich *prima facie* zugunsten des Popperschen Platon-Bildes anführen lassen (wie etwa der gezielte Einsatz politischer Lügen, die Eugenik, die Tötung kranker Kinder, die Aufhebung des Privateigentums oder die Herrschaft einer Expertenkaste), so wenig überzeugend ist – angesichts des platonischen Theorierahmens – ihre Deutung als gültiger Indizien für eine proto-totalitäre Konzeption.

Das Thema Politische Philosophie erscheint in *Politeia* II als notwendig, um das Problem der Gerechtigkeit mit Blick auf größere Verhältnisse (und damit leichter, nämlich wie mit „großen Buchstaben" geschrieben) behandeln zu können (II 368d; vgl. IV 434d f.). Eine erste, sehr skizzenhafte Beschreibung eines Staatsmodells wird als „wahre, gleichsam gesunde Polis" bezeichnet (II 369b–372e). Sie ergibt sich einfach daraus, dass die Gesprächspartner den menschlichen Grundbedürfnissen Rechnung zu tragen versuchen, beruht also auf der Basis einer elementaren politischen Anthropologie. Insbesondere stützt sie sich auf den Grundsatz, dass kein Mensch autark ist, sondern andere Menschen braucht (II 369b). Wichtig ist ferner das Prinzip der Spezialisierung, das jeden auf eine soziale Rolle gemäß seiner Naturdisposition festlegt, weil das Leben in der Polis so leichter und besser gelingt (II 370a–c). Eine zweite Polis dagegen ergibt sich, indem die erste im Stadium von Luxus, Bequemlichkeit und (Über-)Zivilisiertheit gedacht wird (II 372d–376d); es handelt sich bei dieser zweiten, „reichen" oder „aufgeschwemmten" Polis also um eine Degenerationsstufe der ersten. Mit Blick auf die Wohlstandsbedingungen der zweiten Polis führen die Gesprächspartner den Stand der „Wächter" (*phylakes*) ein, um militärische und polizeiliche Sicherheitskräfte zur Verfügung zu haben. Die Auswüchse der wohlhabenden Polis werden sodann in einer „Reinigung" (*katharsis*) überwunden (II 376d). Erst danach kommt es zur Entfaltung jener bestmöglichen Stadt, die die Gesprächspartner als *kallipolis* bezeichnen. Sie enthält noch einen dritten Stand, nämlich den der regierenden Wächter (*archontes*: III 414d). Optimale Gerechtigkeit einer Polis erscheint so als harmonische Wohlgeordnetheit, bei der die drei natürlicherweise zu unterscheidenden Menschentypen auch institutionell in drei Gruppen aufgeteilt sind und ihren jeweiligen Aufgaben nachgehen.

Man versteht zunächst nicht leicht, was den Fortgang dieser politischen Überlegungen bestimmt. Wie sich aber zeigt, ist für Platon der entscheidende Punkt, dass die *kallipolis* idealerweise gerecht ist, weil sie nur eine einzige ist – während sich ungerechte Staaten in Wahrheit aus verschiedenen antagonistischen Teilstaaten zusammensetzen (IV 422e–423d) –, und dies ist wiederum der Fall, weil jeder Bürger in ihr das Seine tut (*ta heautou prattein*). Diese normativ gemeinte Idiopragieformel („Jeder soll das Seine tun": IV 433a–435d) erscheint zusätzlich als Ergebnis von psychologischen Erwägungen. Die Konvergenz von politischen und psychologischen Reflexionen führt zur These von der Analogie zwischen Seele und Polis: Die Gesprächspartner nehmen nun an, dass die Psyche eines Individuums ebenso drei Teile aufweist, wie es in einer Polis drei Menschentypen, differenziert nach natürlichen Begabungsarten, geben soll. Dem begehrlichen Seelenteil (*epithymêtikon*) entspricht die untere soziale Gruppe der Bauern, Handwerker und Kaufleute, dem durch Strebensenergie charakterisierten Seelenteil (*thymoeides*) entspricht die Klasse der Sicherheitskräfte, d. h. der Hilfswächter, und dem rationalen Seelenteil (*logistikon*) die Klasse der regierenden Wächter.

Man sieht, wie stark Platons politische Theorie vom Ordnungsgedanken und letztlich von theologisch-kosmologischen Überlegungen geprägt ist, die in letzter Konsequenz auf ein ideentheoretisches Fundament zurückgehen.

3.   Ähnlichkeiten und Unterschiede zwischen der *Politeia* und dem *Politikos*

Kommen wir damit zum *Politikos*. Bereits das Leitthema des Dialogs, die Frage nach der Kompetenz eines wirklichen Staatsmanns (*politikos*), belegt Platons Kontinuität in der Bevorzugung personaler gegenüber institutionellen Aspekten der Staatsphilosophie. Der platonische *politikos* ist als eine dem Philosophen unmittelbar nahestehende Figur konzipiert (wenn er auch mit diesem nicht identisch ist – was sich schon daraus folgern lässt, dass Platon den Dialogen *Sophistes* und *Politikos* wahrscheinlich einen dritten Text mit dem Titel *Philosophos* folgen lassen wollte; vgl. *Sophistes* 217a). Gedacht ist zum einen an einen normativen Staatstheoretiker, der über ein solides philosophisch-dialektisches Fundament verfügt, zum anderen an einen klugen Gesetzgeber, weiterhin an einen gewandten Pragmatiker der Staatserrichtung und schließlich einen fähigen Lenker des einmal etablierten Gemeinwesens. Im Verlauf des Dialogs wird die *politikê epistêmê* als „königliche Webkunst" bestimmt, die eine ganze Reihe von Teil- und Einzelkompetenzen umfasst und diese exakt zu verknüpfen versteht (*Politikos* 305e): Insbesondere gelingt es der *politikê epistêmê*, den Disziplinen Rhetorik, Feldherrenkunst und dem praktischen Rechtswesen ihre angemessene Stelle in einem umfassenden politischen Wissen zuzuweisen (304c ff; vgl. die weiteren Fertigkeiten in 287d–289b).

Auch in zwei weiteren Punkten lässt sich für eine Kontinuität zwischen *Politeia* und *Politikos* argumentieren. In dem späteren Dialog wird zum einen die Konzeption einer höchsten Idee, in der *Politeia* bekanntlich die Idee des Guten, zumindest im Umriss wiederaufgegriffen. Die entsprechenden Ausführungen finden sich exakt in der Mitte des Dialogs; unter der Bezeichnung „das Genaue selbst" (*auto takribes*: 284d) wird dort eine Entität thematisiert, die den Endpunkt eines mühsamen Erkenntniswegs markieren soll. Zum anderen erscheint ein Analogon zur zweifachen Zahlenkunst aus *Politeia* VII 525b–e: Der *Politikos* thematisiert eine „doppelte Messkunst" (285b f.), wovon die eine es mit den Inhalten der Mathematik zu tun haben soll, während die andere das Angemessene, Gebührliche oder Erforderliche zum Gegenstand hat. Darin könnte insofern die Ideenkonzeption angesprochen sein, als ihr Thema eben die normativ-evaluativen Standards der Wirklichkeit sind.

Eine markante Differenz scheint dagegen auf den ersten Blick zwischen den beiden Texten in ihrer Behandlung des Gesetzesmotivs zu bestehen. Es hat den Anschein, als ersetze Platon die Herrschaft des Philosophen in der *Politeia* durch die Herrschaft des Gesetzes im *Politikos*. Doch näher besehen nimmt der *Politikos* eine ambivalente Stellung zur Dignität von Gesetzen ein: Sie gelten einerseits als mangelhaft, weil sie nicht imstande seien, zugleich das Beste und Gerechteste für alle Rechtsbetroffenen festzulegen und zu befehlen; gegenüber der Vielfalt der Personen und der Situationen verhielten sich die Gesetze, wie es heißt, starr und unveränderlich (294a–b). Andererseits besäßen Gesetze zwei Vorzüge: Erstens könne ein nicht philosophisch gebildeter und einsichtsgeleiteter Herrscher nicht jedem einzelnen Bürger präzise Vorschriften für eine angemessene Lebensführung machen; die Allgemeinheit der Gesetze stelle für ihn daher eine enorme Erleichterung dar. Zweitens seien Gesetze dann notwendig, wenn ein tatsächlich einsichtsgeleiteter Herrscher vorübergehend abwesend sei;[5] für diesen Fall seien schriftliche Fixierungen (*hypomnêmata*) wünschenswert (295c). Bemerkenswert ist die platonische Forderung, Gesetze sollten bei Vorliegen einer besseren Einsicht geändert werden (295e f.), was sich innerhalb des relativ starren antiken Gesetzesdenkens erneut als nachdrückliche Akzentuierung des zugrunde liegenden Einsichtsmoments ausnimmt. Das zeigt nochmals, dass im Mittelpunkt der Platonischen Staatskonzeption weiterhin der „königliche, mit Einsicht begabte Mann" (*andra ton meta phronêseôs basilikon*: 294a) steht.

Das Philosophenkönigtum wird im *Politikos* zwar nicht wörtlich wiederaufgenommen, erscheint aber der Sache nach in der Herrschaft des *basilikos*. Der Dialog *Politikos* wiederholt damit die Charakterisierung der vorzüglichen Herrschaftsform als eines extrem unwahrscheinlichen historischen Ausnahmefalls. Er gibt hierfür eine bemerkenswerte Begründung, die in der *Politeia* fehlt: den schwer zu interpretierenden Mythos von den zwei Weltaltern (*Politikos* 268d–274e; vgl. dazu Horn 2002). Dessen staatsphilosophischer Kern besteht darin, dass im Zeitalter des Kronos, welches der gegenwärtigen Epoche des Zeus vorangegangen sein soll, ein Gott die Menschen ‚gehütet‘ habe (271e); jetzt dagegen hätten die Götter ihre Weltfürsorge aufgegeben mit dem fatalen Resultat, dass nunmehr Menschen über Menschen herrschten, dass also die Herrscher meist nicht besser als die Beherrschten seien (275c). Der angebliche politische Realismus (oder auch Pessimismus) des späten Platon findet – aus der Perspektive dieses Mythos betrachtet – eine einfache Erklärung: Der *Politikos* behandelt den in der *Politeia* als Bestzustand beschriebenen Staat als den Weltzustand, der im Zeitalter des Kronos geherrscht habe; dagegen ist in der Epoche des Zeus meist nur noch der „zweitbeste Weg" möglich (*deuteros plous*: *Politikos* 300c), bei dem die Gesetze als Nachahmungen (*mimêseis*) der Einsicht des Gottes oder Philosophen fungieren müssen.

Um die Bedeutung des Mythos für die Politische Philosophie zu verstehen, muss man auf die Theologie Platons zurückkommen: Denn dessen theologische Aspekte kommen Platons andernorts entwickelten Überzeugungen sehr nahe. Die Feststellungen über Gott (*theos*), den Baumeister (*dêmiourgos*) sowie Vater (*patêr*) des Kosmos lassen sich eng mit entsprechenden Aussagen aus dem *Timaios* parallelisieren. Eine deutliche Übereinstimmung zwischen *Politikos* und *Timaios* besteht auch in einer Art von Zwei-Prinzipien-Konzeption, welche in beiden Texten zu der Annahme führt, das Universum sei geordnet, sofern der Gott es hervorgebracht hat bzw. lenkt, aber zugleich chaotisch-ungeordnet, sofern es sich selbst überlassen, materiell oder körperlich beschaffen sei. Plausibel scheint ferner, dass Platon in unserem Mythos einen ernsthaften Abriss seiner Kosmologie bieten will. Zwar ist weder im *Timaios* noch irgendwo sonst in Platons Werk von zwei gegenläufigen kosmischen Bewegungen die Rede, aber in zahlreichen wichti-

---

[5] A. Laks bezeichnet dies als die ‚substitutive‘ Funktion des Gesetzes neben seiner ‚epitaktischen‘ Grundfunktion (1996, 44).

gen Details stimmt unser Mythos doch mit der Kosmologie des *Timaios* überein.[6] Und schließlich gibt es gute Gründe für die Annahme, dass die Vorstellung verschiedener historischer Epochen und eines anfänglichen Goldenen Zeitalters zu Platons Überzeugungen gehört; so hat Brigitte Wilke (1997) umfangreiches Material zusammengetragen, aus dem sich ergibt, dass Platon Vergangenheit als Norm und Orientierungspunkt für eine angemessene politische Ordnung betrachtet.

Im *Politikos* lässt sich somit allenfalls eine Akzentverschiebung konstatieren, die von der Betonung des Philosophenkönigtums zur Hervorhebung der Gesetzesherrschaft wechselt. Zentral bleibt der Ordnungsgedanke; die politische Realität wird unverändert auf eine göttlich-intelligible Welt bezogen.

4. Die Stellung der *Nomoi* in Platons politischer Philosophie

Damit abschließend zur letzten (und umfangreichsten) platonischen Schrift überhaupt, den *Nomoi*. Die Schrift ist fast durchgehend der Politischen Philosophie und den an sie angrenzenden Themengebieten gewidmet; eine besondere Rolle spielen dabei Fragen der Erziehung sowie die Einzelbestimmungen des Strafrechts. In den *Nomoi* werden in Dialogform die Grundlagen einer idealen Stadt, die den Namen Magnesia bekommt, entwickelt. Der Gesprächsführer ist ein ungenannter Besucher aus Athen, aber die Szene spielt auf Kreta, dem Platon neben Sparta die vorzüglichste griechische Gesetzes- und Verfassungstradition bescheinigt (I 631b; vgl. *Politeia* VIII 544c). Der Athener berät denn auch mit dem Spartaner Megillos und dem Kreter Kleinias die philosophischen Probleme einer bestmöglichen Gesetzgebung.

Es liegt nahe zu vermuten, Platon habe in den *Nomoi* die Ordnungskonzeption relativiert. Zumindest scheint er die Vorstellung aufgegeben zu haben, der bestmögliche Staat ließe sich einrichten, sobald ein Herrscher nur die in der *Politeia* beschriebenen philosophischen Qualitäten besäße. Das wäre jedoch eine verfehlte Annahme, wie die folgende Schlüsselstelle zeigt:

> „Ebenso gilt von jeder Macht überhaupt derselbe Satz: dass dann, wenn in einem Menschen die größte Macht mit Einsicht und Besonnenheit in eines zusammen fällt, die Entstehung der besten Staatsform und ebensolcher Gesetze ihren naturgemäßen Anfang nimmt, auf andere Weise aber sicherlich niemals" (IV 711e f.; übers. v. K. Schöpsdau).

Platon erklärt hier die Realisierungschancen für den besten Staat für gering, hält ihn aber – unter der genannten Bedingung eines kontingenten Zusammenfalls von größter Macht, Einsicht und Tugend – auch nicht für ausgeschlossen. Nun könnte man einwenden, die zitierte Stelle zeige zumindest, dass der späte Platon die Regentschaft einer philosophischen Persönlichkeit und die Etablierung des besten Staates nunmehr mit der Idee einer

---

[6] Auch nach *Timaios* 36c umfasst der Kosmos zwei Kreise, einen inneren und einen äußeren. Der äußere führt eine gleichförmige Bewegung aus, weil er an der „Natur des Selben" partizipiert, der innere eine ungleichmäßige, da er an der „Natur des Verschiedenen" teilhat. Für weitere Übereinstimmungen mit dem *Timaios* vgl. Rowe 1995: 188.

Gesetzesherrschaft verknüpfe. Einerseits ist es jedoch falsch zu unterstellen, der Staat der *Politeia* sei völlig frei von Gesetzen. Andererseits lässt sich die Vermutung, Platon habe die Option einer nicht auf Gesetzen basierenden Ordnung aufgegeben, mit Blick auf folgende Feststellung zurückweisen:

> „Wenn allerdings einmal durch göttliche Fügung (*theia moira*) ein Mensch mit jener natürlichen Fähigkeit geboren würde und imstande wäre, eine solche Machtstellung zu erlangen, so brauchte er keinerlei Gesetze, die über ihn herrschen müssten. Denn dem Wissen ist kein Gesetz und keine Ordnung überlegen; und es widerspräche auch der göttlichen Satzung, wenn die Vernunft etwas anderem untertan und dessen Sklavin wäre, sondern sie muss über alles herrschen, sofern sie wirklich in ihrem Wesen wahrhaft und frei ist. Nun aber findet sich ja doch nirgends eine solche Fähigkeit, es sei denn in geringem Maße; darum gilt es das Zweitbeste (*to deuteron*) zu wählen, die Ordnung und das Gesetz, die zwar die häufigsten Fälle ins Auge fassen und berücksichtigen, aber natürlich nicht alles überschauen können" (*Nomoi* IX 875c–d; übers. v. K. Schöpsdau).

Der einsichtsgeleitete Herrscher benötigt keine Gesetze; aufgrund seiner überlegenen Vernunft weiß er in jedem Einzelfall, was der Polis und ihren Bürgern zuträglich ist. Er braucht also keine Gesetzesordnung in dem Sinn, dass er sich selbst an ihr orientieren müsste – was nicht ausschließt, dass er in gewissem Umfang Gesetze zum Nutzen seiner Bürger erlassen mag. Offenkundig nimmt Platon an der zitierten Stelle dieselbe Position ein wie im *Politikos*: Die Gesetzesherrschaft ist der *deuteros plous*, wenn die bestmögliche Staatsform, die Regentschaft eines wahren Philosophen, faktisch nicht zu haben ist – und dies soll der Normalfall sein.

Überwiegen insgesamt die Differenzen oder die kontinuierlichen Aspekte beim Blick auf das Verhältnis von mittlerer und später politischer Philosophie Platons? In der Platon-Forschung gibt es eine alte, kontrovers geführte Debatte über das Verhältnis der verschiedenen Ansätze, die jeweils in der *Politeia*, dem *Politikos* und den *Nomoi* vertreten werden. Worin unterscheiden sie sich, wie weit reichen die Unterschiede, und wodurch sind sie zu erklären?

Dass es überhaupt Differenzen gibt, ist unbestreitbar: So ist etwa auffällig, dass die *Nomoi* keine explizite Fundierung der Politischen Philosophie in einer Zwei-Welten-Metaphysik kennen, welche definitive und irrtumsfreie Erkenntnisse garantieren soll, und auch das Tugend- und Glückskonzept eigentümlich abgeschwächt zu sein scheint. Allenfalls lassen sich kleinere Indizien dafür geltend machen, dass die Ideenkonzeption unverändert präsent ist. So findet sich im Rahmen der Kompetenzbeschreibung und des Ausbildungsprogramms für den ‚Nächtlichen Rat' einiges, was klar an die ideentheoretisch fundierte Philosophenausbildung in *Politeia* VII erinnert (vgl. *Nomoi* XII 961c–968e). Insbesondere wird weiterhin auf ein Definitionswissen Wert gelegt, und zudem spielen die vier Kardinaltugenden unverändert eine zentrale gesellschaftsstabilisierende Rolle (964b ff.). Betrachtet man allerdings die Stellen, an denen Platon ein solches Definitionswissen mit dihairetischen Mitteln vorführt, so gewinnt man den Eindruck, er habe sich bewusst zurückgehalten, um den Text nicht mit subtilen Distinktionen zu belasten und nicht zu anspruchsvoll werden zu lassen (vgl. *Nomoi* 932e ff., 966d ff.).

Die gelegentliche Präsenz der Ideenkonzeption bei gleichzeitig extremer Zurückhaltung in ihrer Ausführung deutet darauf hin, dass Platon sie nicht für adressatengerecht gehalten hat. Die starke Prägung durch das Prinzip des Adressatenbezugs lässt sich übrigens (textimmanent wie in Bezug auf die Außenwirkung) bei nahezu allen Platonischen Schriften beobachten.

Auch viele Einzelpunkte aus den *Nomoi* erweisen sich überdies als hochgradig interpretationsbedürftig. Beispielsweise verlangen beide Texte die Gleichstellung der Frau, wobei es in der späteren Schrift sogar zu einer nachdrücklicheren Akzentuierung kommt; während nämlich in der *Politeia* Frauen ebenso wie Männer die Funktion des Philosophenherrschers einnehmen können (451b ff.), gehen die *Nomoi* noch weiter, indem sie alle freien Frauen zu einem politischen Engagement auffordern (770c–d, 780a ff., 804d ff.). Man kann dies sowohl im Sinn einer Kontinuität als auch einer Diskontinuität lesen.[7] Ähnlich liegt der Fall in der Frage der staatlichen Pädagogik. Die beiden Texte ähneln sich in ihrer aus pädagogischen Gründen erhobenen Zensurforderung, die sie im Blick auf pädagogisch unerwünschte Kunstformen stellen (*Politeia* II 376c–398b, X 595a–608b, *Nomoi* VII 802a ff. u. ö.). Und in beiden Schriften legt Platon großen Wert auf angemessene pädagogische Prinzipien, besonders auf eine sorgfältige Berechnung jener Wirkung, welche von künstlerischen Werken ausgeht. Aber gleichzeitig unterscheiden sich die jeweils geschilderten pädagogischen Strategien fundamental voneinander. Ebenfalls schwierig ist das Verhältnis der impliziten Theologien beider Texte. Grundsätzlich gleicht die ‚Theodizee‘ aus *Nomoi* X dem Versuch aus der *Politeia*, das durch Homer und andere Dichter kontaminierte Götterbild zurechtzurücken und das Bestehen einer moralischen Weltordnung plausibel zu machen. In beiden Schriften werden die Götter einerseits von aller Bosheit sowie vom Vorwurf des Desinteresses an den menschlichen Verhältnissen freigesprochen, andererseits wird eine kosmische Gerechtigkeit etabliert, die das Verhalten der Guten belohnt und das der Bösen bestraft. Aber es finden sich auch wichtige Unterschiede.

Bemerkenswerterweise wird auch an einer engen Parallelstelle zum *Politikos*-Mythos in *Nomoi* IV (713a–714b) für den dort erzählten Mythos Wahrheit in Anspruch genommen (vgl. *alêtheia chrômenos*: 713e4). Seine Glaubwürdigkeit wird zudem dadurch herausgestellt, dass von einer Notwendigkeit, an ihn zu glauben, gesprochen wird (vgl. *anankê dêpou peithesthai*: 714b2). Der entscheidende Textpassus, in dem sich eine Wiederaufnahme und Fortführung des Mythos findet, ist folgender:

> „Und so behauptet denn auch heute noch diese Geschichte und trifft damit die
> Wahrheit, dass es für alle Staaten, über die nicht ein Gott, sondern irgend-

---

[7] Für die These von der Diskontinuität plädiert besonders Bobonich. Der späte Platon, so Bobonich, möchte sein Ideal der Frauen-, Güter- und Kindergemeinschaft jetzt auf alle Bürger ausdehnen, nicht mehr auf die zwei Wächterklassen beschränken. So gesehen meint die Rede von einer „zweitbesten" Stadt in V 739a–740c gar nicht die *kallipolis* als die beste Verfassung, sondern eine Situation, in der sich der ‚Kommunismus‘ der *Politeia* auf die gesamte Polis erstreckt und demgegenüber selbst Magnesia nur eine Abschwächung darstellt. Bemerkenswert scheint auch, dass Platon die Gleichstellung der Frauen in Magnesia auf die gesamte Stadt ausdehnen will; den *Nomoi* zufolge können Frauen an Wahlen teilnehmen, Ämter bekleiden und zählen als volle Bürgerinnen (Bobonich 2002: 385–389).

ein Sterblicher herrscht, kein Entrinnen vor Unheil und Leiden gibt; vielmehr müssten wir, meint sie, mit allen Mitteln die Lebensweise, die unter Kronos bestanden haben soll, nachahmen (*mimeisthai*) und dem, was an Unsterblichkeit in uns ist, folgend, im öffentlichen wie im persönlichen Leben unsere Häuser und Staaten verwalten, indem wir die Verteilung der Vernunft als Gesetz bezeichnen" (713e3–714a2; Übers. K. Schöpsdau, leicht modifiziert).

Der athenische Fremde aus den *Nomoi* vertritt mit hoher Wahrscheinlichkeit Platons eigene politische Spätphilosophie. Sollte dies ebenso richtig sein wie die Präsenz platonischer Überzeugungen im *Politikos*-Mythos, so liegt folgender Schluss auf die gemeinsame Intention der Texte nahe: In beiden Texten werden zwei kosmologische und historische Epochen gegeneinander abgesetzt, deren Hauptunterschied darin liegt, dass im ersten Zeitalter der Gott (Kronos) die Menschen betreut hat, während im zweiten Menschen über Menschen herrschen; die in der zweiten Epoche notwendigen menschlichen Staatsformen können auf bessere oder schlechtere Weise das Regiment des Kronos imitieren (*mimeisthai*).

Jedoch lassen sich in den *Nomoi* zwei wichtige Abweichungen von der Position der *Politeia* ausmachen. Erstens charakterisiert der Fremde aus Athen die Verfassung von Magnesia als Mittelposition zwischen Monarchie und Demokratie (*Nomoi* VI 756e ff.); da wir aber aus der Verfassungsdiskussion des *Politikos* wissen, dass Platon der Demokratie nur den dritten (bzw. vierten) Rang konzedierte und sie damit als die schlechteste unter den guten (bzw. als beste unter den schlechten) Verfassungstypen ansah (*Politikos* 302c–d), ist ihre Aufwertung hier nur pragmatisch zu erklären. Unter den gegebenen Bedingungen scheint die Verfassung von Magnesia für Platon die beste erreichbare Lösung darzustellen. Zweitens ist die Provokation, welche von der Frauen-, Kinder- und Gütergemeinschaft in der *Politeia* ausgeht, in den *Nomoi* zugunsten einer starken Stellung der Familie und zugunsten eines moderaten Privatbesitzes aufgehoben. Doch in *Nomoi* V findet sich eine ausdrückliche Bestätigung dafür, dass die beste (,erste') Staatsform an diesem ,kollektivistischen' Moment festhalten müsste, während in der augenblicklich vorgenommenen Untersuchung, die auf diese Elemente verzichtet, lediglich der ,zweite' Staat thematisiert werde:

> „Der erste Staat also, die erste Verfassung und die besten Gesetze sind dort, wo möglichst im ganzen Staat der alte Spruch verwirklicht wird, der da lautet, dass Freundesgut wahrhaft gemeinsames Gut ist. Wenn dies einmal, sei es jetzt oder künftig, verwirklicht ist – dass die Frauen gemeinsam sind, gemeinsam die Kinder und gemeinsam alles Vermögen – [...], dann wird niemand, der für deren überragende Vollkommenheit einen anderen Maßstab setzt, damit jemals einen richtigeren oder besseren setzen. [...] Darum darf man nicht anderswo nach einem Muster für einen Staat ausschauen, sondern muss sich an diesen halten und dann nach Kräften einen suchen, der möglichst ebenso beschaffen ist. Derjenige Staat aber, dessen Gründung wir jetzt in Angriff genommen haben, dürfte wohl, wenn er verwirklicht würde, der Unsterblichkeit am nächsten kommen und dem Wert nach den zweiten Rang einnehmen [...]" (*Nomoi* V 739b–e, übers. v. K. Schöpsdau).

Platon hält, so scheint es, an den leitenden Absichten aus der *Politeia* fest: An die Stelle seines früher formulierten ,Kommunismus' tritt aber nun die staatliche Kontrolle und Korrektur der allgemeinen Lebensführung und die Beschneidung von Luxus und Reichtum, welche er stets für besonders glücksdestruktiv hielt. Seine Intention besteht somit unverändert darin, einen staatlichen Rahmen für sein Ideal einer gelingenden Lebensführung (*eudaimonia*) bereitzustellen; jedoch sind die Mittel hierfür wesentlich moderater gewählt als in der *Politeia*. Dies stützt die These, dass er sein Modell nicht modifiziert, sondern nur für die reale Anwendung umformuliert hat. Und schließlich macht eine kuriose Passage zusätzlich plausibel, dass Platon die *Nomoi* als den Programmtext zu einer wirklichen künftigen Staatsgründung betrachtet haben muss: In dem zu etablierenden Staat soll just der Text der *Nomoi* selbst als vorbildliche Unterrichtslektüre dienen (VII 811c–812a).

In den *Nomoi* wird schließlich noch ein Punkt erneuert, der – wie wir sahen – für Platons Vorstellung der Verknüpfung von Ideentheorie, Religionsphilosophie und Politischer Philosophie von besonderer Bedeutung ist: die astronomisch-kosmologische These von der Regularität und Vernünftigkeit der göttlichen Welteinrichtung. Vielleicht die aussagekräftigste Stelle für Platons Schluss von der Regularität der Himmelsbewegungen auf die göttlich-vernünftige Ordnung des gesamten Kosmos findet sich in Buch XII der *Nomoi* (966e–967b):

> „Das andere betrifft nun aber den Umlauf der Gestirne in seiner Regelmäßigkeit und ebenso den Umlauf alles anderen, über das die Vernunft herrscht, die das Weltall geordnet hat. Denn kein Mensch, der das nicht bloß oberflächlich und laienhaft beobachtet hat, ist je von Natur so gottlos gewesen, dass ihm nicht das Gegenteil von dem widerfahren wäre, was die große Menge erwartet. Diese meinen nämlich, diejenigen, die sich mit solchen Gegenständen befassten, würden durch die Astronomie und die damit notwendig verbundenen sonstigen Wissenschaften zu Atheisten, weil sie entdeckt hätten, wie die Menge glaubt, dass die Dinge durch bloße Notwendigkeit entstünden und nicht durch die planenden Absichten eines Willens, der auf die Verwirklichung des Guten aus ist. […] Verwunderung regte sich freilich schon damals hierüber, und diejenigen, die sich um eine genauere Kenntnis hiervon bemühten, vermuteten bereits damals das, was heute als wirklich ausgemacht gilt: dass die Gestirne, wenn sie unbeseelt wären, sich niemals Berechnungen von so wunderbarer Genauigkeit fügen könnten, weil sie ja keine Vernunft hätten" (Übersetzung K. Schöpsdau; geringfügig modifiziert).

Die hochgradige Regelmäßigkeit der Himmelsbewegungen und ihre exakte Beschreibbarkeit mit den Mitteln der Mathematik ruft bei Experten der Astronomie, so Platon, eine wissenschaftlich reflektierte Form von Religiosität hervor, während die breite Masse irrigerweise annimmt, Astronomen müssten unter dem Eindruck ihres Fachgebiets stets zu Atheisten werden. Gerade unsere Vernunft ist es, die uns auf den grundlegenden Zusammenhang zwischen der Ideenordnung, der göttlichen und der kosmischen Ordnung aufmerksam machen kann. Gelingt es zudem, die politische Ordnung daran auszurichten, so sind damit die Bedingungen für ein gelingendes menschliches Leben erfüllt.

5. Literatur

Bobonich, C. 2002: Plato's Utopia Recast. His Later Ethics and Politics, Oxford.

Bordt, M. 2006: Platons Theologie, Freiburg/München.

Ferrari, F. 1998: Theologia, in: M. Vegetti (Hg.) Platone, La Repubblica. Traduzione e commento, vol. I (libro I–III), Napoli, 403–425.

Horn, Ch. 1997: Einleitung, in: Augustinus, *De civitate dei* (Reihe ‚Klassiker Auslegen‘, Bd. 11), Berlin, 1–24.

– 2001: Kontinuität, Revision oder Entwicklung? Das Verhältnis von *Politeia*, *Politikos* und *Nomoi* bei Eric Voegelin und in der aktuellen Forschung, in: Occasional Papers des Eric Voegelin Archivs München, München.

– 2002: Warum zwei Epochen der Menschheitsgeschichte? Zum Mythos des *Politikos*, in: M. Janka/ Ch. Schäfer (Hgg.), Platon als Mythologe, Darmstadt 2002, 137–159.

Klosko, G. [2]2006: The Development of Plato's Political Theory, Oxford.

Laks, A. 1990: Legislation und Demiurgy: on the Relationship between Plato's *Republic* and the *Laws*, in: Classical Antiquity 9, 209–229.

– 1996: Platons legislative Utopie, in: E. Rudolph (Hg.), Polis und Kosmos. Naturphilosophie und politische Philosophie bei Platon, Darmstadt, 43–54.

– 2005: Médiation et coercition. Pour une lecture des *Lois* de Platon, Paris.

Lisi, F. L. 1985: Einheit und Vielheit des platonischen Nomosbegriffs, Köngistein/Ts.

Lisi, F. L. (Hg.) 2001: Plato's *Laws* and Its Historical Significance, Sankt Augustin.

Menn, S. 1995: Plato on God as *Nous*, Carbondale.

Otto, D. 1994: Das utopische Staatsmodell von Platons *Politeia* aus der Sicht von Orwells *Nineteen Eighty-Four*, Berlin.

Popper, K. R. [6]1980: Die offene Gesellschaft und ihre Feinde I: Der Zauber Platons, Bern (engl. 1945).

Rowe, Ch. J. 1995: Plato, *Statesman*. Edited with an Introduction, Translation and Commentary, Warminster.

Rowe, C./Schofield, M. (Hgg.) 2000: The Cambridge History of Greek and Roman Political Thought, Cambridge.

Saunders, T. J. 1992: Plato's Later Political Thought, in: R. Kraut (Hg.), The Cambridge Companion to Plato, Cambridge, 464–492.

Schofield, M. 2006: Plato: Political Philosophy, Oxford.

Schöpsdau, K. 1994: Platon, *Nomoi* (Gesetze), Buch I–III. Übersetzung und Kommentar, Göttingen.

– 2003: Platon, *Nomoi* (Gesetze), Buch IV–VII. Übersetzung und Kommentar, Göttingen.

– 2011: Platon, *Nomoi* (Gesetze) Buch VIII–XII. Übersetzung und Kommentar, Göttingen.

Solmsen, F. 1942: Plato's Theology, Ithaca NY.

Voegelin, E. 1956–1987: Order and History, 5 Bde., Baton Rouge.

Wilke, B. 1997: Vergangenheit als Norm in der platonischen Staatsphilosophie, Stuttgart.

Rolf Geiger

Aristoteles über Politik und Religion

1. Einleitende Bemerkungen

In fast jeder politischen Philosophie, ob in der Antike, dem Mittelalter oder Neuzeit, wird der Versuch unternommen, das Verhältnis von Politik und Religion zu bestimmen. Auf den ersten Blick scheint Aristoteles eine Ausnahme von dieser Regel darzustellen.[1] In der Forschungsliteratur zur Aristotelischen *Politik* wird dem Thema dementsprechend fast keine Aufmerksamkeit gewidmet; ab und zu wird immerhin festgestellt, dass dies für Aristoteles kaum ein Thema zu sein scheint,[2] und manch einer sieht hier ein tiefgründiges Schweigen am Werk und will die verborgenen Gründe für dieses Schweigen aufdecken.[3]

Wenn in diesem Aufsatz von „Religion" gesprochen wird, beziehe ich mich damit auf alles, was Aristoteles (in der *Politik*) über Gott und die Götter, über Priester, Heiligtümer, Opfer und Gebete sagt.[4] Wenn man diese Redeweise akzeptiert, dann lassen sich ungefähr 40 Stellen finden, an denen Aristoteles in der *Politik* über diese Themen spricht. Das ist sicherlich mehr als erwartet, aber die Frage nach der Bedeutung der Religion für die Aristotelische Analyse der Polis ist durch eine solche Mengenangabe keinesfalls geklärt.

---

[1] Ich bin Frank Bezner für die vielen Diskussionen, die wir zu diesem Thema geführt haben, zu Dank verpflichtet.

[2] Richard Kraut bemerkt dazu: „Aristotle spends little time on this subject – far less than he does on music" (2002, 203).

[3] Paul Rahe spricht von „Aristotle's ominous silence regarding religion" (1994, 203) und deutet in wenigen Sätzen einen möglichen Grund für diese auffällige Stille an. Thomas Lindsay schließlich findet das Aristotelische Schweigen so bedeutsam, dass er ihm einen ganzen Aufsatz widmet: „I find beneath the *Politics* apparent neglect a serious and sustained treatment" (1991, 488).

[4] Bei den Verweisen auf Gott und die Götter, bei denen ihnen bestimmte Eigenschaften zugeschrieben und andere abgesprochen werden, könnte man allerdings, statt von „Religion", von „Theologie" sprechen.

Bei der Verteilung der Stellen über den Text der *Politik* lässt sich eine auffällige Konzentration dieser Stellen in Buch VII beobachten, also in Aristoteles' Konzeption der besten Verfassung. Bei der Interpretation ist deshalb Vorsicht geboten (im Sinne einer Aufmerksamkeit für die unterschiedlichen systematischen Kontexte der verschiedenen Bücher der *Politik*); denn man kann nicht ohne weiteres von dem, was Aristoteles über die Organisation des religiösen Lebens in der besten Verfassung sagt, auf die Bedeutung der Religion für die Polis im Allgemeinen schließen. Und derselbe Vorbehalt gilt naturgemäß auch für diejenigen Aussagen, mit denen Aristoteles die Art und Weise beschreibt, in der Herrscher in verfehlten Verfassungen die Religion für ihre Zwecke nutzen.[5] Es ist nicht der Anspruch dieses Aufsatzes, dieses Themenfeld in Aristoteles' *Politik* in seiner Gesamtheit zu erörtern; vielmehr soll anhand von zwei klar begrenzten Fragen die Bedeutung dieses Themas für Aristoteles' Modell einer politischen Philosophie geklärt werden. Da das Thema in der Forschung so gut wie gar nicht existiert, werde ich die Texte, auf die ich mich beziehe, relativ ausführlich zitieren.

2.   Die Funktion der Verweise auf Gott und die Götter

Anders als etwa in den *Nomoi*, Platons letztem philosophischen Dialog, sind Verweise auf Gott und die Götter kein beherrschender Zug der Aristotelischen *Politik*. Dennoch gibt es auch hier eine Reihe solcher Bezüge, von denen die wichtigsten kurz zitiert und interpretiert werden sollen.

Ein erster Hinweis auf die Götter findet sich schon in Pol. I 2. Im Rahmen einer Genealogie der Polis weist Aristoteles darauf hin, dass in der Frühzeit der griechischen Staatsentwicklung die Staaten noch von Königen regiert wurden. Es ist diese politische Realität, die auch das Bild prägt, das wir uns von den Göttern machen:

> „Auch von den Göttern aber gilt deshalb der allgemeine Glaube (*pantes phasi*), daß sie unter einem König stehen (*basileuesthai*), weil eben die Menschen selbst zum Teil noch jetzt so regiert werden, zum Teil es einstmals wurden, und wie die Menschen sich ihre Götter an Gestalt sich selber gleich vorstellen (*ta eidê heautois aphomoiousin*), so auch an Lebensweise (*tous bious*)" (Pol. I 2, 1252b24–27).[6]

Aristoteles macht sich also die Vorstellung, dass unsere Götterbilder anthropomorph sind, zu eigen und betont den politischen Charakter dieser Darstellungen. Obwohl das ein klassisches religionskritisches Argument ist, mit dem man auf die Unangemessenheit zumindest der populären Vorstellung von den Göttern schließen kann,[7] scheint Aristoteles das Argument an dieser Stelle gar nicht oder zumindest nicht primär zu diesem Zweck zu gebrauchen. Die Idee eines gewissermaßen kausalen Zusammenhangs zwischen politischer Realität und dem populären, von den Dichtern geprägten Bild der

---

[5] Diesem Thema werde ich mich in einem anderen Aufsatz widmen.

[6] Wenn nicht anders angegeben, zitiere ich die *Politik* nach der von Kullmann neu herausgegebenen Übersetzung von Susemihl.

[7] Eine solche Verwendung findet sich zum Beispiel bei Xenophanes (DK 21 B11 f. und 14–16).

Götter scheint hier vielmehr die Möglichkeit zu eröffnen, von Letzterem auf Ersteres zurückzuschließen. Man könnte demnach, mangels echter historischer Dokumente aus der fernen Vergangenheit, die maßgeblichen frühen Dichter wie Homer zu Hilfe nehmen und die poetische Theologie ihrer Werke als Indiz für die Bedeutung des Königtums in diesen frühen Gesellschaften nehmen.

Dass sich in der dichterischen Darstellung von Göttern gesellschaftliche Werte widerspiegeln, zeigt sich auch an einer Stelle in Buch VIII, an der Aristoteles den richtigen Umfang der musikalischen Bildung diskutiert und die Frage erörtert, ob man, um einen musikalischen Vortrag auf die richtige Weise genießen zu können, die Instrumente selber beherrschen muss:

> „Denn weshalb muß man sie zu diesem Zweck selbst lernen und nicht vielmehr sie genießen, indem andere sie ausüben? Auch darf man wohl die Vorstellung heranziehen, die wir von den Göttern haben (*skopein ... tên hypolêpsin, hên echomen peri tôn theôn*), denn kein Dichter läßt den Zeus selbst singen und die Zither spielen, vielmehr sehen wir solche, die es tun, als Handwerker an" (Pol. VIII 5, 1339b5–9).

Für die Frage, was eines freien Mannes würdig ist und was nicht, kann man sich also auf die poetischen Darstellungen göttlicher Personen und ihrer Handlungen beziehen, die für die Entscheidung dieser Frage zwar nicht beweiskräftig sind, aber über eine gewisse Autorität verfügen. Aristotelisch gesprochen, handelt es sich bei solchen Aussagen um *endoxa*, d. h. um akzeptierte Meinungen, die keinen beweisenden Charakter haben, aber für die abwägende, dialektische Erörterung eines Problems von großem Nutzen sind.

Dass Aristoteles dem Wahrheitsgehalt solcher Aussagen über die Götter in der Tat skeptisch gegenüber stand, lässt sich an Äußerungen der *Metaphysik* erkennen, die eine Konsequenz seiner eigenen philosophischen Theologie darstellen:

> „Von den Alten und den Vätern aus uralter Zeit ist in mythischer Form den Späteren überliefert, daß die Gestirne Götter sind und das Göttliche die ganze Natur umfaßt. Das übrige ist dann in sagenhafter Weise hinzugefügt zur Überredung der Menschen und zur Anwendung für die Gesetze und das allgemeine Beste.[8] Sie schreiben ihnen nämlich Ähnlichkeit mit den Menschen oder mit anderen lebendigen Wesen zu und anderes dem Ähnliches und damit Zusammenhängendes" (Met. XII 8, 1074a38–b8; vgl. III 2, 997b9 f. und III 4, 1000a9–11 und18 f.).

Dass zu der ursprünglichen Vorstellung vom göttlichen Charakter der Himmelskörper eine bunte Vielfalt von anthropomorphen Götterdarstellungen hinzugekommen ist, hat

---

[8] Eine dezidiert politische Interpretation der Einführung des Götterglaubens formuliert auch Kritias in einem Fragment aus dem Stück *Sisyphos*: „Darauf dann, da die Gesetze die Menschen / zwar mit Gewalt hinderten, offenbar Unrecht zu tun, / taten sie es im Verborgenen; zu diesem Zeitpunkt scheint mir / zuerst ein verständiger und weiser Mann / die Furcht der Menschen vor den Göttern erfunden zu haben, damit / die Schlechten Furcht hätten, auch wenn sie etwas heimlich täten / oder sprächen oder dächten" (DK 88 B25; Übersetzung von Th. Schirren, in: Schirren/Zinsmaier 2003, 279 f.).

Aristoteles zufolge also vor allem soziale und politische Gründe. Der Glaube an solche Götter scheint in irgendeiner Form für die Polis von Nutzen zu sein. Warum das so ist und auf welche Weise sich der Nutzen ausprägt, wird von Aristoteles jedoch nicht weiter erläutert.

Bisweilen bezieht sich Aristoteles in der *Politik* nicht im Plural auf die etablierten Götter, sondern im Singular auf „den Gott", dem er dann Eigenschaften zuschreibt, die mit seiner philosophischen Theologie (wie wir sie etwa aus der *Metaphysik* kennen) übereinstimmen. So heißt es zu Beginn von Buch VII, als Aristoteles zur Grundlegung seiner Untersuchung der besten Verfassung klären will, was Glück und gutes Leben für den Menschen bedeutet und im Besitz welcher Arten von Gütern man sein muss, um dieses höchste Ziel zu erreichen:

> „Daß nun also einem jeden von der Glückseligkeit nur so viel wie von Tugend und Einsicht und einem diesen entsprechenden Handeln zukommt, dürfen wir als zugestanden betrachten und dafür den Gott als Zeugen anführen (*martyri tô theô chrômenois*), der doch gewiß glückselig ist, aber durch keins von den äußeren Gütern, sondern lediglich durch sich selbst und durch die innere Beschaffenheit seiner Natur" (Pol. VII 1, 1323b21–26).[9]

Für Aristoteles ist die Glückseligkeit Gottes eine natürliche Konsequenz seiner absoluten Autarkie. Deshalb kann er sich an dieser Stelle auf den so verstandenen Gott beziehen, um unterstützend für die Glückskonzeption zu werben, die er zuvor bereits vorgestellt hat.[10] Obwohl also der Begriff Gottes, von dem hier die Rede ist, philosophisch kohärenter ist als der eines Gottes, bei dem man sich die Frage stellen kann, ob er Kithara spielt oder nicht, hat der Gottesbezug an dieser Stelle ebenfalls keinen beweisenden Charakter. Dass der Mensch keiner äußeren Güter bedarf, um in einem anspruchsvollen Sinne glücklich zu sein, liegt nicht darin begründet, dass der Gott diese Güter ebenfalls nicht braucht. Die formelartige Ankündigung, dass er „den Gott als Zeugen anführen will" scheint dafür zu sprechen, dass Aristoteles selber dem Argument einen eher rhetorischen Charakter zuschreibt.

In den einleitenden Kapiteln von Buch VII gibt es eine weitere Stelle, an der Aristoteles auf seine philosophische Gotteskonzeption verweist, und dieses Mal nicht nur, um eine ethische Aussage über die Glücksbedingungen von Einzelnen zu bekräftigen, sondern um eine im engeren Sinne politische Aussage zu plausibilisieren. Dabei geht es um die Frage, welche Lebensform ein Staat wählen soll und um den in dieser Diskussion vorgebrachten Einwand, dass Staaten, die nicht nach Hegemonie streben, die also nicht ihren ganzen Ehrgeiz darin setzen, ein Verhältnis der Dominanz gegenüber den Nachbarstaaten zu etablieren, untätig sind. Dagegen erwidert Aristoteles, dass Staaten, die im Wesentlichen für sich leben,

---

[9] Susemihl/Hicks betonen den argumentativen Charakter dieses Gottesbezugs und bestreiten den feierlichen religiösen Ton, den andere Interpreten hier entdecken wollen (1894, 475 f.).

[10] Kraut scheint das Argument etwas anders zu interpretieren und unterstellt Aristoteles eine Art von Gedankenlosigkeit: „It does not occur to Aristotle whether the proper direction of argument is the reverse of the one he uses: that is, one might think that one cannot know how divine beings live unless one has already determined what a good life is" (1997, 58).

„deshalb nicht untätig zu sein brauchen, sofern ihnen ja die Tätigkeit nach ihren Teilen möglich bleibt, indem eben eine vielfache Wechselwirkung zwischen den Teilen des Staates stattfindet, gerade so steht es auch mit jedem einzelnen Menschen. Denn sonst freilich würden kaum der Gott (*ho theos*) und das Weltganze (*pas ho kosmos*) sich wohlbefinden, denen beiden eben keine nach außen gerichteten Tätigkeiten neben ihrer eigenen inneren (*exôterikai praxeis para tas oikeias tas autôn*) zukommen" (Pol. VII 3, 1325b28 ff.).

Ganz ähnlich wie an der zuvor zitierten Stelle schreibt Aristoteles dem Gott eine besondere Form der Autarkie und eine damit einhergehende Glückseligkeit zu. Staaten, die ein vor allem auf sich selbst bezogenes Leben führen, brauchen sich also den Vorwurf der Untätigkeit nicht gefallen zu lassen, da auch Gott, dem man Untätigkeit nicht wird vorwerfen wollen, keine aggressiven Außenbeziehungen pflegt und dennoch im höchsten Maße selig ist. Dass Gott auf eine solche Weise tätig ist, dafür wird in anderen Aristotelischen Abhandlungen ausdrücklich argumentiert (Met. XII und EN X 6–9). Deshalb kann Aristoteles diese These hier in äußerster Knappheit einfach anführen. Er kann aber auch deshalb auf die Angabe weiterer Gründe verzichten, weil das eigentliche, ethische und politische Argument, auf das er mit dieser theologischen These Bezug nimmt, bereits vorliegt, so dass mit dem Gottesbezug ein zusätzlicher, aber kein unverzichtbarer Grund angegeben wird. Aristoteles scheint Gott an diesen beiden Stellen in Pol. VII als eine Art Beispiel anzuführen, nämlich als herausragendes Beispiel dafür, dass man nur durch sich selbst vollkommen glücklich wird.

An den eben angeführten Stellen wird vor allem betont, was der Gott und die Menschen miteinander gemeinsam haben, was dem Gott aber im besonderen Ausmaß zukommt, so dass man mit Blick auf das Vorbild der göttlichen Natur besonders klar erkennen kann, woran man sich im menschlichen Leben orientieren soll. Andere Verweise hingegen auf Gott und die Götter betonen eher den Unterschied zu den Menschen. Der systematische Zusammenhang, in dem der Gottesbezug so akzentuiert wird, ist meistens die Aristotelische Theorie des Königtums. Das Königtum ist innerhalb von Aristoteles' politischer Philosophie, die im Allgemeinen einen eher republikanischen Charakter hat, eine Art Grenzfall. Im Normalfall ist es für Aristoteles immer angemessen, dass sich in einer Polis eine bestimmte Menge von Bürgern zusammenschließt, um in dieser Polis die Herrschaft auszuüben. Es kann jedoch auch vorkommen, dass ein Einzelner die Macht ergreift und dann als Tyrann auf unverantwortliche und gewaltsame Weise eine despotische Herrschaft über die Polis ausübt. So unangenehm dieser Fall für die Betroffenen ist, in der politischen Theorie, so wie Aristoteles sie konzipiert, ist er relativ leicht zu beurteilen. Die eigentlich schwierige Frage ist, ob es auch einen Fall von Alleinherrschaft geben kann, der rechtmäßig ist, ob es also gerecht sein kann, dass neben dem Einen kein Anderer an der Herrschaft in der Polis teilnehmen darf. Das ist die Frage nach dem Königtum, und Aristoteles formuliert die Bedingungen für die Rechtmäßigkeit dieser Verfassung so streng, dass man nur dann zu Recht ein König sein kann, wenn man mit seinem Charakter und seinem Verstand nicht nur jedem Anderen überlegen ist, sondern die eigene Tugend und Einsicht die aller anderen zusammen genommen überragt. Aber in diesem Fall, sagt Aristoteles,

„würde ein solcher Mann ja wie ein Gott unter den Menschen anzusehen sein (*hôsper gar theon en anthrôpois*)" (Pol. III 13, 1284a10 f.).[11]

Durch den Verweis auf Gott wird hier das Ausmaß an Überlegenheit zum Ausdruck gebracht, das nötig wäre, um rechtmäßig eine königliche Herrschaft auszuüben. Auf diese Weise zeigt Aristoteles vor allem, wie unwahrscheinlich dieser Fall ist. Die Annahme, dass ein Mensch in diesem Umfang Tugenden ausbilden kann, hat einen deutlich kontrafaktischen Charakter.

Das Irreale dieser Konstruktion betont auch eine verwandte Passage in Buch VII:

> „Wäre nun der eine Teil der Staatsbürger so verschieden von dem anderen, wie es nach unserem Glauben (*hêgoumetha*) die Götter und Heroen[12] von den Menschen sind, indem dieser Teil zunächst körperlich gleich wäre, dann aber seelisch dergestalt den anderen Teil überragte, daß diese Überlegenheit der Regierenden für die Regierten unzweifelhaft und einleuchtend wäre, dann würde es offenbar besser sein, daß immer der eine Teil ein für alle Mal regierte und der andere regiert würde" (Pol. VII 14, 1332b16–23).

Interessant ist, dass sich diese Überlegung im Rahmen einer Untersuchung der besten Verfassung findet, also einer Untersuchung, in der ausdrücklich erklärt wurde, dass man sich die Verfassung „nach Wunsch" (*kat' euchên*) einrichtet (Pol. VII 4, 1325b35–39). Aber selbst unter solchen Bedingungen, in denen man vernünftige Idealisierungen in der Theoriebildung bereitwillig akzeptiert, scheint der Fall einer so überragenden Begabung zu unwahrscheinlich zu sein, um ihn ernsthaft als Möglichkeit einer besten Verfassung in Betracht zu ziehen. Dementsprechend setzt Aristoteles seinen Vergleich mit den Göttern auf die folgende Weise fort:

> „Da nun aber dies nicht leicht anzunehmen ist …, so ist es offenbar aus vielerlei Gründen notwendig, daß alle Staatsbürger in gleicher Weise an dem abwechselnden Regieren und Regiertwerden Anteil haben müssen" (Pol. VII 14, 1332b23–27).

Noch deutlicher als in Buch III wird hier also die Rede von den Göttern eingeführt, um den kontrafaktischen Charakter dieser Herrschaftskonzeption zum Ausdruck zu bringen. In seiner Theorie der besten Verfassung spielt das Königtum dementsprechend keine Rolle mehr; die Polis wird auf die bestmögliche Weise nach republikanischen Prinzipien organisiert. In diesen Zusammenhängen fungiert der Ausdruck „Gott" als eine Art Grenzbegriff; denn er markiert die Grenze einer vernünftigerweise vertretbaren und pragmatisch sinnvollen politischen Theorie.

---

[11] Eine ähnliche Vorstellung scheint sich hinter einer Bemerkung in Pol. I 2 zu verbergen: „wenn er aber andererseits überhaupt nicht an einer Gemeinschaft sich zu beteiligen vermag oder dessen durchaus nicht bedarf wegen seiner Selbstgenügsamkeit (*di' autarkeian*), so ist er freilich kein Teil des Staates, aber eben damit entweder ein Tier oder aber ein Gott (*thêrion ê theos*)" (Pol. I 2, 1253a27–29).

[12] Es ist auffällig, dass hier der Plural verwendet wird. Es geht hier eher um eine Form der wirklichen Aristokratie als um den in Buch III zur Diskussion stehenden Fall eines absoluten Königtums.

Der Vorstellung, dass der rechtmäßige Fall einer absoluten königlichen Herrschaft bei einem einzelnen Menschen eine gewissermaßen übermenschliche Begabung voraussetzt, so dass dieser „wie ein Gott unter den Menschen anzusehen" wäre (III 13, 1284a10 f.), wird als andere Option gegenübergestellt, dass die Herrschaft in der Polis nicht einzelnen Menschen, sondern den Gesetzen übertragen wird. Interessanterweise enthält die Darstellung dieser politischen Option ebenfalls einen Gottesbezug:

> „Wer also dem Gesetz (nomos) die Regierung zuweist, der weist sie, wie es scheint, allein Gott und der Vernunft zu (ton theon kai ton noun) zu, wer aber dem Menschen, der fügt auch noch das Tier hinzu" (Pol. III 16, 1287a28–30).

Anders als in der Erörterung der monarchischen Option scheint der Bezug auf Gott hier nicht den kontrafaktischen Charakter zu betonen, sondern die überlegene Rationalität einer Herrschaft der Gesetze. An der zitierten Formulierung ist jedoch unklar, ob es sich dabei um einen gültigen Ausdruck von Aristoteles' eigener Überzeugung handelt. Denn in Pol. III 16 ist sie zunächst einmal nur Teil einer dialektischen Erörterung, in der das Pro und Contra königlicher Herrschaft diskutiert wird, und in der beide Seiten der Diskussion mit ihren Argumenten ausführlich dargestellt werden, ohne dass ein abschließendes Urteil über den Wert der Argumente gefällt wird. Die zitierte Stelle könnte z. B. einfach ein Referat der Platonischen Position in den *Nomoi* sein. Denn es ist vor allem Platon, der den göttlichen Charakter des Gesetzes und der Herrschaft der Gesetze betont (z. B. Lg. VI 762a). Ob Aristoteles selber die theologisierende Version dieser These akzeptiert, geht aus dieser Stelle gar nicht hervor.[13]

Man kann jedoch sagen, dass die These, dass das Gesetz eine Manifestation Gottes ist, im systematischen Zusammenhang der Aristotelischen *Politik* nicht besonders plausibel wirkt, da Aristoteles immer wieder ausdrücklich darauf hinweist, dass es schlechte Gesetze gibt und die Gesetze in vielen Staaten nur zum eigenen Nutzen der Herrscher gegeben werden (z. B. III 10, 1281a36–38; IV 8, 1294a6 f.), so dass sie in diesen Fällen nicht unbedingt die Vernunft oder gar etwas Göttliches repräsentieren.

Zusammenfassend lässt sich sagen, dass sich in der *Politik* zwar eine Reihe von allgemeinen Bemerkungen über Gott und die Götter finden, aber dass sie sich dort nicht zu einem theologischen Begriffsrahmen zusammenfügen, in dem politische Phänomene neu interpretiert werden können. Im Rahmen von Aristoteles' Konzeption einer politischen Philosophie kommt ihnen keine tragende Bedeutung zu.

---

[13] Man könnte für eine positive Antwort auf diese Frage eine Passage in der *Nikomachischen Ethik* anführen, in der das Gesetz zumindest mit der Vernunft in Verbindung gebracht wird (EN X 10, 1180a21 f.). Aber interessant ist, und zwar gerade weil Aristoteles die Aussage dort als eigene Position vorträgt, dass ein direkter Gottesbezug an dieser Stelle fehlt. Allerdings könnte man gegen die Betonung des fehlenden Gottesbezugs einwenden, dass Gott oder etwas Göttliches durch den Hinweis auf die Vernunft (nous) mitgemeint ist; denn Gott selber wird als Vernunft beschrieben und die Vernunft als etwas Göttliches charakterisiert.

3. Die Rolle von Priestern in der Polis

Neben den genannten theologischen Bezügen finden sich in der *Politik* auch allgemeine
Angaben darüber, wie das religiöse Leben in der politischen Gemeinschaft organisiert
werden soll. Dass es ein solches gibt, setzt Aristoteles dabei selbstverständlich voraus,
und ebenso, dass es sich eher an den Grundsätzen der überlieferten Polisreligion orientiert als an den strengen Prinzipien seiner eigenen philosophischen Theologie.

Eine Frage, die ihn in diesem Zusammenhang besonders interessiert, ist die nach der
Stellung von Priestern in der Polis: Sind Priester Inhaber eines (politischen) Amtes oder
hat ihre Tätigkeit einen anderen Charakter? Für die Diskussion dieser Frage sei vorweg
bemerkt, dass Aristoteles in seiner politischen Philosophie die Bedeutung von Ämtern
in der Polis besonders stark betont: So wird der Bürger darüber definiert, dass er die Erlaubnis hat, bestimmte Ämter zu übernehmen (III 1), und auf derselben Linie wird die
Verfassung als eine bestimmte Ordnung der Ämter einer Polis aufgefasst (III 6 und IV 1).
Diesem systematischen Interesse trägt er in den mittleren Büchern dadurch Rechnung,
dass er die Ämter nicht nur im größeren Zusammenhang der Bürger- und der Verfas-
sungsdefinition erwähnt, sondern ihnen auch spezielle eigene Kapitel widmet (Pol. IV
14–16 und VI 8). Es ist dieser besondere Zusammenhang, in dem Aristoteles die Frage
nach den Priestern erörtert, das erste Mal im Rahmen einer allgemeinen Problematisie-
rung des Amtsbegriffs gegen Ende von Buch IV:

> „Es ist aber nicht einmal leicht zu bestimmen, was man denn überhaupt unter
> einem Regierungsamt (*archas*) zu verstehen hat. Denn die staatliche Gemein-
> schaft bedarf vieler Vorsteher (*epistatôn*), so daß man nicht ohne weiteres alle
> durch Wahl (*hairetous*) oder Los Bestellten (*klêrôtous*) schon als Regierungs-
> beamte (*archontas*) zu bezeichnen hat, wie z. B. fürs erste nicht die Priester
> (*hoion tous hiereis prôton*), die man vielmehr als eine besondere Art für sich
> neben die staatlichen Beamten zu stellen hat (*heteron ti para tas politikas*
> *archas*), ferner auch nicht die Chorausstatter, und die Herolde; auch die Ge-
> sandten werden ja gewählt" (Pol. IV 15, 1299a14–20).

Was ein Amt ist, lässt sich also nicht allein prozedural bestimmen. Durch Wahl oder Los-
verfahren dazu bestimmt zu werden, eine bestimmte Tätigkeit für die Polis auszuüben,
ist keine hinreichende Bedingung dafür, von dieser Tätigkeit als einem Amt zu sprechen. Dass dieser Vorbehalt gegen eine zu nachlässige Verwendung des Amtsbegriffs
gerechtfertigt ist, soll dann durch Beispiele verdeutlicht werden. Dies ist der genaue
systematische Zusammenhang, in dem Aristoteles erklärt, dass Priester kein Amt innehaben. Es handelt sich bei dieser Aussage also nicht um eine radikale Konsequenz eines
neuen politischen Theorems, sondern nur um einen Hinweis auf einen für Aristoteles
scheinbar ganz unstrittigen Sachverhalt. Priester dienen hier nur als besonders schlag-
kräftiges Beispiel, das angeführt wird, um die zuvor formulierte Regel (dass nicht alle
durch Wahl oder Los Bestellten Inhaber eines Amtes sind) zu bestätigen (denn Priester
werden durch Wahl oder Los bestellt und gelten dennoch nicht als Amtsinhaber). Überdies steht der Priester neben einer Reihe anderer Beispiele (Chorausstatter, Herolde und
Gesandte), mit denen man dieselbe Regel bestätigen könnte. All dies spricht dafür, die
Nennung der Priester nicht in den Mittelpunkt der Interpretation zu rücken. Zwar ist es

richtig, dass ausdrücklich darauf hingewiesen wird, dass Priester über kein politisches Amt verfügen, aber das systematische Interesse dieser Aussage liegt nicht bei den Priestern, sondern bei den Ämtern. Das kann gegen diejenigen Interpretationen eingewendet werden, die aus dieser Stelle auf die grundsätzliche Trennung von Politik und Religion schließen.[14]

In einem ähnlichen Sinne äußert sich Aristoteles über die Priester auch in Pol. VI 8, wiederum im Zusammenhang mit einer Analyse der Ämterordnung einer Polis. So heißt es in einer Art Nachtrag zur Darstellung der politischen Ämter:

„Das sind also in etwa die eigentlichen Staatsämter (*hai politikai tôn archôn*); nun kommen aber als eine andere Art von öffentlichen Aufsehern diejenigen hinzu, welchen die Besorgung des Götterdienstes anvertraut ist (*allo d' eidos epimeleias hê peri tous theous*), wie Priester (*hiereis*) und Aufseher über die Heiligtümer (*epimelêtai tôn peri ta hiera*), denen es obliegt, die bestehenden heiligen Gebäude zu erhalten und die baufälligen wieder instandzusetzen und für alles andere, was zum Zweck des Götterdienstes angeordnet ist (*tetaktai pros tous theous*), zu sorgen" (Pol. VI 8, 1322b17–22).

Hier wie an der zuvor genannten Stelle aus Buch IV wird über die Priester zunächst einmal in Abgrenzung von den politischen Ämtern gesprochen. Einige Interpreten meinen allerdings in dieser Klassifikation der Priester einen Unterschied zu der in Pol. IV 15 zu entdecken. Demzufolge wird den Priestern hier gar nicht allgemein abgesprochen, ein Amt innezuhaben; deshalb betone Aristoteles an dieser Stelle nur, dass sie sich von den Inhabern politischer Ämter unterscheiden. Ein anders geartetes Amt können sie dieser Interpretation zufolge durchaus innehaben.[15] Dementsprechend findet sich in einigen Übersetzungen auch die Rede vom „Priesteramt".[16] Gegen diese Lesart ist jedoch einzuwenden, dass Aristoteles an keiner Stelle tatsächlich so spricht und sich der behauptete Amtscharakter ihrer Tätigkeit nur erschließen lässt. Und das reicht nicht aus, um die Evidenz aus IV 15 aufzuwiegen, in der den Priestern derselbe ausdrücklich bestritten wird.

Wenn man sich vergegenwärtigt, dass *archê*, der griechische Begriff für „Amt", auch „Herrschaft" bedeutet, dann wird klar, dass es bei der Entscheidung für die strenge Les-

---

[14] Schütrumpf betont, dass Aristoteles mit dieser Regelung „eine deutliche Trennungslinie zwischen der politischen und der religiösen Sphäre zieht" (2005, 385). Swanson formuliert mit Blick auf diese Stelle eine extreme Version der Trennungsthese: „Aristotle is thus among the first political philosophers to advise the separation of church and state" (1992, 117). Das ist mindestens sehr unglücklich formuliert, da man schon über die Angemessenheit des Staatsbegriffs in diesem Zusammenhang streiten kann, wohingegen die Unangemessenheit des Begriffs „Kirche" im Kontext der griechischen Religion vermutlich ganz unstrittig ist.

[15] So interpretiert die Stelle Newman (IV 564). Eine andere Vertreterin dieser Ansicht ist Mary Nichols: „In Book IV Aristotle uses 'ruling office' in a more restrictive sense, noting that while 'the political association requires many functionaries, not all of those chosen by election or lot can be regarded as ruling officials.' He gives the example of priests (1299a15–19), but in Book VI, where he uses ‚ruling offices' in a broader sense, he refers not merely to priests but also other ‚ruling officers'" (1992, 209 f.).

[16] Dafür entscheidet sich z. B. Schütrumpf (vgl. seine diesbezügliche Bemerkung in 1996, 403).

art (d. h. dass Priester kein Amt ausüben) nicht nur um eine terminologische Subtilität geht, sondern um einen Unterschied, der systematisch bedeutsam ist. Der Priester übt eine Tätigkeit aus, die für das Leben der Polisbewohner wichtig sein mag, aber er übt keine Herrschaft über sie aus.[17] Vielleicht kann man auch noch einen Schritt weiter gehen und die Frage stellen, ob Aristoteles den Priestern durch seine restriktive Analyse auch diejenigen Tätigkeiten abspricht, die nach Pol. IV 15 (1299a25–28) konstitutiv für die Ausübung eines Amts sind, also Überlegen (*bouleuesthai*), Urteilen (*krinai*) und Befehlen (*epitaxai*). Was Priester in der Erfüllung ihrer Aufgabe tun, müsste sich dann im Wesentlichen unabhängig von diesen drei Tätigkeiten beschreiben lassen.

Um ihren Status und ihre Tätigkeit zu beschreiben, werden von Aristoteles konsequent andere, allgemeinere Begriffe verwendet, die auf Amtsinhaber und Nicht-Amtsinhaber gleichermaßen zutreffen. In IV 15 wird von den verschiedenen „Vorstehern" gesprochen, die die Polis braucht und mit Bezug auf die Priester betont, dass nicht jeder Vorsteher (*epistatês*) ein Amt innehat. Aber der häufigste Begriff, den Aristoteles in diesen Zusammenhängen gebraucht, ist *epimeleia*. Das heißt wörtlich „Fürsorge" und wird von Aristoteles in der *Politik* in einem nicht-caritativen Sinne verwendet, um auf einen bestimmten Tätigkeitsbereich zu verweisen, „für den man Sorge trägt" oder „um den man sich kümmert". In diesem Sinne kommt den Priestern „eine andere Art der Fürsorge" zu (*allo d' eidos tês epimeleias*: VI 8, 1322b18 f.) als den politischen Beamten. Denn ihre Fürsorge gilt den Göttern.

Der Fortgang der Erörterung in Pol. VI 8 ist für die Frage nach dem Verhältnis von Politik und Religion bei Aristoteles sehr lehrreich. Denn nach der Nennung weiterer Personengruppen, die neben den Priestern direkt oder indirekt mit dem Gottesdienst zu tun haben („die Opfervorsteher, die Tempelwächter und die Tempelschatzmeister": 1322b24 f.), verweist Aristoteles ausdrücklich auf die Existenz einer Behörde in der Polis,

> „welche sämtliche Staatsopfer (*thysias ... tas koinas*) zu vollbringen hat, die das Gesetz nicht den Priestern zuteilt (*mê tois hiereusin apodidôsin ho nomos*), sondern die vielmehr auf dem gemeinsamen Staatsaltar feierlich begangen werden (*apo tês koinês hestias echousin tên timên*), und es werden solche Beamten bald Archonten, bald Könige, bald Prytanen genannt" (Pol. VI 8, 1322b26–29).

Diese Bemerkung zeigt deutlich, dass mit der begrifflichen Abgrenzung von Priestern und politischen Beamten keine strenge Trennung von politischer und religiöser Sphäre verbunden ist. Denn Aristoteles mag noch so sehr betonen, dass Priester mit ihrer Tätigkeit kein Amt oder kein politisches Amt ausüben; für ihn scheint sich kein Widerspruch daraus zu ergeben, dass politische Beamte selber religiöse Aufgaben übernehmen.

Diesen Äußerungen aus den mittleren Büchern lassen sich andere Aussagen über Priester und ihre Aufgaben an die Seite stellen, die von ihrer besonderen Rolle im Aufbau der besten Verfassung handeln. In Buch VII wird dieses Thema über die allgemeine Frage eingeführt, welche Aufgaben oder Funktionen ein Staat erfüllen muss, damit er

---

[17] Das ist auch, mit Bezug auf die Passage in Pol. IV 15, die Einschätzung von Simpson: „priests, chorus masters, heralds, and ambassadors are not exercising rule" (1998, 349).

als autark gelten kann. In seiner Aufzählung der notwendigen Staatsaufgaben erwähnt Aristoteles, und zwar mit einer rätselhaften Formulierung,

> „fünftens und erstens die Besorgung des Gottesdienstes (*tên peri to theion epimeleian*), die man Kultus (*hierateian*) nennt" (VII 8, 1328b11–13: Übersetzung Rolfes).

Dass dies der fünfte Punkt der Aufzählung ist, ist klar, aber warum der Erfüllung dieser Aufgaben in einer anderen Hinsicht eine erste Stelle zugewiesen werden kann, wird von Aristoteles mit keinem Wort erklärt und erschließt sich auch nicht aus dem Zusammenhang. Von vielen Interpreten und Übersetzern scheint dies so verstanden zu werden, dass dem Gottesdienst damit von allen Staatsaufgaben die größte Bedeutung zugemessen wird.[18] Diese Interpretation wird jedoch durch nichts im Aristotelischen Text gestützt und würde ihn auch mit einer Bedeutung belasten, die vielleicht nicht in direktem Widerspruch, aber doch in einer gewissen Spannung zum Rest der Theorie stehen würde.

Wenn man diese starke Interpretation allerdings ablehnt, bleibt die Frage bestehen, wie die behauptete Priorität dann aufzufassen ist. Sprachlich könnte der Ausdruck *prôton* auch eine rein zeitliche Bedeutung haben, aber man müsste dann von der Sache her klären, was eine zeitliche Priorität in diesem Zusammenhang bedeuten könnte. Vielleicht könnte man die folgende Vermutung anstellen: Gesetze, die das Göttliche betreffen, werden zuerst gegeben (so z. B. in den *Nomoi*: VI 771a); wenn man eine Polis gründet, wird zuerst festgelegt, welche Tempel es dort geben soll, wo sie stehen, wer Priester sein kann usw. Aristoteles könnte eine solche Konvention im Sinn haben, auch ohne der Religion infolge dieser Konvention gleich eine soziale oder politische Priorität einzuräumen. Des Weiteren wäre zu überlegen, ob *prôton* eine Art von ontologischer Priorität anzeigen könnte. Es bezöge sich dann nicht auf den besonderen Wert der Tätigkeit (des Gottesdienstes), sondern auf den Rang der Gegenstände oder Personen, denen die entsprechende Tätigkeit gewidmet ist. Denn im Rahmen der Aristotelischen Ontologie und Kosmologie hat in der Tat das Göttliche den höchsten Rang. Aber auch aus der Anerkennung dieser ontologischen Priorität folgt keinesfalls, dass dem Dienst an den Göttern eine überragende soziale oder politische Bedeutung zukommt.

In Beziehung zu den anderen Staatsaufgaben fällt übrigens auf, dass bei deren Aufzählung fast immer, wenigstens in einem Halbsatz, ein Grund angegeben wird, warum sie nötig sind und welches Bedürfnis durch sie befriedigt wird. So wird zum Beispiel kurz erläutert, wozu man die Künste braucht, wozu man Waffen und wozu man Geldmittel braucht. Die einzige wirklich erklärungsbedürftige Ausnahme ist die Sorge für den Gottesdienst.[19] Es wird mit keinem Satz auch nur angedeutet, welches Bedürfnis ihm zugrunde liegt. Das heißt aber, dass Aristoteles vollkommen offen lässt, warum „die Sorge für das Göttliche" zu den notwendigen Aufgaben einer Polis gehört, ohne deren Erledigung sie nicht autark ist (1328b17–20). Das fällt an dieser Stelle, wegen der

---

[18] Kraut übersetzt hier „fifth, but of first importance".

[19] Für den ersten Punkt wird auch keine Erklärung gegeben, aber sie ist in diesem Fall nicht nötig, da es sich von selbst versteht, dass man in einem Staat dafür Sorge tragen muss, dass es Nahrung gibt.

unerwarteten und unbestimmten Prioritätsbehauptung, besonders ins Auge, gilt aber im Grunde genommen für die politische Philosophie des Aristoteles im Ganzen.

Für Platon und die politische Theorie der *Nomoi* wäre es hingegen ganz einfach zu begründen, warum die Sorge für das Göttliche zu den ersten Pflichten des Staates gehört. In der Rede an die Siedler heißt es ganz grundsätzlich, dass Gott „das Maß aller Dinge" ist (Lg. IV 716c) und dass „für einen guten Menschen das Opfern und der ständige Umgang mit den Göttern in Gebeten, durch Weihgeschenke und den ganzen Götterkult das schönste und beste und wirksamste Mittel zu einem glücklichen Leben" ist (716de). Vor dem Hintergrund dieser politischen Theorie, die Aristoteles gut kannte und zu der sich Pol. VII stellenweise fast wie ein Kommentar liest, ist die Aristotelische Zurückhaltung in Fragen der Religion besonders auffällig.

Nachdem in Pol. VII 8 also erklärt wurde, dass die Funktion von Priestern notwendig zur Ausstattung eines Staates gehört, widmet sich VII 9 der Frage, wen man in der besten Verfassung mit dieser Aufgabe betrauen soll:

> „Und so bleibt denn von allen vorhin aufgezählten Klassen nur noch der Priesterstand (*to tôn hierôn genos*) übrig. Auch die ihm zu gebende Ordnung ist klar. Denn natürlich wird man keinen Bauern oder Handwerker zum Priester bestellen, vielmehr ziemt es sich, daß Staatsbürger es sind, welche den Göttern ihre Ehren erweisen (*timasthai tous theous*); da nun aber die Bürgerschaft in zwei Teile zerfällt, in die bewaffnete Macht und die Berater des Staates, und es sich wohl ziemt, daß diejenigen, welche wegen ihres Alters an Kraft verloren haben, den den Göttern gebührenden Dienst versehen (*tên ... therapeian ... tois theois*) und hierin einen angemessenen Ruheposten finden, so muß man diesen die Priestertümer übertragen (*tas hierôsynas apodoteon*)" (Pol. VII 9, 1329a37–34; leicht modifizierte Übersetzung).[20]

An diesen Ausführungen fällt eine gewisse Ambivalenz in der Verwendung des Bürgerbegriffs auf: Einerseits betont Aristoteles, dass die Priester Bürger sein müssen, und zwar zur größeren Ehre für die Götter. Denn Nicht-Bürger für diesen Dienst heranzuziehen, sei in Bezug auf die Götter nicht ehrenvoll genug. Andererseits betont er, dass „die Bürgerschaft in zwei Teile zerfällt, in die bewaffnete Macht und die Berater des Staates" (1329a30 f.) und dass nur diese beiden Teile auch wirklich „Teile des Staates" sind (a37 f.). In dieser plakativen Zweiteilung der Bürgerschaft tauchen die Priester gar nicht auf. Allerdings hat Aristoteles schon in Pol. III 1, also in dem Kapitel, in dem definiert wird, was ein Bürger ist, die „ausgedienten Bürger" (*parêkmakotas*) eingeführt, die man zwar nicht mehr „schlechthin Bürger" nennen kann, die aber dennoch „irgendwie Bürger" sind (1275a15–17).[21] Mit dieser Unterscheidung lässt sich die Ambivalenz im Sprachgebrauch von Pol. VII 9 aufklären. Ein Priester ist ein Bürger a.D., jemand, der über Jahrzehnte als Bürger aktiv war, der nun aber, altersbedingt, seine bürgerlichen

---

[20] Kraut betont die Rationalität dieser Regel: „His proposal that only elderly men be priests is based on the assumption that the practices of his time use talents inefficiently. If the mind and the body are at their best before they are old, and if the services of priests do not require the full use of the mind or body, then everyone benefits if these positions are filled only by the elderly" (1997, 109).

[21] Darauf verweist zum Beispiel auch Newman in seinem Kommentar (III 381).

Aufgaben im engeren Sinne nicht mehr erfüllen kann.[22] Er übernimmt keine militärischen, keine deliberativen und keine iudikativen Aufgaben mehr, aber er leistet der Polis durch die Übernahme einer Art von Ehrenamt weiterhin seine Dienste.

Mit dieser Bindung der Priesterschaft an den Bürgerstatus geht übrigens einher, dass es in Aristoteles' bestem Staat keine Priesterinnen geben wird. Damit unterscheidet er sich nicht nur von Platon (Lg. VI 759a–d), in dessen *Nomoi* Frauen allerdings auch die gleiche Berechtigung haben, bürgerliche Aufgaben zu übernehmen und an der Herrschaft in der Polis teilzunehmen, sondern er unterscheidet sich damit auch deutlich von den Gepflogenheiten der griechischen Gesellschaften seiner Zeit, in denen die Existenz von Priesterinnen, vor allem für bestimmte Kulte, gang und gäbe war.

4. Abschließende Einschätzung

Es gibt in der *Politik* also tatsächlich eine Reihe von Stellen, an denen Aristoteles sich im Rahmen bestimmter Argumente auf Gott, die Götter und das Göttliche bezieht. Insofern bietet der Text eine Grundlage dafür, über das Verhältnis von Theologie und politischer Philosophie zu sprechen. Außerdem gibt es in nennenswertem Umfang Stellen, an denen sich Aristoteles direkt über die Rolle von Priestern, die Arten von Opfern oder die Lage und die Organisation von Heiligtümern in der Polis spricht. Insofern bietet der Text auch eine Grundlage dafür, über das Verhältnis von Politik und Religion zu sprechen. In keinem der beiden Fälle führt dies jedoch dazu, dass die allgemeine Einschätzung von Aristoteles' politischer Philosophie grundlegend verändert werden muss. Denn die Gottesbezüge, die sich in den unterschiedlichsten Zusammenhängen finden, bleiben den Argumenten, in deren Rahmen sie auftreten, weitgehend äußerlich. Wer theologische Grundlagen der politischen Philosophie sucht, wird sie hier nicht finden.

Man muss sich jedoch davor hüten, hieraus schließen zu wollen, dass deshalb auch das Leben in der von Aristoteles analysierten politischen Gemeinschaft einen säkularen Charakter hat. Das ist, und das zeigen die untersuchten Stellen ebenfalls, nicht der Fall. Dass das religiöse Leben ein wichtiger Bestandteil im Leben der Bürger ist, wird als selbstverständlich vorausgesetzt, und die Polis hilft nicht nur bei der formalen Organisation desselben, sondern ist selber auch über leitende Beamte offiziell bei der Durchführung einiger Rituale beteiligt. Dennoch ist es auffällig, dass sich Aristoteles in der *Politik*, wenn es um Fragen der Religion geht, fast ausschließlich mit Fragen der Organisation und Klassifikation beschäftigt. Fragen nach der Wahrheit religiöser Überzeugungen werden hier genauso wenig gestellt wie solche nach dem Sinn von Opfern und Gebeten, und selbst Fragen nach dem Nutzen der Religion (oder bestimmten Aspekten derselben) stellt Aristoteles im Grunde genommen nur für die verfehlten Verfassungen. Insofern ist die

---

[22] Nichols betont die Bedeutung des Sachverhalts, dass diese Priester nicht einfach alte Männer sind, sondern solche, die zuvor als Soldaten und als Amtsträger für die Polis gearbeitet haben. Sie interpretiert dies als Gewähr dafür, dass die Frömmigkeit dieser alten Priester einen besonders zivilen Charakter annimmt und nicht so schnell durch religiösen Fanatismus gefährdet wird (1992, 148). Ob letzteres eine triftige Vermutung ist, hängt jedoch davon ab, ob religiöser Fanatismus tatsächlich ein derartiges Problem war, dass man sich dagegen durch die Etablierung solcher institutioneller Regeln sichern musste.

Religion und ihre Stellung im Rahmen der Polis für Aristoteles zwar ein Thema, aber in seiner Systematik der politischen Analyse ist es nur am Rande von Bedeutung.

5.   Literatur

Dreizehnter, A. 1970: Aristoteles' *Politik*. Eingeleitet, kritisch herausgegeben und mit Indices versehen, München.

Huxley, G. 1979: On Aristotle and Greek Society, Belfast.

Keyt, D. 1999: Aristotle, *Politics*, Books V and VI. Translation and Commentary, Oxford.

Kraut, R. 1997: Aristotle, *Politics*, Books VII and VIII. Translation and Commentary, Oxford.

– 2002: Aristotle. Political Philosophy, Oxford.

Kullmann, W. 1994: Aristoteles, *Politik*. Nach der Übersetzung von F. Susemihl neu herausgegeben, Reinbek.

Lindsay, T. K. 1991: The „God-Like Man" versus the „Best Laws". Politics and Religion in Aristotle's *Politics*, in: Review of Politics 53, 488–509.

Morrow, G. R. 1960: Plato's Cretan City. A Historical Interpretation of the *Laws*, Princeton.

Newman, W. L. 1887–1902: The *Politics* of Aristotle with an Introduction, two Prefatory Essays and Notes Critical and Explanatory, Oxford.

Nichols, M. P. 1992: Citizens and Statesmen: A Study of Aristotle's *Politics*, Lanham.

Rahe, P. A. 1994: Republics Ancient and Modern. Vol. I: The Ancient Régime in Classical Greece, Chapel Hill/London.

Schirren, Th./Zinsmaier, Th. 2003: Die Sophisten. Ausgewählte Texte, Stuttgart.

Schöpsdau, K. 2003: Platon, Nomoi. Buch IV–VII. Übersetzung und Kommentar, Göttingen.

Schütrumpf, E. 1991a: Aristoteles, *Politik* Buch I. Übersetzung und Kommentar, Berlin.

– 1991b: Aristoteles, *Politik* Buch II und III. Übersetzung und Kommentar, Berlin.

– 1996: Aristoteles, *Politik* Buch IV–VI. Übersetzung und Kommentar (zusammen mit H.-J. Gehrke), Berlin.

– 2005: Aristoteles, *Politik* Buch VII und VIII. Übersetzung und Kommentar, Berlin.

Simpson, P. L. P. 1998: A Philosophical Commentary of the *Politics* of Aristotle, Chapel Hill/London.

Strauss, L. 1964: The City and Man, Chicago/London.

Susemihl, F./Hicks, R. D. 1894: The *Politics* of Aristotle. A Revised Text with Introduction, Analysis and Commentary, London/New York.

Swanson, J. A. 1992: The Public and the Private in Aristotle's Political Philosophy, Ithaca/London.

Wolf, U. 1994: Aristoteles, Metaphysik. Nach der Übersetzung von H. Bonitz neu herausgegeben, Reinbek.

Johannes Brachtendorf

Augustinus: Die *civitas dei* und der gerechte Staat

1. Einleitung

Augustinus hat seine Überlegungen zum Verhältnis von Politik und Religion in mehreren Werken sowie in Briefen formuliert. Dabei ragt *De civitate dei* als umfangreiche, sehr grundsätzlich angelegte und stark rezipierte Abhandlung heraus. Ich werde mich im Folgenden vor allem an diesem Werk orientieren. Als Zugangsweise wähle ich einen Vergleich mit Platons *Politeia*. Das Thema „Augustinus und der Platonismus" ist seit nunmehr einhundert Jahren als Hauptthema der Augustinus-Forschung fest etabliert. Augustinus selbst berichtet uns, dass die Platoniker ihm die Augen öffneten für Gott als Grund allen Seins, als Licht der Vernunft und als Ziel allen Strebens.[1] Er hält die platonische Philosophie für die beste aller antiken Philosophien, so dass die Platoniker ihm zufolge nur wenige Worte hätten ändern müssen, und sie wären Christen gewesen.[2]

Daher werde ich im Folgenden einen Vergleich anstellen zwischen der *Politeia*, dem wichtigsten Dialog Platons zur politischen Philosophie, und *De civitate dei*, dem neben den *Confessiones* wohl bekanntesten Werk Augustins.[3] Man mag fragen, ob es trotz Augustins Affinität zum Platonismus überhaupt möglich ist, diese beiden Werke zusammenzuführen. Sind die Unterschiede nicht zu groß? Immerhin liegen rund 800 Jahre zwischen ihnen, die kulturgeschichtliche Umwälzungen größten Maßstabs mit sich brachten. Platon spricht griechisch, Augustinus lateinisch; Platon schreibt im Kontext der paganen Antike, Augustinus jedoch in einer christianisierten Welt. Platon hatte den griechischen Stadtstaat vor Augen, Augustinus hingegen das römische Weltreich. Augus-

---

[1] Vgl. *civ. dei* VIII 4.
[2] Vgl. De vera religione 7.
[3] Bei der Suche nach Vorbildern für Augustins *De civitate dei* hat man schon früh Platons *Politeia* ins Auge gefasst, so z.B. Scholz 1911, 71–74. Seither ist das Thema gelegentlich angesprochen worden, z.B. bei van Oort 1991, S. 254 ff. Allerdings geht es bei diesen Autoren vor allem um direkte literarische Parallelen und Abhängigkeiten. Der vorliegende Aufsatz beabsichtigt dagegen stärker einen systematischen Vergleich.

tinus bringt eine weltgeschichtliche Betrachtungsweise zur Geltung und erörtert konkrete historische Ereignisse seiner Zeit, etwa die Eroberung Roms durch die Goten, während Platon typologisch bzw. idealtypisch ansetzt und kaum ein Interesse an Geschichte erkennen lässt.

Doch manches spricht auch für die Idee, Augustins politisches Denken von Platons *Politeia* her in den Blick zu nehmen. Schon die Titel der Werke sind sehr ähnlich: Im einen geht es um die *polis*, im anderen um die *civitas*, und beide fragen nach der Gerechtigkeit sowohl des Staates als auch des Einzelmenschen. Auf doktrinaler Ebene übernimmt Augustinus wichtige Elemente der Metaphysik Platons, wie er sie durch die Neuplatoniker kennt, und auch die Psychologie und die Ethik des griechischen Philosophen macht er sich weitgehend zu eigen. Augustinus bezieht sich in *De civitate dei* sogar mehrmals direkt auf die *Politeia*, etwa auf Platons Dichterkritik[4], oder auf den Jenseitsmythos von *Politeia* X (613e–621d), den Augustinus zur Verteidigung seiner Lehre von der leiblichen Auferstehung heranzieht.[5] Augustins Kenntnis der *Politeia* dürfte aber wohl nicht eigener Lektüre entstammen, sondern ist vermutlich durch Ciceros *De re publica* und andere Handbücher und Zusammenfassungen vermittelt.

Ein weiterer Vergleichspunkt drängt sich auf, nämlich die Rede von einem Staat im Himmel, der dem Staat auf Erden gegenübergestellt wird. Im 9. Buch der *Politeia* unterscheidet Platon das „göttliche Urbild" (*paradeigma*) des Staates, das sich im Himmel befindet,[6] von den konkret existierenden Staaten auf der Erde. Augustinus differenziert durchgängig zwischen der *civitas dei*, die er auch *civitas caelestis* (also himmlischer Staat) nennt, und der *civitas terrena*, dem irdischen Staat.[7] Doch hinter dieser auf den ersten Blick deutlichen Parallele erscheint bei näherer Betrachtung einer der größten sachlichen Unterschiede zwischen Platon und Augustinus. Ich werde zunächst diesem Unterschied nachgehen, um Augustins Begriff der *civitas dei* nachzuzeichnen. Danach werde ich mich den jeweiligen Theorien der Gerechtigkeit zuwenden.

---

[4] So kritisiert Augustinus die pagan-römischen Göttermythen ganz ähnlich wie Platon die zu seiner Zeit maßgeblichen Mythendichter: „Sollte man nicht vielmehr dem Griechen Plato die Palme reichen, der, als er das Vernunftideal eines Staates entwarf, die Dichter als Feinde der Wahrheit aus der Stadt zu vertreiben empfahl?" (*civ. dei* II 14)

[5] Vgl. *civ. dei* XXII 26–28.

[6] Vgl. *Politeia* IX 592b. In den *Nomoi* (IV 713a) kommt Platon sogar der Rede von einem Staat Gottes semantisch nahe.

[7] Vgl. *civ. dei* I praefatio; I 1; XV 1; XIX 1; XIX 17 u.ö. Das unmittelbare Vorbild für Augustins Unterscheidung von *civitas dei* und *civitas diaboli* liegt wohl im Kommentar des Tyconius zur biblischen Apokalypse. Van Oort 1991, 199–359 vermutet allerdings eher manichäischen Einfluss. Eine ausführliche Diskussion der Quellen Augustins liefert van Oort 1991, 199–359, sowie O'Daly 1999, 53–62. Bei Augustinus selbst begegnet die Unterscheidung bereits in *De catechizandis rudibus* aus dem Jahr 399/400. Dort heißt es: „duae itaque ciuitates, una iniquorum, altera sanctorum, ab initio generis humani usque in finem saeculi perducuntur, nunc permixtae corporibus, sed uoluntatibus separatae, in die iudicii uero etiam corpore separandae." (*De catechizandis rudibus liber unus*, 31)

2. Der Staat im Himmel und die *civitas dei*

Platon bestimmt den Philosophen, der Staatsmann ist, als Zeichner oder Maler. Dieser schaut nämlich auf das „göttliche Urbild", das *paradeigma* des Staates, malt es ab, und entwirft so den Grundriss eines konkreten Staates.[8] Ein so entworfener Staat wird glückselig sein. Im Himmel ist ein *paradeigma* aufgestellt, wie Platon sagt[9], und nach diesem himmlischen Staat, den der Philosoph mit den Augen des Geistes zu schauen vermag, richtet er die Verfassung des irdischen Staates ein. Der himmlische Staat ist die Idee des Staates, die oberhalb aller realen Staatsverfassungen steht. Platons Idealstaat wäre dann die bestmögliche Darstellung des himmlischen Staates auf Erden.

Augustins *civitas dei* und *civitas terrena* verhalten sich jedoch nicht zueinander wie eine platonische, außerzeitliche Idee und ein an ihr teilhabendes, zeitliches Einzelding.[10] Die *civitas caelestis* ist nicht ein Urbild des Staates, nach dem der christliche Herrscher eine Verfassung entwerfen könnte, und die *civitas terrena* ist nicht der auf Erden vorfindliche Staat als politische Einheit. Eine Idee des Staates im Sinne des platonischen *paradeigma* im Himmel ist bei Augustinus wohl gar nicht zu finden, obwohl ein Teil der *civitas dei* sich im Himmel befindet, nämlich die guten Engel und die schon zur Seligkeit gelangten Heiligen, während ein anderer Teil, nämlich die Menschen guten Willens, noch auf der Erde lebt.[11] Vielmehr sind beide *civitates* universalgeschichtliche Größen, die ihren Anfang bei der Erschaffung der Welt nehmen, und sich bis zu ihrem Ende durchhalten. Sie stehen weder in einem Urbild-Abbild-Verhältnis zueinander, noch handelt es sich bei ihnen um politische Gebilde im Sinne konkreter Staaten, sondern eher um moralische Gemeinschaften, die die Einzelstaaten durchdringen und ihren sozialethischen Charakter so oder so bestimmen.[12] Diese Einzelstaaten nennt Augustinus *res publica*, *imperium*, oder *regnum*.[13]

Eine *civitas*, so definiert Augustinus, ist eine Vielheit von Menschen, die durch ein Band der Eintracht zusammengehalten wird.[14] Dieses Band ist durch das gemeinsame Streben nach bestimmten Gütern gegeben. Die *civitas dei* ist die Gemeinschaft jener Vernunftwesen, die die metaphysische Ordnung der Dinge, also den *ordo rerum*, zu ihrer persönlichen Vorzugsordnung machen, d.h. zu ihrem *ordo amoris*. Was metaphysisch höher steht, lieben sie mehr, was tiefer steht, weniger. An höchster Stelle im *ordo rerum* steht Gott als die Gutheit selbst, die Wahrheit selbst, und das Sein selbst, das allem

---

[8] Vgl. *Politeia* VI 500e–501b.

[9] Vgl. *Politeia* IX 592b.

[10] Dies betonen – trotz der interpretationsbedürftigen Äußerung Augustins in *civ. dei* XV 2 – auch Duchrow 1970, 290 und Weissenberg 2005, 270.

[11] *Civ. dei* XV 1.

[12] Vgl. dazu Ratzinger 1992, 281–295; Markus 1970, 59–6. Die ideentheoretisch konzipierte Unterscheidung einer oberen und einer unteren *polis*, die Augustinus sich aber nicht zu eigen macht, findet sich bei Plotin, *Enneade* IV 4, 17.

[13] Vgl. *civ. dei* IV 33; V 12; XIX 24; *De ordine* II 54; *De vera religione* 50. Wie Weissenberg 2005, 269 zu Recht bemerkt, kann Augustinus mit „terrena" auch neutral den irdischen Staat als politisches Gebilde bezeichnen und nicht wie in „civitas terrena" als Gegensatz zu „civitas caelestis" das als ethisch böse qualifizierte Gemeinwesen.

[14] Vgl. *epistula* 138,10.

Seienden Wesen und Existenz verleiht. Entsprechend machen die Bürger der *civitas dei* Gott zu ihrem höchsten Gut, das sie über alles lieben. Die übrigen Güter lieben sie um Gottes willen und auf ihn hin. Dadurch haben sie einen rechten Willen (*voluntas recta*). Dagegen sind die Bürger der *civitas terrena* sich selbst das höchste Gut. Sie lieben sich selbst über alles, und alles andere nur um ihrer selbst willen und auf sich selbst hin. Dieser *ordo amoris* folgt nicht dem *ordo rerum*, sondern verkehrt ihn, denn der Mensch ist nicht die Gutheit selbst und das Sein selbst, vielmehr ist er ein Seiendes, das vom „Sein selbst" her und durch es ist, und somit tiefer steht als dieses. Solche Menschen haben einen verkehrten Willen (*voluntas perversa*).[15] Daher heißt die *civitas terrena* auch *civitas diaboli*.

Ein wichtiger Unterschied der beiden möglichen Letztziele, nämlich Gott oder das Selbst, liegt darin, dass Gott gleichsam ein öffentliches Gut ist, das Selbst hingegen ein privates. Gott als Gut steht allen offen. Auch ist dieses Gut nicht knapp, denn dadurch, dass einer Anteil an ihm gewinnt, wird der andere davon nicht ausgeschlossen. Im Gegenteil: Wer dieses Gut gewonnen hat, sorgt sich darum, dass auch andere es erreichen.[16] Dagegen ist das Selbst, da es ein „jeweiliges" ist, exklusiv. Was für den einen die Erlangung dieses Gutes fördert, das hilft dem anderen gerade nicht, sondern behindert ihn. So sind die Bürger des Gottesstaates von allgemeiner Liebe (*amor universalis*) bestimmt, die Bürger des Teufelsstaates hingegen von parteiischer Liebe. Die Ersten lieben in Demut, was allen gemeinsam sein kann, die Letzteren hingegen raffen in Selbstüberhebung zusammen, was nur ihnen selbst nützt.[17] Die Gottesstaatsbürger lieben den Nächsten und auch sich selbst auf Gott hin, die Teufelsstaatsbürger sind, bedingt durch ihren moralischen Egoismus, beseelt von Feindschaft gegen andere, Eifersucht, Zorn, Zwietracht und Neid – oder insgesamt: von der *libido dominandi*, der Sucht nach Herrschaft über andere.[18]

So hat Augustins *civitas caelestis* vor allem eine ethische Bedeutung, während Platons himmlischer Staat primär ein ideenmetaphysischer Begriff ist, der als solcher dann allerdings Normativität besitzt.

3.   Der Begriff der Gerechtigkeit

Nach Platons Sokrates gilt, dass der Gerechte glückselig ist, der Ungerechte aber elend (vgl. *Politeia* I 353e/354a). Der Gerechte lebt besser und ist glücklicher. In gleicher Weise behauptet Augustinus, dass wahre Tugend den Menschen gut leben lässt und ihn glückselig macht (vgl. *civ. dei* I 15). Gerechtigkeit ist nach Platon jene Verfassung (sei es des Staates, sei es der Seele), in der „jegliches das Seinige verrichtet in Absicht auf Herrschen und Beherrschtwerden" (*Politeia* IV 443b). Für Augustinus ist die Gerechtigkeit „diejenige Tugend, durch die jedem das Seine zugeteilt wird" (*civ. dei* XIX 4), so

---

[15] Vgl. *civ. dei* XIV 6. Für eine Zusammenfassung der Ethik Augustins vgl. Brachtendorf 2012, 117–149.
[16] Vgl. *De libero arbitrio* II 24,93–36,141.
[17] Vgl. *civ. dei* XII 1.
[18] Vgl. *civ. dei* XIV 28; *De Genesi ad litteram* XI 15.

dass jeder Seelenteil entsprechend der natürlichen Ordnung das Seinige tut im Befehlen und Gehorchen. Ist nicht nur der Einzelne, sondern der ganze Staat von der Gerechtigkeit geprägt, dann ist er ein Staat der Glücklichen, eine *polis eudaimonon*, wie Platon sagt (*Politeia* V 458e), oder eine *beata civitas*, wie Augustinus es nennt (*civ. dei* I 15).

Platons Sokrates vertritt die These, die Gerechtigkeit gehöre zu denjenigen Gütern, die sowohl um ihrer selbst willen, als auch wegen ihrer Folgen erstrebenswert seien.[19] Die Folgen seien teils diesseitiger Art, denn der Gerechte werde, trotz Anfeindungen bis hin zum Mordversuch, auf lange Sicht doch von den Menschen geehrt, gelobt und gepriesen, und auch im jenseitigen Leben erhalte er von den Göttern gebührenden Lohn (*Politeia* X 613b ff.). Dass die Tugend um ihrer selbst willen erstrebenswert sei, ist also nicht deontologisch zu verstehen, sondern im Sinne der inneren im Gegensatz zu den äußeren Folgen. Es geht Platon um die Beschreibung des Zustandes, in den die Gerechtigkeit die Seele eines Menschen bringt. Welche Kraft hat die Gerechtigkeit an sich selbst, wenn sie in der Seele ist (*Politeia* II, 358b 4–6; 367 a)? Sie versetzt sie in den Zustand der Eintracht, der Harmonie, damit der Stärke und der Übereinstimmung mit sich selbst. Gerechtigkeit ist nach Platon also sowohl ihrer inneren als auch ihrer äußeren Folgen wegen begehrenswert.

Augustinus zählt die Gerechtigkeit (als wahre Tugend) ebenfalls zu denjenigen Gütern, die aus diesen beiden Gründen, nämlich der inneren und der äußeren Folgen halber, zu erstreben sind. Sie bringt die Seele des Menschen in eine naturgemäße Verfassung, d. h. in Einheit und Harmonie, und sie wird den Menschen zur vollkommenen Glückseligkeit des jenseitigen Lebens führen, wo er das höchste Gut genießen wird. Allerdings ist Augustinus hinsichtlich der äußeren Tugendfolgen im diesseitigen Leben skeptischer als Platon, denn wegen der zahlreichen Übel dieser Welt sei selbst für den Gerechten, obwohl er besser lebt als der Ungerechte, doch nur die Hoffnung auf das Glück gegeben, nicht aber schon das Glück selbst.[20] Auch hält Augustinus die vollkommene Verwirklichung der Gerechtigkeit in der Seele eines Menschen für ein Ideal, dem der Mensch zwar nachstreben muss, das er in diesem Leben aber nicht erreichen kann.[21]

Im 14. Buch *De civitate dei* referiert Augustinus zustimmend die Gerechtigkeitsauffassung Platons, soweit sie auf die Einzelseele bezogen ist. Er sagt, dass „jene Philosophen, die sich der Wahrheit näherten [sc. die Platoniker], zugestanden, dass Zorn [*ira*, bei Platon *thymoeides*] und Begehrlichkeit [*libido*, bei Platon *epithymetikon*] fehlsame Seelenteile seien, weil sie wild und ordnungswidrig auch nach dem trachten, was Weisheit zu tun verbietet, und darum der Zügelung durch Geist und Vernunft bedürfen. Der Geist als dritter Seelenteil wohne gleichsam, sie zu regieren, auf einer Burg, und nur, wenn er befehle und sie gehorchen, könne Gerechtigkeit in allen Seelenteilen gewahrt werden" (*civ. dei* XIV 19).

Die Herrschaft der Vernunft lässt sich nach Augustinus aber nur dann verwirklichen, wenn der Mensch sich als ganzer Gott unterordnet. Nur kraft der Herrschaft Gottes über den Menschen kann der Mensch in den Zustand der Gerechtigkeit im Sinne von Einheit, Harmonie und Übereinstimmung mit sich selbst gelangen. Gerechtigkeit betrifft

---

[19] *Politeia* II 357c–358a.
[20] *Civ. dei* XIX 10; XIX 20; XIX 27.
[21] Vgl. *civ. dei* XIX 4; XIX 27.

ihm zufolge also nicht nur die Ordnung der Seelenteile untereinander, sondern auch das Verhältnis des Menschen zu Gott, und gerade durch das Gottesverhältnis auch das Selbstverhältnis. Die richtige Selbstliebe des Menschen setzt eben voraus, dass der Mensch einen *ordo amoris* annimmt, der dem *ordo rerum* entspricht, in dem Gott an höchster Stelle steht. Nach Augustinus gibt es keine wahre Tugend und Gerechtigkeit, ohne dass der Mensch Gott als sein *summum bonum* liebt, und alles andere auf ihn hin erstrebt.

Wenn Augustinus die Gerechtigkeit des Menschen aus seinem Gottesbezug heraus bestimmt, so liegt darin kein grundsätzlicher Unterschied zu Platon. Zwar begeht Platons Sokrates zunächst einen „kürzeren", aber „ungenauen" Weg in der Erklärung der Gerechtigkeit,[22] indem er nämlich zunächst eine Ständegesellschaft konzipiert, und deren Wohlordnung bestimmt, um dann in Analogie dazu Teile im Seelenganzen zu identifizieren und deren Harmonie zu beschreiben. So will Sokrates im zweiten Buch der *Politeia* die Bedeutung der Gerechtigkeit zunächst durch Lesen der großen Buchstaben, d. h. durch eine Staatstheorie, bestimmen, bevor er die kleinen Buchstaben entziffert und feststellt, was Gerechtigkeit individualethisch bedeutet.[23] Bei Augustinus hingegen findet sich keine solche Parallelisierung von Gesellschaftsordnung und Einzelseele. Augustinus hat gar kein ausgeprägtes Modell eines Ständestaates, und er legt sich kaum auf eine bestimmte Sozialordnung fest.[24] Gegenüber Platon ist er wesentlich offener im Blick auf mögliche Gesellschaftsformen.

Doch Platons Sokrates fügt dem „kürzeren" Weg einen „längeren", aber „genaueren" hinzu, in dem er die Wohlordnung der Seelenteile an die Idee des Guten bindet.[25] Wer diese Idee schaut, der wird Gott ähnlich, und zwar dadurch, dass er selbst eine seelische Geordnetheit gewinnt. Wer die Sonne so sehr liebt, dass er aus der Höhle aussteigt und sie in der geistigen Schau genießt, der gewinnt auch jene innere Ordnung, die Platon Gerechtigkeit nennt. Augustinus steht in der Tradition dieses zweiten Weges der *Politeia*, wenn er Gott die „Sonne der Gerechtigkeit" nennt.[26] In der sogenannten Diotima-Rede aus Platons *Symposion* findet sich sogar der Gedanke einer Entsprechung von *ordo amoris* und *ordo rerum*. Die Idee des Schönen soll am meisten geliebt werden (*ordo amoris*), weil erst durch sie alle schönen Dinge schön sind (*ordo rerum*).[27] Verbindet man dies mit dem Höhlengleichnis der *Politeia*, so lässt sich bereits bei Platon der Gedanke erkennen, dass die Gerechtigkeit als Wohlordnung der Seele ein geordnetes Gottesverhältnis voraussetze. Wenn Augustinus die Gerechtigkeit an die Gottesliebe bindet, spricht er also einen Gedanken aus, der auch bei Platon identifizierbar ist.

---

[22] Vgl. *Politeia* IV 435d; VI 504a–e.

[23] Vgl. *Politeia* II 368d.

[24] Im Blick auf die Schöpfungsnatur des Menschen erklärt Augustinus die Sklaverei für naturwidrig. Dass Gott den Menschen nach seinem Ebenbild geschaffen habe, bedeute, dass der Mensch über die Tiere herrschen solle, nicht aber über andere Menschen. Allerdings ist die Schöpfungsordnung durch die Sünde gestört worden, so dass eine soziale Ordnung entstanden ist, die die Einrichtung der Sklaverei einschließt. Augustinus fordert dazu auf, diese Ordnung zu akzeptieren, und zwar so, dass die Herren ohne Herrschsucht herrschen und die Diener in Demut dienen sollen. Eine Abschaffung der Sklaverei fordert Augustinus also nicht (vgl. *civ. dei* XIX 15).

[25] Vgl. *Politeia* VI 504a–e.

[26] *Civ. dei* V 16; XVIII 35 mit Mal 4,1–3; XX 27 mit Mal 4,13.

[27] Vgl. *Symposion* 210a–211b.

Augustinus führt den Gedanken Platons aber noch weiter. Denn Platons Unterscheidung zwischen dem kurzen und dem langen Weg, oder zwischen einer vorläufigen und einer endgültigen Erklärung der Gerechtigkeit, wächst sich bei Augustinus aus zu der Frage, ob Gerechtigkeit immer die korrekte Gottesliebe voraussetze, oder ob es ein wohlgeordnetes Selbstverhältnis geben könne ohne ein angemessenes Gottesverhältnis. Lässt sich beides voneinander trennen? Können auch solche Menschen die Tugend der Gerechtigkeit besitzen, die nicht Gott über alles lieben?

Im strengen Sinne der wahren Tugend ist dies nach Augustinus nicht der Fall. Doch er hebt hervor, dass es auch in der Geschichte Roms Beispiele von Handlungen gegeben habe, die von einer Herrschaft der Vernunft über die Leidenschaften zeugen, z. B. Marcus Regulus im Krieg gegen die Karthager.[28] Zur Beurteilung dieser Beispiele bezieht Augustinus über den Gedanken der Wohlordnung unter den Seelenteilen die Frage der Motivation mit ein. Wenn jemand mithilfe der Vernunft über die Leidenschaften gebiete, um darin Gott zu dienen, besitze er wahre Tugend. Geschehe dies jedoch aus anderen Gründen, etwa um des Vaterlandes oder um des Ruhmes willen, oder sogar wegen der Tugend selbst, dann liege keine wahre Tugend, sondern eher ein Laster vor. Doch Augustinus will in den Fällen der Vernunftherrschaft ohne Gottesbezug noch einmal unterscheiden. Wird diese Vernunftherrschaft um wahrer, wenn auch endlicher Güter willen ausgeübt, dann sieht Augustinus darin doch eine „gewisse Gutheit eigener Art", etwa eine *virtus civilis* bei denjenigen Römern, die unter großen persönlichen Opfern das römische Reich gründeten und erhielten.[29] Marcus Regulus werde mit Recht wegen seiner Tapferkeit gelobt, obwohl er die falschen Götter verehrte. Herrsche die Vernunft aber wegen falscher Güter, wie etwa beim Räuber, der um des Raubgutes willen seine Angst überwindet, dann handele es sich bei der Wohlordnung seiner Seele um einen bloßen Schein von Tugend.

4.   Die Bedeutung der Gerechtigkeit für die Staatsdefinition

Für Platon scheint die Gerechtigkeit kein staatsdefinierendes, sondern eher ein staatsnormierendes Element zu sein. Denn in der Tyrannis tut kein Teil des Staates mehr das Seine in Absicht auf Herrschen und Beherrschtwerden, und dennoch listet Platon sie als Staatsform auf.[30] Auch hebt Platons Genealogie des Staates bloß auf das Bedürfnis des einzelnen ab, vor allem das Bedürfnis nach Nahrung, Wohnung und Kleidung, das sich durch Kooperation besser befriedigen lasse. Hinzu kommen dann Arbeitsteilung, Geldwirtschaft und Handel.[31] Gerechtigkeit und Ungerechtigkeit bringt Platon aber erst dort ins Spiel, wo sich aufgrund der Ausdehnung der Stadt soziale Stände herausbilden, etwa ein Wehrstand, der wegen des Expansionsdranges der *polis* Eroberungskriege führen muss. Am Anfang der Stadt, wo, wie Platon sagt, vier oder fünf Männer sich zusammenfinden, spielen Stände noch keine Rolle. Gerechtigkeit ist für Platon also nicht

---

[28] Vgl. *civ. dei* I 15; 24.
[29] Vgl. *civ. dei* I 15; *epistulae* 138,17.
[30] Vgl. *Politeia* VIII 562a–569c.
[31] Vgl. *Politeia* II 369b–372c.

staatsdefinierend – es gibt auch Staaten ohne Gerechtigkeit, aber sie ist staatsnormierend: Der Staat sollte gerecht sein, und ein guter Staat ist ein gerechter Staat.

Augustinus verwendet auf dieses Thema erhebliche Mühe, angeregt durch die Kritik am römischen Staat, die sich bereits in Ciceros *De re publica* findet. Augustinus referiert im zweiten Buch *De civitate dei* Teile aus *De re publica*, besonders die Einlassung des Scipio,[32] der den Staat bestimmt als *res populi*, wobei *populus* nicht eine beliebige Ansammlung von Menschen meine, sondern eine solche, die durch Übereinstimmung im Recht (*iuris consensu*) und gemeinsamen Nutzen (*utilitatis communione*) verbunden ist. Von einem Staat könne demnach überhaupt nur dann die Rede sein, wenn er gut und gerecht sei, wobei die Staatsform, d. h. Monarchie, Oligarchie oder Demokratie keine Rolle spiele. Entscheidend sei vielmehr, ob der Regent tyrannisch und ungerecht sei oder nicht. Wenn er es ist, dann ist der Staat nach Scipio kein Staat und das Volk kein *populus* mehr, weil es nicht mehr durch Übereinstimmung im Recht und gemeinsamen Nutzen verbunden ist. Demnach wäre die Tyrannis als Unrechtsstaat kein Staat mehr. Augustinus weist darauf hin, dass Cicero im fünften Buch *De re publica* mit Blick auf den römischen Staat selbst sage: „dass wir den Staat nur noch dem Namen nach haben" (*civ. dei* II 21). Cicero zufolge, so erklärt Augustinus, ist der römische Staat eigentlich niemals ein Staat gewesen, weil es in ihm niemals wahre Gerechtigkeit gegeben hat. Zufolge dieser innerrömischen Staatskritik, wie Augustinus sie referiert, wäre Gerechtigkeit durchaus ein staatsdefinierendes Merkmal.

Augustinus selbst hält Scipios Staatsdefinition aber für zu radikal, eben weil sie zur Folge hätte, dass das römische, aber auch das assyrische und das ägyptische Reich keine Staaten gewesen wären. Daher schlägt er eine moralisch weniger anspruchsvolle Staatsdefinition vor. Die *res publica*, so erklärt er, ist eine *res populi*, und der *populus* ist ein *coetus multitudinis rationalis*, also eine vernunftbegabte Menge, die verbunden ist durch einträchtiges Streben (*concordi communione*) nach denjenigen Dingen, die sie liebt *(rerum quas diligit)*.[33] Gegenüber der Definition Scipios fällt in Augustins Definition der *consensus iuris* und damit der Bezug auf die *iustitia* aus der Staatsdefinition heraus. Daher können auch Unrechtsstaaten und Tyranneien als Staaten gelten. Der gemeinsame Nutzen (*utilitatis communio*) ist ersetzt durch das gemeinsame Streben nach denjenigen Dingen, die diese Menge liebt. Auch diese Veränderung nimmt Augustinus vor, um den moralischen Anspruch der Staatsdefinition herunterzuschrauben. Denn der Begriff des Nutzens (*utilitas*) legt den Gedanken nahe, dass das Erstrebte wahrhaft nützlich sein müsse, indem es zum Glück der Menschen beiträgt, und dass es nur in dem Maß erstrebt werde, in dem es nützt.[34] Damit würde das vernünftige Streben zum Staatsmerkmal; dagegen würde ein Streben, das dem *ordo rerum* nicht entspricht, und dieses kennzeichnet ja gerade die *civitas terrena*, die Staatlichkeit aufheben. Um diese Konsequenz zu vermeiden, ersetzt Augustinus den gemeinsamen Nutzen (*communio utilitatis*)

---

[32] „Coetus multitudinis iuris consensu et utilitatis communione sociatus" (Cicero, *De re publica* II 42,69, zitiert in *civ. dei* XIX 24). Weitere Hinweise auf die Präsenz von Ciceros nur teilweise erhaltenem Werk *De re publica* in Augustins *De civitate dei* gibt O'Daly 1999, 238–240.

[33] „Populus est coetus multitudinis rationalis rerum quas diligit concordi communione sociatus." (*civ. dei* XIX 24).

[34] Vgl. Ratzinger 1992, 287

durch die *communio* im Streben nach denjenigen Dingen, die das Staatsvolk eben liebt, egal ob diese Dinge wirklich liebenswert sind, weil sie echten Nutzen bringen, oder nicht. Schließlich fällt noch auf, dass Scipio nur von einem *coetus multitudinis*, also einer Menge spricht, Augustinus hingegen von einem *coetus multitudinis rationalis*, einer vernunftbegabten Menge. Der Grund für diesen Zusatz dürfte darin liegen, dass bei Scipio die Vernünftigkeit bereits im Begriff des Gesetzes liegt, das einen Ausfluss der Gerechtigkeit selbst bildet, und auch im Begriff der *utilitas* als des wahren Nutzens. Da Augustinus beide Terme aus der Definition des Staatsvolkes streicht, muss er eigens hinzusetzen, dass es sich um einen *coetus rationalis* handelt, denn die Vereinigung durch ein gemeinsames Streben nach gewissen geliebten Dingen ließe sich sonst ja auch von Schafsherden oder Wolfsrudeln aussagen.

Auch hier ist Augustins Auffassung derjenigen Platons sehr ähnlich: Gerechtigkeit ist kein staatsdefinierendes, sondern ein staatsnormierendes Prinzip.[35] Auch ohne Gerechtigkeit kann eine vereinigte Menschenmenge ein *populus* und ihre Sache eine *res publica* sein. Freilich stehen Staaten unter dem Anspruch der Gerechtigkeit und man kann und muß sie danach bewerten, wie weit sie diesem Anspruch genügen. Wir sehen aber, dass Platon die Frage nach der Bedeutung der Gerechtigkeit für den Staatsbegriff allenfalls implizit behandelt, während Augustinus sie einer ausführlichen Diskussion zuführt. Weiterhin wird sich zeigen, dass er den Grad der Gerechtigkeit oder Ungerechtigkeit eines Staates nicht daran bemisst, inwieweit dieser ein bestimmtes Ständemodell verwirklicht, sondern inwieweit er den Frieden realisiert.

5. Der Philosophenkönig und der christliche Kaiser – die personale Gerechtigkeit des Regenten

Nach Platons *Politeia* soll nur König werden, wer den Aufstieg aus der Höhle bewältigt und die Sonne geschaut hat. Der Sache nach bedeutet dies, dass er den Ausbildungsgang von der Gymnastik bis zur Dialektik durchlaufen haben muss, so dass er die Idee des Guten intellektuell erfasst hat und ihr charakterlich ähnlich, d. h. gerecht, geworden ist. Daher vermag er auch den Staat im Himmel zu schauen und gemäß diesem *paradeigma* eine Verfassung für einen gerechten Staat auf Erden zu entwerfen. Der Herrscher muss ein Philosoph sein, weil nur dieser der Ideenschau fähig ist.

Wie bereits gesagt, denkt Augustinus nicht an eine Idee des Staates. Die *civitas dei* ist kein *paradeigma*, sondern eine Versammlung von Menschen, die Gott aus allen Völkern und Nationen zusammen ruft. Der ideale Herrscher im Sinne Augustins kann demnach nicht durch die Fähigkeit qualifiziert sein, die Idee des Staates zu schauen und abzumalen. Was verschafft ihm dann die Eignung zum Herrscher? Augustinus sagt: „Wenn die wahrhaft Frommen, die gut leben, zugleich die Kunst verstehen, Völker zu regieren, dann gibt es nichts Glücklicheres bei den Menschen, als wenn ihnen durch Gottes Erbarmen die Herrschaft zufällt" (*civ. dei* V 19). Hier wird zunächst das Gut-leben als Merkmal des guten Regenten genannt. Damit ist natürlich das naturgemäße, tugendhafte Leben gemeint, auf das auch Platon mit der Gerechtigkeit als personaler Tugend des

---

[35] Zu diesem Ergebnis kommt auch Höffe 1997, 259–287.

Herrschers zielt. Wenn Augustinus die Frömmigkeit (*pietas*) ins Spiel bringt, dann zeigt er damit an, dass wahre Tugend Gotteserkenntnis und Gottesliebe voraussetzt. Der Sache nach entspricht dies Platons Meinung, doch Augustinus setzt sich deutlich von Platon ab, wenn es um die Frage geht, wie diese Gotteserkenntnis und Gottesliebe, die die Gerechtigkeit begründen, erworben werden können.

Hier ist in (allzu großer) Kürze auf das Verhältnis von Philosophie und Religion einzugehen.[36] Vernünftige Gotteserkenntnis ist nach Augustinus möglich, bis hin zur noetischen Schau Gottes. Freilich steht dieser Weg nur einer gesellschaftlichen Elite der Fähigen und Gebildeten offen. Wer diesen Weg gehen kann – es handelt sich dabei um Platons Aufstiegsweg – der soll ihn gehen, aber es ist nicht notwendig, diesen Weg zu beschreiten, um zur Gotteserkenntnis zu gelangen. Denn die Schriften der biblischen Offenbarung lehren das Gleiche über Gott wie die Metaphysik, und sogar noch einiges mehr. Gotteserkenntnis ist nach Augustinus nicht nur durch noetische Schau möglich, sondern ersatzweise auch durch religiösen Glauben. Und Letzterer steht allen Menschen offen, auch denen, die nicht zur genannten Elite gehören. Für die angemessene Liebe zu Gott gilt nach Augustinus, dass sie gar nicht durch Philosophie erreichbar ist, sondern nur durch den religiösen Glauben. Sie setzt nämlich einen Akt der Demut gegenüber Gott voraus, und dies ist im Kern der religiöse Akt des Glaubens an Jesus Christus als den Gottessohn, der selbst im größten denkbaren Demutsakt Mensch geworden und für die Menschen gestorben ist. Die Philosophie als solche vollzieht diesen Akt Augustinus zufolge aber nicht. Deshalb kann die Philosophie allein nicht zur wahren Tugend und nicht zur Gerechtigkeit führen. Das charakterliche Qualitätsmerkmal des Regenten, nämlich dass er gut zu leben weiß, weil er in Demut Gott über alles liebt, ist nach Augustinus ohne religiösen Glauben nicht zu haben. Die metaphysische Ideenschau reicht nach Augustinus nicht aus, um die personale Gerechtigkeit des Herrschers zu bewirken.

Das zweite Qualifikationsmerkmal des Regenten ist nach Augustinus die Beherrschung der Regierungskunst. Diese schließt zunächst ein, dass der Regent den Staat als eine Einheit aus Vielen stabil zu halten und in seiner Existenz zu sichern vermag. Damit wird das Minimalziel des Staates, nämlich Frieden und Ordnung erreicht. Das Maximalziel des Staates, wie es der ideale Herrscher verfolgt, liegt aber in einer Ordnung, die gerecht ist. Worin diese strukturell besteht, führt Augustinus leider kaum aus, außer in dem negativen Sinne, dass er sie nicht wie Platon an eine Ständeordnung bindet. Stattdessen verknüpft er die Gerechtigkeit des Staates mit der Regierungsweise des Herrschers, d. h. mit dessen persönlicher Gerechtigkeit. Dies wird im sogenannten Fürstenspiegel Augustins deutlich.[37] Der christliche Kaiser (*imperator christianus*), so heißt es dort, wird nicht nur die Feinde des Staates niederwerfen und Bürgeraufstände verhüten. Er herrscht vielmehr gerecht, überhebt sich trotz aller Schmeicheleien nicht; er straft nicht aus Rache, sondern nur wenn der Schutz des Staates es verlangt; er gewährt Nachsicht, aber nicht um Vergehen straflos zu lassen, sondern in der Hoffnung auf Besserung; er gleicht harte Erlasse durch Milde und Freigebigkeit aus; er herrscht lieber über seine eigenen Leidenschaften als über fremde Völker; und er verlangt nicht nach Ruhm, sondern nach ewiger Seligkeit. Der Staat, so scheint Augustinus zu meinen, wird

---

[36] Ausführlicher in Brachtendorf 2009b, 73–88.
[37] Vgl. *civ. dei* V 24.

dann glücklich sein, wenn der Regent diese Charakterzüge besitzt, durch die vor allem die Strafpraxis humanisiert und die Zahl der Kriege reduziert wird. Die moralische Fähigkeit dazu gewinnt Augustins Idealherrscher nicht durch die metaphysische Schau einer Idee des Staates, sondern durch Gotteserkenntnis und durch jene Gottesliebe, die nicht ohne Glaube an die biblische Offenbarung möglich ist.

Auch nach Platon spielt der moralische Charakter des Herrschers eine entscheidende Rolle für die Qualität des Staates, wie in der Aufreihung der Verfassungsformen, geordnet nach abnehmenden Graden der Gerechtigkeit und der Wohlordnung, deutlich wird.[38] Der persönlich gerechte König herrscht in einer Aristokratie als gerechter Staatsform. Weil bei seinem Sohn ein erster Gerechtigkeitsmangel eintritt, der Eifer kommt über die Vernunft zu stehen und das bloß relative Gut der Ehre wird mehr geliebt als das objektiv höhere Gut, die Tugend, entsteht eine Timokratie, in der die Jugend des Staates insgesamt unmusischer wird. Beim oligarchischen Regenten herrscht die Begierde, er liebt ein endliches Gut wie den Reichtum mehr als das wahre *summum bonum*, und leidet deutlich an einer *voluntas perversa*. Dementsprechend bildet sich im Staat ein Proletariat aus Armen, Bettlern und Dieben heraus. Bei Platon führt also eine zunehmende Perversion des *ordo amoris* auf Seiten des Herrschers zu einem immer weiter gehenden Verlust an Gerechtigkeit auf Seiten des Staates, den er regiert. Der Zusammenhang zwischen der persönlichen Gerechtigkeit des Herrschers und dem Gerechtigkeitsniveau des Staates ist also bereits bei Platon deutlich sichtbar. Allerdings bildet Augustinus die Seelenverfassung des Regenten nicht auf die Ständeordnung des Staates ab, sondern auf die Humanisierung des Staates, insbesondere im Blick auf dessen Gewaltausübung in Krieg und Strafpraxis.

6. Der Idealstaat bei Augustinus

Das Minimalziel des Staates ist die Herstellung einer friedlichen Ordnung unter den Menschen.[39] Eine staatliche Ordnung überhaupt ist dem staatslosen Zustand, der nach Augustinus ein Chaos wäre, auf jeden Fall vorzuziehen. Deshalb entspricht ihre Existenz dem Willen Gottes. Vor dem Sündenfall hätte sich eine Ordnung wohl durch die Liebe der Menschen zueinander und zu Gott hergestellt, doch nach dem Sündenfall ist Augustinus zufolge eine gesetzliche Ordnung erforderlich, die den Frieden nach außen und nach innen durch Gewaltandrohung und Bestrafung von Gesetzesbrechern sichert. Ein solcher Minimalstaat erhebt zunächst keine weitergehenden moralischen Ansprüche, sondern zielt auf Legalität. Auch solche Menschen, die zeitliche Güter wie Besitz und Macht mehr lieben als Gott, die also einen verkehrten *ordo amoris* haben, benötigen Gesetze, die verbieten, dass der eine dem anderen wegnimmt, was diesem gehört. Daher bestraft das staatliche Gesetz nach Augustinus nicht, dass man vergängliche Güter liebt, sondern dass man sie anderen auf unredliche Weise entwendet.[40] Durch die Strafandro-

---

[38] Vgl. *Politeia* VIII/IX.
[39] Vgl. *civ. dei* I 33.
[40] Vgl. *De libero arbitrio* I 13,40–14,42.

hung bewahren die Menschen einen Zusammenhalt, wie er für die Einheit des Staates erforderlich ist.

Ist eine *res publica* von den Angehörigen der *civitas terrena* dominiert, dann gelangt sie über den einfachen Frieden als „geordnete Eintracht der Bürger im Befehlen und Gehorchen" (*civ. dei* XIX 13) nicht hinaus. Dieser Friede kann durchaus ein ungerechter Friede (*iniqua pax*) eines ungerechten Staates sein, in dem der Regent von der Herrschsucht (*libido dominandi*) bestimmt ist und die Eintracht der Bürger bloß in der gleichmäßigen Ausrichtung des Wollens auf zeitliche und vergängliche Güter besteht. Das höchste Gut setzen sie in Reichtum, Ruhm oder Sicherheit.

Anders jedoch ein Staat, der von der *civitas dei* durchdrungen ist, denn ihr Strebensziel liegt im Genuss Gottes als des *summum bonum*, und sie zielt auf einen ewigen Frieden, nicht auf einen bloß zeitlichen. Augustinus ist nicht der Meinung, dass es Aufgabe des Staates sei, den ewigen Frieden zu verwirklichen, denn dazu ist keine menschliche Instanz in der Lage. Der Staat ist von seinem Wesen her nur für den Erhalt des zeitlichen Friedens da. Aber die *civitas dei* hat ein anderes Verhältnis zu diesem Frieden als die *civitas terrena*, denn sie begehrt ihn nicht als Endzweck, sondern nur als Mittel zur Erreichung des Endzwecks. Die *civitas dei* gebraucht den zeitlichen Frieden, der für das sterbliche Leben notwendig ist, um durch ihn hindurch den überzeitlichen Frieden des ewigen Lebens zu erreichen und zu genießen: „So benutzt auch der himmlische Staat während seiner Erdenpilgerschaft den irdischen Frieden, sichert und befördert in allen Angelegenheiten, die die sterbliche Natur des Menschen betreffen, die menschliche Willensübereinstimmung, soweit es unbeschadet der Frömmigkeit und Religion möglich ist, und stellt diesen irdischen Frieden in den Dienst des himmlischen Friedens. Denn der allein ist in Wahrheit Friede [...], nämlich die bestgeordnete, einträchtigste Gemeinschaft des Gottesgenusses und wechselseitigen Genusses in Gott" (*civ. dei* XIX 17). Für beide *civitates* stellt der Friede, wie er durch die gesetzliche Ordnung des Staates hergestellt wird, ein Gut dar. Beide Gruppen sind sich einig im Erstreben dieses Gutes, doch sie tun es mit je verschiedener Motivation, weil die einen aufgrund der Perversion des *ordo amoris* in diesem Gut bereits das *summum bonum* sehen, während die anderen, deren *ordo amoris* dem *ordo rerum* entspricht, hier nur ein Mittel auf dem Weg zum höchsten Gut erkennen.

Diese Verschiedenheit der Motivation hat allerdings Folgen für das Verhalten der Bürger im Staat und für den Gerechtigkeitsgrad des Staates insgesamt. Der endliche Friede desjenigen Staates, der von der *civitas dei* dominiert ist, wird ein gerechter Friede sein. Denn der Herrscher ist nicht von der *libido dominandi* beseelt und strebt daher nicht nach Ehre oder Macht, sondern er zielt auf das Wohl der Untergebenen und will dieses befördern.

Dieser Staat ist gerecht, weil er bei der Verwirklichung des Gerechtigkeitsprinzips „jedem das Seine" Gott mit einbezieht. Anders als bei den polytheistischen Kulten des von der *civitas terrena* beherrschten Staates funktionalisiert der gerechte Staat Gott nicht auf die endlichen Zwecke hin, sondern er richtet diese auf Gott aus und lässt insofern Gott das Seine zukommen. Wäre ein Staat ganz von der *civitas dei* durchdrungen, dann würde er, als Idealstaat, sogar der Scipionischen Staatsdefinition Genüge tun, denn das geltende Recht wäre an die höchste Gerechtigkeit rückgebunden.

Der gerechte Staat ist erstens durch eine strikte Orientierung am Gemeinwohl gekennzeichnet und zweitens durch einen besonderen Umgang mit der staatlichen Zwangsgewalt.[41] So wird Augustins gerechter Staat, wenn er Krieg führt, nur gerechte Kriege führen. Diese setzen eine *iusta causa* voraus, nämlich eine Verletzung des Völkerrechts, und sie zielen auf den Ausgleich einer Rechtsverletzung.[42] Damit sind Expansions- und Unterwerfungskriege ebenso ausgeschlossen wie Kriege, die um wirtschaftlicher Zwecke willen (Rohstoffe, Tribute) oder einfach aus Herrschsucht heraus geführt werden. Gerechte Kriege sind zudem, wie Augustinus sagt, „*misericorditer* zu führen, falls dies überhaupt möglich ist" (*ep.* 138,14), d. h. sie zielen nicht auf die Vernichtung des Gegners, sondern auf dessen *correctio*, die schließlich auch Hilfe für die Besiegten einschließt. Wer so Krieg führt, schont den Feind, und denkt im Krieg bereits an den Frieden. Augustinus hat hier eine ethische Regulierung des Kriegswesens im Auge, wie es sie sonst in der Antike nicht gegeben hat. Platon lässt davon nur so viel erkennen, dass Hellenen im Krieg geschont, Barbaren aber vernichtet werden sollen.[43]

In zahlreichen Briefen an Beamte des römischen Reiches in höchsten Positionen zeigt Augustinus, welchen Einfluss die Mitglieder der *civitas dei* im Staat nehmen können und sollen. Er schreibt diese Briefe nämlich als Bischof, und zum Teil sind seine Adressaten selbst Christen. Hier geht es vor allem um den Umgang mit der staatlichen Strafgewalt.[44] Wer zur Ausübung dieser Gewalt befugt ist, insbesondere die Richter, müsse sie mit der richtigen Intention ausüben, und diese liege in der Liebe zum Übeltäter und in dem Wunsch, ihn zum Guten zu führen. Es darf keine Strafe ohne Belehrung des Schuldigen geben. Augustinus billigt den staatlichen Autoritäten zwar das Recht auf Verhängung der Todesstrafe zu, tritt als Bischof aber stets für Begnadigung ein, weil die Hinrichtung dem Verurteilten die Möglichkeit zu Besserung nimmt. Auch die Folter als strafrechtliche Maßnahme gesteht er den Autoritäten grundsätzlich zu, doch als Bischof verwendet er sich gegen ihre Anwendung, soweit sie über Stockschläge hinausgeht. Bestrafung durch Vermögensentzug hält er ebenfalls für legitim, doch müsse dem derart Bestraften das zum Leben Notwendige belassen werden. Auch billigt Augustinus dem Angehörigen der *civitas dei* ein Recht auf Ungehorsam zu, falls die Befehle der staatlichen Autoritäten zweifelsfrei unmoralisch sind und gegen den Willen Gottes verstoßen.

Die *civitas dei* wirkt in der *res publica* also darauf hin, den Staat selbst gerecht zu machen. Für Platon bedeutet die Gerechtigkeit des Staates eine Zementierung der Ständeordnung, denn der gerechte Herrscher wacht darüber, dass kein zum Banausen Geborener den Banausenstand verlässt. Für Augustinus hingegen bedeutet Gerechtigkeit einen Frieden, der am Gemeinwohl orientiert ist und eine Humanisierung derjenigen Zwangsmaßnahmen bewirkt, mit denen der Staat den zeitlichen Frieden durchzusetzen hat. Möglich wird dies durch die Idee, dass der Staat als solcher kein Endzweck, sondern bloß ein Mittel ist.

---

[41] Vgl. dazu Brachtendorf 2009a, 234–253. Umfassend ist die Abhandlung von Weissenberg 2005. Vgl. auch Duchrow 1970, 268–291.

[42] Vgl. *Quaestiones in Heptateuchum* IV 44 mit Bezug auf Num 21,21–25.

[43] Vgl. *Politeia* V 470a–471c.

[44] Vgl. *epistulae* 91 und 104 an Nectarius; *epistulae* 133 und 138 an Marcellinus; *epistula* 134 an Apringius.

Augustins Vorstellung von Gerechtigkeit stimmt in Vielem mit derjenigen Platons überein: Gerechtigkeit heißt, jedem das Seine zuteilen in Absicht auf Herrschen und Beherrschtwerden; Gerechtigkeit ist das Prinzip einer geordneten Einheit aus Vielem; Gerechtigkeit bewirkt das Glück des Einzelnen und des Staates; Gerechtigkeit normiert den Staat, definiert ihn aber nicht; die Gerechtigkeit des Staates hängt stark von der personalen Gerechtigkeit des Regenten ab.

Andererseits haben sich bei Augustinus auch einige Unterschiede zu Platon gezeigt: Nicht die Ideenschau, sondern die Gottesliebe macht den Menschen gerecht, so dass der christliche Herrscher wohl *pietas* besitzen muss, aber kein Philosoph zu sein braucht. Die Gerechtigkeit des Staates wird bei Augustinus von der Vorstellung einer Ständeordnung gelöst. Eine überzeitliche Idee des Staates wird nicht mehr angenommen; an deren Stelle tritt eine ethische Gemeinschaft von Menschen als historisch wirksames Prinzip zur Gerechtmachung des Staates. Augustinus weitet den Horizont, indem er das Prinzip der Gerechtigkeit auf Beziehungen zwischen Staaten zumindest in Kriegssituationen anwendet und die staatliche Strafpraxis zu humanisieren versucht. All dies verbindet sich bei ihm mit einer gegenüber Platon deutlichen Aufwertung der positiven Religion.

7. Literatur

Werke

Augustinus: *Epistulae*, A. Goldbacher (Hg.), in: CSEL 34, 44, 57 u. 58, Wien 1895–1923.
–: *De catechizandis rudibus*, J. B. Bauer (Hg.), in: CCL 46.
–: *De civitate de* (*civ. dei*), B. Dombart, A. Kalb (Hg.), in: CCL 42/43. Vom Gottesstaat, übersetzt v. W. Thimme. Eingeleitet und erläutert v. C. Andresen, Zürich/München 1977.
–: *De Genesi ad litteram*, J. Zycha (Hg.), in: CSEL 28. Über den Wortlaut der Genesis. Der große Genesiskommentar in 12 Büchern, übersetzt v. C. J. Perl, Paderborn 1961.
–: *De libero arbitrio*, W. M. Greene (Hg.), in: CCL 29. De libero arbitrio – Der freie Wille (AOW 9), übersetzt v. J. Brachtendorf, Paderborn 2006.
–: *De ordine*, W. M. Green, K. D. Daur (Hgg.), in: CCL 29.
–: *Quaestiones in Heptateuchum*, J. Fraipont (Hg.), in: CCL 33.
–: *De vera religione*, K. D. Daur, J. Martin (Hgg.), in: CCL 32. De vera religione – Die wahre Religion (AOW 68), übersetzt v. J. Lössl, Paderborn 2007.
Cicero: *De re publica*, K. Ziegler (Hg.), in: M. Tulli Ciceronis scripta quae manserunt omnia, Bd. 39, Leipzig 1929.
Platon: Sämtliche Werke in zehn Bänden, Griechisch und Deutsch, K. Hülser (Hg.), Frankfurt 1991.

Sekundärliteratur

Brachtendorf, J. 2009a: „Augustinus: Friedensethik und Friedenspolitik", in: A. Holzem (Hg.), Krieg und Christentum. Religiöse Gewalttheorien in der Kriegserfahrung des Westens, Paderborn, 234–253.
–: 2009b: „Die Entplatonisierung der Ethik bei Augustinus und ihre Folgen für die Neuzeit", in: D. Mirbach (Hg.), Hermeneutik und Geschichte der Philosophie (Festschrift für Hans Krämer), Hildesheim, 73–88.
–: 2012: „Augustinus von Hippo", in: K. Hilpert (Hg.), Christliche Ethik im Porträt. Leben und Werk bedeutender Moraltheologen, 117–149.

Duchrow, U. 1970: Christenheit und Weltverantwortung: Traditionsgeschichte und systematische Struktur der Zweireichelehre, Stuttgart.

Höffe, O. 1997: „Positivismus plus Moralismus – zu Augustins eschatologischer Staatstheorie", in: Ch. Horn (Hg.), Augustinus. De civitate dei, Berlin, 259–287.

Markus, R. 1970: Saeculum: History and Society in the Theology of St. Augustine, Cambridge.

O'Daly, G. 1999: Augustine's City of God. A Reader's Guide, Oxford.

Oort, J. van 1991: Jerusalem and Babylon. A Study into Augustine's City of God and the Sources of his Doctrine on the Two Cities, Leiden.

Ratzinger, J. 1992: Volk und Haus Gottes in Augustins Lehre von der Kirche, St. Ottilien (Unveränderter Nachdruck der Auflage von 1954).

Scholz, H. 1911: Glaube und Unglaube in der Weltgeschichte, Leipzig.

Weissenberg, T. 2005: Die Friedenslehre des Augustinus. Theologische Grundlagen und ethische Entfaltung, Stuttgart.

Matthias Lutz-Bachmann

Thomas von Aquin als politischer Denker: Ein neuer Ansatz zur „Politischen Theorie" im Mittelalter[1]

1. Das praktische Wissen und die Theorie des Politischen bei Aristoteles

Neben seinem Lehrer Platon gilt Aristoteles zu Recht als Begründer der Disziplin der Politischen Philosophie. Sie hat bis heute eine fortdauernde und grundlegende Bedeutung für unser Verständnis der Politik. Der Politischen Philosophie schrieb Aristoteles die Aufgabe zu, die Eigenart des menschlichen Handelns im komplexen Sozial- und Herrschaftsverband der griechischen Polis seiner Zeit näher zu bestimmen. Dabei versteht Aristoteles – anders als Platon – die Lehre der Politischen Philosophie nicht als eine Gestalt von „spekulativer Theorie" (*theoria*), sondern vielmehr als ein „praktisches Wissen", als ein „Handlungswissen", das aus den Erfahrungen gewonnen werden soll, die die freien Bürger des griechischen Stadtstaats in der politischen Interaktion miteinander machen. Diesen Grundzug eines aus der Handlungserfahrung abgezogenen „praktischen Wissens" teilt die Politische Philosophie mit der Ethik (oder Moralphilosophie),[2] von der Aristoteles sagt, dass sie, die Ethik, nur ein Teil der umfassenderen Doktrin der Politischen Philosophie sei. Der von der Ethik wie von der Politischen Philosophie insgesamt vertretene Typ des Wissens, das „Handlungswissen", unterscheidet Aristoteles scharf vom „theoretischen Wissen" der spekulativen Wissenschaften wie der Physik (oder Naturphilosophie), der Mathematik und der Metaphysik, deren Kennzeichen es ist, eine noch „gesuchte Wissenschaft" zu sein, also eine Theorie, deren Gegenstandsbereich nicht abschließend bestimmt werden kann, weil sie sich mit den obersten Seins- und Erkenntnisprinzipien beschäftigt.

---

[1] Der vorliegende Beitrag stellt eine neu bearbeitete, erweiterte Fassung eines Aufsatzes dar, der unter dem Titel: „Wissenskultur im Aufbruch" in: Fried/Stolleis, *Wissenskulturen. Über die Erzeugung von Wissen*, Frankfurt a. M./New York 2009, erschienen ist.

[2] Vgl. Aristoteles, *Nikomachische Ethik* I 1, 1094a11–1095a11. Vgl. hierzu insbesondere die zentralen Arbeiten von Höffe 1971, Höffe 1979, Höffe 1996 u. a.

Die Unterscheidung von „Handlungswissen" und „Theoriewissenschaft" stützt Aristoteles auf wissenschaftslogische und erkenntnispsychologische Gründe, die ihn veranlassen, das Erkenntnis- und Wissenschaftsideal der platonischen Ideenlehre zu kritisieren. Diese habe nicht bedacht, dass das Erkenntnisprogramm der Ideenlehre im Fall der handlungsbezogenen Disziplinen scheitern muss, da die methodische Abstraktion von den konkreten Handlungssubjekten und den sich beständig ändernden Handlungsumständen, wie sie im rein begriffstheoretischen Zugriff der spekulativen Wissenschaftseinstellung unvermeidlich sei, die Theorie in die Irre führt. Dagegen stellt Aristoteles das Wissenschaftskonzept des „praktischen Wissens". Es zielt nicht auf eine Erkenntnis nach Art der exakten mathematischen Wissenschaft, sondern auf ein Typos- oder Grundriss-Wissen.[3] Darunter versteht Aristoteles eine notwendigerweise eher allgemeine, nicht weiter präzisierbare Aussage zu häufig wiederkehrenden, aber keineswegs zwingenden Konstellationen, Handlungssituationen, Einstellungen von Handlungssubjekten und/oder Handlungsmaximen, die zu einer gewissen Verallgemeinerung Anlass geben. Sie verhelfen dem Handelnden aber nur dann zu einer Verbesserung seiner Praxis, wenn er bedenkt, dass sie der Komplexität und Konkretheit der wirklichen Handlungswelt nur näherungsweise entsprechen. Mit diesem Wissenskonzept des praktischen, des politischen Wissens verbindet Aristoteles die Annahme eines dem „Gegenstand" dieses Wissens einzig adäquaten Präzisionsgrads. Die Vorstellung Platons aber, dass es in der Politischen Philosophie letztendlich darum gehen müsse, das „Ideal" eines gerechten Staatswesens zu beschreiben, dem wir in unserem politischen Handeln die richtige Orientierung entnehmen können, wird von Aristoteles abgewiesen. Ebenso kritisiert er die platonische Forderung, dass die Philosophen, die sich um die reine Theorie oder die Schau der Ideen bemühen, als die „Könige" den Staat lenken sollen. Nicht der Theoretiker, sondern der wohlberatene Praktiker soll Aristoteles zufolge in der Politik handeln. Und hierzu bedarf es einer von den Erfahrungen der Praxis ausgehenden und auf eine besser gelingende Praxis hinzielenden Disziplin, eben der Politischen Philosophie.

Diese Sicht der Aufgaben und der Leistungsfähigkeit einer philosophischen Lehre von der Politik, die keine „wissenschaftliche Theorie" im strengen Sinn des Begriffs zu sein beansprucht, schließt bei Aristoteles keineswegs die Annahme bestimmter grundlegender Aussagen über das Handeln des Menschen in der Polis und deren Grundlagen in der „Natur" des Menschen aus. Zu ihnen zählen etwa die Annahme im Ersten Buch der aristotelischen „Politik", dass der Mensch von Natur aus ein Gemeinschaftswesen sei, also ein Lebewesen, das eine „soziale Natur" besitzt und auf ein Leben mit anderen in einer gut organisierten, öffentlich verfassten städtischen Ordnung, der Ordnung des Politischen, hin teleologisch angelegt sei;[4] oder die Aussage, dass es die spezifische Sprach- und Vernunftfähigkeit des Menschen ist, die ihn allererst politikfähig macht, also zu einem Handeln im öffentlichen Raum des Politischen befähigt – relativ unabhängig von seinem Agieren innerhalb der Familien- und Stammesgemeinschaften des Hauses

---

[3] Aristoteles, *Nikomachische Ethik* I 11, 1101a24–28.
[4] Aristoteles, *Politik* I 2, 1253a1 ff.

oder des Dorfs.[5] Aus diesen beiden grundlegenden Einsichten zieht Aristoteles den für die Geschichte der politischen Theorie wichtigen Schluss, dass der Mensch erst in der politischen Gemeinschaft in einem vollen Sinne „Mensch" sein kann, und das heißt für ihn, sein Leben in Form eines „guten" oder „geglückten Lebens" vollziehen kann. Dass die Politik in diesem Sinne zur „Natur" des Menschen gehört, versteht Aristoteles aber nicht als eine notwendige Aussage oder theoretische Definition des Menschen, sei es im Sinne einer die Gattungseigenschaften der Menschheit definierenden naturalistischen Biologie, sei es im Sinne einer Wesens- oder Substanzaussage der Metaphysik. Vielmehr handelt es sich für Aristoteles um eine Aussage, die aus der praktischen Selbsterfahrung der Menschen in der gelingenden oder auch misslingenden Interaktion miteinander hervorgeht und ein Ziel für das Handeln extrapoliert, das als eine im Detail notwendigerweise unbestimmte Perspektive Bedingungen für ein gelingendes Leben formuliert, ohne dass Aristoteles dieser teleologischen Zielbeschreibung eine normative Lesart gibt. So beschreibt die Politische Philosophie auch nicht diejenigen Bedingungen, Handlungseinstellungen oder Tugenden, die sich die Menschen erarbeiten und die sie besitzen „sollen", sondern sie analysiert nur die Voraussetzungen, die bedacht und in aller Regel auch realisiert sein „sollten", um das von den Menschen stets erstrebte Lebensziel eines geglückten Lebens in der Polisgemeinschaft nicht zu verfehlen.

Damit wird deutlich, dass der Kritik des Aristoteles an Platons Übertragung der Ideenerkenntnis auch auf den Bereich des menschlichen Handelns seine Kritik an einer starken deontologischen Morallehre oder Politischen Philosophie korrespondiert. Das „praktische Wissen", das Aristoteles sowohl für den Bereich der Ethik als auch für die umfassendere Lehre von der Politik entwirft, ist nicht präskriptiv im Sinne einer Theorie des unbedingt „Gesollten" oder „Gebotenen", sondern es analysiert und definiert die allgemeinen Bedingungen, unter denen „in der Regel" ein gutes Leben des Menschen in der Gemeinschaft mit anderen gelingen kann. So bleiben auch die Einsichten der Politischen Philosophie des Aristoteles zurückgebunden an die stets vielfältigen und unterschiedlichen Situationen des Handelns, denen die Akteure ausgeliefert sind, die sie selbst auch zum Teil mitgestalten und denen die Aussagen der „Politik" entnommen sind. Diese Konstellation gestattet es sowohl der Ethik als auch der Politischen Philosophie, wichtige, durchaus auch verallgemeinerungsfähige Einsichten über eine Praxis zu formulieren, zu der diese Reflexion selbst gehört und auf die sie zielt; denn es ist ihre Aufgabe, den Handelnden wichtige Handreichungen für eine bessere Praxis zu geben. Doch nur diejenigen, die bereits im Handeln erfahren sind, werden nach Aristoteles aus dem praktischen Wissen von Ethik und Politischer Philosophie die richtigen Schlüsse ziehen; denn hierzu bedarf es nicht einer „reinen Theorie" oder eines scharfen Verstandes, sondern der sittlich gereiften Lebenserfahrung. Sonst ist es nicht zu erwarten, dass aus den Einsichten des „praktischen Wissens" die richtigen Lehren für den jeweils nächsten Einzelfall im Handeln gezogen werden. Daher wendet sich seine Ethik und Politische Philosophie auch nicht an die jungen, unerfahrenen Leser, sondern an die vermeintlich erfahrenen und durch Tugendbesitz qualifizierten Älteren. Nicht Verstandeswissen und das Wissen

---

[5] Aristoteles, *Nikomachische Ethik* I 2, 1253a10 ff.; zur Rezeption der aristotelischen Theorie der Handlungswissenschaften im Mittelalter vgl. u. a. Lutz-Bachmann/Fidora 2008.

der Wissenschaft, sondern praktische Klugheit, sittlicher Tugendbesitz und Urteilskraft qualifizieren den Adressaten der Politischen Philosophie.

2. Die Neuentdeckung der Politischen Philosophie im lateinischen Mittelalter

Wenn wir hier von einer noch heute relevanten Bedeutung und einer bis heute fort-dauernden „Wirkungsgeschichte" der Politischen Philosophie des Aristoteles sprechen wollen, dann müssen wir feststellen, dass diese im engeren Sinn erst im lateinischen Mittelalter einsetzt, und zwar erst nach der Übersetzung der „Politik" des Aristoteles aus dem Griechischen durch den Dominikaner Wilhelm von Moerbeke im 13. Jahrhundert. Bis zu diesem Zeitpunkt scheint die Kenntnis von der Schrift des Aristoteles weitgehend verloren gegangen zu sein. Leider wissen wir bis heute zu wenig über das Schicksal der aristotelischen „Politik" zwischen dem Tod des Aristoteles und ihrer „Wiederent-deckung" im 13. Jahrhundert. So viel ist klar, dass wir nicht von einer nachhaltigen Wirkung der Politischen Philosophie des Aristoteles in der Zeit zwischen dem Tod des Philosophen (322 v. Chr.) und der Übersetzung durch Wilhelm von Moerbeke (um 1260 n. Chr.) sprechen können. Zu Lebzeiten des Aristoteles zählte seine Schrift zu den sogenannten esoterischen Texten, die nur im Kreis der Aristoteles-Schule, dem Peripa-tos, kursierten und so etwa auch die Politische Philosophie des Theophrast beeinflusst haben dürfte, die allerdings verloren gegangen ist. Von Andronikos von Rhodos (im 1. Jahrhundert v. Chr.) in das seither schriftlich überlieferte Werk des Aristoteles auf-genommen, finden sich bis ins 13. Jahrhundert nur vereinzelte Spuren der Politischen Philosophie, so etwa sporadisch im Lektürekanon der neuplatonischen Schule von Alex-andrien in der Spätantike, wie sich bei Proklos oder Olympiodoros zeigt, oder in der byzantinischen Wissenskultur, wie aus einem überlieferten Kommentar von Michael von Ephesos (aus dem 12. Jahrhundert n. Chr.) hervorgeht. Eine Übersetzung der „Politik" des Aristoteles ins Arabische ist nicht nachzuweisen, auch liegt kein arabischer Kom-mentar zu dieser Schrift des Aristoteles vor. Das Fehlen einer Rezeption des Beitrags der aristotelischen „Politik" in der arabischen Philosophie des Mittelalters wurde durch die Aufnahme zentraler Motive der platonischen „Politeia" kompensiert, mit erheblichen Folgen für das Verständnis des Verhältnisses von Religion und Politik in der arabisch-muslimischen Kultur. Doch dieser Gesichtspunkt kann hier nicht weiter vertieft werden. Der Weg aber, den die „Politik" des Aristoteles und seine Politische Philosophie in den lateinischen Westen genommen hat, muss nicht nur als eine aktive Suche, eine gezielte Rezeption und eine direkte Übersetzung aus dem griechischen Original durch die ge-lehrte Welt des lateinischen Mittelalters beschrieben werden, sondern auch als Weg der Herausarbeitung eines neuen Verständnisses von Politik durch die Philosophen des Mit-telalters. Auf ihm werden die Grundlagen für den für den Westen typischen Prozess nicht nur der Unterscheidung von Religion und Politik gelegt, wie sie bereits in der biblischen Tradition und der Überlieferung der Kirchenväter vorbereitet war, sondern auch der in-stitutionellen Trennung der Religion und Kirche(n) einerseits von säkularem Recht und staatlicher Politik andererseits.

Eine erste vollständige Übersetzung des aristotelischen Textes wurde von Wilhelm von Moerbeke angefertigt, und zwar nicht vor 1260–64; eine Teilübersetzung, die auch auf Wilhelm zurückgeht, ist für die Zeit vor diesem Datum belegt. Mit seinen Übersetzungen löste Wilhelm große Erwartungen unter den lateinischen Philosophen und Theologen ein. So hatten bereits Dominicus Gundissalinus im 12. Jahrhundert oder Robert Kilwardby im 13. Jahrhundert von einer neuen Disziplin, der „Politik", gesprochen. Es hatte sich offenbar die Information verbreitet, dass Aristoteles hierzu eine eigenständige Schrift verfasst habe; doch solange sie als Text nicht vorlag, musste sich der lateinische Westen mit Mutmaßungen hierüber begnügen, und statt der Ausführungen des Aristoteles zur Politik wurden die Schriften des Cicero oder die Rechtssammlungen der Juristen gelesen. Dies geht etwa aus dem überlieferten Lesekanon der Artes-Fakultät der Pariser Universität in der Mitte des 13. Jahrhunderts hervor. Und einer Bemerkung von Kilwardby aus derselben Zeit können wir entnehmen, dass die Zeitgenossen aus Unkenntnis den Inhalt der aristotelischen „Politik" mit der Rechtslehre des kanonischen Rechts und des Zivilrechts identifizierten. Trotz aller bestehenden Unkenntnis war das Interesse der lateinischen Wissenskultur gerade an diesem Text des Aristoteles signifikant, und so ist es nicht verwunderlich, dass kurz nach der Übersetzung der acht Bücher der aristotelischen „Politik" sogleich auch die ersten Kommentare vorlagen. Sie stammen von Albertus Magnus, der die „Politik" des Aristoteles sogar zweimal kommentierte, und von Thomas von Aquin. Ihnen sowie dem Übersetzer der Schrift, Wilhelm von Moerbeke, kommt somit das Verdienst zu, die Politische Philosophie des Aristoteles nicht nur für die Wissenskultur des lateinischen Mittelalters, sondern für die Philosophie-, Geistes- und Politikgeschichte insgesamt zugänglich gemacht und mit ersten systematischen Interpretationsvorschlägen intellektuell erschlossen zu haben.

Dabei verlief dieser Erschließungs- und Rezeptionsvorgang alles andere als in Form einer „Einbahnstraße". Am Beispiel der „Wiederentdeckung" der „Politik" des Aristoteles lässt sich anschaulich machen, was insgesamt für die Geschichte der Aristoteles-Rezeption und die Aneignung der antiken Wissenschaftslehren im Hochmittelalter gilt: Diese müssen als ein intellektueller und gesellschaftlicher Vorgang gedeutet werden, der sich primär aus der Dynamik und Entfaltungslogik der lateinischen Wissenskultur seit dem 11. Jahrhundert ergibt und weniger aus einer fremden Einflussnahme oder einer kontingenten Einwirkung äußerer Faktoren. Vielfach liegen zwischen der Übersetzung und Rezeption der aristotelischen Texte deutliche Zeitabstände, so dass hier die Rezeptionsgeschichte aus anderen Gründen erfolgte als die Übersetzung. Und im Fall der „Politik" wird deutlich, dass sich die Übersetzung des Textes einer aktiven Suche der „Intellektuellen" des Westens nach einer neuen, durch die bis dato vorliegenden Texte zur Politik nicht hinreichend erscheinenden Deutung des Phänomens verdankt. Es kommt hinzu, dass bei der Erschließung der Politischen Philosophie des Aristoteles die arabische Tradition, die überwiegend auf die Fragen der theoretischen Philosophie und Naturkunde konzentriert war, keine besondere Relevanz besaß. Ähnliches gilt auch für die Übersetzung der anderen großen Disziplin der Praktischen Philosophie des Aristoteles, nämlich der Nikomachischen Ethik, die, nachdem bereits im 12. Jahrhundert erste Auszüge dieser Schrift im lateinischen Westen vorlagen, in der Mitte des 13. Jahrhunderts (um 1246/47) erstmals vollständig durch Robert Grosseteste direkt aus dem Griechischen, kurz darauf noch einmal, ebenfalls aus dem Griechischen, von Wilhelm von Moerbeke, dem Übersetzer der „Politik", übersetzt worden ist. Entscheidend aber war und ist, dass die Rezeption aller der für die Wissenskultur des 13. Jahrhunderts neuen Texte des Aristoteles, die jetzt im Lesekanon neben die vielen anderen, bereits bekannten und seit Beginn des lateinischen Mittelalters in den Schulen traktierten Texte traten, aus einer systematischen Perspektive erfolgte, die die Philosophie des Aristoteles stets auch kritisierte, neu interpretierte und so in die eigene Wissenskultur einführte.

Was somit evident ist für die „Politik" und „Ethik" des Aristoteles, das gilt auch für dessen neu „entdeckte" „Naturphilosophie" und „Metaphysik": Diese Beiträge des Aristoteles zur Philosophie wurden nach Maßgabe der intellektuellen Perspektive und der neuartigen Organisation des Wissens in der Wissenskultur der mittelalterlichen, lateinischsprachigen Gesellschaft rezipiert. Und das Neue dieser Wissenskultur des Mittelalters ergab sich aus einem tiefgreifenden Wandel, als dessen Resultat im 13. Jahrhundert die Institution der Universität begegnet. An ihr und in ihr erfolgte auch die erste Rezeption und Diskussion der Politischen Philosophie des Aristoteles. Und dieser Umstand trug gewiss dazu bei, dass aus dem „praktischen Wissen" der Ethik und der Politischen Philosophie des Aristoteles der weiterentwickelte Vorschlag der Autoren des Mittelalters für eine „praktische *Wissenschaft*" wurde. Dies hatte zur Folge, dass für die jetzt von den Autoren des 13. Jahrhunderts formulierte Ethik und die Theorie der Politik der Bedeutung des „Normativen" und des „Rechts" eine im Vergleich zu Aristoteles neue, systematisch vertiefte Aufmerksamkeit zuteil wurde. Es waren aber gerade diese Neuerungen, die den weiteren Prozess der Wissenskultur und des gesellschaftlichen Wandels in Europa tiefgreifend beeinflussen sollten.

3. Die neue „Theorie des Handelns": Zum gewandelten Konzept von philosophischer Ethik und politischer Theorie in der Wissenskultur des lateinischen Mittelalters

Die Rezeption und Interpretation der aristotelischen „Ethik" und „Politik" durch die Autoren des 13. Jahrhunderts vollzog sich in einer Wissenskultur, die maßgeblich und nachhaltig durch die Umbrüche in der Wissenschaftslandschaft des 11. und 12. Jahrhunderts sowie durch die „Erfindung" eines radikal neuen Orts der freien Bildung und der Wissenschaften geprägt war: der Universität. Diese geht hervor aus der „Renaissance der Wissenschaften" (P. Weimar) und der „intellektuellen Revolution" (R. W. Southern) in den Schulen des 12. Jahrhunderts und erblickt fast zeitgleich in der Wende zum 13. Jahrhundert an verschiedenen Orten des lateinischen Westens das Licht der Welt: in Bologna, Paris und Oxford. Ermöglicht und begleitet wurden diese Umbrüche in der Wissenskultur des Mittelalters nachdrücklich durch die „Revolutionen des Rechts" (H. Berman) im Gefolge der großen Reformen der lateinischen Kirche seit dem 11. Jahrhundert. Der Name „Universität", wie er erstmals in den Pariser Gründungsurkunden erwähnt ist,[6] steht seit ihrer Gründung für das Programm einer möglichst autonomen, weitgehend selbstständigen Organisation von

---

[6] Vgl. hierzu *Chartularium Universitatis Parisiensis*, hg. v. H. Denifle/E. Châtelain, Paris 1889, Bd. 1, 67 f.

Lehre und Unterricht durch die Lehrenden und die Lernenden, für eine die Sprache und Herkunft überspannende Gemeinschaft von Lehrenden und Studierenden auf Zeit, für eine Versammlung aller „diskursfähigen" Curricula und wissenschaftlichen Disziplinen an einem Ort. Der entscheidende Grundzug der mittelalterlichen Universität ist die auf Dauer gestellte Kultur der freien Diskussion und Kritik, der Vorlesung und Disputation, der Konkurrenz der Magistri untereinander, der Relativierung von Privileg und sozialer Reputation. Aus dieser Ordnung und diesem Selbstverständnis der Universität, die zum bevorzugten, wenn auch nicht dem alleinigen Ort von Wissenschaft und Forschung im lateinischen Westen avanciert, ergibt sich fast wie von selbst eine innere Logik der permanenten Infragestellung alter Gewohnheiten und für sicher geglaubter Weltdeutungen. Von hier ist es nur ein kleiner Schritt bis zum permanenten „Streit der Fakultäten" an der Universität, der noch für Kant als das Sinnbild einer kritischen Öffentlichkeit im Zeitalter der Aufklärung erscheinen konnte.

Was Max Weber rückblickend als den im weltweiten Vergleich der Wissenskulturen einmaligen Prozess der okzidentalen Rationalisierung bezeichnet, das erhält mit der Gründung der Universität im ausgehenden 12. und im 13. Jahrhundert seine erste, gesellschaftlich anerkannte, aber stets auch gefährdete Form der Organisation. Bis zum heutigen Tag versuchen die politische Obrigkeit und die gesellschaftlichen Mächte, die Universität entweder unter Kontrolle zu bringen oder sich wenigstens zu Diensten zu machen. Auch diese Tendenzen kennzeichnen die Gründungsgeschichte der Universität. In ihr oder zumindest bezogen auf sie aber rezipieren und interpretieren die ersten lateinischen Leser die praktische Philosophie des Aristoteles, seine „Ethik" und seine „Politik" – und sie geben ihr eine verglichen mit dem Konzept bei Aristoteles neue programmatische Gestalt. Gemäß dem Selbstverständnis der „scholastischen Methode" (M. Grabmann) und dem Aufbau der Wissenschaften auf der Trias: „Ratio", d. h. der diskursiven Vernunft, „Auctoritas", d. h. der Lektüre und freien Kritik der überlieferten Texte, und „Experientia", d. h. der Erprobung des Gelehrten am konkreten Fall oder Beispiel, wurden auch die neuen Texte des Aristoteles in das Curriculum der Fakultäten aufgenommen, wenn auch nicht ohne den genannten Streit und gelegentliche Interventionen „von außen", denen aber kein durchschlagender Erfolg beschieden war.

Im Fall der Rezeption der Politischen Philosophie des Aristoteles im 13. Jahrhundert erwies sich insbesondere der Umstand als bedeutsam, dass das Thema dieser Schrift, die Lehre von der Politik, auf ein allgemein verbreitetes Interesse stieß, nämlich auf eine gewisse fachliche Zuständigkeit bei drei der vier Fakultäten der Universität: der Theologie, der Jurisprudenz und der Artes-Fakultät. Gerade weil es im überlieferten Kanon der Künste, Disziplinen und Wissenschaften kein ausgewiesenes Fach gab, das ausschließlich oder vor allem für die Erörterung der Fragen der Politik zuständig war, konnten die Vertreter der genannten Fakultäten für deren Behandlung eine eigenständige Kompetenz reklamieren. So nahmen sie aktiv teil an einer die Curricula der Fakultätszuständigkeit übergreifenden Debatte nicht nur über die Aussagen der „Politik" des Aristoteles, sondern auch seiner „Ethik" und damit auch der theoretischen Grundlagen der praktischen Philosophie. Dabei wurden auf produktive Weise Perspektiven der biblischen Überlieferung mit der Rechtslehre der Stoa, der Geschichtstheologie des Augustinus mit der römischen Rechtstradition, des christlichen Neuplatonismus mit der von Avicenna, Maimonides oder Averroes her interpretierten Philosophie des Aristoteles vermittelt, und aus dieser Innovation entstanden neue, systematisch weiterführende Beiträge sowohl zur *Theorie der Politik* und als auch zur Moralphilosophie des menschlichen Handelns.

Da es vermessen wäre, hier auch nur den Versuch zu unternehmen, wenigstens die Hauptlinien oder Strömungen näher zu bezeichnen, die aus dieser einmaligen intellektuellen und wissenschaftlichen Konstellation des 13. Jahrhunderts hervorgegangen sind, beschränke ich mich auf zwei Aspekte, die aufs engste mit meinem Thema verbunden sind, nämlich auf den Typ des „Handlungswissens" bei Aristoteles und dessen Bedeutung für die spätere Entwicklung der Moralphilosophie und der Politischen Philosophie. Paradigmatisch für den neuen Umgang der mittelalterlichen Universitätskultur mit den kurz zuvor erst übersetzten und somit zur Interpretation aufgegebenen Texten des Aristoteles wähle ich nur einen Autor aus: Thomas von Aquin. An seinem Beispiel will ich abschließend zeigen, dass und in welchem Sinn wir davon sprechen können, dass die Autoren des lateinischen Mittelalters auf der Grundlage einer systematischen Erörterung und einer diskursiven Kritik der ihnen vorliegenden Traditionen, Autoritäten und Argumente zugleich einen innovatorischen Beitrag zur Herausbildung einer neuen Wissenskultur vorgelegt haben – der Wissenschaftskultur der okzidentalen Aufklärung.

Thomas meidet in seinem Kommentar zur Nikomachischen Ethik des Aristoteles und an anderen Stellen seines Werks nicht den Begriff einer *„praktischen Wissenschaft"*, obgleich er die wissenschaftstheoretischen Gründe kennt, die Aristoteles seinerzeit veranlasst hatten, den Begriff der Wissenschaft im strengen Sinn (*episteme*) für die allein theoretisch zu erfassenden Gegenstandsbereiche der Naturphilosophie, insb. also der transmundan und rein geistig vorgestellten Himmelskörper, der Mathematik und der Metaphysik, zu reservieren. Thomas bezeichnet aber auch die Ethik oder Moralphilosophie (*philosophia moralis*) als eine „Wissenschaft" (*scientia*). Der sachliche Grund für diese Klassifizierung der Moralphilosophie liegt in der von Thomas verfolgten Grundlegung der Ethik in der menschlichen Vernunft.[7] Dies veranlasst ihn, der Ethik nicht nur einen anderen kognitiven bzw. epistemischen Rang als Aristoteles zuzusprechen, d. h. sie als eine mit rationalen Beweismethoden arbeitende und auf eine oberste Vernunfteinsicht gestützte „Wissenschaft" zu bestimmen, sondern er erkennt ihren Resultaten und Einsichten auch einen anderen Rang als Aristoteles zu. Die für Thomas als eine Wissenschaft rational begründbare Disziplin der Moralphilosophie leistet, zumindest in manchen ihrer Teile, „mehr" als die auf das anthropologische Glücksstreben gestützte Ethik des Aristoteles, die, wie wir sahen, in dem von ihr aufbereiteten „Handlungswissen" nicht über einige für die Gelingensbedingungen des menschlichen Lebens mehr oder weniger gut begründete Maximen, Klugheitsregeln und Konventionsempfehlungen hinauskommt. Das von der Ethik bestimmte „Gute" hat bei Aristoteles in jedem Fall nicht den Verbindlichkeitsgrad eines sittlich „Gesollten". Genau dies aber intendiert Thomas, wenn er im systematischen Teil seiner in die „Summa theologia" eingelassenen Moralphilosophie feststellt, dass die „praktische Vernunft" in uns als das erste, hand-

---

[7] Thomas von Aquin, *Sententia libri Ethicorum*, Lib. Primus, lectio 1, in: Cheneval/Imbach 1993, 82–89.

lungsleitende Prinzip die Aufforderung erkennt: „Das Gute ist zu tun und zu verfolgen, das Böse ist zu meiden!"[8]

In diesem Konzept einer philosophischen Ethik vermittelt Thomas Einsichten der stoischen Ethik und ihrer christlich-theologischen Interpretation durch Augustinus mit Prinzipien der römischen Rechtslehre, dem Postulat der menschlichen Freiheit und der sittlichen Würde des Einzelnen vor Gott aus der biblischen Tradition sowie Aussagen der aristotelischen Ethik. Dabei gibt Thomas der von ihm sachlich in vieler Hinsicht favorisierten „Ethik" des Aristoteles eine neue, nämlich vernunftnormative Grundlage. Dieses Motiv verbindet die Ethik des Thomas sachlich mit Einsichten der in der Autonomie der praktischen Vernunft theoretisch gegründeten Ethik bei Kant. Dieser sachliche Zusammenhang ist in den neueren Debatten zur Philosophie des Mittelalters immer wieder überzeugend bestätigt worden, auch wenn selbstverständlich über diese Entsprechung die weiteren Differenzen nicht in Abrede gestellt werden sollen, die den „Aristoteliker" Thomas und seine Annahme einer in der menschlichen Strebenatur aufweisbaren Einsicht in das sittlich Gute von Kants deontologischer Pflichtenethik und deren Gesetzesformalismus trennen.

Von Interesse ist hier allein die Art und Weise, wie Thomas die aristotelische Ethik rezipiert, indem er einerseits ihrem analytischen Verfahren folgt, andererseits aber dem Begriff des „Guten" eine neue, nämlich eine normative Lesart gibt. Thomas vollzieht diesen grundlegenden Wandel in der Begründung und Ausrichtung der Ethik, indem er der praktischen Einsicht des Menschen ein nicht in den Kontingenzen der Praxis, sondern in dessen Vernunft gegründetes Fundament zuspricht und so auch zu einer neuen Theorie des Handelns gelangt.[9] Vor diesem Hintergrund ist es nicht verwunderlich, dass wir auch in der Rezeption der „Politik" des Aristoteles durch Thomas auf eine systematisch veränderte Debattenlage stoßen. Bereits in seinen auf die Frage des Rechts und der Gerechtigkeit bezogenen Ausführungen der „Summa theologiae"[10] wird deutlich, dass Thomas den Fragen des Rechts für die Grundlegung einer politischen Ordnung eine weitaus größere Bedeutung zuspricht als Aristoteles in seinen Schriften zur Politik. Dies wird auch an der Fragment gebliebenen kleinen Schrift „De regno ad regem Cypri" deutlich, in der Thomas einen kurz vor seinem Lebensende begonnenen, aber nicht mehr abgeschlossenen Entwurf für eine *politische Theorie* skizziert. Anders als Aristoteles versteht Thomas auch die praktische Disziplin der Politik als eine Handlungswissenschaft, von der wir neben wichtigen Einsichten in angemessene oder geeignete Formen der Organisation des öffentlichen Lebens der politischen Bürgerschaft (*civitas*) auch Einsichten in vernunftnormativ Gebotenes oder Verbotenes erwarten dürfen. So spielt etwa die Frage des Gemeinwohls (*bonum commune*), die Thomas in das Zentrum der politischen Leitungsaufgabe des „regnums" rückt, eine ungleich stärkere normative Rolle als in den entsprechenden Ausführungen bei Aristoteles.

Dieser Sicht der Aufgaben der Politischen Philosophie im Sinne einer von Thomas intendierten „Theorie der Politik" entspricht es, dass Thomas die bei Aristoteles grund-

---

[8] Thomas von Aquin, *S. th.* I–II, q. 94 a. 2: „Hoc est ergo primum praeceptum legis, quod bonum est faciendum et prosequendum, malum vitandum."

[9] Thomas von Aquin, *S. th.* I–II, q. 18–21.

[10] Thomas von Aquin, *S. th.* II–II, q. 57.

legende Aussage, dass der Mensch ein auf die Gemeinschaft des Politischen angelegtes soziales Wesen ist, anders als der Übersetzer Wilhelm von Moerbeke im Lateinischen nicht mit dem einen Terminus des „animal civile" wiedergibt, sondern fast durchgängig davon spricht, der Mensch sei „animal sociale et politicum", also ein „soziales *und* politisches Wesen". Hinter dieser „Doppelformel" (J. Miethke) darf eine systematische Absicht von Thomas vermutet werden, die sachlich über die Aussage des Aristoteles in der „Politik" hinausreicht und auf das neue Konzept einer politischen Theorie bei Thomas verweist. Die auf die Gemeinschaft bezogene Wesensverfassung des Menschen, seine gesellschaftsbezogene Natur (*animal sociale*), ergibt sich nach Thomas positiv aus seiner Sprachfähigkeit, die ihn dazu befähigt, sich den Mitmenschen mitzuteilen, und negativ aus dem Umstand, dass der ungesellig lebende Mensch nicht zu dem von Aristoteles beschriebenen „guten Leben" gelangt, da er der Vorteile einer arbeitsteiligen Gesellschaft nicht teilhaftig wird und nur über einen Bruchteil der Güter verfügen kann, deren er um eines „guten Lebens" willen bedarf. Doch dieser um des „guten Lebens" willen notwendige Gemeinschaftsbezug des Menschen, seine „Sozialnatur", ist für Thomas noch nicht identisch mit seiner „politischen Natur" (*animal politicum*). Diese wird erst in einer Ordnung verwirklicht, die Thomas als die Ordnung einer „höheren Gemeinschaft" bestimmt: Er meint damit die rechtlich verfasste Ordnung der Politik, die er zugleich als die vernunftnormativ geforderte Ordnung des Friedens bezeichnet. Sie geht aus der Konstitution des Rechts, aus der rechtlichen Verfassung der sozialen Gemeinschaft hervor. In ihr wird durch die Ordnung des Rechts strukturell dafür Sorge getragen, dass die Individuen eines Sozialverbands nicht nur den eigenen Vorteil und das eigene Wohl suchen. Die Forderung, dass eine rechtliche Ordnung unter einem politischen Führer (*rex*) errichtet werden soll, ergibt sich somit als eine vernünftige Schlussfolgerung aus der sozialen Natur des Menschen, die ihn als solche betrachtet zwar zum gemeinschaftlichen Leben führt, aber selbst noch nicht als eine „politische Ordnung" erscheint, weil ihr die Verfassung eines öffentlichen Rechts fehlt. Nur die politische Ordnung kann den inneren Frieden, die „höhere" Form der Gemeinschaft und den äußeren Frieden sichern. Die Ordnung der Politik ergibt sich für Thomas somit nicht wie bei Aristoteles in tugendethischer Perspektive aus den sittlichen Tugenden der „Besten" einer Gesellschaft, sondern rechtlich aus der öffentlichen Herrschafts- oder Regierungsordnung eines Rechtsverbands, des „regnum". Ohne das Leben in der Gesellschaft wären die Menschen vereinzelt und „jeder wäre sein eigener König". Doch um des Gelingens des gemeinsamen Strebens nach Bedürfnisbefriedigung, d. h. um des guten Lebens willen, bedarf es einer politischen Integration und Koordination der vergesellschafteten Menschen. Dies beschreibt die Aufgabe des „regnum". Die mit solchen Erwägungen einsetzende *Theorie der Politik* bei Thomas von Aquin zielt auf Einsichten, die, wie wir gesehen haben, uns nicht einfach die Erfahrung der Praxis lehrt, sondern die aus einer rationalen Argumentation von Thomas systematisch entwickelt werden; die in der Gesellschaftsnatur des Menschen nicht aufgehobene Vielheit der Bedürfnisse, Strebungen und Interessen bedürfen für ihn einer politischen Einheitsstiftung, die sich nicht anders als durch die Rechtsakte einer verfassten Regierung vorstellen lässt. Auf diese rechtliche Verfassung der politischen Ordnung stützt Thomas auch seine Hoffnung, dass aus dem „regnum", der Herrschaft des Rechts nach Maßgabe der Gerechtigkeit, keine Tyrannis, keine Unrechtsordnung wird.

4. Literatur:

Quellentexte:

Albertus Magnus: *Politica*, in: Opera Omnia, ed. A. Borgnet, VIII, Paris 1890.

Aristoteles: *Politik*. Übers. von F. Susemihl, neu hg. von W. Kullmann, Reinbek bei Hamburg 1994.

–: *Nikomachische Ethik*. Übers. und hg. von U. Wolf, Reinbek bei Hamburg 2006.

Thomas von Aquin: *De regno ad regem Cypri*, ed. Leonina 48, Grottaferata 1971.

– : Prologe zu den Aristoteleskommentaren, hg., übers. und eingeleitet von F. Cheneval/R. Imbach, Frankfurt a. M. 1993.

– : *Summa theologiae*, Editio Leonina, Rom 1882 ff. (= *S. th.*)

Referenzliteratur:

Beckmann, J./Honnefelder, L./Schrimpf, G./Wieland, G. (Hg.) 1988: Philosophie im Mittelalter, Hamburg.

Benson, R./Constable, G. (Hg.) 1982: Renaissance and Renewal in the Twelfth Century, Oxford.

Berndt, R./Lutz-Bachmann, M./Stammberger, R. (Hg.) 2002: „Scientia" und „Disciplina". Wissenstheorie und Wissenschaftspraxis im 12. und 13. Jahrhundert, Berlin.

– 1998: Zur Rekonstruktion des politischen Aristotelismus, in: Aertson, J. A./Speer, A. (Hg.), Was ist Philosophie im Mittelalter?, Berlin, 999–1011.

Bertelloni, F. 2007: Nähe und Distanz zu Aristoteles. Die neue Bedeutung von civitas im politischen Denken des 13. bis 15. Jahrhunderts, in: Cesalli, L. u. a. (Hg.), University, Concil, City. Intellectual Culture on the Rine (1300–1500), Turnhout, 323–347.

Cheneval, F. 1998: Considération presque philosophique sur le commentaries de la Politique d'Albert le Grand et de Thomas d'Aquin, in: Freiburger Zeitschrift für Philosophie und Theologie 45, 56–83.

Fidora, A./Fried, J./Lutz-Bachmann, M./Schorn-Schütte, L. (Hg.) 2007: Politischer Aristotelismus und Religion, Berlin.

– /Lutz-Bachmann, M. (Hg.) 2007: Erfahrung und Beweis. Die Wissenschaften von der Natur im 13. und 14. Jahrhundert, Berlin.

– /Lutz-Bachmann, M./Wagner, A. (Hg.) 2009: Lex und Ius. Beiträge zur Grundlegung des Rechts in der politischen Philosophie des Mittelalters und der Frühen Neuzeit, Stuttgart.

Finnis, J. 1998: Aquinas. Moral, Political, and Legal Theory, Oxford.

Flüeler, G. 1992: Rezeption und Interpretation der aristotelischen Politica im späten Mittelalter, Amsterdam/Philadelphia.

Fried, J./Kailer, Th. (Hg.) 2003: Wissenskulturen, Beiträge zu einem forschungsstrategischen Konzept, Berlin.

– /Stolleis, M. (Hg.) 2009: Wissenskulturen, Frankfurt a. M.

Grabmann, M. 1941: Die mittelalterlichen Kommentare zur Politik des Aristoteles, Sitzungsberichte der Bayerischen Akademie der Wissenschaft, Phil-hist. Abt., Bd. 2/10, München.

Höffe, O. 1971: Praktische Philosophie – Das Modell des Aristoteles, München/Salzburg.

– 1979: Ethik und Politik, Frankfurt a. M.

– 1996: Aristoteles, München.

Honnefelder, L. u. a. (Hg.) 2005: Albertus Magnus und die Anfänge der Aristoteles-Rezeption im lateinischen Mittelalter. Von Richard Rufus bis zu Franciscus de Mayronis, Münster/W.

Horn, Chr./Neschke-Hentschke, A. (Hg.) 2008: Politischer Aristotelismus. Die Rezeption der aristotelischen „Politik" von der Antike bis zum 19. Jahrhundert, Stuttgart/Weimar.

Kluxen, W. 1980: Philosophische Ethik bei Thomas von Aquin, Hamburg.

Kretzmann, N./Kenny, A./Pinberg, J. (Hg.) 1982: Later Medieval Philosophy, Cambridge.

Lutz-Bachmann, M./Fidora, A. (Hg.) 2008: Handlung und Wissenschaft. Die Epistemologie der
   praktischen Wissenschaften im 13. und 14. Jahrhundert, Berlin.
– /Fidora, A./Antolic, P. (Hg.) 2004: Erkenntnis und Wissenschaft. Probleme der Epistemologie in
   der Philosophie des Mittelalters, Berlin.
– /Fidora, A./Niederberger, A. (Hg.) 2004: Metaphysics in the Twelfth Century. On the Relationship
   among Philosophy, Science and Theology, Brepols.
Miethke, J. (Hg.) 1992: Das Publikum politischer Theorie im 14. Jahrhundert, München.
– 2008: Politiktheorie im Mittelalter, Tübingen.
Pope, St. J. (Hg.) 2002: The Ethics of Aquinas, Washington.
Southern, R. W. 1995/2001: Scholastic Humanism and the Unification of Europe, Oxford.
Weimar, P. (Hg.) 1981: Die Renaissance der Wissenschaften im 12. Jahrhundert, Zürich.
Wieland, G. 1981: Ethica – scientia practica. Die Anfänge der Ethik im 13. Jahrhundert, Münster/W.

Jürgen Miethke

Marsilius von Padua und Wilhelm von Ockham

Klassiker der Politiktheorie des 14. Jahrhunderts

Was verhilft einem Autor politischer Theorie zur Würde eines „Klassikers"? Eine Antwort wird heute wohl nicht unbedingt darauf verweisen wollen, dass Klassik Geltung für immer beansprucht. Nicht dass ein Text besondere qualitative Ansprüche erfüllt, macht ihn schon zu einem „Klassiker". Vielmehr wird die Aufnahme des Textes Berücksichtigung finden, die Rezeption bei Lesern und Nutzern, die er in der Zeit der Entstehung und seither erhalten hat. Die Beachtung, welche einer bestimmten politischen Theorie eines Zeitgenossen oder einer länger zurückliegenden Zeit allgemein in der politischen Praxis und bei deren Beratung durch Historiker, Politologen, Juristen und Theologen zuteil wurde, ist freilich auch von einer gewissen Qualität abhängig. Das Theorieangebot muss plausibel sein und es muss den Nerv oder doch einen Nerv der Zeit getroffen haben oder weiterhin treffen. Es soll den Nachvollzug lohnen, die Fragen, die der Text stellt und beantworten möchte, sollten als dringlich erkannt, die Antworten, die er gibt, als beachtenswert verstanden werden können. Insofern muss die Suche nach Klassikern immer auch das historische Umfeld einer Theorie in den Blick nehmen, muss deshalb nach den allgemeinen und besonderen Bedingungen für die Theorie fragen, nach der Formulierung der zu beantwortenden Fragen ebenso wie nach der ausgeprägten Gestalt der hier formulierten Antworten. Es ist also nicht mit einer allein doxographischen Aufzählung der Thesen eines „Klassikers" getan; ein Blick auf den zeithistorischen und biographischen Rahmen der jeweiligen Theorie und auf ihre Wirkungsgeschichte ist unumgänglich.

Hier soll der Versuch gemacht werden, zwei mittelalterliche „Klassiker" vorzustellen, deren Lebenszeiten sich berührten, ja die beide einen wichtigen Lebensabschnitt am Hof des deutschen „Kaisers der Römer" Ludwigs IV., „des Bayern" verbrachten. Sie können damit zugleich als Beispiel für die wachsende Bedeutung wissenschaftlicher Politikberatung im spätmittelalterlichen Europa (und auch in Deutschland) stehen. Zugleich genossen beide im letzten mittelalterlichen Streit zwischen Kaiser und Papst den Schutz des deutschen Herrschers gegen Ansprüche und Maßnahmen des Papstes und stehen daher allein schon mit ihren eigenen Lebenserfahrungen ein für eine Reflexion des Verhältnisses von weltlicher Herrschaft und kirchlicher Organisation. Uns geht es um Marsilius von Padua und Wilhelm Ockham. An der Auswahl dieser beiden Autoren haftet jedoch ein Moment der Willkür. Die Ansprüche anderer mittelalterlicher Theoretiker, um nur verschiedene Namen allein des Spätmittelalters zu nennen, etwa Thomas von Aquin, Dante Alighieri, Aegidius Romanus, Johannes Quidort, Lupold von Bebenburg oder Nikolaus von Kues, die gewiss alle auch Anspruch auf einen Platz in der Perlenkette von „Klassikern" hätten,[1] müssen hier unbeachtet bleiben.

1. Probleme einer scholastischen Theorie von Politik und Religion

Politische Theorie hatte im Mittelalter einen schweren Stand; sie hatte keinen eigenen institutionellen Ort. Die scholastische Universität wurde zwar seit ihrer Entstehung um die Wende zum 13. Jh. zunehmend exklusiv für theoretische Arbeit zuständig, doch gab es dort keine eigenständige „Politikwissenschaft", wenn natürlich auch Universitätsleute sich immer wieder zu Fragen der politischen Ordnung äußerten. Die Theorie der Politik hat sich erst allmählich emanzipiert, indem sie sich von ihren Nachbarwissenschaften befreite. Eigenständigkeit erreichte sie erst am Ende des Mittelalters, was gemeinhin mit dem Namen Niccolò Machiavelli verbunden wird. Doch brachte das lange Verbleiben im Schatten der übermächtigen Fakultäten der Artisten, der Theologen und der Juristen für das politische Denken nicht ausschließlich Nachteile. Im Zeitalter der mittelalterlichen Buchwissenschaften wurde eine besondere Wissenschaftsdisziplin konstituiert vor allem durch den Komplex von autoritativen Texten, die in ganz Europa dem akademischen Unterricht zugrunde lagen. Das waren etwa Bibel und Sentenzenbuch bei den Theologen, bei den Juristen die Textbücher des Gemeinen Rechts, nämlich das *Corpus Iuris Civilis* und das *Corpus Iuris Canonici*, für die Artes mehr und mehr das *Corpus Aristotelicum*, ebenso wie die medizinischen Grundtexte eines Galen oder Hippokrates sowie der arabischen Vorbilder bei den Medizinern.

Dass theoretische Bemühung um die Politik sich zunächst nicht auf ein geschlossenes Textkorpus stützen konnte, bedeutete zugleich, dass für eine theoretische Reflexion in diesem Bereich keine gefestigte einheitliche wissenschaftliche Tradition, keine einheitliche Wissenschaftssprache, und damit auch nicht sofort und primär zuständige Spezialisten zur Verfügung standen, an die entsprechende Fragen aus der Umwelt vordringlich hätten gerichtet werden können. Damit jedoch hatten alle die großen Wissenschaftsdisziplinen der Scholastik, jede für sich, die Chance, aus ihrer je eigenen Tradition, in ihrer jeweils eigenen Sprache und Begrifflichkeit auf Anfragen aus der Herrschaftspraxis und aus sozialen Konflikten sich zu Wort melden oder im Eigenbewusstsein bewährter Zuständigkeit eine Antwort suchen zu können. Darin lag die Chance, in der Konkurrenz verschiedener Traditionen leichter geeignete Antworten auf konkrete Fragen zu finden. Die Eingebundenheit politischer Theorie in verschiedene Disziplinen ließ sich zur Erweiterung des Sprachangebots und Theoriereservoirs durch die Nachbarn nutzen. Der Reflexionshorizont mochte sich ausdehnen, die Traditionsströme ließen sich aktuell ver-

---

[1] Eine Übersicht etwa bei Miethke 1991c; auch jede Geschichte der politischen Ideen mag herangezogen werden.

breitern und vertiefen. Damit konnte auch der konkrete Erfahrungsschatz wachsen, der bei der theoretischen Lösung von praktischen Aufgaben Hilfestellung versprach.

Zugleich wurde das Reservoir möglicher Adressaten für jede Bitte um theoretische Klärung stark ausgeweitet, konnten doch Angehörige jeder Fakultät angesprochen und befragt werden oder sich aus eigenem Antrieb zu Wort melden, wenn Probleme des Zusammenlebens im Gemeinwesen zu durchdenken waren. Weil dies allgemein bewusst war, brauchte politische Theorie im späteren Mittelalter sich nicht in der Abkapselung von Spezialisten entfalten, sondern war tendenziell eine Aufgabe, die sich allen Wissenschaften gleichermaßen stellte, für die umgekehrt auch alle verantwortlich gemacht werden konnten. Die Verantwortung der Theorie für die Praxis war damit von vorneherein als allgemeine Aufgabe gestellt. Zugleich wurden theoretische Antworten im Konzert der Meinungen oft zu einem integrativen Unternehmen, weil man sich nicht damit begnügen konnte, nur eine einzige Perspektive, nur ein einziges Instrumentarium des Nachdenkens zu nutzen. Vielmehr war ein Blick über den Zaun der eigenen Kompetenz gefragt. Auskünfte von verschiedenen Seiten mochten sich gerade in ihrer Unterschiedlichkeit aneinander in willkommener Konkurrenz abarbeiten.

Die Sprachangebote der einzelnen Fakultäten,[2] die prinzipiellen Kompetenzen jeder einzelnen Fakultät standen außer Frage, denn als „Wissenschaft" mussten sie alle an der Wahrheitsfindung Teil haben. Die Theologen konnten sich darauf berufen, dass sie, den Schatz der göttlichen Offenbarung im Rücken, seit ältester Zeit die biblische Weisung und die Äußerungen der Kirchenväter vor dem Hintergrund der antiken Theorien immer wieder zur Geltung gebracht hatten. So war an ihrer Berufung zu einer Stellungnahme in Predigt und Beichtstuhl, in Mahnung und Warnung kein Zweifel möglich. Dass die Theologie auch die Interessen der Amtskirche, des Klerus und der Prälaten immer mitbedachten und vertraten, versteht sich dabei von selbst. Auch die Juristen hatten seit alters auf Synoden, Kirchenversammlungen und an Herrscherhöfen ihre Argumente zur Rechtslage, gebeten und ungebeten, vorgebracht. Juristische Sachverständige wurden auch im Spätmittelalter regelmäßig gefragt oder gaben von sich aus ihre Meinung kund. Dass dabei die Kanonisten, die Spezialisten der Kirchenrechtstradition, meist organisiert in einer eigenen Fakultät, immer wieder in Konkordanz oder in Konkurrenz zu den Theologen,[3] zu Wort kamen, versteht sich.[4] Am spätesten hatten, wenn wir von den marginalen Beiträgen der Mediziner absehen, die nur selten und eher metaphorisch (über das Bild von Krankheit oder Gesundheit vermittelt) eingreifen mochten, die „Artisten" eine eigene politische Kompetenz etabliert und zu einer konkreten Bemühung gefunden. Zwar hatten die Vertreter der Artes, und damit die Vorläufer der heutigen Philosophischen Fakultät, die Tradition der Rhetorik als eines Faches der sieben *Artes liberales* im Rücken, d. h. eine Disziplin, die damals keineswegs allein auf Stilfiguren und formalsprachliche Aspekte beschränkt war. Man konnte etwa mit der Berufung auf Cicero und andere Schulautoren antike Argumente einbringen. Einen Aufschwung freilich, der den Artisten weithin Gehör verschaffte und ein neues Selbstvertrauen gab, erfuhr ihre Kompetenz im Verlaufe des 13. Jahrhunderts, als der langwierige Prozess der Rezeption

---

[2] Dazu Miethke 2008a, 1–24; vgl. auch Miethke 1990a.
[3] Ein Beispiel solcher Konkurrenz neuerlich: Miethke 2011.
[4] Dazu etwa Walther 2007.

der Schriften des Aristoteles bis zu seiner praktischen Philosophie vorgedrungen war, als nach den logischen, naturwissenschaftlichen und metaphysischen Schriften des antiken Philosophen auch seine praktische Philosophie in lateinischer Sprache den Westen erreichte, die *Ethik* zuerst und dann um 1260 auch seine *Politik*.[5]

Einen schlagenden Beleg dafür kann ein kurzer Blick auf die Lebensumstände der Autoren von politisch-theoretischen Schriften liefern. Trotz der Vielfalt ihrer Herkunft in regionaler und sozialer Hinsicht hatten alle diese Männer sich in die scholastische Wissenschaft professionell eingeübt, hatten die formale Schulung und die jeweilige inhaltliche Fächertradition an wenigstens einer Fakultät erfahren. Alle spätmittelalterlichen Autoren, die in den Kompendien der Geschichte des politischen Denkens behandelt werden, erfüllen diese Bedingung. Auch scheinbare Ausnahmen unter den politischen Theoretikern (wie Dante oder Ramon Llull, deren Universitätsbesuch zumindest nicht regulär genannt werden kann) stehen nicht abseits der Hochschulen. Politische Theorie des Spätmittelalters gehört in spezifischer Weise zur Geschichte der scholastischen Universität.

2. Marsilius von Padua, ein „Verteidiger des Friedens"

Papst Bonifaz VIII., der die Geltung der lateinischen Weltkirche auf eine neue Anspruchshöhe führte,[6] hat an der Wende zum 14. Jh. versucht, die dem Papst als Bischof von Rom, Nachfolger Petri und Stellvertreter Christi in lang anhaltender Erörterung anwachsend zugeschriebenen Vorrechte auch wirklich praktisch wahrzunehmen und notfalls im Streit durchzusetzen. Seine Regierung ist von Konflikten gekennzeichnet: Mit den Colonna-Kardinälen hat er sich angelegt. Er traf auch erneut auf den Kaiser, den deutschen Herrscher im „Römischen Reich" des Mittelalters, als Widerpart päpstlicher Hoheitsansprüche. Auch einen Kampf mit dem Vertreter einer neuen Macht im Horizont der lateinischen Welt des Mittelalters, mit dem französischen König hat er nicht gescheut. Sein Konflikt mit Philipp IV. „dem Schönen"[7] gipfelte in der päpstlichen „Konstitution" (als solche ausdrücklich erlassen!) *Unam sanctam* (1302/1303), also einem „Gesetz", das in unüberbietbarer Schärfe den von der Scholastik im Jahrhundert zuvor entwickelten Anspruch des Papstes auf die Spitzenstellung in der kirchlichen Hierarchie begründete und päpstliche Hoheit in geistlichen und – das war eine deutliche Ausweitung gegenüber der traditionellen Praxis – weltlichen Angelegenheiten als „heilsnotwendig" einforderte.[8] Der Kampf endete (1304), als ein bewaffneter Sturmtrupp im „Attentat von Anagni" versuchte, den Papst in seinem Sommerpalast gefangen zu setzen, um ihn, so war es offensichtlich geplant, vor ein Konzilsgericht zu stellen. Mit knapper Not entkam Bonifaz diesem Anschlag, starb aber nur wenige Wochen nach diesem Scheitern seiner mit hallender Rhetorik verkündeten weitausgreifenden Politik. Noch Jahrzehnte lang

---

[5] Zusammenfassend Dod 1982; spezieller Flüeler 1992; vgl. auch Miethke 2008b.
[6] Die Literatur zu ihm ist reich. Eine erste Übersicht etwa bei Miethke 2008a, 45–56.
[7] Z. B. Miethke 1996.
[8] Ubl 2004.

sollten seine Nachfolger mit dem Aufräumen des von Bonifaz hinterlassenen Trümmerfeldes beschäftigt sein.

Schon unter den Zeitgenossen begann eine Erörterung darüber, welche Kompetenzen dem Papst in Kirche und Welt zustehen (*De potestate papae*). In Denkschriften und Traktaten stritt man sich darüber, welche Amtskompetenz einem Papst zukomme, was der Papst von Rechts wegen dürfe und was nicht, und wie das zu begründen sei.[9] Damit war nach der Legitimität der päpstlichen Ansprüche gefragt. Zugleich standen die verschiedenen Ebenen der sozialen Organisation auf dem Prüfstand. Wenn überhaupt die gesellschaftliche Verfassung als eine Hierarchie oder nach einem hierarchischen Modell gedacht wurde, stand damit das wechselseitige Verhältnis bei Befehl und Gehorsamserwartung zur Debatte, mit einem Wort das Oben und Unten der sozialen Pyramide. Insofern war es nicht mehr ausreichend, allein ethische Traditionen zur Begründung einer theoretisch befriedigenden Eindämmung willkürlicher Machtausübung von König, Kaiser oder Papst aufzurufen. Das war seit der Zeit der Karolinger in den sogenannten Fürstenspiegeln und Christenspiegeln erprobt worden und immer wieder geschehen.[10] Noch die Ständedidaxe der „Fürstenspiegel" eines Johannes von Salisbury oder Vinzenz von Beauvais hatte das auf der Basis breitester Exzerpte aus der Tradition versucht. Schon Thomas von Aquin aber hatte dann diese gesamte Literatur in seinem eigenen Fürstenspiegelfragment *De regno ad regem Cypri*[11] auf ein neues Fundament gestellt, indem er die praktische Philosophie des Aristoteles zum Entwurf einer politischen Theorie im Sinne und im Rang einer aristotelischen Wissenschaft benutzte. Sein Traktat war Fragment geblieben, hatte aber Schüler und Nachfolger wie Aegidius Romanus, Johannes Quidort oder Ptolomäus von Lucca zu weiteren Versuchen angeregt, mit aristotelischen Mitteln eine Politiktheorie ihrer eigenen Zeit zu entwerfen.

Zunächst bildete die Universität von Paris ein oder sogar das Zentrum solcher Bestrebungen. Auch Marsilius de Mainardini, heute (nach seiner Vaterstadt) meist „Marsilius von Padua"[12] genannt, gehört zu den Pariser Gelehrten, die auf aristotelischer Grundlage eine Theorie des Politischen entwickelten. Um 1285/1290 geboren, aus einer Notarsfamilie Paduas (und damit der schriftkundigen laikalen Elite der Stadt) stammend, in Verbindung mit dem dortigen Frühhumanisten-Kreis (um Lovato de Lovati und Albertino Mussato) stehend, studierte der junge Marsilius nicht, wie es diese seine Herkunft nahelegte, Jura, sondern die Artes (d. h. Philosophie), zuerst wohl in Padua bei Pietro d'Abano (der etwa 1306 Paris zugunsten von Padua verlassen hatte). Dann zog es Marsilius nach Paris, wo er in dem dort von Pietro d'Abano hinterlassenen Schülerkreis Aufnahme fand. Mit Johannes Jandun schloss er eine Freundschaft, die lebenslang anhalten sollte. In Paris wurde er wahrscheinlich auch zum *magister artium* graduiert. Im Dezember 1312 (für 3 Monate) zum Rektor der Pariser Universität gewählt (das ist das erste absolute Datum, das wir von seinem Leben kennen), gewann er durch dieses Amt Einblicke in den französischen Hof. Zudem hat er im Auftrag seiner Universität (und

---

[9] Dazu Miethke 2008a.

[10] Zusammenfassend Anton 1989; ein Überblick demnächst Miethke 2013c.

[11] Einzige kritische Ausgabe: Thomas de Aquino 1979.

[12] Aus der ungemein umfangreichen Literatur zu ihm nur wenige Titel: Gewirth 1951; Pincin 1967; de Lagarde 1970; Nederman 1995; Piaia 1999; Battocchio 2005; Garnett 2006; Syros 2008.

in eigenem Interesse) wohl mehrmals die päpstliche Kurie in Avignon aufgesucht, dort jedoch trotz einiger Bemühung keine Pfründe, nur einige der prekären päpstlichen Anweisungen auf die Zukunft („Expektanzen") erlangen können.[13] Um 1319/1320 stand er mit Matteo I. Visconti, dem Herrn von Mailand und mit Cangrande della Scala, dem „Signore" von Verona, in näherer Verbindung, d. h. mit „ghibellinischen" Anhängern kaiserlich-deutscher Oberhoheit und antipäpstlicher Politik in Oberitalien, die ihn zu diplomatischen Aktivitäten am Pariser Hof bewogen. Doch zog Marsilius sich offenbar bald wieder aus der aktiven politischen Diplomatie zu theoretischen Studien zurück, studierte weiter an der theologischen und medizinischen Fakultät. Wie in einer späten Handschrift[14] festgehalten ist, beendete er (am 24.6.1324) in Paris, „im Stadtviertel der Sorbonne im Haus der Theologiestudenten ebendort", sein Hauptwerk, den *Defensor pacis*.

Wohl weil die bischöfliche Inquisition dieses Buch beargwöhnte, vielleicht auch eine Untersuchung vorbereitete, vielleicht auch, um am deutsch-römischen Herrscherhof Karriere zu machen,[15] floh Marsilius zusammen mit seinem Freund Johannes Jandun spätestens im Sommer 1326 überstürzt aus Paris, unter Hinterlassung beträchtlicher Schulden bei italienischen Kommilitonen. An der päpstlichen Kurie kursierte bald darauf eine Liste von sechs angeblich ketzerischen Irrtümern, die in der Schrift enthalten seien. Mehrere polemische Streitschriften wollten diese Irrtümer widerlegen, ohne freilich eine eigene Lektüre des Buches erkennen zu lassen; vielmehr arbeiteten sie gewissermaßen freihändig nur in Anwendung kurialer Überzeugungen und versuchten, Punkt für Punkt die kuriale „Irrtumsliste" zu widerlegen. Der Papst (Johannes XXII.) verurteilte bald darauf (am 23.10.1327) die Verfasser des Buchs als „Erzketzer und Häresiarchen". Das bedeutete damals ohne Frage eine ernste Bedrohung für Leib und Leben.

Marsilius hatte jedoch bereits zuvor in Deutschland Schutz gesucht und auch eine Bleibe bei Ludwig dem Bayern gefunden, der mit dem Papst einen ganz andersartigen Konflikt austrug darüber, ob der deutsche Herrscher sein Herrschaftsrecht allein aufgrund der Kurfürstenwahl oder erst nach päpstlicher „Approbation" (d. h. einer förmlichen Bestätigung durch den Papst) wahrnehmen dürfe. Marsilius, der Ludwig zuvor bereits seinen *Defensor pacis* gewidmet hatte, nahm daraufhin als Mitglied des Herrscherhofes am Italienzug Ludwigs (1327–1330) teil.[16] In Ludwigs Beraterkreis war er offenbar aktiv und wurde vom Herrscher etwa in Mailand und Rom zum Kommissar und Richter über den Klerus bestellt.[17] Bei Ludwigs (papstfreier) Kaiserkrönung in Rom (am 17.1.1328) war er maßgeblich beteiligt: Er hat wenig später auch Inszenierung und Zeremoniell der Erhebung eines kaiserlichen (Gegen)-Papstes anscheinend entscheidend mitgestaltet.

---

[13] Dazu Courtenay 2004. Zu seiner Teilnahme am Romzug jetzt (mit einigen problematischen Wertungen) Godthardt 2011.

[14] Kolophon in Ms. „X" (Ulm, Stadtbibl. Nr. 6706–08.IX D4); vgl. Marsilius of Padua 1932/1933, 613 Anm. 1: Compositus et completus est liber iste anno domini MCCCXXXXIIII Parisiis in vico Sorbona in domo studentium in sacra theologia ibidem.

[15] Dazu etwa Godthardt 2012, 22–27.

[16] Die Quellen prüft sorgfältig Godthardt 2011 u. 2012 (mit einigen überspitzten Schlussfolgerungen).

[17] Cadili 2005–2006.

Mit Ludwig, dem Kaiser besonderer Art, nach München (Anfang 1330) zurückge-kehrt, blieb Marsilius am dortigen Hof als Berater, praktizierte auch als (Leib-)Arzt für Ludwig den Bayern. Schriftstellerisch war er nur noch selten tätig, vor allem dien-te er dem Kaiser als weltlichem Fürsten durch ein Gutachten, das ihm entgegen der Tradition eine gegenüber der Kirche genuine Kompetenz in Fragen von Eheschließung und Scheidung zuerkannte. Ludwig und seine Berater haben sich dann an die ihnen hier angeratenen Schritte offenbar nicht gehalten.[18] Marsilius hat den Text des Gutach-tens später noch in einen letzten kleineren Traktat übernommen, den er in Anknüpfung an sein Hauptwerk nun *Defensor minor* nannte. Am 10. April 1343 spricht Papst Cle-mens V. in Avignon von ihm als einem Verstorbenen.

3. Der Defensor pacis

Das von seinem Verfasser mit einem ungewöhnlichen Titel *Verteidiger des Friedens*[19] benannte Buch weist entschieden jeden weltlichen Herrschaftsanspruch der Kirche und des Papstes ab, stellt sich also bewusst in die Tradition einer Verteidigung der Selb-ständigkeit weltlicher Herrschaft gegen päpstliche Herrschaftsansprüche, allerdings jetzt mit neuartigen theoretischen Mitteln. Ein über den Rahmen der Polis (des antiken Stadt-staates) hinaus verallgemeinertes aristotelisches Instrumentarium dient dem Autor zur Analyse der politischen (Haupt-) „Krankheit" seiner Zeit und zu einem eigenwilligen Therapievorschlag.[20] Seine Theorie lässt sich, darauf scheint es ihm selber angekommen zu sein, auf sehr unterschiedliche Verfassungstypen seiner Zeit anwenden, die er im Lau-fe seines Lebens alle genauer kennengelernt hatte. Sie sollte das römisch-deutsche Reich (*imperium*), das französische Königreich (*regnum*) und natürlich auch die oberitalieni-schen Kommunen (*civitates*) analytisch durchleuchten. Darüber hinaus sieht Marsilius das Herrschaftssystem und die Verfassung der Kirche ebenfalls durch die aristotelische Brille. Das Ergebnis seines Nachdenkens ist paradox: Hatten die Anhänger von Papst Bonifaz VIII. den „Staat" und seine Lenker, die Kaiser, Könige und Fürsten, ganz dem Papst auch in weltlichen Fragen unterworfen,[21] so wird von Marsilius die gesamte Amts-kirche restlos in die „staatliche" Organisation hineingezogen. In politischen und sozialen Fragen bleibt ihr keinerlei Eigenständigkeit.

Der Aristotelismus des Marsilius ist dabei selbständig und eigenfarbig. Allein schon die Begründung der Vergesellschaftung des Menschen geht nur scheinbar strikt vom aristotelischen Wortlaut aus. Das Mängelwesen Mensch entgeht, so wird Aristoteles nachbuchstabiert, ausschließlich im sozialen Verband der physischen Not, die ihm von Geburt an bereits aus mechanischer Beanspruchung erwächst.[22] Doch sieht der mittel-alterliche Autor die Vergesellschaftung nicht bereits durch die menschliche Vernunft

---

[18] Dazu Miethke 2004; Briguglia 2013, 190–206.

[19] Es gibt zwei kritische Ausgaben: Marsilius 1928 und Marsilius 1932–1933 [nach dieser Ausgabe von R. Scholz wird hier zitiert; dieser Text ist auch zusammen mit deutscher Übersetzung (ohne die Variantennachweise) seitenparallel abgedruckt in: Marsilius 1958].

[20] Defensor pacis I.1.7; I.19.3; III.3.

[21] So insbesondere die Augustinereremiten; vgl. Miethke 2008a, 94–108.

[22] Bes. Defensor pacis I.4.3 (S. 18)

74   JÜRGEN MIETHKE

begründet, vielmehr leitet er sie von einer willentlichen Entscheidung der in der Gesellschaft zusammen Lebenden ab, die zur Bildung einer Gesellschaft allererst motiviert
werden und sie auch – mit all ihren Konsequenzen – wollen müssen. Die frühneuzeit-
liche Theorie des Gesellschaftsvertrags zeichnet sich hier, wenngleich undeutlich, ab.
Durch strikt eingehaltene Regeln muss dann aber das Zusammenleben vor Störung und
Zerstörung gesichert werden.

Dementsprechend müssen die Regeln des gesellschaftlichen Zusammenlebens als
„Gesetze" mit „zwingender Gewalt" (*potestas coactiva*) von einem dazu kompetenten
Gesetzgeber erlassen werden. Dabei geht die Fassung des Gesetzesbegriffs[23] über die
Vorgaben des griechischen Philosophen bewusst hinaus. Nicht (wie wohl bei Aristote-
les) sichert die Vernünftigkeit (*logos*) der Norm ihre Geltung, sondern vor allem der
Erlass des Textes (*sermo*) durch den dazu kompetenten Gesetzgeber. Die Einhaltung der
Normen muss im Alltag effizient durchgesetzt werden, damit das Ziel des Überlebens
der Gesamtheit (und in ihr des Einzelnen) erreicht wird. Daraus erklärt sich der
gewichtige Akzent auf die „zwingende Gewalt", die einem Gesetz Sanktionen von
Strafe oder Belohnung sichert. Als Gesetzgeber wird (erneut anders als bei Aristoteles)
„allein die Gesamtheit der Bürger oder ihr gewichtigerer Teil" identifiziert.[24] Allerdings
setzt der (zum Unterschied von Gott als Gesetzgeber so genannte) *legislator humanus*
mit seinen Gesetzen nur den Rahmen für den regierenden Teil des Gemeinwesens (*pars
principans*), dem die Aufgabe der Regierung und Leitung zukommt. Die Wortbildung
pars principans ist allein schon sprechend und eine sprachliche Sonderprägung des
Marsilius, die (wie die *potestas coactiva*) nachgerade zu einem Erkennungszeichen
seines Textes gerät. Der „fürstliche Teil" (der Gesamtheit) verweist auf die Spitze der
sozialen Organisation, in der der regierende Fürst oder die regierende Elite der Stadt
die durch die Gesetze bestimmte Rolle in Rechtsprechung und Exekutive spielt, in der
aber auch dieser Teil nur Teil des Ganzen mit genau bestimmbaren und letzten Endes
gesetzlich begrenzten Aufgaben ist.

Damit gewinnt die marsilianische Theorie eine (eigenwillige) Basis weiterer
Überlegungen auch zu einer Theorie der Kirchenverfassung. Die Kirche, so erklärt der
Friedensverteidiger, hat eine Verfassung, die nicht etwa kraft ihrer göttlichen Stiftung
menschlicher und natürlicher Begründung und Erklärung enthoben ist. Kirche und Papst
haben keinerlei originäre politische Kompetenz und jedenfalls keine eigene „zwingende
Gewalt" auszuüben. Für die Verfassung der Kirche wird die unumgehbare Rolle der
ökumenischen oder allgemeinen Synoden betont, deren Beschlüsse durch Gottes
Beistand als unfehlbar und irrtumslos gelten müssen.[25] Die von seinen Anhängern für
den Papst beanspruchte Gewaltenfülle (*plenitudo potestatis*) wird dagegen – analog
zur weltlichen Gewalt des Herrschers, der von der Gesetzgebergesamtheit der Bürger
abhängig und beauftragt bleibt – energisch verneint. Ein Papst hat Aufträge und
Beschlüsse des Konzils zu befolgen, Konzilien bleiben zudem die letzte und höchste

---

[23] Struve 1980; Miethke 1989, bes. 57–60.
[24] Defensor pacis I.12.5 (S. 65): … ad propositam intencionem redeamus, demonstrare scilicet le-
gumlacionis auctoritatem humanam ad solam civium universitatem aut eius valenciorem partem
pertinere; vgl. I.15.2 (S. 85).
[25] Sieben 1984, 366–409.

Instanz in Glaubensstreitigkeiten. Noch wichtiger aber scheint, dass (vorausdeutend auf moderne Positionen) jeder eigenständige kirchliche Organisationsanspruch negiert wird: Die Kirche verschwindet gewissermaßen im „staatlichen" Monopol der *potestas coactiva*. Der weltliche Gesetzgeber, sofern er als *legislator humanus fidelis*, d. h. als christlicher Gesetzgeber qualifiziert ist, muss kirchliche Weisungen und selbst göttliches Recht allererst durch ausdrückliche formelle Übernahme für seinen eigenen Bereich in Kraft setzen, um ihnen Geltung im irdischen Leben zu verschaffen.[26] Hier geht Marsilius nicht allzu sehr auf Einzelheiten ein. Er prüft nicht, ob solche Übernahme im Rahmen der Gesamtheit eines universalen römischen Kaiserreiches (*imperium*), also im Rahmen einer universalen Weltorganisation oder in jeder politischen Einheit gesondert stattfinden soll und muss (wahrscheinlich meint er das letztere). Klar ist jedenfalls, dass der *legislator humanus* jeder irdischen Geltung auch eines göttlichen Gesetzes schlechthin formell vorgeschaltet erscheint. Das nämlich schließt jeglichen Anspruch der Amtskirche (und des Papstes an ihrer Spitze) auf Einmischung in politische Fragen aus, da der Kirche nur noch Lehre und Ermahnung, nicht zwingende Gewalt zukommt.

Nicht zuerst die Freiheit des einzelnen Bürgers, sondern ausdrücklich den Frieden der Gesellschaft nimmt der *Defensor pacis* in den Blick. Die Freiheit aller Bürger, welche durch die von ihnen erlassenen Gesetze ja allein sich selber zwingen (D.p. I.12.5), begründet jedoch systematisch die rigide Sanktionsgewalt des Staates ebenso wie die konziliaren Strukturen der Kirche. Am Ende verspricht Marsilius, sein Buch könne sowohl für alle politischen Gemeinschaften seiner Zeit den Frieden als auch die je eigene Freiheit erhalten helfen (III.3). Das Gesetz als der unhintergehbare Rahmen allen sozialen Lebens entsteht in einer gemeinsamen (geradezu kollektiven) Anstrengung aller Bürger, ist „Auge aus vielen Augen" (I.11.3) und kann von Spezialisten wohl vorberaten, aber nicht erlassen werden; vielmehr muss es schon im Prozess der Gesetzgebung von allen – oder dem „gewichtigeren Teil" (*valencior pars*) der Gesamtheit – gebilligt sein. Das macht es dann wahrscheinlicher, dass sich alle an das Beschlossene halten und Abweichungen bestraft sehen wollen. Marsilius identifiziert zwar häufiger die Entscheidung des „gewichtigeren Teils" der Gesamtheit mit der Entscheidung der Gesamtheit selbst und gelangt damit nahe an moderne numerisch-quantitative Majoritätsbegriffe. Toleranz gegenüber der überstimmten Minderheit aber kennt er ebenso wenig wie später Rousseau. Überspitzt hat man darum seiner politischen Theorie Totalitarismus vorgeworfen. Damit jedoch bleibt das Freiheitspathos unbeachtet, das im *Defensor pacis* immer wieder zu finden ist.

4. Wirkungen und Nachwirkungen

Die Theorie des Marsilius fand bei Zeitgenossen Beachtung – keineswegs etwa ausschließlich bei der Inquisition.[27] Die Zahl der mittelalterlichen Handschriften seines *Defensor pacis* spricht da eine eigene Sprache.[28] Er selbst hat, wenn wir Nachrichten

---

[26] Defensor pacis II.17.15 (S. 370 f.).
[27] Pointillistisch dazu zuletzt Izbicki 2012, 305–333; demnächst auch Miethke 2013a.
[28] Miethke 1980.

aus der päpstlichen Kurie[29] Glauben schenken, noch auf dem Italienzug Ludwigs des Bayern in Oberitalien im Beisein des Herrschers öffentliche Disputationen gehalten, in denen er mündlich (in an der Universität eingeübten Formen) seine Thesen verteidigt und verbreitet hat. Spätestens 1363 entstand eine Übersetzung seines Buches ins italienische Volgare,[30] wie es heißt, nach einer heute verlorenen ersten französischen Version, die in Paris, dem Entstehungsort des Buches, schon zu Lebzeiten des Marsilius hergestellt worden sein muss. Der französische (in Bologna promovierte) Kanonist Évrart de Trémaugon rückte (1376 bzw. 1378) längere Passagen des Textes in das *Somnium viridarii*, bzw. in den *Songe du Vergier* für den franz. König ein, als er im königlichen Auftrag für den Hof ein Kompendium zur politischen Orientierung zusammenstellte.[31] Während des Großen Schisma (1378–1418) und zur Zeit der großen Reformkonzilien des 15. Jahrhunderts lieferte Marsilius etwa für Jean Gerson, Dietrich von Nieheim und auch für Nikolaus von Kues wichtige Stichworte einer aristotelisch begründeten Theorie von Staat und Kirche. Später haben Martin Luther[32] und allgemein die Protestanten auf den Text immer wieder zurückgegriffen und für den lateinischen Erstdruck (Basel 1522) sowie für eine englische Teilübersetzung gesorgt.[33] In der konfessionellen Polemik des 16./17. Jahrhunderts wird der *Defensor pacis* u. a. von Matthias Flacius Illyricus, Simon Schard, Melchior Goldast in ihre voluminösen Sammlungen aufgenommen. Im 20. Jahrhundert erhielt der Text gleich zwei moderne kritische Editionen.[34] Die internationale Forschung zu ihm reißt bis heute nicht ab.

5.   Wilhelm von Ockham

Am Kaiserhof Ludwigs des Bayern fand sich wenige Jahre nach der Ankunft des Marsilius auch ein anderer Flüchtling vor päpstlicher Verfolgung ein, der sich gleichfalls einen hell klingenden Namen als Philosoph und Theoretiker der Politik gemacht hat, der englische Franziskanertheologe Wilhelm Ockham. Er kam nicht aus Paris oder über Paris, sondern aus dem englischen Zentrum scholastischer Theologie und Philosophie, aus Oxford. Obwohl er einen Ketzerprozess an der Kurie in Avignon durchzustehen hatte, kam er zum deutschen Herrscher nicht wegen dieser persönlichen Beschwernis, wenn das auch sein Urteil über seine Zeit eingefärbt haben muss, er kam, weil sein Orden in einen heftigen Konflikt mit dem Papst Johannes XXII. geriet.[35] Ockham kam auch nicht allein, sondern zusammen mit einer ganzen Gruppe. Die gesamte Führungsmannschaft

---

[29] Das ergibt sich u. a. aus dem päpstlichen Schreiben an Ludwig (vom 3.4.1327), ed. Schwalm in: Constitutiones et acta publica VI/1, 1914–1927, 185–186 nr. 274, hier § 3–4. (c.1328) wird das in einem Traktat wiederholt, ed. Scholz 1914, 169–187, hier 184: ... [Ludwig der Bayer] eciam quendam eorum [i. e. des Marsilius und Johannes Janduns] librum variis heresibus plenum admisit ac eum sepe [!] coram se legi publice et exponi permisit...

[30] Pincin 1966. Eine nähere Untersuchung dieses Textes wäre hocherwünscht.

[31] Zusammenfassend Schnerb-Lièvre 1995; vgl. auch Miethke 2013a.

[32] Heckel 1958.

[33] Dazu vor allem Simonetta 2000.

[34] vgl. oben Anm. 19.

[35] Zusammenfassend jüngst Miethke 2012.

des Franziskanerordens war aus Avignon geflohen. Diese Gruppe begann sofort mit Eifer, ihre Flucht vor der Welt mit Denkschriften und Flugschriften zu erklären und zu verteidigen.[36] An dieser Propagandatätigkeit der Gruppe hat sich Ockham von Anfang an beteiligt, ging dann aber mehr und mehr zu einer eigenen Publizistik über.

Der doppelte Ausgangspunkt bedeutet, dass Ockhams Politiktheorie dauerhaft ein Doppelgesicht zeigt. Er erweist sich zwar von den politischen Schriften des Aristoteles beeindruckt, hat aber ein von den Positionen des Marsilius unterschiedenes Verhältnis zu ihnen. Bei seiner Verteidigung der Positionen seines Ordens griff er darüber hinaus stärker auf patristische und theologische Vorstellungen zurück, die von Aristoteles doch weit entfernt liegen, also etwa auf die Urzustandslehre[37] und den Lebensentwurf der Franziskaner in einer Armutsverpflichtung völliger Selbstentäußerung. So zeigt sich gerade in der Verschiedenheit Ockhams von Marsilius' Eigenart die Breite der Möglichkeiten spätmittelalterlicher Politiktheorie.

Wilhelm (von) Ockham[38] wurde um 1285/1290 wohl in dem Dorf Ockham (in der Diözese Winchester) 35 km südwestlich Londons geboren.[39] Über seine (sicherlich nichtadlige) Herkunft ist nichts bekannt, nichts über Eltern, Geschwister oder Verwandte. Ob sein Eintritt in den Franziskanerorden dem eigenen Entschluss des noch jugendlichen Mannes entsprang oder von seinen Eltern veranlasst war, die ihn als Oblaten dem Orden übergaben, wissen wir nicht. Zeit seines Lebens hat Ockham aber, soweit zu sehen, niemals an diesem Grunddatum seines Lebens gezweifelt; in seinen Texten tritt er uns stets als Franziskaner entgegen. Dem Orden verdankte er (wie viele Zeitgenossen) seine gelehrte Karriere. Die konkreten Stationen seines Lebenswegs sind somit nicht selbstbestimmt. Als Student und Dozent wirkte er in Oxford (wohl 1310–1324), vielleicht auch eine Zeit lang in London am dortigen Franziskanerstudium. Die mehr als zwei Jahrzehnte seiner Studien waren literarisch fruchtbar, die kritische Ausgabe seiner *Opera philosophica et theologica* umfasst 17 umfängliche Bände im Quartformat.[40] Diese Schriften hatten an zahlreichen Universitäten Europas noch bis zum 17. Jahrhundert Nachwirkungen. Auch Martin Luther hat bei seinen Studien in Erfurt eine ockhamistische Theologie kennengelernt.

Der Kanzler der Universität Oxford, der Theologe Johannes Lutterell, setzte in einem Konflikt mit dem Franziskanerdozenten an der Kurie ein Häresieverfahren gegen Ockham in Gang, nachdem er sich eigens nach Avignon begeben hatte. Die theologischen

---

[36] Vgl. etwa Miethke 2002, bes. 22–28; ein wichtiges Memorandum der Gruppe analysierte exemplarisch Offler 1986.

[37] Überblick in Töpfer 1999 (zum Armutsstreit bes. 417–495). Vgl. auch Miethke 1999, sowie unten Anm. 49.

[38] Zu ihm ist die Menge der Literatur immens. Eine umfängliche Bibliographie der älteren Forschungen in: Beckmann 1992 [Ergänzungen durch H. Kraml im Internet: http://philtheol.uibk.ac.at/ockham bibliographie.html] – Im Einzelnen besonders die Ausgaben und Übersetzungen: Ockham, OP I–IV, sowie OP VIII. Zur Einführung vgl. Spade 1999 [hier bes.: W. J. Courtenay, The Academic and Intellectual Worlds of Ockham, 17–30; A. S. McGrade, Natural Law and Moral Omnipotence, 273–301; J. Kilcullen, The Political Writings, 302–325]. Leppin ²2012.

[39] Zur Biographie etwa Baudry 1949; Miethke 1969; jetzt vor allem Leppin 2012. Zur politischen Theorie Lagarde 1962–1963; McGrade 1974.

[40] Vgl. die Sammelbesprechung in Miethke 1991a.

Magister unter den englischen Franziskanern Englands hatten anscheinend bereits im Herbst 1323 eine eigene ordensinterne Untersuchung gegen ihn angestrengt.[41] Aus Oxford nach Avignon beordert, gelangte Ockham im Sommer 1324 in die Rhônestadt, wo er „arrestiert" wurde, d. h. er musste beeiden, die Stadt ohne ausdrückliche Genehmigung des Papstes nicht zu verlassen. Einige Akten des Verfahrens sind erhalten geblieben, die eine Kommission gelehrter Theologen an der Arbeit zeigen und auch einen Auftritt Ockhams vor Papst und Kardinälen wahrscheinlich machen.[42] Ein Obergutachten des Zisterzienserkardinals Jacques Fournier (der später als Benedikt XII. Papst sein wird) ist leider nur in fragmentarischen Auszügen bekannt. Zu einer Verurteilung ist es – anders als bei Marsilius – aus unbekannten Gründen trotz negativer Aktenlage und trotz der Flucht Ockhams (1328) niemals gekommen. Ockham hat in seinen akademischen Texten eine nominalistische Erkenntnistheorie und eine „terministische" Logik und Sprachphilosophie in einer für Zeitgenossen und Nachwelt attraktiven Weise ausgeführt. Er stieß damit freilich auch auf Kritik und entschiedenen Widerstand – der spätmittelalterliche „Wegestreit" an den deutschen Universitäten des 15. Jahrhunderts spiegelt später diese Erfahrung, dass über „philosophische" Fragen ein erbitterter Kampf entbrennen konnte.

Seit der Ankunft seines Ordensgenerals Michael von Cesena (1. Dez. 1327) in Avignon sieht sich Ockham in den sogenannten „Theoretischen Armutsstreit" der Franziskaner mit Papst Johannes XXII. verwickelt. Ockham gewinnt (wie er selbst sagt) die „ungeheuerliche"[43] Erkenntnis, dass der Papst selbst zu einem Ketzer geworden ist. Damit war das Seelenheil der gesamten Christenheit bedroht. Diese Erfahrung bestimmte Ockhams künftige Existenz. Entschlossen änderte er offenbar sein Leben und ließ sich auf die ihm von den Ordensoberen anbefohlene Teilnahme an den publizistischen Aktivitäten der gesamten Gruppe ein. Er teilte fortan das Schicksal der Gruppe um den Ordensgeneral, teilte deren Flucht bei Nacht und Nebel aus der päpstlichen Stadt (1328 Mai 26), teilte später auch den Schutz, den Kaiser Ludwig der Bayer diesen Franziskanern gewährte.

Am Kaiserhof Ludwigs des Bayern zuerst in Italien, dann in München finden die Franziskanerrebellen eine – gleichwohl prekär bleibende – Sicherheit. Eine ganze Serie gemeinsamer Schriftsätze und publizistischer Streitschriften wurde über ganz Europa verbreitet: in Paris etwa wurden vom Bischof einige dieser Texte öffentlich verbrannt. Daneben beginnt Ockham bald eine reiche eigene Produktion von Streitschriften und theoretischen Traktaten zur Prüfung der Standpunkte im Konflikt um die Armut. Er überbietet die Publizistik der Gruppe, an der er gleichwohl weiter beteiligt blieb, indem er nicht allein die Frage zu klären versuchte, auf wessen Seite in dem Konflikt das Recht lag, sondern auch begründen wollte, warum geschehen konnte, was er erlebt hat, und wie man verhindern könne, dass die päpstlichen Irrtümer und Ketzereien die Welt ins Verderben stürzen sowie auch überhaupt, welche Sicherungen und Handlungsmöglichkeiten von Rechts wegen allen aufrechten Christen verbleiben. In dieser Absicht entfaltet er in immer umfänglicher werdenden Texten und in kleineren Streitschriften seine politische Theorie über das Eigentumsrecht, über die politische Organisation der Menschen,

---

[41] Etzkorn 2001.
[42] Zum Prozess etwa Miethke 1969, 46–74; Leppin 2012, 133–182.
[43] Epistola ad fratres Minores (OP III, 17, Zl.7).

über die Kirchenverfassung im Allgemeinen, sowie über die Grenzen kirchlicher und
weltlicher Macht in ihrem Gegenüber, und damit wirklich über Gott und die Welt. In
kritischem Dialog u. a. mit Marsilius von Padua zeigt Ockham einen selbständigen Aristotelismus, den er mit theologischen Traditionen ekklesiologisch zu amalgamieren weiß.
Auch kanonistische Anregungen des Franziskanerjuristen Bonagratia von Bergamo[44]
und Lupolds von Bebenburg[45] nimmt er kritisch auf. Mit Marsilius setzt er sich spät,
aber ausdrücklich und differenziert auseinander.[46]

6.   Ockhams politische Theorie

Die Schriften, die Ockham in eigener Verantwortung veröffentlicht hat, blieben oft frag-
mentarisch und das eher, weil sie unvollendet blieben, als dass sie verloren gegangen
wären. Seine kleineren und auch seine fragmentarischen Texte wurden nicht immer weit
verbreitet, sind bisweilen in nur einer einzigen Handschrift überliefert, die jedoch niemals den Anspruch erheben darf, das Handexemplar des Autors selber gewesen zu sein.
Seine Haupttexte jedoch, insbesondere die (abgeschlossenen) *Octo Quaestiones* und sein
(Fragment gebliebener[47]) *Dialogus* gewannen eine kaum zu überschätzende Wirkung auf
Zeitgenossen und Nachwelt. Während seine polemischen Pamphlete eindeutig Stellung
beziehen, reihen seine großen „wissenschaftlichen" Traktate scheinbar unparteiisch die
verschiedensten Argumentationen neben, ja gegen einander. Sie wägen Standpunkte ab,
ohne dass sofort eine Wertung durch den Autor erkennbar wäre. Geduldige Lektüre vermag aber Ockhams eigene Auffassungen zu erkennen.

Was seine Texte so wirkungsvoll machte, auch dort, wo er eher mit seinen Fragen als
mit seinen Antworten Anregungen gab (z. B. bei seiner konziliaren Theorie), war methodisch die Integration patristisch-theologischer Traditionen (welche ihm besonders die
systematische Theologie im „Armutsstreit" bereitstellte) mit rechtstheoretischen Positionen der Kanonisten, die er aus Gratians *Dekret* sowie den Dekretalen samt deren jeweili-
ger „Glossa ordinaria" und einigen weiteren Kommentierungen aus der Nachbarfakultät
bezog. Er wusste dieses komplexe Material mit erstaunlicher Gewandtheit zu nutzen, sowie synthetisch zu amalgamieren mit einer aus Aristoteles abgeleiteten philosophischen
Sozialtheorie, die er als Maßstab dann wie selbstverständlich auch an die Kirchenverfassung anlegte. Insgesamt zeigt er sich weniger an (hierarchischen) Strukturen interessiert,
vielmehr untersucht er unermüdlich Möglichkeiten und Rahmenbedingungen eines vernünftigen und sittlichen Handelns, auch in politischen Streitfragen.[48] Damit gelang ihm
eine Sozialtheorie menschlicher Verbände, die politisches Handeln generell begründen
und motivieren kann. Ockhams Theorie ist in besonders starkem Maße auf Praxis aus-
gerichtet und aus Praxis abgelesen.

---

[44] Wittneben 2003.
[45] Wittneben 1997.
[46] Kilcullen in OP VIII, 360–371.
[47] Demnächst (etwas optimistisch) Heinen im Druck.
[48] Miethke 1990b.

Schon das *Opus Nonaginta Dierum* entwickelt eine Naturrechtsvorstellung, die später noch vielfach angereichert, auch modifiziert wird, deren Boden Ockham jedoch niemals mehr verlassen hat. Mit dem Sündenfall hat der Mensch seine gottgewollte und in der ursprünglichen Schöpfung ihm auch von Gott übertragene freie (vernünftige) Herrschaft über die Güter verloren. Dafür aber hat er eine „Gebrauchsbefugnis" (*potestas utendi*) behalten, die er jetzt jedoch nur in Konkurrenz mit anderen Geschöpfen wahrnehmen kann, d. h. im Kampf auch gegen Bosheit und Gewalt der Artgenossen. Um diesen Kampf zu bestehen, gab Gott ihm die Erlaubnis, Eigentum auszusondern in Rechtsformen, die nicht gottgegeben, sondern menschlich vereinbart, die historisch entstanden und daher veränderbar sind. Aus dieser Bestimmung folgt die deutliche Einsicht: Der Mensch kann auf sein Recht auf Eigentum verzichten, er kann aber die gottgegebene *potestas utendi*, die sein Leben sichert, niemals aufgeben. Demnach ist nach Ockhams Meinung Eigentum im Normalfall gottgegebene Hilfe zur Lebensfristung, nicht Teil der anthropologischen Grundausstattung des Menschen. Also ist dieses Recht flexibel und nicht ein für alle Mal fixiert. Die gesellschaftliche Ordnung fällt in die Verantwortung der Menschen selbst, ist nicht prästabilisiert in göttlicher Seinsordnung. Im Notfall lebt lebensfristend das allgemeine Gebrauchsrecht (insbesondere das der anderen Menschen, die Not leiden) wieder auf, so sehr es immer durch positive Rechtssatzung überdeckt und zurückgedrängt sein mag. „Im Falle der Not sind alle Güter Gemeinbesitz"![49] Analog zu diesen – in einem komplexen hierarchischen System von Geltungsansprüchen entfalteten – Strukturen wird Ockham später auch die politische Herrschafts- und damit die Staatsbildung und die „staatliche" positive Rechtsetzung verstehen. Eine *potestas instituendi rectores* wird dem Menschen von Gott nach dem Sündenfall zusammen mit dem Recht auf Eigentumsbildung als anthropologische „Zwillingsbefugnis" eingeräumt. Das lässt „Staat" wie Eigentum als menschliche Setzung und damit als formbar und historisch entwickelt erscheinen, rechtfertigt politische Veränderung, begründet Verfassungswandel, und das selbst in der Kirche.

Ockhams Politiktheorie ist im Kern inhaltlich und formal dialogisch. Schon seine erste große Streitschrift, das *Opus Nonaginta Dierum*, das er um 1330 (angeblich in nur drei Monaten) niedergeschrieben hat,[50] zeigt eine dialogische Form, rückt dieser Text doch in jedem Kapitel stückweise nacheinander sämtliche Abschnitte einer umfänglichen Bulle des Papstes Johannes XXII. ein, auf die dann ausführlich geantwortet wird, ohne das förmlich auf verschiedene Gesprächspartner zu verteilen. Anders verfährt Ockham wenig später in seinem Hauptwerk, dem *Dialogus*,[51] dessen „Ersten Teil" er noch vor dem Tod seines päpstlichen Hauptgegners (d. h. vor 1335) fertiggestellt hat. Der *Dialogus* ist kein Streitgespräch. Nicht widersprechen sich in ihm zwei Dialogpartner von Argument zu Argument, vielmehr entlockt hier ein *Discipulus* einem *Magister* kontinuierlich kontroverse Erörterungen. Es handelt sich also um einen Lehrdialog. Der Lehrer soll auf Wunsch des Schülers (wie es im Prolog heißt) eine *Summa* (d. h. eine systematisch abgerundete Darstellung, bzw. ein Kompendium) über die „derzeit unter den Christen

---

[49] Ockhams Position skizzierte Miethke 1999 und 2010; die auf ihn hinführende Diskussion von Zeitgenossen analysierte zuletzt Robinson 2013.

[50] OP I, 292–368, OP II, 375–858.

[51] Dazu eine Übersicht durch Cardelle de Hartmann 2007, 539–548 [R 52], 548–553 (R 53).

geführte Kontroverse über den Christlichen Glauben" vorlegen,[52] und zwar dergestalt, dass er dabei nicht etwa seine eigene Meinung zu erkennen gibt. Demnach sollen die Argumente zu einzelnen Fragen nicht – wie z. B. in der theologischen Summe des Thomas von Aquin – im Pro und Contra gebündelt werden, dass Leser bereits aus ihrer Reihenfolge die schließliche Antwort des Meisters ersehen (oder doch erahnen) können. Ausdrücklich sagt der Text mehrfach, dass niemand erkennen solle, was der Magister selber über die in Frage stehenden Probleme denkt. Ein „versprengter Prolog" (wohl aus den späten dreißiger Jahren[53]) leitet daraus die Hoffnung ab, niemand werde den wahren Autor des Traktats erkennen können, zumal der Schüler ganz gegnerische Meinungen vertrete[54]. Im Prolog zum Ersten Teil der Schrift hatte der „Schüler" diese objektivierende Methode damit begründet, dass er sich von seiner hohen Wertschätzung für den „Lehrer" sein Urteil nicht trüben lassen wolle.[55] Außerdem bezeugt der „Schüler" Ockhams Interesse an einer publizistischen Wirkung des Textes, wenn er sagt, das künftige Werk sollten seine Freunde nicht mehr als nötig feiern und die Gegner sollten es nicht verachten. Vielmehr sollten sie auf den Inhalt Acht geben und davon aufgeklärt umso ernsthafter die Wahrheit suchen.[56]

Es kommt Ockham demnach nicht so sehr auf seine eigene Meinung an. Vielmehr glaubt er, dass wenn alle Argumente auf dem Tisch liegen, jedermann die richtigen Schlüsse ziehen wird. Am Ende von *I Dialogus* wird der Schüler diesen Gedanken noch einmal aufgreifen.[57] Die Absicht, dem Leser „Stoff zum Nachdenken" (*materia*

---

[52] So sagt der Magister in: I Dialogus, Prolog (Ockham 1494, fol. 1ra): … ut de controversia, que de fide catholica […] nunc vertitur questio, quam tibi summam [!] exponam, impudenter exposcis …Im Prolog zu III Dialogus (OP VIII, 115) erklärt dann der „Discipulus": …proposui in animo meo querere et investigare sapienter 'de omnibus, que sunt sub sole' [Eccles 1:13] in ecclesia scilicet militante, de qua non omnes Christiani his diebus consimiliter opinantur…

[53] Vgl. demnächst Heinen im Druck.

[54] „Versprengter Prolog zum Dialogus", überliefert in zwei Handschriften, aus dem Frankfurter Ms. bei: Miethke 1987, 28–29: …duas personas, discipuli scilicet et magistri, finxi seu suscepi, […] in persona discipuli verbis utens quampluribus, ex quibus posse colligi videretur, quod idem discipulus de parte esset omnino mihi contraria mecumque communionem habere penitus non auderet tali modo, quod ego sequentis operis essem auctor, omnibus hominibus duobus exceptis putans et gestiens occultare. [Zu diesem Prolog sind demnächst interessante Beobachtungen von Heinen (im Druck) zu erwarten.]

[55] I Dialogus, Prolog (wie Anm. 52): Discipulus: …in quo personam recitantis assumas, nec tantum unam, sed plures, quando tibi videbitur, ad eandem interrogationem narra sententias. Sed quod tua sapientia sentit, mihi velis nullatenus indicare. Quamvis enim velis omnino, ut cum diversas et adversas assertiones fueris discursurus, tuam conclusionem minime pretermittas, que tamen tua sit, nullatenus manifestes. […] In his autem, que modo gestio indagare, tua nolo auctoritate moveri, sed quid in me possint rationes et auctoritates, quas adduces, aut meditatio propria, experiri.

[56] [ebendort]: …si sententiam tuam et eciam nomen occultare volueris, nec amici opus futurum plus quam debeant amplectentur, nec plus quam oporteat despicient inimici, sed hi et illi non, quis est alicuius sentente auctor, sed quid dicitur attendentes rectioribus oculis scribenda respicient et insistent sincerius indagini veritatis.

[57] I Dialogus VII.73 [fol. 164vb]; dazu vgl. den Prolog zur Streitschrift *An princeps Anglie*, in: OP I, 228, wo alle von Ockham gewünschten Methoden einer „vollständigen" Beweisführung *ex negativo* aufgezählt werden.

cogitandi) zu präsentieren, wird in Rahmentexten des *Dialogus*[58] nicht nur angekündigt, sie wird in dem umfänglichen Text überall zuverlässig angewandt. Ein von Ockham immer wieder aufgerufenes Lieblingszitat aus Gratians *Dekret*[59] belegt, dass ihm das auch bewusst war: „Die Wahrheit kommt, wenn sie häufig genug hin und her gewendet wird, nur umso deutlicher ans Licht."[60] Ockhams Texte führen allesamt unermüdlich ein diskursives Gespräch, das, geschult an der scholastischen Quaestio Argument mit Gegenargument konfrontiert, um so die Evidenz der Wahrheit „eklatant" zur Erscheinung zu bringen. Wenn Ockham im *Dialogus* die klassische Form der Quaestio verlässt, die in der „Entscheidung" (*determinatio*) des Magisters am Schluss der Erörterung eine für Leser oder Hörer beruhigende zuverlässige und autoritative Auflösung aller Zweifelsfragen verheißt, wenn er stattdessen alle seine Thesen ins Unbestimmte führt (bzw. wenn seine polemischen Schriften trotz klarer persönlicher Stellungnahme häufig unvollendet abbrechen), so muss sein Zutrauen in eine selbstläufige Evidenz der Wahrheit erheblich gewesen sein. Die optimistische Erkenntnistheorie Ockhams, die in der *cognitio intuitiva* alle Gegenstände prinzipiell erschlossen weiß[61], spricht für diese Annahme.

In seinem *Dialogus* prüft Ockham unermüdlich – in geradezu kasuistischem Eifer – an historischen und an konstruierten möglichen Extremfällen Situationen daraufhin, welchen Handlungsspielraum sie im Rahmen des jeweils gültigen Rechts dem Einzelnen öffnen, wozu sie ermächtigen, wozu sie ihn verpflichten. Pflicht zum Widerstand trifft in der Kirche auch noch den letzten „katholischen Cowboy" (*bubulcus catholicus*),[62] denn die Sache Gottes ist nicht etwa ausschließlich Sache der Kleriker und der Amtskirche, sondern gerade auch der Laien, die nicht nur im Notfall für den Glauben einzutreten haben.[63] Entsprechend sind Laien legitime, ja notwendige Teilnehmer an einem repräsentativ verstandenen Generalkonzil, an dem auch Frauen aktiven Anteil haben.[64] Freilich erkennt Ockham im Gegensatz zu Marsilius dem Allgemeinen Konzil keine institutionell gesicherte Unfehlbarkeit zu. Konzilien können irren und haben

---

[58] Vgl. I Dialogus, Prolog (fol. 1ra): Discipulus: Vehementer exulto, quod tu meis supplicationibus acquiescis, teneo enim firmissime, quod opus futurum [scil. Dialogus] occasionem inveniendi veritates quamplurimas toti Christianitati perutiles ministrabit; auch etwa I Dialogus II 5 (fol. 8va) bestätigt der Schüler seinem Lehrer, er habe von ihm die Gelegenheit zum Nachdenken geboten bekommen: … magnam occasionem cogitandi mihi dedisti …

[59] Ab wann Ockham das *Decretum Gratiani* gekannt hat, ist schwer zu ermitteln. Spätestens während seines Prozesses in Avignon 1324/1328 begann er, sich hier mit passenden Zitaten zu versorgen. In den gemeinsam verfassten Streitschriften der Franziskanerdissidenten sorgte allein die Mitwirkung des Kanonisten Bonagratia von Bergamo für eine intensive Nutzung und Erörterung dieser Quellen.

[60] … *quia veritas sepius exagitata magis splendescit in lucem*: aus einem Brief Papst Innozenz' I. (von 414) in: C.35 q.9 c.8 (gedruckt in: Corpus Iuris Canonici, ed. E. Friedberg, Bd. 1, Leipzig 1879, col. 1286). Von Ockham zitiert etwa in *Opus nonaginta dierum*, Prolog (OP I, 292); oder I Dialogus IV.4 (fol. 35vb).

[61] Dazu z. B. Miethke 1969, 188–194; 245 ff.

[62] So Ockham in: *De electione Caroli* IV., cap.3, in: OP IV, 469, Zl. 34–5: Ymmo quilibet bubulcus catholicus est maior papa non catholico. Die Schrift ist nach meiner Auffassung authentisch, sie ist ausschließlich durch Konrad von Megenberg überliefert (vgl. Miethke 2006).

[63] Dazu z. B. Leppin 1996, 35–48.

[64] Zur Konzilstheorie Ockhams vor allem Sieben 1984, 410–469.

geirrt. So sind ihre Beschlüsse kritisch zu prüfen. Auch für weltliche Herrschaft gilt, dass alles Herrschaftsrecht seine Schranke findet an einer Funktionsgerechtigkeit, damit an einer erfolgreichen Leistung, sonst wird Widerstand möglich, ja notwendig, Widerstand, der sich auch in einem Umbau der Verfassung und in vom „gemeinen Nutzen" erforderten Notmaßnahmen äußern kann. „Wenn also aus der Herrschaft eines einzigen gemeiner Nutzen nicht erwächst, sondern allgemeine Gefahr, muss für diese Zeit eine solche Herrschaft wegfallen. Demnach hat die Gemeinschaft der Gläubigen die Kompetenz, eine andere Herrschaftsordnung einzurichten."[65]

In seinen Schriften hat Ockham, weil von ekklesiologischen Problemen ausgehend, zunehmend intensiv das Verhältnis des Papstes zu weltlichen Herrschern durchdacht, insbesondere zum Kaiser, das er aber immer wieder mit dem zu den Königen von Frankreich und England vergleicht. Auch fürstliche Herrschaft entsteht durch positive Einsetzung, bleibt daher im Not- und Ernstfall revozierbar. Die Verfassung der Staaten wie auch die der Kirche kann „wegen eines Nutzens oder im Notfall" (*propter aliam utilitatem vel necessitatem*[66]) nach den Zeitumständen verändert werden, etwa aus einer im aristotelischen Sinn monarchischen Verfassung zu einer „aristokratischen". In diesem Zusammenhang erörtert Ockham auch bereits fast 40 Jahre vor Ausbruch des Großen Abendländischen Schismas von 1378 die Möglichkeit, in der Kirche mehrere verschiedene Päpste in verschiedenen Regionen der Weltkirche einzusetzen, die, ohne sich den Vorwurf des Schismatikers zuzuziehen, nebeneinander (nicht miteinander in Verbindung!) die Kirche leiten könnten.[67] Das wird dann auch analog auch zur Weltmonarchie des Kaisers konstatiert, die ebenfalls in ein polyzentrisches System zumindest zeitweilig aufgelöst werden kann.[68] Das römisch-deutsche Kaisertum ist universal legitimiert und ist – wie das Königtum in Frankreich, England, oder Spanien – von jeglicher Legitimierung durch Kirche oder Papst unabhängig. Das stützt die Unabhängigkeit der politischen Welt von kirchlicher Bevormundung. Im Notfall freilich darf und muss die Kirche in den Staat und ebenso der Staat in die Kirche korrigierend eingreifen. Das ist das Äußerste an päpstlicher Gewaltenfülle, was Ockham dem Papst in kritischer Aufnahme der juristischen Vorarbeiten der Kanonisten zugesteht. Es ist und bleibt nur eine „verhältnismäßige Gewaltenfülle" (*plenitudo potestatis secundum quid*).[69] Auch hier aber waren es weniger diese Thesen als die erörterten Argumente, die weitreichende und tiefgreifende Wirkungen hatten und eine säkulare Theorie des Politischen und der Souveränität mit heraufzuführen halfen, welche sie selber noch nicht explizit entwickeln.

---

[65] III Dialogus I.ii.20 (OP VIII, 206, Zl. 98–103); Übersetzung des gesamten Kapitels in: Ockham 1992, 111–120 (Zitat 115).

[66] So z. B. III Dialogus I.ii.26 (OP VIII, 225).

[67] III Dialogus I.ii.20, auch 25 (OP VIII, 282f. u. 220–224); vgl. etwa 221: Nec apostolicorum pluralitas pluralitas concorditer gubernancium ecclesiam unitati ecclesie repugnat ...: Natürlich ist das nicht die Situation des Schismas. Immerhin nimmt Ockham dessen Ausgangslage spekulativ vorweg.

[68] Beide, Kaiser und Papst, behandelt Ockham in III Dialogus II.i.7–8 (fol. 233vb–234^{ra-b}).

[69] Vgl. insbes. III Dialogus I.i.16–17 (OP VIII, 155–160; dt. Übersetzung in Ockham 1992, 90–98); auch *Octo quaestiones* II.7 (OP I, 34–36); *Breviloquium* II.20 (OP IV, 154, Zl. 20–28); *De imperatorum et pontificum potestate*, c.8 (OP IV 298f.).

Die Verantwortung für ein selbstverantwortetes Eingreifen wandert in der Kirche (wo es Ockham zu allererst verfolgt) in genauestens verfolgten Stufen von oben nach unten.[70] Letztlich kann die Pflicht zum Handeln und zum Widerstand jedermann treffen. Prophetisch beruft Ockham sich auf alttestamentarische und kirchengeschichtliche Gestalten wie Elias oder Athanasius, die als Einzelne ohne institutionelle Stütze für das Ganze Widerstand leisten und als eschatologischer Rest des Gottesvolkes handeln mussten. Sein Konzept des Notrechts sollte dem Konziliarismus des 15. Jahrhunderts Wege bahnen und willkommene Stichworte liefern, auch wenn dort Ockhams Skepsis hinsichtlich der Irrtumsfähigkeit der Konzilien nicht mehr geteilt wurde. Ständischen Teilhabeansprüchen an fürstlicher Souveränität und einer Kritik am Absolutismus einer päpstlichen *plenitudo potestatis* hat er auf breiter Front vorgearbeitet.

7. Ockhams Wirkung und Nachwirkung

Ockhams *Dialogus* blieb bei seinen Zeitgenossen nicht unbemerkt.[71] Er selbst berichtet nach 1335 in jenem „versprengten Prolog" zum *Dialogus*,[72] er habe seinen Text ursprünglich bewusst anonym vorlegen wollen, doch alsbald sei es jedermann klar gewesen, dass er, Ockham, der Verfasser war. Einzelne Zeugnisse belegen, dass man den Text damals durchaus wahrnahm.[73] Der Chronist und Abt eines Kärntner Benediktinerklosters Johann von Viktring, der enge Beziehungen zum Hof der Habsburger unterhielt, berichtet zum Jahr 1343, der österreichische Herzog Albrecht III. habe sich in den 40er Jahren des 14. Jahrhunderts ebenso wie Ludwig der Bayer bei seiner Kirchenpolitik auf Ockhams *Dialogus* gestützt.[74] An den Debatten am kaiserlichen Hof um die Scheidungsaffäre der Herzogin von Tirol, Margarete Maultasch, an denen sich auch Marsilius beteiligt hatte, nahm auch Ockham mit einem eigenen Memorandum teil,[75] dessen Argumente bei allem Entgegenkommen gegenüber den Wünschen und Interessen des kaiserlichen Hofes deutlicher im traditionellen Rahmen blieben als die Vorschläge des Marsilius,[76] gleichfalls aber auch ohne der praktischen Politik konkrete Schritte vorgeben zu können.

---

[70] Eindrücklich vor allem in der Folge der Bücher in der *Prima pars* des *Dialogus*, in denen die Irrtumsfähigkeit aller kirchlichen Instanzen, vom Papst angefangen bis zu „allen Klerikern", „allen Männern" oder „allen Frauen" – mit Ausnahme des heiligen Restes der Gläubigen, vielleicht nur eines einzigen weiter wandert.

[71] Zu den Handschriften Miethke 1980; zu Wirkung und Nachwirkung grundlegend im Einzelnen (mit sehr, ja allzu stark zurückhaltendem Urteil) Offler 1990; vgl. auch Miethke 1990a, bzw. 2013b.

[72] Wie oben Anm. 54.

[73] Allerdings sind wohl niemals zu Lebzeiten des Autors in einem einzigen Codex sämtliche heute zum *Dialogus* gehörigen Stücke vereinigt worden, zumal der heute als *Secunda pars* bezeichnende Teil wohl erst nach dem Tod Ockhams (aber vor 1387) als ein Teil in den *Dialogus* eingestellt worden ist (vgl. J. Kilcullen, Introduction in: OP VIII, 3–15).

[74] Johann von Viktring 1909–1910, Bd. 2, 230–231: Quod Albertus dux in suis fieri districtibus nullatenus <permisit?>, dicitur quoque Ludewicus inniti cuidam dyalogo quem Wilhelmus Okkam […] sub forma discipuli querentis et magistri edidit respondentis …

[75] OP I, 270–286.

[76] Oben Anm. 18.

Der Text beweist erneut, dass Ockham damals die Funktion eines gelehrten Beraters wahrnahm, mit all den damit verbundenen prekären Folgen.

Mit seinem Zeitgenossen hat er bisweilen eine Debatte aufgenommen, die allerdings in der damals üblichen Weise meist nur argumentativ, nicht namentlich geführt wurde, so etwa mit Marsilius von Padua oder Lupold von Bebenburg,[77] wie er auch Positionen der scholastischen Vorgänger immer wieder berücksichtigt hat. Ausdrückliche Polemik zeigt nur der Regensburger Domherr Konrad von Megenberg,[78] der mit apokalyptischen Warnungen vor Ockhams ausdrücklich und persönlich identifizierten Thesen beeindrucken wollte, ohne freilich (der handschriftlichen Verbreitung seiner Schrift nach) auch nur entfernt ähnliche Wirkung wie Ockham zu entfalten. Doch scheint Ockham nach dem Tode Ludwigs des Bayern am Wittelsbacher Hof in München nicht mehr in der zuvor gewohnten Weise sichtbar geblieben zu sein: von seinem Tod wissen nur die Münchener Franziskaner zu berichten im Anniversarienbuch des Konvents. Wir erfahren hier dem Stil der Quelle entsprechend nur den Todestag (9. April), nicht das Jahr (wahrscheinlich 1348 oder 1349[79]). Vielleicht war Ockham Opfer der Pest, die damals zum ersten Mal seit der Antike wieder ihre Opfer suchte. Er war aber ohnedies um die 60 Jahre alt geworden.

Die polemischen Schriften Ockhams wurden im 14. Jh. weiter konsultiert. Am Collège de Navarre der Universität bildete sich nach der Mitte des Jahrhunderts eine eigene Gruppe von Gelehrten um Pierre d'Ailly und Jean Gerson, die sich intensiv mit Ockhams politischen Texten auseinandersetzten. D'Ailly selbst hat bereits um 1476 eine Kurzübersicht über den Inhalt des *Dialogus* (mit Ausnahme von *III Dialogus I*) angefertigt,[80] gewissermaßen als Wegweiser zu den dort behandelten Themen. Ebenfalls um 1376/1378 hat Évrart de Trémaugon wohl unabhängig davon nicht nur Marsilius von Padua exzerpiert, sondern auch Passagen aus den *Octo Quaestiones* und dem *Dialogus* in seine im königlichen Auftrag hergestellte Kompilation *Somnium viridarii* (bzw. in den französischen *Songe du Vergier*) eingestellt.[81]

Eine neue starke Konjunktur bot für Ockhams Texte das „Grosse Abendländische Schisma", boten dann die Foren der Reformkonzilien von Pisa, Konstanz und Basel, da bei ihm eine durchdachte konziliare Theorie vorlag, die von verschiedenen Seiten dankbar aufgegriffen wurde. Die konfessionelle Polemik des 16. und 17. Jh. wollte dann ebenso wenig auf die Texte Ockhams verzichten und stellte sie mehrfach in ihre großen Sammlungen ein, nach denen sie teilweise bis heute benutzt werden, wo kritische Editionen fehlen. Das sicherte der politischen Theorie des Theologen Erreichbarkeit in der gesamten Neuzeit bis heute, da sich die kritischen Editionen seiner politischen Schriften einem Abschluss nähern. Seine Theorie kann damit in weitgehend unverfälschter Gestalt noch heute wirken.

---

[77] Oben Anm. 45.

[78] Zusammenfassend Miethke 2006.

[79] Die Datierung (von Gál 1982) auf 1347 halte ich für falsch, da ich *De electione Caroli IV.* für eine authentische Schrift halte (vgl. oben Anm. 62). Anders Leppin 2012, 268–272.

[80] Murdoch 1981; p. iv, xxv sqq. wird der Text als *reference guide* verstanden.

[81] Vgl. oben Anm. 31.

8. Literatur

Anton, H. H. 1989: Fürstenspiegel. A. Lateinisches Mittelalter, in: Lexikon des Mittelalters 4, 1040–1049.

Battocchio, R. 2005: Ecclesiologia e politica in Marsilio da Padova, Padova.

Baudry, L. 1949: Guillaume d'Occam. Sa vie, ses oeuvres, ses idées sociales et politiques. Bd. I: L'homme et les oeuvres, Paris.

Beckmann, J. P. 1992: Ockham-Bibliographie 1900–1990, Hamburg [Ergänzungen durch Hans Kraml im Internet: http://philtheol. uibk.ac.at/ockhambibliographie.html].

Briguglia, G. 2013: Marsilio da Padova, Rom.

Cadili, A. 2005–2006: Marsilio da Padova ammistratore della Chiesa ambrosiana, in: Pensiero Politico Medievale 3–4, 193–225.

Cardelle de Hartmann, C. 2007: Lateinische Dialoge 1200 – 1400. Literaturhistorische Studie und Repertorium, Leiden-Boston.

Constitutiones et acta publica, VI/1, ed. J. Schwalm 1914–1917, Hannover.

Courtenay, W. C. 2004: University Masters and Political Power. The Parisian Years of Marsilius of Padua, in: M. Kaufhold (Hrsg.) 2004, 209–223.

Dod, B. G. 1982: Aristoteles Latinus, in: N. Kretzmann/A. Kenny/J. Pinborg (eds.): The Cambridge History of Later Medieval Philosophy, Cambridge 1982, 45–79.

Etzkorn, G. J. 2001: Ockham at Avignon. His Response to Critics, in: Franciscan Studies 59, 9–19.

Flüeler, C. 1992: Rezeption und Interpretation der aristotelischen „Politica" im späten Mittelalter, Amsterdam/Philadelphia.

Gál, G. 1982: William of Ockham Died Impenitent in April 1347, in: Franciscan Studies 42, 90–95.

Garnett, G. 2006: Marsilius of Padua and „The Truth of History", Oxford.

Gewirth, A. J. 1951: Marsilius von Padua, The Defender of Peace, Bd. 1: Marsilius of Padua and Medieval Political Philosophy, New York.

Godthardt, F. 2011: Marsilius von Padua und der Romzug Ludwigs des Bayern. Politische Theorie und politisches Handeln, Göttingen 2011.

– 2012: The Life of Marsilius of Padua, in: G. Moreno-Riaño/C. J. Nederman (Hrsg.): A Companion to Marsilius of Padua, Leiden-Boston 2012, 13–55.

Heckel, J. 1958: Marsilius von Padua und Luther, in: Zeitschrift der Savigny-Stiftung für Rechtsgeschichte, Kanonistische Abteilung 44, 268–336.

Heinen, S. (im Druck): Ockhams Unvollendete – Nachrichten zur Neuedition des ‚Dialogus 3.2' [lag im Ms. vor].

Izbicki, T. 2012: The Reception of Marsilius of Padua, in: G. Moreno-Riaño/C. J. Nederman (Hrsg.): A Companion to Marsilius of Padua, Leiden-Boston 2012, 305–333.

Johannes von Viktring 1909–1910: Iohannis abbatis Victoriensis *Liber certarum historiarum*, vol. 1–2, ed. F. Schneider, Hannover-Leipzig.

Kaufhold, M. (Hrsg.) 2004: Theoretische Reflexion in der Welt des späten Mittelalters, Leiden-Boston 2004.

Kreuzer, G. 1993: Die konziliare Idee, in: I. Fetscher/H. Münkler (Hrsg.): Pipers Handbuch der politischen Ideen, Bd.2: Mittelalter, München-Zürich 1993, 447–465.

Lagarde, G. de 1962–1963: La naissance de l'esprit laïque au déclin du moyen âge. Nouvelle édition réfondue, Bd. IV–V: Guillaume d'Ockham, Bruxelles-Paris.

– 1970: La naissance de l'esprit laïque au déclin du moyen âge. Nouvelle édition réfondue, Bd. III: Marsile de Padoue, Paris-Louvain.

Leppin, V. 1996: Die Aufwertung theologischer Laienkompetenz bei Wilhelm von Ockham, in: E. Strauß (Hrsg.): Dilettanten und Wissenschaft. Zur Geschichte und Aktualität eines wechselvollen Verhältnisses, Amsterdam-Atlanta 1996, 35–48.

– ²2012: Wilhelm von Ockham. Gelehrter, Streiter, Bettelmönch, Darmstadt [12003].

Marsilius 1928: *Defensor pacis*, ed. C W. Previté-Orton, Cambridge 1928.

– 1932/1933: *Defensor pacis*, ed. R. Scholz, Leipzig [danach hier zitiert].
– 1958: *Der Verteidiger des Friedens*, auf Grund der Übersetzung von W. Kunzmann bearbeitet und eingeleitet von H. Kusch, Darmstadt [=Text der Ausgabe Marsilius 1932–1933 abgedruckt].
McGrade, A. S. 1974: The Political Thought of William of Ockham. Personal and Institutional Principles, Cambridge.
Miethke, J. 1969: Ockhams Weg zur Sozialphilosophie, Berlin 1969.
– 1980: Marsilius und Ockham. Publikum und Leser ihrer politischen Schriften im späteren Mittelalter, in: Medioevo 6, 534–558.
– 1987: Ein neues Selbstzeugnis Ockhams zu seinem *Dialogus*, in: A. Hudson/ M. J. Wilks (Hrsg.): From Ockham to Wyclif, Oxford 1987, 19–30.
– 1989: Marsilius von Padua. Die politische Theorie eines lateinischen Aristotelikers des 14. Jahrhunderts, in: H. Boockmann/ B. Moeller/K. Stackmann (Hrsg.): Lebenslehren und Weltentwürfe im Übergang vom Mittelalter zur Neuzeit. Politik – Bildung – Naturkunde – Theologie, Göttingen 1989, 52–76.
– 1990a: Zur Bedeutung von Ockhams politischer Philosophie für Zeitgenossen und Nachwelt, in: W. Vossenkuhl/R. Schönberger (Hrsg.): Die Gegenwart Ockhams, Weinheim 1990, 305–324.
– 1990b: Ockhams Theorie des politischen Handelns, in: E. Mock/G. Wieland (Hrsg.): Rechts- und Sozialphilosophie des Mittelalters, Frankfurt/M., Bern u. a. 1990, 103–114.
– 1991a: Der Abschluß der kritischen Ausgabe von Ockhams akademischen Schriften, in: Deutsches Archiv 47, 175–185.
– 1991b: Ockhams Concept of Liberty, in: Théologie et droit dans la science politique de l'état moderne. Actes de la table ronde organisée par l'École Française de Rome avec le concours du CNRS, Rome, 12–14 novembre 1987, Rom, 89–100.
– 1991c: Politische Theorien im Mittelalter, in: H.-J. Lieber (Hrsg.): Politische Theorien von der Antike bis zur Gegenwart, Bonn 1991, 47–156.
– 1996: Johannes (Jean) Courtecuisse (Johannes Brevis Coxa[e]), in: Lexikon für Theologie und Kirche, 3. Aufl., Bd. 5, 894.
– 1996a: Philipp IV. der Schöne (1285–1314), in: J. Ehlers/ H. Müller/B. Schneidmüller (Hrsg.): Die französischen Könige des Mittelalters, München 1996, 202–230, 399–401.
– 1999: Paradiesischer Zustand – Apostolisches Zeitalter – Franziskanische Armut. Religiöses Selbstverständnis, Zeitkritik und Gesellschaftstheorie im 14. Jahrhundert, in: F.-J. Felten/N. Jaspert/S. Haarländer (Hrsg.): Vita religiosa im Mittelalter. Festschrift für Kaspar Elm zum 70. Geburtstag, Berlin 1999, 503–532.
– 2002: Propaganda politica nel tardo medioevo, in: Propaganda politica nel basso medioevo, Atti del XXXVIIIo Convegno storico internazionale, Todi, 14–17 ottobre 2001, Spoleto, 1–28.
– 2004: Die Eheaffäre der Margarete ‚Maultasch‘, Gräfin von Tirol (1341/42). Ein Beispiel hochadliger Familienpolitik im Spätmittelalter, in: A. Meyer/C. Rendtel/M. Wittmer-Butsch (Hrsg.): Päpste, Pilger, Pönitentiarie. Festschrift für Ludwig Schmugge zum 65. Geburtstag, Tübingen 2004, 353–391.
– 2006: Konrad von Megenbergs Kampf mit dem Drachen. Der *Tractatus contra Occam* im Kontext, in: C. Märtl/G. Drossbach/M. Kintzinger (Hrsg.): Konrad von Megenberg und sein Werk (1309–1372). Das Wissen der Zeit, München 2006, 73–97.
– 2008a: Politiktheorie im Mittelalter. Von Thomas von Aquin bis Wilhelm von Ockham (Studienausgabe), Tübingen.
– 2008b: Spätmittelalter, Thomas von Aquin, Aegidius Romanus, Marsilius von Padua, in: C. Horn/ A. Neschke-Hentschke (Hrsg.): Politischer Aristotelismus. Die Rezeption der aristotelischen *Politik* von der Antike bis zum 19. Jahrhundert, Stuttgart-Weimar 2008, 77–111.
– 2010: Dominium, ius und lex in der politischen Theorie Wilhelms von Ockham, in: A. Fidora/ M. Lutz-Bachmann/A. Wagner (Hrsg.): Lex und Ius. Beiträge zur Grundlegung des Rechts in der Philosophie des Mittelalters und der Frühen Neuzeit, Stuttgart-Bad Cannstatt 2010, 241–269.

– 2011: Ockham und die Kanonisten. Ein Beispiel des Streits der Fakultäten um politiktheoretische Kompetenz im 14. Jahrhundert, in: Zeitschrift der Savigny-Stiftung für Rechtsgeschichte 128, Kanonistische Abteilung 97, 390–399.

– 2012: Der theoretische Armutsstreit im 14. Jahrhundert. Papst und Franziskanerorden im Konflikt um die Armut, in: H. D. Heimann/A. Hilsebein/B. Schmies/C. Stiegemann (Hrsg.): Gelobte Armut. Armutskonzepte der franziskanischen Ordensfamilie zwischen Ideal und Wirklichkeit vom Mittelalter bis in die Gegenwart, Paderborn 2012, 243–283.

– 2013: Konziliarismus, in: Handwörterbuch zur deutschen Rechtsgeschichte, Bd. 3 [17. Lieferung] (2013), 165–172.

– (im Druck) 2013a: Politische Theorie in lateinischen und volkssprachlichen Dialogen des 14. Jhs. Publikum und Funktion der Texte, in: Mittellateinisches Jahrbuch 48/2 (2013).

– (im Druck) 2013b: Marsilius von Padua, Wilhelm von Ockham und der Konziliarismus, in: B. Kannowski/S. Lepsius /R. Schulze (Hrsg.): Recht – Geschichte – Geschichtsschreibung, Deutsche und italienische Perspektiven auf die italienische Kommune und die coniuratio als Treibhaus moderner Staatlichkeit. Festgabe für Gerhard Dilcher zum 85. Geb., Frankfurt a. Main 2013.

– (im Druck) 2013c: Die Entwicklung politischer Theorie im Mittelalter, in: O. Hidalgo/K. Nonnenmacher (Hrsg.): Politisches Denken und literarische Form, Italien zwischen Spätmittelalter und Renaissance, Regensburg 2013.

Murdoch, I. 1981: Critical Edition of Pierre d'Ailly's *Abbreviatio dyalogi Okan*, Clayton [-Melbourne], Australien: Monash University, PhD-Thesis (masch.) 1981.

Nederman, C. J. 1995: Community and Consent. The Secular Political Theory of Marsiglio of Padua's *Defensor pacis*, Lanham, Md/London.

Ockham 1494: Dialogus, pars I–III, gedruckt von Jean Trechsel, Lyon 1494 [Reprint in: Guillelmi de Ockham Opera plurima, Bd. 1, London 1962].

– 1614: Dialogus, pars I–III, nach der Vorlage von Trechsels Druck (Ockham 1494) in: Melchior Goldast, (Hrsg.) 1614: Monarchia sacri Romani imperii [Reprint u. a. Graz 1960], tom. II, 394–957.

– 1992 [21994]: Dialogus. Auszüge zur Politischen Theorie, übers. v. J. Miethke, Darmstadt; [die Übersetzungen sind übernommen in: Wilhelm von Ockham. Texte zur politischen Theorie, Exzerpte aus dem Dialogus, lat. und dt., hrsg. von J. Miethke (¹1995), bibliogr. aktualisierte Ausgabe.: Stuttgart 2013].

– : Opera politica: Bd.I², II, III, ed. H. S. Offler, Manchester 1974, 1956, 1963; Bd. IV, ed. H. S. Offler, Oxford 1999 [=OP I–IV].

– : Opera politica, Bd.VIII: Dialogus, part 2 & part 3, tract 1, eds. J. Kilcullen/J. Scott/ J. Ballweg/ V. Leppin, Oxford 2011 [= OP VIII].

Offler, H. S. 1986: Zum Verfasser der ‚Allegaciones de potestate imperiali‘ (1338), in: Deutsches Archiv zur Erforschung des Mittelalters 42, 555–619 [Reprint in Offler 2000, nr. VI].

– 1990: The ‚Influence‘ of Ockham's Political Thinking, in: W. Vossenkuhl/R. Schönberger (Hrsg.): Die Gegenwart Ockhams, Weinheim 1990, 338–365 [Reprint in Offler 2000, nr.X].

– 2000: Church and Crown in the Fourteenth Century. Studies in European History and Political Thought, Aldershot

Piaia, G. 1999: Marsilio e dintorni. Contributi alla storia delle idee, Padua.

Pincin, C. (ed.) 1966: Il *Difenditore della pace* nella traduzione in volgare fiorentino del 1363, Torino.

–1967: Marsilio, Turin.

Robinson, J. W. 2013: William of Ockham's Early Theory of Property Rights in Context, Leiden-Boston.

Schnerb-Lièvre, M. 1995: *Songe du Vergier*, in: Lexikon des Mittelalters 7, 2045–6.

Scholz, R. 1914: Unbekannte kirchenpolitische Streitschriften aus der Zeit Ludwigs des Bayern (1327–1354), Bd. II, Rom.

Sieben, H. J. 1984: Die Konzilsidee des lateinischen Mittelalters (847–1378), Paderborn-München u. a.

Simonetta, S. 2000: Marsilio in Inghilterra. Stato e chiesa nel pensiero politico inglese fra XIV e XVIII secolo, Mailand.

Spade, P. V. (Hrsg.) 1999: The Cambridge Companion to Ockham, Cambridge.

Struve, T. 1980: Die Rolle des Gesetzes im ‚Defensor pacis' des Marsilius von Padua, in: Medioevo 6, 355–378.

Syros, V. 2008: Die Rezeption der aristotelischen politischen Philosophie bei Marsilius von Padua. Eine Untersuchung zur Ersten Diktion des „Defensor pacis", Leiden-Boston.

Thomas de Aquino 1979: De regno ad regem Cypri, ed. H.-F. Dondaine, in: Sancti Thomae de Aquino Opera omnia, iussu Leonis XIII pontificis maximi edita, tomus XLII, Roma, 447–471.

Töpfer, B. 1999: Urzustand und Sündenfall in der mittelalterlichen Gesellschafts- und Staatstheorie, Stuttgart.

Ubl, K. 2004: Die Genese der Bulle *Unam sanctam*. Vorlagen, Intention, in: M. Kaufhold (Hrsg.) 2004, 129–149.

Walther, H. G. 2007: Konziliarismus als politische Theorie? Konzilsvorstellungen im 15. Jh. zwischen Notlösungen und Kirchenmodellen, in: H. Müller/J. Helmrath (Hrsg.): Die Konzilien von Pisa (1409), Konstanz (1414–1418) und Basel (1431–1449). Institutionen und Personen, Ostfildern 2007, 31–60.

Wittneben, E. L. 1997: Lupold von Bebenburg und Wilhelm von Ockham im Dialog über die Rechte am Römischen Reich des Spätmittelalters, in: Deutsches Archiv für Erforschung des Mittelalters 53, 567–586.

– 2003: Bonagratia von Bergamo. Franziskanerjurist und Wortführer seines Ordens im Streit mit Papst Johannes XXII., Leiden-Boston.

ALESSANDRO PINZANI

Machiavelli und die Religion

1. Uneinigkeit unter den Kommentatoren

Machiavellis Einstellung zur Religion im Allgemeinen und zur christlichen Religion insbesondere ist schon seit dem Beginn der Machiavelli-Rezeption (d. h. seit dem 16. Jahrhundert) Gegenstand von unterschiedlichen Lektüren. Dabei kann man zwei alternative Lesarten unterscheiden. Nach der ersten würde Machiavelli eine heidnische Weltsicht verteidigen und das Christentum im Namen einer antikisierenden Zivilreligion scharf kritisieren. Unter den Vertretern dieser Lesart wären neben anderen Johann Gottlieb Fichte (1971), Leo Strauss (1958), Gennaro Sasso (1965 und 2008)[1], Quentin Skinner (1990 und 2002), Gérald Sfez (1999)[2] und Isaiah Berlin (1994) zu nennen. Die alternative Lesart behauptet, dass Machiavelli eine durchaus positive Auffassung des Christentums hat. Sie ist weniger verbreitet als die erste und hat ihre Vertreter in Luigi Russo (1983), Sebastian De Grazia (1994) und vor allem in Emanuele Cutinelli-Rèndina (1998) und Maurizio Viroli (2010), der meint, dass sich der Florentiner von der „Zivilreligion" hat inspirieren lassen, die im Florenz seiner Zeit herrschte und „republikanische Grundsätze und christlichen Glauben miteinander verschmolzen hat[te]" (Viroli 2010, 7). Eine Art Kompromiss zwischen diesen beiden Interpretationen besteht in der Annahme, Machiavelli teile mit seinen Zeitgenossen eine „astrologische

---

[1] Sasso vertritt eine nuanciertere Variante dieser Auffassung: nach ihm würde Machiavelli „eine christliche Religion" vorziehen, „die viel mehr mit jener ‚Religion der Heiden' gemein habe als es ihr ‚Geist' je zuließe" (Sasso 1965, 279 f.).

[2] Sfez meint, Machiavelli habe vor, das römische Recht neu zu beleben, sei aber der Überzeugung, dass dies nur dann möglich sei, wenn man dieses Recht im Lichte der römischen Religion begreife. Entgegen der mittelalterlichen Tradition sollte das römische Recht von der Kontamination durch christliche Elemente befreit werden, die es verzerren und ihm unnötige Strenge verleihen, da sie keine Abweichung tolerieren. Die römische Religion hingegen ist höchst politisch und toleriert im Namen des *salus rei publicae* manches, was aus christlicher Sicht unannehmbar ist – wie etwa Romulus' Brudermord. Sie erlaubt m. a. W. den politischen Gebrauch böser Handlungen („un usage politique du mal": 1999, 268).

Weltanschauung" (Parel 1992, 1), die der christlichen entgegensteht (ebd., 28). Danach folgen alle Wesen, die sich in der sublunaren Sphäre befinden (einschließlich „gemischter" Gebilde wie Staat oder Kirche), einer natürlichen Kausalität, die von den Bewegungen der Sterne und der Planeten bestimmt wird (ebd.). Diese kosmischen Kräfte beeinflussen unter anderem auch den Ursprung und Fall der Religionen (ebd., 45). Religion ist demnach zwar ein *instrumentum regni*, also ein Herrschaftsinstrument, aber es existieren tatsächlich übermenschliche Kräfte, die unsere Schicksale lenken. Im Folgenden werde ich versuchen, diese konkurrierenden Interpretationen von Machiavelli anhand der entsprechenden Texte zu diskutieren.[3]

2.   Die politische Rolle der Religion

Es gibt mindestens zwei Perspektiven, aus denen Machiavelli die Religion betrachtet. Eine bezieht sich auf die Religion als *instrumentum regni*. Die andere hat mit der problematischen Bedeutung nicht nur des Papsttums bzw. der katholischen Kirche, sondern ganz allgemein des Christentums in der Geschichte Italiens zu tun. Ich werde mit der ersteren anfangen, aber dabei im Blick behalten, dass die beiden Aspekte in der Analyse miteinander eng verbunden sind.

Die Stellen, an denen Machiavelli seine Auffassung der Religion als *instrumentum regni* am deutlichsten formuliert, sind die Kapitel 11 bis 15 von Buch I der *Discorsi*, in denen beschrieben wird, wie sich die Römer der Religion zu praktischen Zwecken bedienten. In Machiavellis Auffassung hatte die römische *pietas* vorwiegend ethischen und politischen Charakter, da sie dazu diente „die Heere in Gehorsam, das Volk in Eintracht zu halten, die guten Menschen zu stärken und die schlechten zu beschämen" (D I 11, 45). Sie ist „die unentbehrlichste Stütze der Zivilisation" (44) und ist in dieser Hinsicht wichtiger als jegliche Armee, „denn wo es religiöse Überzeugungen gibt, ist es leicht, ein Heer aufzustellen; wenn aber ein Heer ohne Religion ist, lässt sich diese nur schwer einführen" (45), und es ist fast unmöglich, den Bürgern und den Soldaten Gehorsam für die Gesetze und Respekt vor der Autorität zu lehren. Es ist außerdem unmöglich für einen Gesetzgeber, Staatsgründer oder -reformer, der einem Volk ungewöhnliche Gesetze geben möchte, sein Ziel zu erreichen, ohne auf die Religion zu rekurrieren und ohne sich auf die Autorität irgendeiner Gottheit zu berufen – wie die Beispiele von Moses und Numa Pompilius zeigen, die Machiavelli mehrmals in seinen Werken erwähnt. Bezeichnend in dieser Hinsicht sind die Titel der Kapitel 13 und 14: „Wie die Römer die Religion benutzten, um den Staat in Ordnung zu halten, ihre Unternehmungen zu fördern und Aufstände zu unterdrücken" (D I 13, 51) und „Die Römer legten die Auspizien nach

---

[3] Es gibt eine weitere Lesart, die eine sehr lange Tradition aufweisen, jedoch heutzutage kaum überzeugen kann: die, welche in Machiavelli einen gottlosen „Prediger des Bösen" sieht (Berlin 1994, 103). Sie ist vor allem durch elisabethanische Dramen bekannt, in denen Machiavelli als Inspiration für teuflische Bösewichte wie Iago (in Shakespeares' *Othello*) gilt oder selbst auftritt, um die eigene niederträchtige Lehre zu verkünden, wie etwa im Vorspiel zu Christopher Marlowes *Jew of Malta* (1592), in dem er die Verse spricht: „I count religion but a childish toy, / And hold there is no sin but ignorance".

dem Gebot der Umstände aus und gaben sich mit Klugheit den Anschein, als beachteten sie die Gebote der Religion, wenn sie dieselben notgedrungen auch nicht beachteten. Wenn aber jemand frevelhafterweise die Religion verächtlich machte, so bestraften sie ihn" (D I 14, 54).

Der Fall der Auguren und ihrer Auspizien ist bezeichnend, vor allem, wenn man erstens berücksichtigt, dass diese Kunst in der Renaissance noch lebendig war, wenngleich in einer ganz anderen Form, nämlich als astrologische Weissagung,[4] und dass zweitens manche Interpreten die Meinung vertreten, Machiavelli nehme die astrologische Weltanschauung seiner Zeit durchaus ernst[5]. Der Florentiner erzählt mit Bewunderung davon, wie der Konsul Papirius seine Soldaten täuschte (D I 14, 54 f.). „Da ihm der Sieg im Kampf [gegen die Sanniten] sicher schien", wollte er „die Schlacht liefern", aber die Auspizien warnten davor. Der Vorsteher der Auguren selbst hatte jedoch „die grosse Kampfeslust des Heeres und Siegeszuversicht des Feldherrn und der Soldaten" bemerkt; daher meldete er „dem Konsul, dass die Auspizien günstig waren". Als diese Lüge unter den Soldaten offenbar wurde, behauptete Papirius, dass „für ihn und das Heer" die Auspizien doch günstig waren, und dass, „wenn der Pullarier [der Augur] solche Lügen verbreitet hätte, so werden diese zu seinem eigenen Schaden ausschlagen". Er befahl daraufhin, dass die Auguren in die vorderste Schlachtlinie gestellt werden mussten. „Durch Zufall" (!) wurde der Vorsteher der Auguren „vom Speer eines römischen (!) Soldaten durchbohrt". Papirius schien nur auf diese Nachricht gewartet zu haben, um zu proklamieren, dass dies ein göttliches Zeichen war: Durch den Tod des Lügners war nicht nur der Zorn der Götter besänftigt worden, sondern die Götter hatten sogar ihre Gunst gezeigt. Und in der Tat wurde die Schlacht vom römischen Heer gewonnen. Sowohl der Augur als auch Papirius manipulierten die Auspizien, um die von ihnen gewünschte Antwort zu bekommen. Die Beurteilung der Lage durch den Feldherren, die ihm zur Schlacht riet, wurde hier wichtiger als die *pietas*, die Respekt vor den ungünstigen Auspizien forderte. Andererseits war es notwendig, dass vor den Augen der Soldaten dieser Respekt gezeigt (eigentlich aber vorgetäuscht) wurde. Dies kommt einer Rechtfertigung von Frevelhaftigkeit sehr nahe: Der sich durch Auspizien offenbarende Wille der Götter kann gebeugt werden, wenn es die Umstände fordern. Man fragt sich, ob dies auch für den in der Bibel geoffenbarten Willen des christlichen Gottes gilt, aber Machiavelli vermeidet es, diese ketzerische Frage offen zu stellen.

Für eine mögliche Antwort auf diese Frage, sollten wir zunächst zwei weitere Stellen aus den *Discorsi* berücksichtigen (aus Kapitel 11 und 12 von Buch I). Dort vertritt Machiavelli die Idee, dass die Gottesfurcht ein wesentlicher Bestandteil der Ordnung und der Stabilität einer Republik oder eines Fürstentums ist, obwohl in manchen Fällen ein Fürst beide garantieren kann, wenn er „die fehlende Religion ersetzt", d. h.: wenn

---

[4] Zur Rolle der Astrologie in der Renaissance s. die klassischen Texte von Aby Warburg „Die Planetenbilder auf der Wandlung von Süd nach Nord und ihre Rückkehr nach Italien" (1913; jetzt in Warburg 2010, 349–372) und „Heidnisch-antike Weissagung in Wort und Bild zu Luthers Zeit" (1920, in Warburg 2010, 424–491), sowie Garin 1976 und Parel 1992 (vor allem 11–25).

[5] Der bekannteste unter diesen Interpreten ist Anthony Parel (1992), aber schon Ernst Cassirer hatte behauptet, dass sich Machiavelli von astrologischen Auffassungen nicht ganz lösen konnte (1946, 158 f.).

er den Schaden, der durch den Verlust von Gottesfurcht und religiösen Sitten entstehen kann, durch seine *virtù* in Grenzen zu halten vermag. Die positiven Auswirkungen der Tätigkeit eines solchen Mannes werden allerdings von kurzer Dauer sein, da sie auf der „persönlichen Tüchtigkeit des Machthabers" basieren, der wie alle Menschen „ein kurzes Leben" haben wird (D I 11, 46). Deswegen sollte ein Fürst oder ein Gesetzgeber gute und klare Anweisungen hinterlassen (wie z. B. Moses oder Numa) und darauf achten, dass in seinem Herrschaftsbereich die Religion nicht vernachlässigt wird, unabhängig davon, ob er selber daran glaubt oder nicht: „Sie müssen alles, was für die Religion spricht, unterstützen und fördern, auch wenn sie es für falsch halten. Sie müssen dies umso mehr tun, je klüger sie sind und je klarer sie die natürlichen Dinge durchschauen" (D I 12, 48). Je klarer es einem Herrscher ist, dass er sich eines falschen Glaubens oder sogar reinen Aberglaubens bedient, um sein Volk unter Kontrolle zu halten, umso kräftiger muss er diesen Glauben durchsetzen, denn nun weiß er, wie brüchig und unstet dessen Basis ist.

Im *Principe* finden wir schließlich die berühmte Stelle aus Kapitel XVIII: „Ein Fürst muss also sehr darauf achten [...], dass er, wenn man ihn sieht und hört, ganz von Milde, Treue, Aufrichtigkeit, Menschlichkeit und Frömmigkeit [*religione*] erfüllt *scheint*. Und es gibt keine Eigenschaft, deren Besitz *vorzutäuschen* notwendiger ist, als die letztgenannte" (P XVIII, 139 – Hervorhebung A. P.).[6] Es ist m.a.W. nicht notwendig, dass der Fürst tatsächlich menschlich und fromm sei, sondern nur, dass er den Eindruck davon erwecke, damit er sich der (christlichen!) Religion als Instrument bedienen könne, um die Untertanen zu kontrollieren. Für die Vertreter der oben erwähnten zweiten Lesart (nach der Machiavelli eine positive Auffassung der christlichen Religion hatte und an deren Wahrheit aufrichtig glaubte) dürfte es schwierig sein, diese Stellen im Lichte ihrer Interpretation zu erklären, aber meines Wissens werden sie weder von Viroli noch von De Grazia noch von Cutinelli-Rèndina kommentiert.[7]

An all diesen Stellen wird deutlich, dass Machiavelli die Religion ausschließlich unter dem Gesichtspunkt ihres praktischen Nutzens und nicht unter dem Gesichtspunkt ihres metaphysischen oder dogmatischen Inhalts, der ihm vermutlich gleichgültig ist, betrachtet.[8] Deswegen betont er häufig bloß den Aspekt der Gottesfurcht; denn dies ist der wichtigste Bestandteil der Fähigkeit, das Volk im Zaum zu halten. Der Herrscher kann sich dabei jeglicher Religion bedienen, wie die von Machiavelli angegebenen Beispiele beweisen, denn sie reichen von heidnischen Gesetzgebern wie Numa bis zu alt-testamentarischen Figuren wie Moses und neueren christlichen Fürsten. In dieser Hinsicht sind alle Religionen gleich gut, vorausgesetzt sie erfüllen die praktische Aufgabe, die ihnen hier zugeteilt wird.

---

[6] Zur Frage der Rolle des Scheins bei Machiavelli s. Hoeges 2000, v.a. 90 ff. Zum Kapitel XVIII s. Höffe 2012.

[7] Im Fall von Cutinelli-Rèndina (1998, 111) wird zwar die Stelle aus Kapitel XVIII zitiert, aber der Autor sieht darin nur den Beweis dafür, dass die Religion eine politisch notwendige Rolle spielt (was unbestreitbar ist), während die Haltung des Fürsten, der nur vortäuscht fromm zu sein, unkommentiert bleibt.

[8] Zu ähnlichen Schlüssen kommt Federico Chabod (1993, 80 f.), der allerdings Machiavellis Reduktion der Religion auf ihre äußere Form und ihre politische Dimension kritisch gegenübersteht.

Nach Cutinelli-Rèndina (1998, 167) darf man Religion allerdings nicht bloß auf das Moment der Gottesfurcht reduzieren. Hinzu muss ein weiterer Aspekt kommen, nämlich die Ritualisierung, durch die es möglich wird, politische und soziale Haltungen und Handlungen zu bestimmen. Dabei bezieht er sich auf eine bemerkenswerte Stelle des 11. Kapitels von Buch I der *Discorsi*. Dort erwähnt Machiavelli zwei Episoden der römischen Geschichte, in denen ein Eid vor den Göttern politische Auswirkungen hat. In der ersten Episode zwingt Scipio „mit gezücktem Schwert" einige römische Bürger, die nach der Niederlage bei Cannae Italien verlassen wollten, „zum Schwur, das Vaterland nicht zu verlassen". In der zweiten Episode zwingt Titus Manlius den Marcus Pomponius zum Schwur, eine von ihm gegen Titus' Vater Livius erhobene falsche Anklage fallen zu lassen (D I 11, 44). Der Schluss, den Machiavelli zieht, mag diejenigen überraschen, die ihn als Republikaner sehen, der Vaterlandsliebe und Bürgertugend für die besten Mittel zur Verteidigung der Republik hält: „So wurden die Bürger, die sich durch die Liebe zum Vaterland und dessen Gesetze nicht zum Verbleib in Italien veranlassen ließen, durch einen erzwungenen Eid zurückgehalten, und der Tribun Pomponius sah über den Hass gegen den Vater, die Beleidigung durch den Sohn und die eigene Ehre hinweg, um den geleisteten Schwur zu halten. Beides war nur auf die Religion zurückzuführen, die Numa in Rom gestiftet hatte" (44 f.). Man könnte meinen, dies sei wiederum einfach als Folge der Gottesfurcht zu sehen. Cutinelli-Rèndina bemerkt hingegen zu Recht, dass der Eid kein spontaner Akt, sondern das Ergebnis eines Zwangs ist. Dies weist auf eine interessante Zirkularität hin: „die Politik braucht die Religion, aber die für die Politik notwendige Religion ist ihrerseits das Ergebnis der politischen Klugheit selbst", wie der Hinweis auf Numa beweist (Cutinelli-Rèndina 1998, 169). Insbesondere wird sie vom Adel benutzt, um den Pöbel unter Kontrolle zu halten (D I 11, 44 f. und D I 13, 52 f.). Es besteht somit eine Asymmetrie zwischen denjenigen, die sich der Religion bedienen (und das sind bei Machiavelli immer die Patrizier und der Senat) und denjenigen, die sich durch Gottesfurcht im Zaum halten lassen (das gemeine Volk). Auch in den oben erwähnten Beispielen (und noch eindeutiger in einem dritten aus Kapitel 13, bei dem der Senat das Volk zu einem Schwur „durch teils freundliche, teils drohende Worte" treibt) ist es ein Adliger, der andere zum Eid zwingt, während die zum Schwur gezwungenen Individuen entweder gemeine Bürger oder Volkstribune wie Pomponius sind. Dasselbe gilt, wie Cutinelli-Rèndina bemerkt (1998, 173), für die schon erwähnte manipulierte Auslegung der Auspizien durch Feldherren oder Priester: auch in diesem Fall geht es darum, dass ein Befehlshaber bzw. ein Vorgesetzter die Religion ausnutzt, um sich Gehorsam zu schaffen. Der Umstand, dass in den von Machiavelli zitierten Episoden Papirius, Scipio oder die Senatoren vor allem an das Wohl der Republik dachten, ändert nichts an der Tatsache, dass die Religion ein Instrument in den Händen der Herrschenden ist, um die ihrer Herrschaft unterworfenen Individuen besser zu kontrollieren und dazu zu bringen, dem Willen des Herrschers Gehorsam zu leisten.

Hier taucht eine bedeutende Schwierigkeit auf, die der Lesart entgegensteht, nach der Machiavelli eine durchaus republikanische Auffassung der Religion im Allgemeinen und der christlichen insbesondere habe und sie damit zu einem wahren Bollwerk gegen die Diktatur werden kann (so z. B. Viroli 2010). Zwar dient die Religion der Erhaltung des Staates, wie Machiavelli unermüdlich wiederholt; aber als *instrumentum regni* ist sie sozusagen neutral und kann benutzt werden, um eine Republik oder auch eine Monarchie bzw. Tyrannenherrschaft aufrechtzuerhalten (wie Kapitel XVIII des *Fürsten* beweist). Außerdem ist sie ein stärkeres Mittel als Vaterlandsliebe und Bürgertugend (wie das Beispiel von Scipio und den flüchtenden Bürgern zeigt) und kann daher missbraucht werden von denjenigen, die sich ihrer bedienen, um ihre Pläne durchzusetzen – unabhängig davon, ob diese Pläne auf das Wohl des Staates oder aber auf ihr eigenes Wohl abzielen. Sie wird schließlich immer von den Herrschenden als Überzeugungs- oder Zwangsmittel eingesetzt – niemals aber vom Volk oder von den Untertanen. Dabei geht es vor allem um die äußerlichen Aspekte religiösen Lebens, d. h. um Riten und nicht um Dogmen oder Lehren: Die Herrschenden müssen dafür sorgen, dass „die religiösen *Gebräuche* rein erhalten" bleiben und „immer Ehrfurcht vor ihnen" herrscht (D I 12, 47); sie selber scheinen jedoch von der Verpflichtung ausgeschlossen, die Gebräuche mit dem entsprechenden Respekt zu behandeln (s. das Beispiel von Papirius) – ja sie sind nicht mal verpflichtet, an die dogmatischen Inhalte und die Wahrheit der von ihnen öffentlich ausgeübten und geschützten Religion zu glauben.

3.   Wie entsteht Religion?

Aus dieser Analyse folgt allerdings nicht, dass Religion nur ein Instrument ist, das von den Herrschenden geschaffen wurde, um den Willen ihrer Untertanen besser zu lenken. Sie kann *de facto* dazu dienen, die guten Sitten und die politische Freiheit einer Gemeinde aufrecht zu erhalten. Machiavelli erwähnt das Beispiel mancher deutscher Städte, in denen die Bürger beim Steuerzahlen lediglich ihrem Gewissen und ihrer Gottesfurcht folgten, ohne dass jemand kontrollierte, ob sie tatsächlich den von ihnen geschuldeten Beitrag einzahlten. „Daraus lässt sich schliessen, – so Machiavelli – wie viel Rechtschaffenheit und *religiöse* Überzeugung noch in diesen Menschen lebt" (D I 55, 148 f. – Hervorhebung A. P.). Religion kann also in der Tat die Basis für die zivile Moral der Bürger sein. Es ist jedoch fraglich, ob sie deswegen eine „vorpolitische Bedingung der Wirksamkeit politischer Handlung" ist (Cutinelli-Rèndina 1998, 212). Denn die Quelle ihrer Kraft liegt in der überaus politischen Tätigkeit eines ursprünglichen Gesetzgebers, der sie in ein Volk einzuführen wusste, und in der Haltung seiner Nachfolger, die imstande waren, sie unter den Bürgern am Leben zu erhalten – häufig mit Gewaltandrohung. Religion kann somit zu einer zweiten Natur werden; sie ist jedoch an sich kein ursprüngliches Phänomen, dessen Natur vorpolitisch ist. Im Gegensatz zu späteren Denkern wie Hobbes oder Rousseau, die in ihr eine Antwort auf Probleme sehen, die sich allen Menschen immer schon gestellt haben,[9] betrachtet sie Machiavelli keineswegs als anthropologisch grundlegendes Phänomen. Deswegen erwähnt er, wenn er die Entstehung der menschlichen Gesellschaft erklärt (D I 2, 11 ff.), die Religion an keiner Stelle und rückt vielmehr die Erfahrung von Ungerechtigkeit und Undankbarkeit ins Zentrum seiner Erklärung. Daraus entstehe ein Gefühl für Unrecht, und aus diesem entstehen wiederum Moral und Institutionen. Die erste Antwort auf Ungerechtigkeit ist

---

[9] Nämlich auf die Beunruhigungen, die aus allgemein menschlichen Befindlichkeiten entstehen, wie etwa der Furcht vor der Zukunft oder der Neugierde und dem Drang zur Erklärung von solchen natürlichen Phänomenen, die der Mehrzahl der Menschen unverständlich erscheinen.

demnach die Schaffung von politischen Einrichtungen und nicht die Etablierung einer Religion, die erst später als Instrument zur Durchsetzung politischer Maßnahmen (z. B. zur Einführung neuer Gesetze) eingesetzt wird. Sie ist ein historisches Phänomen und ist mit einem Stifter (Numa, Moses, Jesus) verbunden, der fast immer politische Zwecke verfolgte.

Ist sie deswegen eine rein menschliche Erfindung? Die Beantwortung dieser Frage fällt schwer. Einerseits ja, da alle Religionen von bedeutenden Menschen gestiftet wurden. Andererseits scheinen diese Figuren einem nicht näher definierten himmlischen Willen zu folgen, der auf jeden Fall mit der christlichen Vorsehung nicht zu identifizieren ist, da sie Machiavelli kaum erwähnt (und er hätte jeden Grund gehabt, dies zu tun, denn er lebte in einer durchaus christlich geprägten Gesellschaft). Im Kapitel 11 der *Discorsi* lesen wir zum Beispiel: „Doch der Himmel [*i cieli*] hielt die von Romulus geschaffenen Einrichtungen für ein so großes Reich nicht für ausreichend. Er legte dem römischen Senat den Gedanken nahe,[10] Numa Pompilius zu seinem Nachfolger zu ernennen" (D I 11, 43). Der Himmel (im Originaltext fast immer im Plural: *i cieli* – entsprechend der antiken kosmologischen Auffassung, nach der die Erde von mehreren himmlischen Sphären umgeben ist) erscheint an vielen prominenten Stellen in Machiavellis Oeuvre, so auch in den *Capitoli*, jenen Gedichten, die der Florentiner einigen zentralen Themen wie *Fortuna*, *Ingratitudine* (Undankbarkeit) oder *Ambizione* (Ehrgeiz) widmete. *Fortuna* erscheint in der gleichnamigen Dichtung als eine Göttin, die sogar von Jupiter gefürchtet wird und von einer Schar minderer gottähnlicher Kräfte (*occasione*, *necessità*, *pazienza* usw.) umgeben ist. Undankbarkeit kam in diese Welt, „als den Sternen, als dem Himmel der Ruhm der Sterblichen missfiel". Sie ist mit weiteren himmlischen Kräften verbunden; denn sie ist die Tochter des Geizes und des Argwohns und wurde „in des Neides Armen" erzogen (*Von der Undankbarkeit*, SW, VIII 231). Von Gott ist hier nirgendwo die Rede, anders als in der Dichtung *Vom Ehrgeiz*, in der Machiavelli zwar die christliche Lehre der Schöpfung und des Sündenfalls übernimmt, aber nicht Adam und Eva die Verantwortung für die darauffolgenden Übel der Welt zuschreibt. Als Liebhaber der klassischen heidnischen Mythologie[11] und ihrer Personifikationen menschlicher Leidenschaften spricht Machiavelli vielmehr von einer „dunklen Macht, die im Himmel wohnt" und „Feindin des menschlichen Geschlechts" ist. Um den Menschen „den Frieden […] zu nehmen und den Krieg zu schicken", habe sie „zwei Furien auf die Erde" gesandt. Mit ihnen kamen Neid, Müßiggang, Hass, Stolz, Grausamkeit und Hinterlist auf die Welt und verjagten die Eintracht „in ferne Winkel" (SW, VII 236). Der Bezug auf das

---

[10] Im italienischen Text heißt es „inspirarono nel petto del Senato romano di eleggere Numa", also „er flößte der Brust des römischen Senats [die Idee] ein, Numa zu ernennen" – was die mysteriöse, übernatürliche Rolle des Himmels noch mehr hervorhebt.

[11] Über Machiavellis Kenntnis der antiken Klassiker herrscht unter den Interpreten keine Einigkeit. Mario Martelli (1998) vertritt die Ansicht, dass der Florentiner des Lateinischen nicht richtig mächtig war und daher die klassischen Werke wahrscheinlich nur durch unvollständige Übersetzungen, Sammlungen von Maximen usw. kannte; andere Interpreten wie Gennaro Sasso (1987–88) und Ugo Dotti (2003) schreiben ihm dagegen eine tiefe klassisch-humanistische Bildung zu. Machiavelli selbst schreibt an Francesco Vettori (im berühmten Brief von 10.12.1513), dass er lateinische Dichter wie Tibull oder Ovid liest, ohne allerdings zu erwähnen, ob er das im Original oder in einer italienischen Übersetzung tut (L 303).

Buch *Genesis* wirkt eher wie ein Lippenbekenntnis zum herrschenden Christentum als Ausdruck eines überzeugten Glaubens, und man ist geneigt, Anthony Parels Behauptung zuzustimmen, Machiavelli bediene sich der christlichen Theologie nur, um seinem Argument rhetorische Kraft zu geben, obwohl es mit ihr an sich nichts zu tun habe. Machiavellis Gott sei „Gott nur dem Namen nach", und in der kosmologischen Auffassung des Florentiners würde „der Himmel die Quelle der Religion und *Fortuna* die herrschende Gottheit" bleiben (Parel 1992, 59). Machiavelli ist somit zwar kein Atheist, aber auch kein Christ, obwohl er das Christentum nicht vollkommen ablehnt, sondern nur aus politischen Gründen kritisiert.

4. Die Kritik an der katholischen Kirche und am Christentum

Machiavellis Auseinandersetzung mit dem Christentum findet auf zwei Ebenen statt: Er übt Kritik an der Rolle der katholischen Kirche in der Geschichte Italiens, und er stellt einen Vergleich der christlichen mit der heidnischen Religion an. Was erstere betrifft, finden sich die bekanntesten Belege im 12. Kapitel des *Principe* und im 12. Kapitel von Buch I der *Discorsi*. Die Hauptkritik besteht darin, dass die Kirche die Einigung Italiens verhindert habe, und zwar einerseits aus dem Wunsch, selbst Italien zu erobern, andererseits durch ihre Ohnmacht, dieses Ziel zu erreichen. Da sie nicht imstande war, die Halbinsel unter ihre Kontrolle zu bringen, hat sie immer alles getan, um zu vermeiden, dass andere dieses Ziel erreichen. Deswegen hat sie immer wieder ausländische Herrscher dazu eingeladen, sich in die inneren Angelegenheiten Italiens einzumischen und damit gezeigt, wie leicht es war, in das Land einzumarschieren. Die Kirche trage daher die Hauptschuld an der gegenwärtigen Misere Italiens.[12]

Interessanter als diese Polemik sind jedoch die Stellen aus Kapitel 11 des *Principe*, an denen Machiavelli „von den geistlichen Fürstenherrschaften" im Allgemeinen spricht, obwohl er natürlich in erster Linie an die katholische Kirche denkt. Fürstentümer werden normalerweise entweder geerbt oder militärisch erobert (dies ist der Fall, den Machiavelli ins Zentrum des *Principe* rückt). Die geistlichen Fürstenherrschaften jedoch werden anders erworben (z. B. durch die Papstwahl). Man braucht dafür zwar ein gewisses Ausmaß an *virtù* oder an *fortuna* oder an beidem, aber hat man sie einmal erworben, sind weder *virtù* noch *fortuna* zu ihrer Erhaltung nötig. Denn sie beruhen „auf althergebrach-

---

[12] Nach Machiavelli war die Kirche weder „mächtig und mutig genug, um die italienischen Gewaltherrschaften zu erobern und selber die Macht zu ergreifen", noch „so schwach, dass sie nicht aus Furcht, ihre weltliche Macht zu verlieren, einen Mächtigen hätte herbeirufen können, der sie gegen jeden verteidigte, der in Italien zu mächtig geworden war" (D I 12, 50). In der Interpretation von Cutinelli-Rèndina würde Machiavelli allerdings die historische Entwicklung des Kirchenstaates als Teil „eines Plans der Vorsehung" sehen (1998, 144), um Papst Leo X. Medici „das Papsttum in der grössten Machtfülle" zu geben (P XI, 93). Dies sollte es ermöglichen, dass ein Medici Italien „von den Barbaren" befreit und unter seiner Herrschaft einigt, wie es im Kapitel XXVI heißt. Vielleicht hat Machiavelli diese Hoffnung tatsächlich gehegt, aber es ist fraglich, ob er in dieser günstigen Gelegenheit [*occasione*] wirklich die Hand der göttlichen Vorsehung gesehen hat, da er selber scheinbar weniger an letztere als vielmehr an andere kosmische Kräfte geglaubt hat (s. oben Abschnitt 3).

ten Einrichtungen der Religion, die so mächtig und von solcher Natur sind, dass sie ihre Fürsten an der Macht halten, wie diese auch immer handeln oder leben mögen" (P XI, 87 ff.). Machiavelli bezieht sich vermutlich auf den skandalösen Lebensstil von Päpsten wie Alexander VI. oder Innozenz VIII. Er schreibt mit Sarkasmus und Bewunderung zugleich: „Nur diese Fürsten haben Staaten, die sie nicht verteidigen, und Untertanen, die sie nicht regieren; aber obgleich ihre Staaten wehrlos sind, werden sie ihnen nicht genommen; und obgleich ihre Untertanen nicht regiert werden, kümmern sich diese weder darum, noch wollen oder können sie von ihnen abfallen. So sind nur diese Fürstenherrenschaften sicher und glücklich" (89). Dies gilt auch für die katholische Kirche und ihren Staat: Die Päpste verfügen über kein eigenes Heer, um sich zu verteidigen, aber können immer mit der Hilfe anderer Fürsten rechnen – vor allem aber mit deren Furcht, denn sie wagen es nicht, das Papsttum anzugreifen, weil sie nicht des Sakrilegs bezichtigt werden wollen und die Reaktion ihrer (katholischen) Untertanen befürchten. Gleichzeitig sind die Untertanen des Papstes an dessen Despotismus so gewöhnt, dass sie nicht mal auf die Idee einer Revolte kommen. In dieser Hinsicht stellt der Kirchenstaat aus Machiavellis Sicht eine echte Paradoxie dar: er verfügt über keine eigene Armee, und seine Einwohner besitzen weder Bürgertugend noch Vaterlandsliebe; nichtsdestoweniger ist dieser Staat extrem stabil und unangreifbar. Der Grund dafür liegt in der außerordentlichen Macht der Religion und im Alter ihrer Einrichtungen (nach Machiavelli gilt: je älter die Institutionen sind, umso dauerhafter und solider werden sie), die eben durch die große Religiosität der Italiener erhalten bleiben. Es ist derselbe Mechanismus, den Machiavelli beschreibt, wenn er von der zentralen politischen Rolle der Religion für die Römer spricht: die *pietas* dient als Basis für die Stabilität und Dauerhaftigkeit der Institutionen. Im Fall des Christentums handelt es sich jedoch um nicht-republikanische Einrichtungen, die sich gegen die Freiheit der Individuen richten, die ihnen unterworfen sind. Die Religion hat hier zwar politische Auswirkungen, diese bestehen aber darin, dass die Liebe zur Freiheit erdrückt und die Einigung Italiens verhindert wird.

Aber die Kritik von Machiavelli ist noch radikaler, denn diese Auswirkungen sind nicht nur durch die Haltung der Päpste verursacht, sondern entstehen aus dem Geist der christlichen Religion selbst. An einer bei den Interpreten zu Recht beliebten Stelle in Kapitel 2 von Buch II der *Discorsi* schreibt er: „Wenn ich bedenke, woher es kommen konnte, dass im Altertum die Völker die Freiheit mehr liebten als je, so scheint mir dies aus derselben Ursache herzurühren, welche heute die Menschen weniger kraftvoll macht. Sie liegt nach meiner Meinung in der Verschiedenheit der heutigen und der antiken Erziehung, die wiederum in der Verschiedenheit der heutigen und der antiken Religion begründet liegt. Unsere Religion, die uns die Wahrheit und den rechten Weg des Heils lehrt, lässt uns die Ehren dieser Welt weniger schätzen, während die Heiden diese sehr hoch schätzten, ihr höchstes Gut darin erblickten und deshalb in ihren Taten viel kühner waren". Dieser Unterschied tritt auch in den kultischen Einrichtungen zutage: „man braucht nur die Großartigkeit ihrer Opfer mit der demütigen Bescheidenheit der unsrigen zu vergleichen", bei denen „jedenfalls eine Feierlichkeit ohne Grausamkeit und Kraft" herrscht, und die ohne „blutige und grausame Zeremonien" stattfinden, während bei den antiken Riten „eine Menge Tiere" geschlachtet wurden. Aber der Unterschied geht noch tiefer: „Die Religion der Alten sprach ferner nur Männer von grossem weltlichen Ruhm heilig wie Feldherren und Staatsmänner. Unsere Religion hat mehr die demütigen und in Betrachtungen versunkenen Menschen verherrlicht als die tatkräftigen. Sie sieht das höchste Gut in Demut, Selbstverleugnung und in der Geringschätzung der weltlichen Dinge". Die Religion der Alten verherrlichte die „Größe des Muts", die „Kraft des Körpers" und überhaupt alle „Eigenschaften, die die Menschen möglichst tapfer machen". Wenn hingegen die christliche Religion fordert, „dass man stark sei, so will sie damit mehr die Stärke des Duldens als die der Tat. Diese Regel hat, wie mir scheint, die Weltgeschichte den Bösewichten ausgeliefert, die ungefährdet ihr Unwesen treiben können; denn sie sehen, dass die grosse Mehrheit der Menschen, um ins Paradies einzugehen, mehr darauf bedacht ist, Schläge zu ertragen als zu rächen" (D II 2, 177 f.). Der angestellte Vergleich fällt somit für die christliche Religion nicht gut aus. Nicht nur war sie nicht imstande, die antike *virtù* und die Liebe zur Freiheit aufrechtzuerhalten; sie hat die guten Menschen weicher und passiver gemacht und damit den bösen Menschen [*uomini scelerati*] zum Erfolg verholfen.

Es stellen sich hier zwei Fragen. Erstens: Wie war es möglich, dass das Christentum die Vaterlands- und Freiheitsliebe der antiken Völker so sehr beeinträchtigt hat? Und zweitens: Besteht der einzige Weg, um die antike *virtù* neu zu beleben, in der Rückkehr zur heidnischen Religion?

Was die erste Frage betrifft, finden wir eine historische Erklärung in Kapitel 5 von Buch II der *Discorsi*, in dem Machiavelli rekonstruiert, wie das Christentum den weiten Weg von einer unbekannten Sekte zur offiziellen Staatsreligion des römischen Kaiserreichs zurücklegte. Dabei sieht er eine Logik und eine Strategie am Werk, die er jeder neuen Religion zuschreibt, die sich gegen alt eingesessene Formen von Glauben durchsetzen will: sie wird jede Spur der älteren Religionen auszurotten versuchen, obwohl sie manchmal gezwungen ist, sich manche ihrer Elemente anzueignen und zu verwandeln. Machiavelli kritisiert Papst Gregor I. „und andere Häupter der Christenheit" für die „Hartnäckigkeit", mit der sie „alle alten Erinnerungen verfolgten [...], die Werke der Dichter und Geschichtsschreiber verbrannten, Bilder zerstörten und überhaupt alles vernichteten, was vom Altertum Zeugnis gab" (D II 5, 189). In dieser Hinsicht verhält sich das Christentum wie alle anderen Sekten bzw. Religionen und ist genauso wie sie und wie alle menschlichen Dinge dazu bestimmt, irgendwann unterzugehen. Dies bedeutet allerdings mitnichten, dass nach Machiavellis Meinung alle Religionen gleich oder gleichwertig sind (so z. B. Cutinelli-Rèndina 1998, 245 ff.). Mögen sie auch dieselbe Strategie wählen, um sich durchzusetzen, so unterscheiden sie sich mit Bezug auf ihre zentralen Werte: während ihre Religion den Römern die Liebe zur Freiheit und zum Ruhm lehrte, verherrlicht die christliche Religion Demut und Gehorsam – und Machiavelli zieht zweifellos die Werte der ersteren vor.

Was die zweite Frage betrifft, gehen die Meinungen der Interpreten auseinander. Manche sehen in Machiavelli einen Nostalgiker der heidnischen Religion, der diese gern wieder einführen möchte, wenn dies nur möglich wäre (so z. B. Fichte, Strauss oder Sfez); andere meinen, Machiavelli plädiere vielmehr für eine Reform der christlichen Religion (so z. B. Viroli, De Grazia oder Russo). Zu Gunsten der letzteren Interpretation kann ausgerechnet die Stelle aus den *Discorsi* angeführt werden, an der er die antike und die christliche Religion vergleicht. Dort werde nämlich nicht das Christentum an sich angegriffen, sondern nur eine bestimmte „Auslegung", die in ihr „nur Grundsätze müßiger Verweichlichung und nicht solche heldischer Tapferkeit erblickt" (D II 2, 178).

Und weiter: „Es ist also eine Folge unserer Erziehung und der so *falschen* Auslegung unserer Religion, dass es in der Welt nicht mehr so viele Freistaaten gibt wie in der Antike
und dass die Völker infolgedessen nicht mehr von solcher Liebe zur Freiheit beseelt sind
wie ehemals" (ebd. – Hervorhebung A. P.). Dies impliziert, dass es eine andere, *richtige*
Auslegung der christlichen Religion geben könnte, und dass die antike Liebe zur Freiheit und die antike Tapferkeit wiederbelebt werden könnten, wenn es gelingen sollte, sie
durchzusetzen. Viroli und De Grazia meinen, eine solche Auffassung des Christentums
bei den florentinischen Bürgerhumanisten zu finden.

Es ist allerdings umstritten, inwieweit diese Schriftsteller und Denker über eine einheitliche Interpretation der christlichen Lehre verfügten. Es ist durchaus plausibel zu
behaupten, sie bedienen sich einer anscheinend christlichen Form, um einen durch und
durch heidnischen Inhalt zu vermitteln, und dass sie dies taten, um mögliche Verfolgungen sowohl durch die kirchliche als auch durch die weltliche Macht zu vermeiden. In der
Tat neigen manche Humanismus-Interpreten dazu, eine solche Ansicht zu vertreten, also
die Meinung zu verteidigen, dass Humanisten wie Pico, Ficino, Salutati, Rinuccini oder
Bruni eigentlich beweisen wollten, dass die antike heidnische Religion mit der christlichen Lehre durchaus verträglich ist und dass sie dementsprechend versucht haben, deren
Inhalte nicht nur miteinander zu vergleichen, sondern sie gleichzusetzen (so z. B. Baron
1966 oder Chastel 1959)[13]. Es ist m. a. W. fraglich, ob die florentinischen Bürgerhumanisten bloß eine alternative Auslegung der christlichen Religion vertraten, oder ob sie
letztere in eine neue Form von Paganismus verwandeln wollten, in der die traditionellen christlichen Tugenden entweder außer Acht gelassen werden oder eine vollkommen
neue Bedeutung annehmen – wie im Fall der *fortitudo*, der Tapferkeit, die diese Autoren im Sinne der römischen *virtus* interpretieren. Es handelt sich auf jeden Fall um
einen Glauben, der kaum mit der damals herrschenden Auffassung der christlichen Lehre verträglich zu sein scheint. Insofern mag zwar Machiavelli für eine neue, „richtige"
Auslegung dieser Lehre plädiert haben, aber diese Auslegung wäre nur mit einer Be-
seitigung der wichtigsten Prinzipien der christlichen Theologie möglich gewesen, um
das Christentum in die Nähe der antiken Religion der Römer rücken zu können. Die
tatsächliche Reform der Christenheit fand allerdings zwar in jenen Jahren statt, aber an-
derswo (nämlich in Deutschland) und unter anderen Zeichen (Luthers Kampf gegen die
Korruption der Kirche).

5. Der paradoxe Charakter von Machiavellis Religionsauffassung

Ein wichtiger Aspekt von Machiavellis Kritik an der katholischen Kirche wurde von Luigi Russo hervorgehoben: Sie stelle eine Vorwegnahme des säkularisierten Charakters
des modernen Staates dar, denn sowohl dieser als auch die Republiken oder Fürstenherrschaften bei Machiavelli bedürfen nicht länger der religiösen Legitimation durch die

---

[13] Garin 1964 und 1994 ist vorsichtiger: er beschreibt, wie verbreitet unter den Hauptvertretern des
Humanismus das astrologische Kosmosbild war, und erkennt den großen Einfluss an, den antike
mystische Texte (allen voran das *Corpus Hermeticum* von Hermes Trismegistus) auf diese Autoren hatten; trotzdem will er darin keineswegs einen Beweis sehen, dass diese Denker auf eine
regelrechte Wiederbelebung der antiken heidnischen Religion abzielten.

Kirche (so wenig wie der historischen Legitimation durch Berufung auf die römischen Kaiser und die angebliche Kontinuität mit ihrer Herrschaft). Damit habe der Florentiner „die erste antimittelalterliche Idee des modernen Staates" und gleichzeitig „eine gewaltige Häresie" vertreten (Russo 1983, 229 f.)[14]. Damit kommen wir auf den paradoxen Charakter seiner Auffassung zu sprechen, nach der Religion einen unvermeidlichen Bestandteil im politischen Leben eines Gemeinwesens darstellen: Der durchaus säkular gedachte moderne Staat bedürfe trotz allem der Religion, jedoch sei diese in modernen Zeiten kaum mehr imstande, ihre Aufgabe zu erfüllen.

Machiavelli wird nicht müde daran zu erinnern, dass sich die großen Gesetzgeber der Antike immer auf irgendeine göttliche Autorität berufen haben, um ihre Verordnungen und Gesetze durchzusetzen. Doch dies ist für Machiavellis Zeitgenossen unmöglich – mit einer einzigen Ausnahme: Girolamo Savonarola, der für eine kurze Zeit die Florentiner davon überzeugen konnte, dass er mit Gott sprach.[15] Machiavellis Urteil über den Dominikaner ist allerdings ernüchternd: er war nur ein unbewaffneter Prophet, der zum Scheitern verurteilt war (P VI, 45 ff.).[16] Der moderne Fürst spricht nicht mit Gott, sondern muss nur den Anschein erwecken, er sei ein frommer Mensch. Dies stellt jedoch eine gezielte Täuschung zur Erhaltung der eigenen Macht dar und bildet keine Strategie zur Durchsetzung von Maßnahmen, die auf die Reform oder gar auf die Rettung des Staatswesens abzielen. Niemand kann sich in modernen, christlichen Zeiten ernsthaft auf den direkten Willen Gottes berufen, um ein Gesetz zu implementieren oder eine neue Ordnung einzuführen. Die Religion als Mittel zur Durchsetzung von politischen Reformen hat somit ausgedient.

Übrig bleibt nur ihre Rolle als Garant für die Moralität der Bürger. Fragt man sich jedoch, wie sie diese Rolle ausfüllt, so ist das Ergebnis wiederum ernüchternd: Nach Jahrhunderten von Herrschaft der christlichen Religion wurde die Liebe zur Freiheit und zum Ruhm getilgt, welche die antiken Republiken kennzeichnete. Somit wurde die römische *virtus* (die Tapferkeit, Ruhmsucht, Kraft und Durchsetzungsvermögen einschloss) durch die christlichen Tugenden der Milde, der Demut und der Nächstenliebe ersetzt. Die modernen Menschen sind dazu geeignet, ruhige und gehorsame Untertanen zu sein, taugen jedoch kaum dazu, tapfere und patriotische Bürger einer freien Republik zu sein

---

[14] Dies würde nach Russo auch die erbitterte Abneigung gegen Machiavellis Denken seitens der Kirche erklären.

[15] „Obwohl das Volk von Florenz offensichtlich weder unwissend noch ungebildet war, ließ es sich doch von Frater Girolamo Savonarola überzeugen, dass er mit Gott spreche" (D I 11, 47). Der Glaube an Propheten scheint an sich eine Sache für unwissende, ungebildete Völker zu sein (wie im Fall der Juden in Ägypten, als sie Moses folgten), kann aber auch unter kultivierten Individuen Fuß fassen. Die Stelle zeugt zwar von der Macht der Religion, kann aber auch als eine Art Gleichstellung von Glauben und Aberglauben gelesen werden.

[16] Machiavellis Urteil über Savonarola scheint mit der Zeit milder zu werden. Er erwähnt den Mönch zum ersten Mal in einem Brief vom 9.3.1498 an den Florentiner Botschafter in Rom Ricciardo Becchi, um ihn als gefährlichen, waghalsigen, politischen Brandstifter zu beschreiben (L 29 ff.); in den *Discorsi* (geschrieben ab 1512) lobt er „seine Gelehrsamkeit, seine Klugheit und seine Geisteskraft" und schreibt ihm eine wichtige Rolle bei der Wiederherstellung der alten republikanischen Verfassung von Florenz zu (D I 45, 125).

– es sei denn, die christliche Lehre werde völlig neu ausgelegt, und zwar im Sinne einer antikisierenden, durchaus unorthodoxen Vaterlands- und Freiheitsliebe[17].

Als Alternative bliebe wohl nur die Möglichkeit, die christliche Religion als Furcht vor der ewigen Verdammnis zu mobilisieren. Dies würde bedeuten, ihren am deutlichsten manipulatorischen Aspekt hervorzuheben: Die Bürger würden durch die Androhung einer göttlichen Strafe zum Gehorsam bewegt. Das mag funktionieren, käme jedoch einer Reduktion der Religion auf reinen Aberglauben gleich. Gehorsam vor den Gesetzen würde zu einer apotropäischen Handlung verkommen, die nur mit dem Zweck vorgenommen wird, der göttlichen Strafe zu entkommen. *De facto* wurde Religion (einschließlich der christlichen) häufig und für lange Zeit auf diese Art und Weise von Herrschern und Priestern benutzt, aber dies kann unmöglich als der Versuch angesehen werden, eine Zivilreligion zu errichten, denn was damit von den Individuen verlangt wird, ist dass sie folgsam, demütig und gottesfürchtig sind – nicht dass sie tapfer, frei und ruhmsüchtig werden.

Die Antwort auf die Frage nach der politischen Bedeutung der Religion bleibt somit zweideutig. Machiavelli behauptet einerseits, sie spiele eine wesentliche und unverzichtbare Rolle für die Erhaltung von Ordnung und Freiheit; andererseits muss er zugeben, dass dies unter den heutigen Umständen, in denen die christliche Religion die antike ersetzt hat, unmöglich ist. Übrig bleibt nur die Möglichkeit, sich der Religion als bloßer Gottesfurcht zu bedienen – was jedoch die Individuen keineswegs zu Tapferkeit und Freiheitsliebe erziehen würde. In dieser Hinsicht stehen wir vor einer Aporie in Machiavellis Denken, die eine Reihe von interessanten systematischen Fragen in Bezug auf die heutige Rolle der Religion in der Politik aufwirft, die jedoch in diesem Kontext unberührt bleiben müssen.

6. Literatur

Werke
D = Discorsi. Gedanken über Politik und Staatsführung, hrsg. von R. Zorn, 3. Auflage, Stuttgart, 2007.
L = Lettere, a cura di F. Gaeta, Milano, 1961.
P = Il Principe/Der Fürst, hrsg. von Ph. Rippel, Stuttgart, 1986.
SW = Sämtliche Werke, hrsg. von J. Ziegler, 8 Bände, Karlsruhe, 1832–1841.

Sekundärliteratur
Baron, H. 1966: The Crisis of the Early Italian Renaissance, revised edition, Princeton, NJ (EA 1954).
Berlin, I. 1994: „Die Originalität Machiavellis", in: ders., Wider das Geläufige. Aufsätze zur Ideengeschichte, Frankfurt a. M. (EA 1970).

---

[17] Ein gutes Beispiel für dieses Dilemma bietet Machiavelli selbst, der in einem Brief an Francesco Vettori vom 16.4.1527 behauptet, er liebe sein Vaterland mehr als seine Seele („Amo la patria mia più dell'anima" L 505). Doch Viroli (2010, 35 ff.) versucht, auch dieser Stelle eine christliche Auslegung zu geben. Auf eine ausführliche Auseinandersetzung mit Virolis Interpretation muss jedoch in diesem Kontext verzichtet werden.

Cassirer, E. 1946: The Myth of the State, New Haven/London.

Chabod, F. 1993: „Del Principe di Niccolò Machiavelli", in: ders., Scritti su Machiavelli, Torino (EA 1925).

Chastel, A. 1959: Art et humanisme à Florence au temps de Laurent le Magnifique: études sur la Renaissance et l'humanisme platonicien, Paris.

Cutinelli-Rèndina, E. 1998: Chiesa e religione in Machiavelli, Pisa/Roma.

De Grazia, S. 1994: Machiavelli in Hell, New York (EA 1989).

Dotti, U. 2003: Machiavelli rivoluzionario. Vita e opere, Roma.

Fichte, J. G. 1971: „Über Machiavelli", in: Ders., Werke, hrsg. von I. H. Fichte, Bd. XI: Vermischte Schriften aus dem Nachlaß, Berlin (EA 1807).

Garin, E. 1964: „Die Kultur der Renaissance", in: G. Mann/A. Nitschke (Hrsg.), Propyläen Weltgeschichte. Band VI: Weltkulturen. Renaissance in Europa, Frankfurt a. M., 429–534.

– 1976: Lo zodiaco della vita. La polemica sull'astrologia dal Trecento al Cinquecento, Roma/Bari.

– 1994: L'umanesimo italiano, Roma/Bari (EA 1952).

Höffe, O. 2012: „Provisorische Amoral". In: Ders. (Hrsg.). Niccolò Machiavelli: Der Fürst, Berlin, 2012, 107–119.

Hoeges, D. 2000: Niccolò Machiavelli. Die Macht und der Schein, München.

Martelli, M. 1998: „Machiavelli e i classici", in: Cultura e scrittura di Machiavelli, Roma, 279–309.

Parel, A. 1992: The Machiavellian Cosmos, New Haven/London

Russo, L. 1983: Machiavelli, Roma und Bari (EA 1945).

Sasso, G. 1965: Niccolò Machiavelli. Geschichte seines politischen Denkens, Stuttgart u. a. (EA 1958).

– 1987–88: Machiavelli e gli antichi e altri saggi, 3 Bände, Napoli.

– 2008: „Su un passo di Machiavelli. Discorsi I 12, 10–14", in: Discorsi di Palazzo Filomarino, Napoli, 187–206.

Sfez, G. 1999: Machiavel, la politique du moindre mal, Paris.

Skinner, Q. 1990: Machiavelli zur Einführung, Hamburg (EA 1981).

– 2002: „Machiavelli on virtù and the maintenance of liberty", in: ders., Visions of Politics II: Renaissance Virtues, Cambridge, 160–185 (EA 1983).

Strauss, L. 1958: Thoughts on Machiavelli, Chicago.

Viroli, M. 2010: Machiavelli's God, Princeton, NJ (EA 2005).

Warburg, A. 2010: Werke in einem Band, Berlin.

Norbert Brieskorn

Francisco Suárez

Francisco Suárez,[1] geboren am 5. Januar 1548 in Granada, gestorben am 25. September 1617 in Lissabon, wohl der größte Gelehrte der Gesellschaft Jesu in Theologie und Philosophie, lehrte ab 1570 Philosophie wie Theologie in Salamanca, Segovia, Valladolid, Avila, ab 1580 am Collegium Romanum in Rom; von 1585 in Alcalá und Salamanca und ab 1597 bis 1616 in Coimbra an der Universidade Maior.

Mir geht es in diesem Beitrag nur darum, einige Grundthesen vorzustellen, welche Suárez als einen zur Moderne führenden Denker ausweisen. Dazu ziehe ich heran: *De Censuris*, 1603,[2] *Tractatus de legibus ac de Deo legislatore*, 1612, eine Gesetzeslehre in zehn Büchern,[3] die *Defensio fidei Catholicae et Apostolicae adversus Anglicanae Sectae errores*, 1613[4], sowie das *Opus de triplici virtute theologica*[5] und *De ultimo fine hominis*[6]. Die zwei zuletzt genannten Werke veröffentlichte erst 1623 bzw. 1628 P. Balthasar Alvarez SJ; er hielt sich völlig getreu an die Manuskripte des 1617 verstorbenen Suárez.

---

[1] Am ausführlichsten zu Person und Werken: Scorraille 1912–13; zum Metaphysiker Suárez: Coreth 1961; zum Theologen: Marschler 2007; zum Staatsphilosophen: Ottmann 2006, Bd.3/1, 106–136; Gideon Stiening untersucht intensiv die geistigen Auseinandersetzungen des Francisco Suárez, in Stiening 2013a, 2013b, 2013c und 2013d.

[2] Op.Om. XXIII (Ed. Vivès, Paris 1861), 1–580.

[3] Op.Om. V und VI (Ed. Vivès, Paris 1856); Corpus Hisp. de Pace (CHP), hrsg. v. L. Perêna, Bde. XI ff. (nicht abgeschlossen), Madrid 1971ff.; dt.: Francisco Suárez: *Abhandlung über die Gesetze und Gott den Gesetzgeber.* Buch I und II. Hrsg. v. N. Brieskorn, Freiburg u. a. 2002.

[4] Op.Om. XXIV (Ed. Vivès, Paris 1859).

[5] Op.Om. XII (Ed. Vivès, Paris 1858).

[6] Op.Om. IV (Ed. Vivès, Paris 1856), 1–156.

1. Suárez setzt in seinem Denken und Besprechen jeweils beim einzelnen Menschen an

1. Dazu ist es für Suárez thematisch nötig, Gott vorzustellen. Gott ist Ursache seiner selbst, das höchste und ewige Sein, die erste Substanz und enthält sämtliche Vollkommenheiten in sich; er ist einfach, einig mit sich und unveränderlich.[7] Gott schuf die Schöpfung, darin eben auch den Menschen.

2. Dieser vermag sich somit zu erkennen: „Wenn der Mensch über sich nachdenkt, erkennt er, dass er nicht aus sich selbst stammt und sich auch nicht durch eigene Kraft zu vervollkommnen vermag, und dass ihm kein Geschöpf, das um ihn herum lebt, letztlich zu genügen weiß; obwohl er erkennt, dass seine eigene Natur vollkommener als die jener anderen Geschöpfe ist, sieht er doch seine eigene Unvollkommenheit ein, denn der Mensch nimmt sowohl beim Erkennen des Wahren wie auch beim Lieben des Guten wahr, dass er dumm und schwach ist. Doch er überzeugt sich in einem sehr leichten Besinnen, dass er einer, im Verhältnis zu ihm höheren Natur bedarf, von welcher er seinen Ursprung hat, und von der er gelenkt und regiert wird."[8] Der Mensch hat also sein gesamtes Leben als Rückkehr zum Schöpfer zu gestalten.

3. Weitere Blicke des Suárez auf den Menschen:

3.1. Jedem Menschen, selbst dem Häretiker, steht das ursprüngliche, nicht beseitigbare und immer zu garantierende Recht auf Selbstschutz zu.[9]

3.2. Dem irdischen Menschen in all seiner schwierigen Lebensführung, im besonderen dem politisch Engagierten, wendet sich Suárez u. a. in den drei letzten Disputationes des *De ultimo fine hominis* zu. Der Normalbürger soll ohne Unterbrechung, wie bereits Aristoteles in Buch VII seiner *Politik* bemerkt hat, für das Heil und das Wohl aller Menschen arbeiten und muss dazu zwischen Gut und Böse wählen.[10] Suárez zeigt auf, dass man ein so gelingendes Menschenleben auch ein seliges Leben nennen darf, jedoch entspricht es nur der „Beatitudo naturalis".[11] Auf die volle Seligkeit, die „Beatitudo supernaturalis", wandert hingegen jener Mensch zu, der bereits so stark im und aus dem

---

[7] Dargelegt in: *Disputationes Metaphysicae*. Disp. XXIX und XXX (Op.Om. XXVI, 21–224).

[8] *Disp. Metaph.* XXIX. Sect. III. Nr. 36: „Nam si homo in seipsum reflectatur, cognoscit se non esse a se, neque sibi sufficere ad suam perfectionem, nec creaturas omnes, quas experitur, sibi satisfacere; imo agnoscit in se naturam excellentiorem illis, quanquam in suo gradu imperfectam, quia tam in cognosendo verum quam in amando bonum, sese cognoscit imbecillem et infirmam. Unde facillimo negotio homo sibi persuadet indigere se superiori natura, a qua ducat originem, et qua regatur et gubernetur" (Op.Om. XXVI, 60a).

[9] *Defensio fidei.* IV. cap. XXXIV. Nr. 32 (Op.Om. XXIV, 524b): „Justa defensio regni aut innocentum, vel propria ... (est) vim vi repellere ... defensio ex suo genere omnibus licita est, si necessaria sit, et debito modo fit"; *De censuris.* Disp. XLVI. Sect. II. Nr. 8 (Op.Om. XXIII, 2. Hälfte, 478b–479a).

[10] *De ultimo fine* ... Disp. XV. Sect. I. Nr. 1 und Sect. II (Op.Om. IV, 144a u. 146a–149b).

[11] *De ultimo fine* ... Disp. XV.–XVI (Op.Om. IV, 144a–156b). Für dieses Wählen verwendet Suárez den Begriff der „libertas". Hingegen benötigt der zur ewigen Seligkeit aufgebrochene Mensch aus seiner tiefen inneren Ordnung heraus nur den festen Willen dazu, die „voluntas"; s. E. Gemmeke: *Die Metaphysik des sittlich Guten bei Franz Suarez,* Freiburg 1965, 178 f. u. a.; s. a. F. Suárez: *De statu perfectionis.* I. cap. XI. Nr. 11–15 (Op.Om. XV, 54b–56a).

Guten lebt, dass er die echte irdische Wahlfreiheit nicht mehr kennt; und nach seinem Tod schenkt Gott ihm die „Beatitudo supernaturalis".[12]

3.3. Der Fall, dass ein römisch-katholischer Mensch zwar beichten will, jedoch vor der Beichte stirbt, erregte jahrzehntelang die Diskussion darüber, ob ihm noch seine Sünden verziehen werden können. Suárez hat mit sorgfältigen Belegen diese Frage bejaht, erntete dadurch jedoch heftigste päpstliche Kritik, die ihn persönlich sehr traf.[13]

3.4 Ein anderer Fall betrifft den Häretiker. Suárez drängt nicht darauf, dass das Recht, das über Häretiker bestimmt, geändert werde; doch kritisiert er deutlich Verfälschungen dieses Rechts in der Kirche.

a) So betont er die Rückkehrspflicht des Häretikers und unterstreicht die Pflicht der Kirche zur fürsorglichen brüderlichen Umgangsweise mit einem jeden. Erst falls sie erfolglos bleibt, darf ihm eine der drei Strafen auferlegt werden: die Exkommunikation, die Suspension oder das Interdikt.[14] Bereut er jedoch nicht und bleibt er sogar eine hohe Gefahr für Kirche und Staat, so ist an das Todesurteil gegen ihn zu denken.[15]

b) Suárez hält es für falsch, die Rechtsfolge, z. B. der Exkommunikation, „ipso jure", also automatisch, eintreten zu lassen, sobald jemand als Häretiker verdächtigt werde. Bloßer Verdacht reicht grundsätzlich nicht aus, ein Gerichtsverfahren ist immer nötig!

c) Wer meint, dass nach einer, vielleicht zu rasch und undeutlich vorgenommenen dreimaligen Ermahnung der Verdächtige unmittelbar exkommuniziert sei, wendet nicht das wahre Recht an! Denn ihm zufolge tritt nach der 3. Ermahnung nicht bereits die Strafe in Kraft. Vielmehr ist nun erst der Prozess in Gang zu setzen!

d) Bevor das Gericht nach Häretikerrecht vorgeht, hat es zu prüfen, so fordert Suárez, ob der Verdächtige nicht gegen das allgemeine Strafrecht verstoßen habe. Solche Fälle spricht „De Censuris"[16] an. Und falls sich herausstellt, dass die verdächtige Person aus bloßer Nachlässigkeit, Furcht oder starkem Unwissen handelte, zieht sie sich keine Strafe zu.[17]

e) Suárez urteilt, dass jener, der als Häretiker vermutet wird, kirchlich bestattet werden darf, falls kein und solange kein eindeutiges Gerichtsurteil gegen ihn ergangen ist. Erst dieses Urteil kann bestätigen, dass dieser Mensch eine Häresie vertrat.[18]

2. Der Mensch steht im Mittelpunkt und am Beginn des Denkens über den Ursprung der politischen Gesellschaft und der Staatsgewalt

1. Gott ist der Gesetzgeber. Die von ihm seit Ewigkeit gedachte geschaffene „Natur" bzw. „natürliche Vernunft" bezieht informierend, fordernd und befehlend ihren Ort im

---

[12] Man nahm im 17. Jh. an, dass diese ewige Seligkeit bereits im lebenden Franz von Sales begann: s. Waach [3]1986: *Franz von Sales*.
[13] Siehe Frins 1899, Sp. 923–929 (925 f.).
[14] *De Censuris*. Disp. I. Sect. I–IIII (Op.Om. XXIII, 1. Teil, 1–12).
[15] *Tract. I. De Fide*. Disp. XXIII. Sect. I. u. II (Op.Om. XII, 577b–586a).
[16] *De Censuris*. Disp. XXXI. Sect. V (Op.Om. XXIII, 2. Teil, 144a–152b).
[17] *De Censuris*. Disp. XXXI. Sect.V. Nr. 16 (Op.Om. XXIII, 2. Teil, 150a).
[18] *De Censuris*. Disp. XXII. Sect. V. Nr. 4 (Op.Om. XXIII, 1. Teil, 600 f.).

Menschen; sie ordnet an oder untersagt Handlungen. Thomas betont in der *Summa theologica* I–II. Q. 94. art. 1 und art. 2 deutlich, dass die Lex naturae, das Naturgesetz, zwei Aufgaben erfüllt: Es teilt mit, was geboten oder verboten ist, und es gebietet oder verbietet.

Gabriel Vázquez SJ (1549–1604),[19] ein hochbegabter, schwieriger Mitbruder des Suárez, bezeichnet im Gegensatz zu Thomas das Naturgesetz, die „Lex naturae", als vernünftige Natur, als „Natura rationalis"; sie gebe nur zu erkennen, was sittlich gut und sittlich schlecht ist, gebietet oder verbietet jedoch nicht direkt. Das Naturgesetz sei, so Vázquez, die vernünftige Natur selbst;[20] sie bestehe vor jeglichem Urteil und vor dem ersten Willensakt Gottes;[21] Gott unterstehe folglich auch diesem an ihn adressierten Naturgesetz; es binde und verpflichte ihn;[22] Gott und Mensch können dieser Lex irdische Existenzweisen verschaffen, ihr zufolge Befehle oder Gesetze an Menschen erteilen und somit diese Regel rechtswirksam umsetzen. Suárez gibt diese These des Vázquez korrekt wieder.[23]

Suárez, der Richtiges und höchst Falsches in Vázqueschen Positionen entdeckt, wie sich auch in De legibus II. 5. Nr. 2 zeigt, hält die These des Vázquez für höchst unrichtig und behauptet dagegen, dass das ewige Gesetz, von dem ja das Naturgesetz ein Teil ist, völlig der Vernunft und dem Willen Gottes entspringt und ihnen entspricht.[24] Also gilt die Lex naturae als ein echtes göttliches Gesetz mit gebietendem und verbietendem Charakter und somit ist „das Naturgesetz ... nicht nur eine Anzeigetafel des Schlechten und Guten, sondern auch ein echtes Verbot des Schlechten und ein echtes Gebot des Guten".[25] Dieses Gesetz wohnt durch Gottes Schöpferkraft einem jeden Menschen inne, welche ihn über Gut und Schlecht aufklärt und entweder direkt verbietet oder gebietet oder den Menschen zur konkreten Gestaltung einer allgemeinen Norm ermächtigt oder Freiräume belässt, welche der Mensch gewissenhaft zu füllen hat.[26] Suárez stellt eindringlich diese hohe Aufwertung des menschlichen Wesens heraus! Falsch ist es also, die vernünftige Natur selbst, allein für sich genommen, ein außerhalb und über Gott stehendes Gesetz zu nennen.[27]

2. Gegen die These Wilhelm von Ockhams (1280–1349), dass das Naturgesetz jederzeit von Gott geändert werden könne, richtet sich Suárez ebenfalls. In Gott sei nicht eine buchstäblich absolute, von jeglicher Bindung gelöste Freiheit vorzufinden. Das Naturgesetz ist nicht dem für Menschen unberechenbaren Willen Gottes ausgeliefert! Vielmehr

---

[19] Allgemein zu ihm: J. Schuster 2012, 367–385.

[20] Gabriel Vázquez. *I–II. T. Secundus.* Disp. 150. cap. 3. „Prima igitur lex naturalis in creatura rationali est ipsamet natura, quatenus, rationalis, quia hae est prima regula boni et mali." S. auch Disp. 150. cap. 4. Nr. 31; s. dazu F. Ricken 1994, 132–153 (145–147).

[21] *De Legibus*. II. cap. 5. Nr. 8 (dt. 2002, 412)

[22] *De Legibus*. II. cap. 5. Nr. 7 (dt. 2002, 411).

[23] *De Legibus*. II. cap. 5. Nr. 9, 12 und in cap. 6. Nr. 5 und 7 (dt. 2002, 412 f., 417 u. 427 u. 431).

[24] *De Legibus*. II. cap. 6. Nr. 7 (dt. 2002, 431)

[25] *De Legibus*. II. cap. 6: „Lex naturalis est divina lex imperans"; Suárez bejaht voll diese Frage! (dt. 2002, 422–456).

[26] *De Legibus*. II. cap. 7 (dt. 2002, 457–471).

[27] *De Legibus*. II. cap. 5. Nr. 9 (dt. 2002, 413); II. cap. 6. Nr. 13 (dt. 2002, 440 f.) u. Nr. 15 (dt. 2002, 443 f.).

ist es Teil des bleibend-unveränderlichen ewigen Gesetzes und Gott vermag gar nicht die von ihm selbst geschaffene Ordnung seiner Gerechtigkeit aufzuheben. Er hat sich in Freiheit für die Dauer seiner Schöpfung bindend festgelegt.[28] Radikale Abänderungen, Widerrufe oder Neusetzungen widersprechen dem von Gott aus beständiger tiefer Liebe gewollten Verhältnis zu seiner Schöpfung. Durch eine solche göttliche Haltung wächst doch in uns die Liebe zu Gott![29]

3. Duns Scotus (1266–1308) betonte, dass Gott vom Naturgesetz, ebenso vom Dekalog dispensieren könne; Scotus sah nur die ersten beiden Gebote als nichtdispensierbar an.[30] Suárez verneint diese Position und betont, „dass das Naturrecht in keinem seiner echten Gebote durch irgendein Gesetz oder irgendeine menschliche Macht aufgehoben, begrenzt, durch Dispens oder auf andere ähnliche Weise geändert werden könne".[31] Denn aus Röm 2, 12.14 sowie Röm 1, 28 folgt, dass jene Normen des Dekalogs intrinsisch geboten sind, die sich dem allverpflichtenden und unabänderbaren Liebesgebot unterordnen. Der göttliche Verstand hat diese Gebote und Verbote aufgestellt, der göttliche Wille gleicht sich diesem Beschluss an.[32]

Methodisch ist also erstens immer zu prüfen, welche Normen indispensabel sind; zweitens gilt: Wenn die Dispens zulässig ist, bedarf die nun zulässige Handlung ihrer eigenen Rechtfertigung; drittens ist das Verhältnis zwischen dem Gesetzgeber, der an sein Dispensrecht gebunden ist, und dem Herrscher, der nicht dieser Bindung unterliegt, zu klären.[33]

Denn Gott vermag es, so Suárez, aus der Funktion des Gesetzgebers herauszugehen, die ihn an die naturrechtlichen Normen bindet, und in die Rolle des Herrschers überzuwechseln, der in Einzelfällen dem Naturgesetz nicht unterliegt! So verfuhr Gott, als er Abraham die Tötung des Isaak auferlegte. Gott war und ist frei zu solchem Wechsel. Er verletzt in diesem Einzelfall keine Forderung eines Naturgesetzes, denn es gilt für ihn nur als Gesetzgeber, jedoch nicht für ihn als Herrscher.[34] Damit belässt Gott, so Suárez, das Naturgesetz in voller allgemeiner Geltung.[35] Gott vermag es als Herrscher also, bestimmten Personen bestimmte, durch den Dekalog verbotene Handlungen zu erlauben oder gar aufzuerlegen;[36] und der Mensch darf sich dieser höheren Gewalt unterstellen.[37]

---

[28] *De Legibus*. II. cap. 6. Nr. 4–7 (dt. 2002, 426–431), bes. Nr. 5 (dt. 2002, 428).

[29] Doch werden wir im folgenden Abschnitt eine gewisse Freiheit Gottes gegenüber dem Naturgesetz antreffen! Gott beansprucht von seinem Wesen her Herrschaft über den Menschen: *De legibus*. II. cap. 6. Nr. 24 (dt. 2002, 454).

[30] *De Legibus*. II. cap. 15. Nr. 6 bis 12, bes. Nr. 7 (dt. 2002, 575–583, bes. 577 f.); Suárez stimmt insoweit dem Scotus zu: Nr. 22 (dt. 2002, 593 f.) Nr. 23 (dt. 2002, 452 f.).

[31] *De Legibus*. II. cap. 14. Nr. 5 (dt. 2002, 542), s. auch cap. 15. Nr. 16 (dt. 2002, 557 f.)

[32] *De Legibus*. II. cap. 15. Nr. 6–18 (dt. 2002, 575–589).

[33] Erste Klärung beider Rechtstypen: De Legibus. II. cap. 14. Nr. 19 (dt. 2002, 560 f.); s. sodann II. cap. 15. Nr. 20 (dt. 2002, 590).

[34] *De Legibus*. II. cap. 15. Nr. 20 (dt. 2002, 590)

[35] *De Legibus*. II. cap. 15. Nr. 26 (dt. 2002, 599). J. Schuster zeigt (372 f.), dass ebenfalls Gabriel Vázquez in *Materia de legibus*. qu. 100. art. 8 diese Position vertrat.

[36] *De Legibus*. II. cap. 15. Nr. 19–24, 26, 30 (dt. 2002, 589–606).

[37] *De Legibus*. II. cap. 14 Nr. 19 (dt. 2002, 560 f.)

4. Indem Suárez den gültigen Vorrang des Naturrechts vor jeglichem positiven Gesetz unterstreicht, muss er Niccoló Machiavellis (1467–1527) Staatstheorie kritisieren, da sie betone: Niemand kann wirklich und auf Dauer als echter König herrschen, wenn er tugendhaft sein wolle.[38] Es ist jedoch typisch für Suárez, dass er auch Verständnis für Machiavellis Position zeigt, indem er fortfährt, dass sich unter Umständen sittlich schlechte Akte durchaus gut für Herrscher und Volk auswirken können.[39]

3. Gott und Mensch in Bezug auf die Staatsgewalt

1. Gott ist der Ursprung der Staatsgewalt, das Volk aber ist Träger der in diesem Sinn empfangenen Gewalt und kann sie selbst ausüben, aber auch einer Person oder Instanz übertragen. Dazu ausführlicher und genauer:
2. Jedem Mensch ist es bei Mehrung seiner Zahl aufgegeben, Gemeinwesen im wechselseitigen Einsatz und Respekt von Rechten und Pflichten zu errichten. Nach welcher Ordnung und mit welcher Macht ist das Zusammenleben zu gestalten? Suárez bemerkt dazu in der *Defensio Fidei*: Diese ursprüngliche Macht, sich eine Verfassung zu geben, „liegt im gesamten Volke bzw. dem Gesamtkörper der politischen Gemeinschaft". Durch Abstimmungen hat sich diese Respublica eine genauere Verfassung und ein Regierungsorgan zu geben, deren Zweck es ist, dem Volk zur umfassenden Bewahrung des Guten und zur Gleichheit im Umgange zu verhelfen.[40]

4. Zur Staatsführung

a. Die Verfassung

So wie der menschliche Körper nicht ohne Haupt zu überleben vermag, so bedarf eine jede Respublica, als „corpus mysticum" immer des „mystischen" Hauptes.[41] Leib und

---

[38] *De Legibus*. III. cap. 12. Nr. 2; siehe „Il Principe" (1513), 18. Kap.; O. Höffe betont 2007 zu Recht in seinem Artikel „Drei Pioniere der Moderne: Machiavelli, Bacon, Hobbes", dass Machiavelli grundsätzlich die sittlich bestimmte Regierungsform empfahl, bei extremer Bedrohung des Staates jedoch die Regierung von der strengen Bindung an sittliche Normen entbunden ansah (1135), was Höffe als „provisorische Amoral" charakterisiert (1136).

[39] Suárez nennt in *De Legibus*. III. cap. 12. Nr. 2 die Lex „Dolo" des Codextitels „De inutilibus stipulatonibus" (Cod. VIII. 38 (39). 5), § Namque des Institutionentitels „De actionibus" (Inst. IV. 6. 4) und die Lex „Pacisci" des Digestentitels „De pactis" (Dig. II. 4. 31).

[40] *Defensio fidei*. Lib. III. cap. 2 Nr. 5: „in toto perfecto populo seu corpore communitatis ... quia nulla etiam interveniente supernaturali revelatione aut fide, ex dictamine rationis naturalis agnosceretur haec potestas in humana republica ... ut illis conservationi et aequitati omnino necessaria" (Op.Om. XXIV, 207b); s. auch *Defensio fidei*. III. cap. II. Nr. 6 u. 7 (Op.Om. XXIV, 207b–208b).

[41] Deutlich spricht Suárez das „corpus mysticum" in *De legibus*. I. cap. 6. Nr. 18 (dt. 2002, 141, 143) sowie in *Defensio fidei*. III. Cap. 2. Nr. 5 an: „Ad principatum politicum unum caput mysticum sufficit." Weiterhin heißt es: „Intelligendum ... hoc est de uno principe, non quoad personam propriam, sed quoad potestatem" (Op.Om. XXIV, 204b); s. auch Nr. 6: „Haec potestas est proprietas quaedam consequens humanam naturam, ut in unum politicum corpus congregata... ergo datur

Haupt sind weder körperlich noch bloß moralisch zu verstehen, sondern als politische oder künstliche Gemeinschaft. Gemeint ist, dass es in der Wirklichkeit, welche sich ja über das empirisch Wahrnehmbare in die geistige Dimension erstreckt, einen politischen Körper mit einem echten Haupt gibt; er verbindet die vielen Angehörigen untereinander und mit dem Haupt, sowie das Haupt mit ihnen. Dieses „principatus" oder „Regierungs-haupt" bestimmt lediglich das Volk als Organ, welches über die Regierungsformen den Beschluss fasst, ob man als Volk unter Monarchie, Senatsherrschaft oder Demokratie leben wolle.[42]

Ohne sich gegen die Monarchie seiner Zeit irgendwie zu wenden, behauptet Suárez somit, dass hinter den drei Verfassungsformen das „Volk" steht, die „Respublica", mit einer ihr nie zu nehmenden und unverzichtbaren Macht. In der dieser Machtform eigenen „Gestalt", dem „principatus" entschließt sich die Respublica zu einer der drei Formen. Der Principatus führt also zur Potestas in der Ausformung als Monarchie, Demokratie oder Senatsherrschaft.

Das „Volk", das die Respublica darstellt, ist somit auch von dem „Volk" zu unterschei-den, welches als politisch-rechtliche Demokratie lebt. *Erstens* betont er die Aufgabe des Volkes insgesamt und sieht sie im besonderen in der Bestimmung einer der drei mögli-chen Verfassungsformen. *Zweitens* kann das Volk als Respublica sich auch – für Suárez ist dies deutlich mitgesagt – gegen die Staatsform der Demokratie wenden. *Drittens* öff-net sich auch der Ansatz des Suárez auf moderne Verfassungen hin, wie auf Demokratie sowie Mischungen von Monarchie und Demokratie. Auch die letztere Form vermag sich in eine schwierig zu lebende Regierungsform zu verwandeln.

Während Rommen,[43] Wilenius[44] und Kremer[45] aus tiefer Kennerschaft den Weg von der bloßen Bürgervereinigung hin zum funktionierenden Staat aufzeigen, welcher der Höhepunkt dieser für den Menschen nötigen Entwicklung ist, wobei es auch keine Rück-kehr mehr geben soll, setzt m. E. Suárez andere Akzente: Auch wenn selbstverständlich diese Bürgervereinigung als „Respublica" aus Selbsterkenntnis den funktionierenden Staat will und daher die Verfassungen, Monarchie, Senatsherrschaft oder Demokratie, auswählt, vermag jedoch diese Urvereinigung jegliche Staatsform radikal abzuändern, denn sie bleibt Herrin über die Verfassungsmodelle; ebenso steht ihr das Recht auf Wi-derstand gegen die Tyrannis zu. Suárez stützte sich dazu auf römisches Recht.[46]

---

immediate a Deo, ... eo ipso quod homines in corpus unius civitatis vel reipublicae congregantur ... resultat in illa communitate talis potestas ... inter regem et Deum voluit populum esse medium, per quod rex talem accipit potestatem ..." (Op.Om. XXIV, 208a). Dazu Böckenförde, 1978, bes. Nr. 7, 546–548.

[42] *Defensio fidei*. III. Cap. 2. Nr. 5, 6, 7 u. Nr. 18 (Op.Om. XXIV, 204b ff.).

[43] Rommen 1926, 96–115.

[44] Wilenius 1963, 34–39.

[45] Kremer 2008, 105–123.

[46] *Institutiones*. I. Tit. II. Nr. 6. „Sed et quod principi": 2 ... populus ei [principi] et in eum omne suum imperium et potestatem concessit ..."; s. Auch Digesten. Lib. I. Tit. IV: „De constitutionibus principum", Nr. 1 „Quod principi placuit ..." Derselbe Satz! Aufgegriffen und wiederholt von Suárez in *Defensio fidei*. Lib. III. Tit. 2. Nr. 10 und Nr. 12: „.... nullum regem vel monarcham habere vel habuisse ... immediate a Deo vel ex divina institutione, politicum principatum, sed

b. Das Gesetz

Vornehm kritisiert Suárez thomasische Gesetzes-Definitionen, denen zufolge ein Gesetz „Richtspruch der praktischen Vernunft (ist)" oder „eine auf das Gemeinwohl zielende Anordnung der Vernunft, die von jenem veröffentlicht worden ist, der die Sorge um die politische Gemeinschaft innehat." Suárez formuliert etwas anders. Es muss ein jedes Gesetz „gerecht, verlässlich, beständig und auch in genügender Weise verkündet sein."[47] Damit sieht er im Gesetz auch den wechselseitigen rücksichtsvollen Verbund!

c. Staatsführer

Nur eines der kräftigenden Worte des Suárez an die Staatslenker: Sie haben zu prüfen, welche Bedeutung der Häresie und den Häretikern für das Gemeinwohl zufällt. Falls Staatsgründe, wie Gerechtigkeit und Charitas, es verlangen, die Häretiker zu schonen, dürfen, ja sollen die Staatsführer rücksichtsvoll mit ihnen umgehen. Die Kirche habe diese Politik voll zu respektieren, schreibt Suárez.[48]

d. Die „Innocentes", die „Unschuldigen"

In Kriegshandlungen gibt es gerechte und ungerechte Angreifer und gerecht und ungerecht Angegriffene, sowie auch bloße Opfer, Menschen, welche dem einen oder anderen Angriff „zufällig" zum Opfer fallen. Was ist über sie und zu ihnen zu sagen? 1) Es ist ihr Tod nur gerechtfertigt, wenn der gerechtfertigte Angreifer oder Verteidiger solche Opfer nicht vermeiden konnte. 2) Auch in einer solchen Situation dürfen solche bedrohten Menschen selbstverständlich ihr Leben mit angemessenen Maßnahmen schützen; doch bleiben sie auch bei ihrer Verteidigung wie alle anderen Menschen dem Naturgesetz und den gerechten Gesetze verpflichtet. 3) Sie dürfen aktiv auf die Seite der gerechten Angreifer oder die der gerechten Verteidiger treten. 4) Sie dürfen sich weder auf die Seite der ungerechten Angreifer noch auf die der ungerechten Verteidiger stellen, um diese zu stärken und sich nebenbei zu schützen.[49]

Suárez beschreibt vor allem den Fall 2) ernsthaft von außen, tritt anteilnehmend ins Innere der Betroffenen und betont sodann, dass sie als Menschen unter dem Naturrecht leben und an es gebunden bleiben; es komme mehr auf das gerechte und liebende Ver-

mediante humana voluntate et institutione. ..." ; es verweist auch *De Legibus*. III. cap. 2. Nr. 3 auf Digesten Lib. I. Tit. IV. L. 1 und auf Digesten I. Tit. II (De origine iuris), § 11 (Novissime).

[47] *De Legibus*. I. cap. 12. „Lex est commune praeceptum, justum ac stabile, sufficienter promulgatum" (Op.Om. V, 54 (dt. 2002, 255 f.).

[48] *De Censuris*. Disp. XXIII. Sect. II. Nr. 1: „Excommunicatio contra principes saeculares negligentes in sui officii functione" (Op.Om. XXIII. 1. Teil, 620a–621b); „ex caritate": Nr. 4, 621a! S. auch *Tract. Tertius. De Caritate*. Disp. XIII: *De Bello*. Sect. IV. Nr. 8 (Op.Om. XII, 745b–746a).

[49] *Tract. Tertius. De Caritate*. Disp. XIII: *De Bello*. Sect. VII. Nr. 19 (Op.Om. XII, 757ab). Ich nenne auch jene Möglichkeiten, welche Suárez nur indirekt anspricht.

hältnis zum Schöpfer als auf ein langes, sicheres, glückliches Leben an.[50] Höherrangig ist es, grundlegende Normen nicht zu verletzen als die physische Rettung zu betreiben.

5. Werfen wir schließlich noch den Blick auf den Umgang des Staates mit anderen Staaten

1. Gegen die Feststellung des Aristoteles, von Major und Sepulveda, dass Barbaren töricht und völlig unerzogen seien, lenkt Suárez den Blick auf Herrschaften von Barbaren, welche gebildet sind und in voller Achtung der Menschen, die sie regieren. Krieg ist gegen sie nicht erlaubt. Sie üben zu Recht Kritik an rohen und unsittlichen europäischen Ländern! Suárez ergreift hier mit Stärke Partei für die Eingeborenen.[51]

2. Er ermahnt dazu, den Titel der Götzenanbeterei nie als ausreichend für den Krieg gegen sogenannte barbarische Staaten zu verwenden. Ein ausreichender Grund gegen sie wäre z. B. die Ermordung Unschuldiger.[52] Damit billigte auch bereits Suárez das heutzutage verwendete „Interventionsrecht", das einem Staat gegen einen anderen Staat wegen massiver Menschenrechtsverletzungen zusteht.[53]

3. Ebenso überdenkt Suárez Beihilferechte: Es darf der christliche Staat zu seiner Selbstverteidigung einen heidnischen Staat herbeiholen, wie ebenso der heidnische Staat auch den christlichen Staat zur gerechten Selbstverteidigung „benutzen" darf.[54]

6. Schluss

1. Den Barock kennzeichnen der Wechsel und die Vertiefung der Perspektiven. Suárez wechselt beständig auf Autoren über, um jeweils aus ihrer Perspektive das *eine* Problem zu besichtigen. Zum anderen wird der Leser erst von außen an den Stoff herangeführt, und sodann gleichsam in sein Inneres, womit der kühle, distanzierte Blick in den von der Problematik tief betroffenen Blick des Lesers übergeht.[55] Er kennt hervorragend das Recht, die Stellungnahmen zu ihm und die Art seiner Anwendung. Die Treue zu diesem Recht, auch zu dem der Kirche, schließt nie seine kritische Stellungnahme zu Rechtsbegründung und -anwendung aus.

---

[50] Radikal ist damit solche Position der hobbesschen Position im *Leviathan* (1651) sowie Carl Schmitts „Freund-Feind"-Denken entgegengesetzt, s. *Der Begriff des Politischen*, Berlin 1932.

[51] *Tractatus Primus. De Fide*. Disp. XVII. Sect. III (Op.Om. XII, 432–436). *Tract. Tertius. De Caritate*. Disp. XIII. Sect. V. Nr. 2 und 5 (Op.Om. XII, S. 747 u. 747 f.).

[52] *Tract. Tertius. De Caritate*. Disp. XIII: *De Bello*. Sect. V. Nr. 2 (Op.Om. XII, 747a); *Tract. Primus. De Fide*. Disp. XVIII. Sect. IV. Nr. 2 ff. (Op.Om. T. XII, 449a–452b).

[53] Siehe dazu N. Brieskorn 1997, Kap. 7.3, 181–183. H. Ottmann 2006, 110 verweist ebenfalls auf die „humanitäre Intervention", welche bereits Francisco de Vitoria einführte.

[54] *Tract. Tertius. De Caritate*. Disp. XIII: *De Bello*. Sect. VII. Nr. 25 (Op.Om. XII, 758b–759a); *De censuris*. Disp. XXI. Sect. II. Nr. 52 (Op.Om. XXIII, 1. Teil, 522 f.) sowie *Defensio fidei*. Lib. IV. cap. XXXIV. Nr. 32–34 (Op.Om. XXIV, 524b–525b).

[55] Vgl. bereits das Vorwort von *De Legibus*: Die Theologie tritt von außen an ihren Stoff und zugleich kann sie sich nur von innen, als eingespannt auf Gott hin verstehen. S. das Beispiel der „Innocentes" (II.1).

2. Inhaltlich zeigen die Werke des Suárez, wie fasziniert er immer wieder von dem Miteinander von Selbsttätigkeit des Menschen und seiner Unterstützung durch Gott ist. Gott steht unter keinem Gesetz und ist demnach kein bloß ausführendes Organ, so zur Position des G. Vázquez. Seine lebendige Liebe ist festgelegt auf die Liebe und schließt Abänderungen der göttlichen Ordnung aus – gegen Wilhelm von Ockham. Gott vermag das eine oder andere Gebot oder Verbot im Einzelfall letztlich aus Gründen der Liebe aufzuheben, so zur Position des Duns Scotus. Wer sich als König an Gott orientieren will, sieht sich damit unter starke Forderungen gestellt! Gott hat sich als Gesetzgeber an die allgemeinen Normen gebunden, doch als Herrscher, wie Suárez einwirft, vermag er sich von ihnen zu lösen und auch Menschen wie Abraham von seiner Verantwortung gegenüber Isaak zu lösen.[56]

Ich frage nur, ob nicht in den folgenden Jahrzehnten, im absolutistischen Zeitalter, der Machthaber, der ja auch den Gesetzen untersteht, auf eine solche Macht zurückgriff, um sich in Einzelfällen zu Eingriffen gerechtfertigt zu fühlen. Übte der suarezianische Text nicht Einfluss auf das Selbstverständnis des Monarchen?

3. Die differenzierte, unterscheidende Rechtsposition des Suárez hebt deutlich auf den einzelnen Menschen sowie das Volk ab: Das Volk, welches sich einen Staat mit seinen Institutionen und der entsprechenden Macht gegründet hat, darf sich deswegen nie außerhalb der grundsätzlichen politischen Verantwortung wissen (3.2 und 4.a). Jene, die bloße Opfer bei Angriffen zu werden drohen, dürfen sich verteidigen, soweit es das Recht erlaubt (4.d). Er sieht die Todesstrafe gegen Häretiker als begründbar an, betont zugleich ausführlich deren Rechte (1.3.4.). Dem Staat steht es zu sich zu sichern, doch darf er eine Politik der Gerechtigkeit, ja der Charitas nicht vergessen (4.c). Die Distanz zu nichtchristlichen Staaten verbietet es nicht, ihnen im Notwehrfall zu Hilfe zu kommen und in eigener Notwehrsituation ihre Hilfe zu erbeten (5.3).

7. Literatur

Werke

Suárez, F.: Opera Omnia. 28 Bde., éd. M. André, Paris: Vivès 1856–1878.

–: De Censuris, in: Op.Om. XXIII, Paris: Vivès 1859.

–: Defensio fidei, in: Op.Om. XXIV, Paris: Vivès 1859; nur Lib. III in: F. Suárez. Principatus Politicus 1965, in: CHP (Corpus Hispanorum de Pace) Vol. II. Introducción y Edición por E. Elorduy y L. Perêna u. a., Madrid.

–: Tractatus de Legibus ac de Deo legislatore, in: Op.Om. V et VI, Paris: Vivès 1856; nicht abgeschlossene Herausgabe in: CHP Vol. 11–17, 21–22, hrsg. v. L. Perêna u. a., Madrid 1971ff.; nur Buch I und II (mit einigen Titelauslassungen) übers. u. kommentiert, in: Francisco Suárez: Abhandlung über die Gesetze und Gott den Gesetzgeber. Buch I und II. Hrsg. v. N. Brieskorn, Freiburg u. a. 2002.

–: De statu perfectionis, in: Op.Om. XV: Paris: Vivès 1859.

–: De ultimo fine hominis, in: Op.Om. IV: Paris: Vivès 1856, 1–156.

–: Disputationes metaphysicae, in: Op.Om. XXV und XXVI, Paris: Vivès 1861.

---

[56] *De Legibus.* II. cap. 14. Nr. 10 (dt. 2002, 548 f.) und II. cap. 15. Nr. 19 f. (dt. 2002, 590 f.)

–: Opus de triplici virtute catholica (De fide, de spe et de caritate), in: Op.Om. XII: Paris: Vivès 1858.

Sekundärliteratur

Böckenförde, E.-W. 1978: Organ, in: Geschichtliche Grundbegriffe 4, Stuttgart, 519–622.

Brieskorn, N. 1997: Menschenrechte. Eine historisch-philosophische Grundlegung, Stuttgart.

– 2012: Francisco Suárez, in Konrad Hilpert (Hg.): Christliche Ethik im Porträt. Leben und Werk bedeutender Moraltheologen, Freiburg, 337–366.

Coreth, E. 1961: Metaphysik. Eine methodisch-systematische Grundlegung, Innsbruck/Wien/ München.

Frins, V. ²1899: Suarez, Francisco, in: Wetzer & Welte's Kirchenlexikon. Hg. v. J. C. Hergenröther u. F. Kaulen, Bd. 11. Freiburg i. Br., Sp. 923–929.

Gemmeke, E. 1965: Die Metaphysik des sittlich Guten bei Franz Suarez, Freiburg.

Hobbes, Th. 1976: Leviathan oder Stoff, Form und Gewalt eines bürgerlichen und kirchlichen Staates (1651). Hg. u. eingel. v. I. Fetscher, Berlin.

Höffe, O. 2007: Drei Pioniere der Moderne: Machiavelli, Bacon, Hobbes, in: Merkur 699, 61. Jahrgang, 1124–1144.

Kremer, M. 2008: Den Frieden verantworten. Politische Ethik bei Francisco Suárez (1548–1617), Stuttgart.

Marschler, Th. 2007: Die spekulative Trinitätslehre des Francisco Suárez S.J. in ihrem philosophisch-theologischen Kontext, Münster/W.

Ottmann, H. 2006: Geschichte des politischen Denkens. Die Neuzeit: Von Machiavelli bis zu den großen Revolutionen, Stuttgart, Bd. 3/1.

Ricken, F.: Naturrecht I., in: Theologische Realenzyklopädie XXV (1994), 132–153.

Rommen, H. 1926: Die Staatslehre des Franz Suarez S.J., Mönchengladbach.

Schmitt, C. ⁷2002: Der Begriff des Politischen. Text von 1932 mit einem Vorwort und drei Corrolarien, Berlin.

Schuster, J. 2012: Gabriel Vázquez, in Konrad Hilpert (Hg.): Christliche Ethik im Porträt. Leben und Werk bedeutender Moraltheologen, Freiburg, 367–385.

Scorraille, R. de 1912–13: François Suarez de la Compagnie de Jésus d'après ses lettres, ses autres écrits inédits et un grand nombre de documents nouveaux, Paris, 2 Bde.

Stiening, G. 2013a: Der hohe Rang der Theologie? Theologie und praktische Metaphysik bei Suárez, in: O. Bach/N. Brieskorn/G. Stiening (Hgg.) 2013: „Auctoritas omnium legum". Francisco Suárez De legibus zwischen Theologie, Philosophie und Rechtsgelehrtheit, Stuttgart-Bad Cannstatt, 97–134.

– 2013b: „Quasi medium inter naturale ius, et humanum" – Francisco Suárez' Lehre vom ius gentium (DL II. 17–20), in: Bach et. al. 2013, 175–194.

– 2013c: Libertas et potestas – Zur Staatstheorie in De legibus (DL III), in: Bach et. al. 2013, 195–230.

– 2013d: Obligatio imperfecta – Francisco Suárez über das positive göttliche Gesetz des Alten Bundes (DL IX), in: Bach et. al. 2013, 369–384.

Waach, H. 1954, ³1986: Franz von Sales, Eichstätt u. Wien.

Wilenius, R. 1963: The Social and Political Theory of Francisco Suárez, Helsinki.

Patricia Springborg

Hobbes' Theorie der Zivilreligion[1]

1. Hobbes und die Altertumsforschung der Renaissance

Thomas Hobbes gehört, neben den großen Dichtern seiner Zeit, Shakespeare und Ben Jonson (letzterer eine Bekanntschaft), Vertretern der neuen Wissenschaft in der Nachfolge Galileo Galileis wie Francis Bacon (dessen Schreiber Hobbes einige Zeit war) und den Cavendishs (seinen Dienstherren) zur englischen Rezeption der Italienischen Renaissance, die sich erst nach Frankreich, dann in die Niederlande und schließlich auf die Britischen Inseln ausbreitete. Ich werde argumentieren, daß Hobbes einer Theorie der Zivilreligion anhing, wie sie für Renaissancedenker wie Machiavelli typisch war.[2] Diese Theorie teilte er mit den Altertumsforschern John Aubrey und Herbert von Cherbury (ebenfalls persönliche Bekanntschaften von Hobbes), die die heidnische Vorstellung von Religion als Staatskult wiederbelebten. Die bewußte Übernahme antiker philosophischer Positionen war ein klassisches Manöver kritischer und skeptischer Denker, und ich werde die Ansicht vertreten, daß Hobbes ein Epikureer war,[3] wenn auch einer, der von Epikurs Zeitalter in vieler Hinsicht weit entfernt war. Denn wie die meisten von uns, so bewegte auch er sich in erster Linie in zeitgenössischen Debatten, und wenn die dort vertretenen Positionen auch oft unter dem Banner antiker philosophischer Schulen vertreten wurden, so waren doch im Haus des Epikur, wie in dem des Aristoteles, viele Wohnungen. Die Gezeiten der Epikur-Rezeption verursachten zu einigen Zeiten eine wahre Flut, wie beispielsweise nach Poggio Bracciolinis Wiederentdeckung von Lukrez' Schriften 1418, zu anderen produzierten sie nicht mehr als ein Rinnsal. So markierte bei-

---

[1] Mein Dank geht an Gianni Paganini und Edoardo Tortarolo für die Organisation der Konferenz „Pluralismo e religione civile" an der Università del Piemonte Orientale, Vercelli, Italien, 24.–25. Mai 2001, wo eine frühere Version dieses Aufsatzes präsentiert wurde, sowie für die Herausgeberschaft des zugehörigen Tagungsbandes (Paganini/Tortarolo 2004b), worin eine wesentlich längere Version dieses Textes auf Englisch veröffentlicht wurde.
[2] Springborg 2004b.
[3] Springborg 2004a.

spielsweise die Veröffentlichung von Thomas Creechs Lukrez-Übersetzung 1682 eine Wasserscheide in der intellektuellen Entwicklung Englands.[4]

Die Übernahme antiker philosophischer Positionen ermöglichte Denkern der Frühen Neuzeit, ihre Doktrin oder, wie bei Hobbes, einen anti-doktrinalen Zugang zu charakterisieren. Der Epikureismus erlaubte Skepsis gegenüber Gott, ohne im eigentlichen Sinne atheistisch zu sein, und Hobbes investierte einiges, um diesem Profil gerecht zu werden und Teil der Denker zu sein, die sich selbst als Epikureisch verstanden[5] – und ein Markenzeichen des Epikureismus war die Theorie einer Zivilreligion. Ganz wie wir heute bewegten sich die Philosophen des 17. Jahrhunderts aber auch zwischen verschiedenen Diskursen. Unternahmen sie ihre Ausflüge in die unerforschten Gebiete der Naturphilosophie, Philologie und Rhetorik auch als Vertreter der Neuen Wissenschaft, so ließen sie das Reich des vielgeschmähten Aristoteles und der Scholastik doch nie ganz hinter sich. Gebrauchte Hobbes antike Philosophen auch nur als Deckmantel für seinen eigenen Skeptizismus, so gibt es doch gute Gründe für eine ernsthafte Untersuchung seines Verhältnisses zum Epikureismus, sei es auch nur, um die möglichen Grenzen dieses Skeptizismus zu zeichnen.

Mindestens zwölf Predigten berühmter Kirchenmänner klagten Hobbes zu seinen Lebzeiten und kurz danach des Epikureismus an.[6] Kann man diesen Klagechor auch mit dem Hinweis abtun, daß ‚Epikureismus' als Schmähung schlicht den Vorwurf des Atheismus meinte, so würde dies doch bedeuten, die Nuanciertheit zu verkennen, mit der im 17. Jahrhundert der Begriff des Epikureismus (und der des Atheismus) verwendet wurde. Ein weiterer Grund, den Vorwurf des Epikureismus ernst zu nehmen, der Hobbes von seinen Zeitgenossen entgegengebracht wurden, liegt in der engen Verbindung zwischen ihm und epikureischen Renaissance-Humanisten wie Lorenzo Valla, Jean Luis Vives und Pierre Gassendi. Augenfällig ist die Parallele zwischen Hobbes' und Vallas Korpus. Dessen *De falso credita et ementita constantini donatione* (über die Unechtheit der Konstantinischen Schenkung) war ein Bestseller im humanistischen Europa geworden und 1534 auf Initiative von Thomas Cromwell, dem Schatzkanzler Heinrichs VIII., von William Marshall ins Englische übertragen worden. Hobbes war mit dieser Schrift vertraut.[7] Nicht nur produzierten sowohl Hobbes als auch Valla Übersetzungen von Thukydides und Homer, beide veröffentlichten auch zum Problem der Willensfreiheit, und Vallas berühmtes exegetisches Werk, die *Collatio Novi Testamenti*, herausgegeben von Erasmus von Rotterdam, wird von Hobbes eindeutig imitiert. Eine ganze Reihe philologischer Beispiele aus den langen bibelexegetischen Kapiteln des *Leviathan* borgt Hobbes von Valla.[8] Betrachtet man Hobbes' Ekklesiologie und Theologie im Kontext einer Theorie der Zivilreligion, so findet man sich in die Lage versetzt, eine ganze Reihe von Rätseln aufzulösen, die der Großteil der modernen Hobbes-Forschung dank ihrer Neigung, Hobbes' Lehre als eine bestimmte Form christlicher Orthodoxie zu interpretieren, nicht lösen kann.

---

[4] Vgl. Harrison 1933 und 1934.
[5] Vgl. hierzu Springborg 2004a.
[6] Vgl. Harrison 1933 und 1934.
[7] Paganini 1999, 520, FN 9.
[8] Paganini 2003.

So ermöglicht diese Interpretation, das Verhältnis zwischen seiner Physik und seiner Metaphysik zu untersuchen, die die Kommentatoren seiner religiösen Lehren oft ignorieren. Und wir können so seine eigentümliche Stellung zum Verhältnis von Kirche und Staat beleuchten, sowie sein Interesse an heidnischen Religionen und deren Praxis, ein Interesse, welches er mit seinen antikophilen Freunden Aubrey und Cherbury teilt. Schließlich erlaubt uns dieser Ansatz, den Umstand zu erklären, daß Hobbes' religiöse Lehre von seinen Zeitgenossen fast durchgehend als heterodox wahrgenommen wurde.

Moderne Kommentatoren haben zu Recht auf die Veränderung in bezug auf Hobbes' Duktus in seiner Auseinandersetzung mit religiösen Themen hingewiesen, die zwischen dem englischen *Leviathan* (1651) und dessen lateinischer Übersetzung und der *Historia ecclesiastica* (1668) stattfand.[9] Hobbes' Theorie einer Zivilreligion liegen – in der *Historia ecclesiastica* deutlicher als in seinen Prosatexten – eine Reihe wissenschaftlicher Annahmen zugrunde, die ihn (wenn auch nicht immer strikt) als zur Epikureischen Tradition zugehörig ausweisen.[10] Hier ist nicht der Ort, um die Parallelen zwischen Hobbes' *philosophia prima* und der Epikureischen Physik aufzuzählen. Es genügt zu erwähnen, daß es Anhaltspunkte für einen modifizierten Epikureismus in Hobbes' Texten zur Wahrnehmung, Speziestheorie, primären und sekundären Eigenschaften der Materie gibt, ebenso wie im Verständnis der *simulacra* oder *eidola* als Folgen der Eigenschaften dieser Materie. Hobbes teilt Epikurs Annahme unbegrenzter endlicher vergänglicher Welten bei gleichzeitiger Ewigkeit der Materie, aus deren Annahme die Trennung von Form und Substanz folgt. Wie Epikur begreift Hobbes alle Entitäten als körperlich und charakterisiert geistige Entitäten inklusive Gott als „dünne, luftige Körper".[11] Anders als Epikur glaubte Hobbes allerdings an die unendliche Teilbarkeit der Atomstruktur aller physischen Gegenstände. Darüber hinaus war für ihn, ganz wie für Descartes und Galilei (und wiederum gegen Epikur) das Atom ein wissenschaftlich analysierbares Konstrukt, „postulated only as the hypothetical locus of motion [...] not as a metaphysical ultimate".[12] Bedeutende Ähnlichkeiten zwischen Hobbes und den alten und modernen Epikureern verbleiben dennoch, in erster Linie natürlich in einer Ethik, die auf der Sinneswahrnehmung beruht. Die Anziehungs- und Abstoßungskräfte von Lust und Schmerz, Appetit, *voluptas*, Macht und Ambition sind hier wie dort grundlegende menschliche Triebe, und Tugend und Laster relative Termini, die gemäß der Kriterien des Lustgewinns und der Schmerzvermeidung utilitaristisch verwendet werden.[13]

Wie Hobbes betrachteten die Epikureer Religion und Philosophie gleichermaßen als essentiell menschliche Konstrukte, die denselben Begrenzungen unterlagen. Liegt in der Religion der Ausdruck der menschlichen Todesfurcht, so ist die Philosophie ein Palliativ, ein *pharmakon*, eine Suche nach den Gründen der menschlichen Furcht vor dem Unbekannten. Wie Epikur sah Hobbes die Gefahr, daß Todesfurcht und die Furcht vor dem Unbekannten die Menschen der Machenschaft einer organisierten Priesterschaft gegen-

---

[9] Paganini 1999.
[10] Pacchi 1975, Paganini 2004, Springborg 2004a.
[11] Hobbes 1651, Kap. 12, 83. Vgl. hierzu Zarka 1992 und Schuhmann 2004.
[12] Herbert 1987, 716 f.
[13] Smith 1982, xxxviii–xli.

über verwundbar machte. Hobbes, skeptischer noch als Lukrez, mag Epikur selbst als eine Art von Prophet betrachtet haben, als Missionar und Heiler.[14] War aber schon Lukrez' System weniger konsistent als Epikurs, so war Hobbes' Verwendung Epikureischer Prinzipien selbst mit den basalsten Annahmen anglikanischer Doktrin, den 39 Artikeln des Nicänischen Glaubensbekenntnisses, kaum verträglich. Das erste Prinzip der Epikureischen Physik beispielsweise, daß „kein Ding aus nichts entsteht"[15] und daß die Dinge „mitnichten zu Nichtsen [...] vernichtet" werden können,[16] kann sicher nicht in Einklang gebracht werden mit dem ersten Artikel des Glaubensbekenntnisses von Nicäa, daß Gott nämlich die Welt aus dem Nichts erschaffen habe. Epikur teilte die Annahme anderer antiker Physiker über die Verwandlung der Materie, eine Annahme, der auch Hobbes anhing. Wenn entsprechend im Anhang des lateinischen *Leviathan* die Sprecher die Annahme diskutieren, daß Gott sowohl den Himmel und die Erde erschaffen habe, so tun sie dies mit ungläubigem Staunen.

2.   Hobbes, Skeptizismus und ‚Theological Lying'

Eine Reihe anscheinender Anomalien in Hobbes' Theorie liegen in dem Konflikt begründet, der sich zwischen seinem allgemeinen Bekenntnis zur Epikureischen Zivilreligion einerseits und seinem spezifischen, vom Epikureismus geforderten Bekenntnis zur Staatsreligion seiner Zeit andererseits auftat. In der aktuellen Debatte werden diese Anomalien in einigen Fällen als Beispiele für „theological lying" verstanden.[17] Man kann sie aber auch schlicht als Systemkonflikte betrachten, die im Rahmen seiner selbstgesetzten Grenzen zu lösen nicht in Hobbes' Macht stand. Dies negiert nicht die Möglichkeit, daß Hobbes den Blick auf diese Paradoxien lenken wollte, um die christliche Lehre im allgemeinen und die 39 Artikel des anglikanischen Glaubens im besonderen in Zweifel zu ziehen. Edwin Curley glaubt in seinem bedeutenden Aufsatz zu Hobbes' Skeptizismus, einen gewissen ironischen Vorsatz zu entdecken, wenn Hobbes auf diese Paradoxien hinweist.[18] Im Anhang des lateinischen *Leviathan* legt Hobbes beispielsweise Sprecher A folgende Betrachtung in den Mund: „fast alle Theologen, die Erläuterungen des Nicänischen Glaubensbekenntnisses schrieben, verwenden Definitionen, die sie der Logik und der Metaphysik des Aristoteles entnommen haben, obgleich sie doch die Dreifaltigkeit aus der Heiligen Schrift allein hätten beweisen sollen."[19] Hobbes fährt jedoch damit fort, sein ungläubiges Erstaunen darüber zum Ausdruck zu bringen, daß „die Nicänischen Väter, von denen doch so viele Philosophen waren, diese Ausdrücke, die sie in ihren Erläuterungen verwendeten, dann nicht in das Glaubensbekenntnis einfließen ließen."[20] Hiernach geht Hobbes dazu über, das zentrale Paradoxon des Nicänischen Glaubensbekenntnisses zu untersuchen, bei dem der Einschub griechischer Philosophie

---

[14] Ein in der Antike weitverbreiteter Glaube: Moreau 1968, Salem 1989.
[15] Lukrez, De rerum natura 1.150–151, 155–156, 159–214.
[16] Ebd., 1.215–264.
[17] Berman 1987, 62, 76, Berman 1992, Curley 1996.
[18] Curley 1996, 261 f.
[19] Hobbes 1668a, OL III, 536.
[20] Ebd.

in theologische Überlegungen am deutlichsten zur Debatte steht. Einerseits, so Hobbes, wird vom „ungeborenen" Gott Vater gesprochen. Andererseits ist die Rede von Gott „dem nicht in der Zeit empfangenen", dem „einen Herrn, Jesus Christus, dem einzigen Sohn Gottes", dem „natürlichen Sohn Gottes, oder Ihm, der von Gott gezeugt wurde von Anfang an, also in Ewigkeit".[21] A und B versuchen das Paradox dadurch zu lösen, daß sie die Ewigkeit des ‚einzigen Sohnes Gottes' in den Worten des Johannes-Evangeliums (Joh 1,1) rekonstruieren, wo bekanntlich der griechische Begriff *logos* und die Ewigkeit des Wortes (*verbum*) im Mittelpunkt stehen. A bietet an, *verbum* als „ewiges Dekret Gottes zur Errichtung der Welt und der Erlösung des Menschen" zu interpretieren, wogegen B mahnt: „Ich weiß nicht, was die Väter in dieser Beziehung dachten, aber ich bezweifle, daß sie dies meinten, da sie Gefahr gelaufen wären, in die Nähe der stoischen Lehre zu geraten, deren *heimarmene* im Griechischen und *fatum* im Lateinischen dasselbe wie ‚ewiges Dekret' bedeuten."[22] Wieder säen die Sprecher ernste Zweifel an der Kohärenz des Nicänischen Glaubensbekenntnisses, und die Behauptung des lateinischen *Leviathan*, daß es der Kontamination mit griechischer Philosophie entgangen sei, wird eindeutig widerlegt.[23] Es sind diese Fälle, die David Berman als „theological lying" bezeichnet, Fälle, in denen der Autor eine offizielle Position formuliert, um sie im folgenden bewußt zu unterminieren.

Ich glaube hingegen, daß Hobbes dieses ‚theological lying' anders betrachtete, nämlich als Differenz zwischen öffentlicher Konformität und privatem Glauben, die ihm das Recht zum persönlichen Dissens gab. Der im Anhang zum lateinischen *Leviathan* und in der *Historia ecclesiastica* gleichermaßen vorherrschende ungläubige und skeptische Ton könnte darauf hindeuten, daß dies Hobbes' Lösung war. Auch dies war eine klassische Epikureischen Position, und Epikur selbst äußerte Zweifel an der Existenz der Götter,[24] legte seinen Anhängern aber zugleich nahe, sich zur Staatsreligion konform zu verhalten: „Denn es wäre besser, dem Mythos über die Götter zu folgen als dem ‚Schicksal' der Naturphilosophen sklavisch ergeben zu sein."[25] Obgleich Lukrez' Skepsis anscheinend noch größer war als Epikurs, gestand er doch zu, daß es für die Menschen angemessen sei, sich den Schreinen der Götter mit Gelassenheit zu nähern, wo „vom heiligen Leib in die Seelen der Menschen als Boten göttlicher Form eindringen, die Bilder (*simulacra*) der Götter",[26] so als billige er die Volks- oder Staatsreligion. Entsprechend sagt Hobbes in seiner *Answer to Bramhall*: „Aber gehorchen ist eines, glauben ein anderes", und er fährt fort: „Gesetze bedürfen nur des Gehorsams; der Glaube bedarf Lehrern und Argumenten, die entweder aus der Vernunft oder von etwas bereits Geglaubtem abgeleitet werden."[27] Zuvor hatte er im selben Werk erläutert: „Wenn die Natur einer Sache unverständlich ist, dann füge ich mich der Heiligen Schrift: Aber wenn die Bedeutung von

---

[21] Ebd., OL III, 513 ff.

[22] Ebd., OL III, 516 f.

[23] Ebd., OL III, 536.

[24] Epikur, Brief an Menoikeus 123.

[25] Ebd. 134.

[26] Lukrez, De rerum natura 6.75.

[27] Hobbes 1662, EW IV, 339.

Worten unverständlich ist, dann kann ich mich nicht der Autorität von Scholastikern fügen."[28]

Diese und andere Inkonsistenzen in Hobbes' Argument veranlassen Curley zu der Frage: „But suppose Hobbes's insistence on the *sola Scriptura* principle, combined with his repeated affirmations (of the manifestly false claim) that the Nicene Creed is untainted by Greek philosophy, is a way of calling our attention to the fact that the Creed itself fails the fundamental test of reformation theology".[29] Es ist durchaus möglich mit Curley anzunehmen, daß Hobbes auf diese Unstimmigkeiten hinwies, um seinen Skeptizismus dadurch zum Ausdruck zu bringen, daß er die staatlich sanktionierte Religion der Lächerlichkeit preisgab. „When someone says something manifestly false, we often take that as a sign of an ironic utterance."[30] Um aber zu vermeiden, Hobbes vorschnell dahingehend zu interpretieren, daß er die erwähnten christlichen Lehren lächerlich fand, müssen wir auf das spezifische Argument achten, das er in Abhandlungen wie der *Historical Narration Concerning Heresy* verteidigt. Dieses scheint uns nahezulegen, Hobbes' Aussagen durchaus ernst zu nehmen.

Das wichtigste Beispiel der Unverträglichkeit von Hobbes' Theorie der Zivilreligion mit konkreten Inhalten der Staatsreligion, die zu ehren er gebunden ist, betrifft das Glaubensbekenntnis von Nicäa. Sowohl die *Historical Narration* als auch der Anhang zum lateinischen *Leviathan* gehen dieses Bekenntnis Punkt für Punkt durch. Offiziell muß Hobbes als konformer Anglikaner die dort erwähnten Lehren anerkennen. Deren erste fordert den Glauben an die göttliche Erschaffung der Welt aus dem Nichts. Diese Ansicht ist freilich mit dem von Hobbes vom frühen *De Motu* bis zum *De Corpore* von 1655 vertretenen Epikureischen Prinzip der Ewigkeit der Materie schwer vereinbar. Der schon erwähnte Sprachduktus, mit dem dieser Gegenstand im Anhang des lateinischen *Leviathan* vertreten wird, ist ein wichtiger Anhaltspunkt, daß Hobbes hier einen unlösbaren Konflikt anzeigen möchte.

Das Nicänische Glaubensbekenntnis fordert von Hobbes auch den Glauben an einen personalen Gott, der geboren wurde, starb und wiederauferstand. Seine mechanistische, Epikureische Deutung des Universums als bewegte Materie läßt jedoch wenig Raum für einen personalen Gott. Nicäa fordert den Glauben an Himmel und Hölle, der Epikureismus behauptet, daß den Atomen von Geistern und Göttern die Festigkeit fehle, um in einer Welt mit festen Atomen zu koexistieren, sei es auf der Erde oder im Himmel. Vielmehr bewohnten sie eine ‚Zwischenwelt' (μετακόσμια), eine endliche Welt in einer Unendlichkeit möglicher Welten.[31] Wie verträgt sich eine solche Ansicht mit der Vorstellung eines christlichen Himmels? Und insofern Hobbes die Existenz einer christlichen Hölle zugesteht, zeichnet er sie analog zur heidnischen Unterwelt. Wie können sein Mortalismus und seine Weigerung, Himmel und Hölle anzuerkennen mit irgendeiner Form christlicher Orthodoxie zusammengehen? Und wie steht es mit seiner standhaften Weigerung, philosophische Kriterien zuzulassen, die eine Unterscheidung zwischen dem Christentum als wahrer Religion und heidnischen Religionen ermöglichen? Götter sind

---

[28] Ebd., EW IV, 314.
[29] Curley 1996, 269.
[30] Ebd., 268.
[31] Moreau 1968, 290.

für ihn wie für die Epikureer Personifizierungen unbekannter Kräfte, die letztlich auf
Träume oder Geistererzählungen zurückgehen, letztere von Priestern zur Vergrößerung
ihrer Macht erfunden. Die Wahrheit oder Falschheit von Aussagen über das göttliche
Wesen kann nicht Gegenstand rationaler Beweise sein, entsprechend macht die Religion
(*religio*) keinen Unterschied zwischen dem Dienst an wahren und dem an falschen Göttern. Denn erstens ist die philosophische Untersuchung selbst, die eine entsprechende
Unterscheidung ermöglichen würde, abhängig von Umständen, die nur der Staat, in dessen Macht die Formulierung öffentlicher Glaubenssätze liegt, garantieren kann. Darüber
hinaus muß der Inhalt der Religion den menschlichen Anliegen nach Frieden und gesellschaftlicher Harmonie angemessen sein, wenn sie als transzendentes, die Unsterblichkeit
ermöglichendes Projekt im Angesicht der menschlichen Todesfurcht funktionieren soll.
„*Muße* ist die Mutter der *Philosophie* und der *Staat* der Mutter von *Frieden* und *Muße*",
so Hobbes in Kap. 46 des *Leviathan*, wo er keinen Unterschied macht zwischen der
Wirksamkeit der Priester und Magi der alten Kulturen und der des wahren Philosophen.[32] Der relevante Unterschied zwischen ‚wahrer‘ Religion und Aberglaube offenbart
sich als politischer, als Frage, ob die Fabeln über die Götter staatlich autorisiert sind oder
nicht. Mehr als einmal weist Hobbes auf diesen Umstand hin, so daß er beispielsweise
im Anhang des lateinischen *Leviathan* Sprecher A seine eigene Position in den Mund
legt: „A. Wie […] jener Autor [Hobbes] gegen Ende des sechsten Kapitels [des *Leviathan*] sagt: ‚Furcht vor unsichtbaren Mächten, die der Furchtsame sich vorstellt oder die
nach öffentlich autorisierten Geschichten begriffen werden, ist Religion; wenn nicht autorisiert, Aberglaube. Und wenn die Macht wirklich so ist, wie wir sie uns vorstellen,
wahre Religion‘."[33] Dies scheint eine zynische Formulierung der Position zu sein, die
Hobbes' Anhänger Daniel Scargill zu seiner Verteidigung während seiner Gerichtsver-
handlung in Cambridge vorgebracht hatte: daß er der Häresie nicht schuldig sein könne,
da er nur bekenne, was der Souverän ihm zu glauben befehle.[34] Da Hobbes die Gottheit jedoch für unbeschreibbar und alle Spekulation über das Wesen Gottes für bloße
Meinung hält, beinhaltet sein Argument keine Verunglimpfung der Religion. Alle Religion ist Meinung, die auf Annahmen basiert, insofern sie stets den Glauben, nicht das
Wissen betrifft. Glaubensannahmen mögen gültig oder ungültig sein, legal oder illegal.
Gültig oder ungültig sind sie nach Hobbes basierend auf den üblichen Kriterien ihrer
Kohärenz und ihrer Konformität mit gemachten Erfahrungen. Legal oder illegal sind sie
je nachdem, ob der Staat sie autorisiert hat oder nicht. Diese Position steht mit der Epikureischen in Einklang.

Im *Leviathan* scheint Hobbes die Gültigkeit des christlichen Glaubens, insofern er
auf Zeugnissen, Propheten, Wundern und der Heiligen Schrift beruht, besonders zu betonen, nur um ihn in der Folge zu unterminieren. Ähnlich stellt er die Glaubwürdigkeit
derer, die Gottes Zeugnis ablegen, ja selbst die Glaubwürdigkeit Christi und des Heiligen Geistes wieder in Frage, sofort nachdem er sie konstatiert. Auf den Anfangsseiten
des *Leviathan* beginnt Hobbes bereits Geister, Propheten und Träume entlang Epikureischer Argumentationslinien zu diskreditieren: „Wäre diese abergläubische Furcht von

---

[32] Hobbes 1651, Kap. 46, 508.
[33] Hobbes 1668a, OL III, 563.
[34] Scargill 1669; Aubrey 1898, I, 360 f.

Geistern verschwunden und damit Weissagungen aus Träumen, falsche Prophezeiungen und viele andere Dinge, die davon abhängen und mit denen schlaue und ehrgeizige Leute das einfache Volk mißbrauchen, so wären diese Menschen viel eher zum bürgerlichen Gehorsam geneigt, als sie es jetzt sind.“[35] Und am Ende des *Leviathan* sagt Hobbes offen, daß das Zeugnis von Personen bei der Bestimmung einer Lehre als wahr oder falsch irrelevant ist: „Denn erstens hängt die ganze Wahrheit einer Lehre entweder von der *Vernunft* oder von der *Schrift* ab. […] Zweitens dreht es sich hier nicht um *Tat*fragen, sondern um *Rechts*fragen, bei denen für *Zeugen* kein Raum ist.“[36] In der *Historia ecclesiastica* untersucht Hobbes die Glaubwürdigkeit einer ganzen Reihe von Propheten, von Moses bis Jesus und inklusive des Heiligen Geistes, deren schiere Verschiedenheit die Gültigkeit ihrer Behauptungen in Zweifel ziehe. Später im selben Lehrgedicht[37] macht er deutlich, daß Zeugnisse wie Heilige Schrift ihre Relevanz verloren, sobald die christliche Lehre ein Gegenstand der öffentlichen Ordnung wurde. Von diesem Zeitpunkt an ging es vielmehr darum, diese Ordnung selbst und das staatliche Recht zu ihrer Errichtung auf der Basis eines Minimums christlicher Lehren zu rechtfertigen.

3. ,Gut‘ und ,schlecht‘, ,katholisch‘ und ,häretisch‘ als relative Termini

Hobbes unterscheidet nicht zwischen heidnischer und christlicher Religion, wenn es um die Rechtmäßigkeit religiöser Lehren geht. Diese hängt stets von ihrer Gesetzeskonformität ab. Eine Religion kann ungültig, aber legal sein, wie im Falle heidnischer Religionen; oder sie kann gültig, aber illegal sein, wie im Falle des Frühchristentums. Wie Hobbes im Anhang zum lateinischen *Leviathan* und an vielen Stellen der *Historia ecclesiastica* ausdrücklich feststellt, sind ,orthodox‘ und ,heterodox‘, ,katholisch‘ und ,häretisch‘ ebenso relative Termini wie ,gut‘ und ,schlecht‘. Beziehen sich ,gut‘ und ,schlecht‘ auf Nutzen und Schaden in bezug auf die Selbsterhaltung und das Wohlergehen, so sind Orthodoxie und Heterodoxie analoge Ausdrücke, die sich auf das Wohlergehen von Institutionen statt von Individuen beziehen, während ,katholisch‘ schlicht Gewinner und ,häretisch‘ Verlierer bezeichnet.

Im 46. Kapitel des englischen *Leviathan* hatte Hobbes bereits die erstaunliche Behauptung aufgestellt, daß wahre Philosophie ebensowenig eine Pflicht begründen kann wie falsche, wenn sie den Staat unterminiert: „Denn auch der Ungehorsam derer, die entgegen den Gesetzen wahre Philosophie lehren, kann bestraft werden.“[38] „Ist es, weil sie die Staatliche Ordnung stören, da sie Aufruhr und Empörung unterstützen?“ fragt er, „[d]ann sollen sie zum Schweigen gebracht warden und ihre Lehrer kraft der Gewalt dessen bestraft werden, dem die Sorge für die öffentliche Ruhe übertragen ist, das heißt der bürgerlichen Gewalt.“[39] Vorrang hat stets die dem Souverän anvertraute öf-

---

[35] Hobbes 1651, Kap. 2, 17.
[36] Ebd., Rückblick und Schluß, 542 f.
[37] Hobbes 1668b, 757–62.
[38] Hobbes 1651, Kap. 46, 524.
[39] Ebd.

fentliche Ordnung. Hobbes wendet diesen Grundsatz auf gnadenlos konsistente Weise
an, so im 39. Kapitel des *Leviathan*, wo er definiert, was eine Kirche ist, nämlich „eine Gemeinschaft von Menschen, die sich zur christlichen Religion bekennen und in der
Person eines Souveräns vereint sind, auf dessen Befehl sie sich versammeln müssen und
ohne dessen Autorität sie sich nicht versammeln dürfen".[40] Hobbes anerkennt hier die
klassische postwestfälische Position in bezug auf das Verhältnis von Kirche und Staat:
cuius regio eius religio. Hieraus folgen bedeutende Auswirkungen auf die Verwendung
der Begriffe Orthodoxie und Heterodoxie. Es überrascht nicht, daß Hobbes im Anhang
zum lateinischen *Leviathan* (im Gewand von Sprecher A) argumentiert, daß die frühen
Christen eigentlich eine häretische Sekte waren und daß sie zu Recht bestraft wurden:
„mir scheint, daß die katholische Kirche sich zu Unrecht über die Verfolgungen durch
die heidnischen Kaiser beklagt. Denn die Christen jener Zeit waren Sekten, die zur damals im Römischen Reich eingeführten Religion in derselben Beziehung standen wie
Häretiker heute zur katholischen Kirche."[41] Dem stimmt Sprecher B mit der Begründung zu, daß „es notwendig ist, in Königreichen und Staaten Vorkehrungen zu treffen,
damit nicht Aufstände und Bürgerkriege ausbrechen. Und da diese sehr oft aus doktri-
nalen Differenzen und geistigen Kämpfen entstehen, müssen diese natürlich mit Strafe
belegt werden."

Der zweite Anhang zum lateinischen *Leviathan* thematisiert schließlich Hobbes' Behauptung, daß ‚katholisch' und ‚häretisch' relative Begriffe sind, hier im Zusammenhang
mit den frühen Kirchenkonzilen: „Die Teilnehmer dieser Konzile definierten, was die
Gläubigen in bezug auf jeden umstrittenen Bereich zu glauben hatten. Was so definiert
wurde, wurde der katholische Glaube genannt, was verworfen wurde, häretisch. Denn
in bezug auf den jeweiligen Bischof oder Pastor war das Konzil die katholische Kirche,
d. h. die Universalkirche. Dementsprechend war ihre Meinung die katholische Meinung,
während die spezifische Lehre eines individuellen Pastors eine Häresie war. Und soweit
ich aus den geschichtlichen Quellen ersehen kann, ist dies der Ursprung des Namens
‚katholische Kirche'. Und in jeder Kirche sind die Worte ‚katholisch' und ‚häretisch'
relative Termini."[42]

Zweierlei muß festgehalten werden. Erstens stellt Hobbes die frühen Konzile als demokratische Versammlungen dar, die, da sie nicht vom Souverän berufen worden waren,
anarchisch und im strengen Sinne illegal waren. Wenn man sich an Hobbes' stolze Feststellung erinnert, daß er Thukydides übersetzte, weil dieser Antidemokrat war, kann man
hieraus eine deutliche Kritik an den ersten vier Kirchenkonzilen herauslesen, an deren
Autorität er durch die 39 Artikel der anglikanischen Kirche gebunden war. Daraus folgt
zweitens, daß Konzile überhaupt erst mit der Bekehrung Konstantins und der Konzentration der staatlichen und der kirchlichen Macht in den Händen eines christlichen Kaisers
dazu berechtigt waren, Entscheidungen in Sachen christlicher Doktrin zu treffen.[43] Da
diese letztlich unlösbaren Angelegenheiten demokratisch, durch Mehrheitsentscheidung,
entschieden wurden, können ‚gut', ‚schlecht', ‚katholisch' und ‚häretisch' nur relative

---

[40] Ebd., Kap. 39, 357.
[41] Hobbes 1668a, OL III, 545 f.
[42] Ebd., OL III, 542 f.
[43] Ebd., OL III, 543.

Begriffe sein, wobei ‚katholisch‘ die Mehrheitsmeinung, ‚häretisch‘ die Minderheitsmeinung bezeichnet. Die Rechtmäßigkeit der entsprechenden Meinungen bedurfte eines Souveräns, und ihre Wahrheit konnte aufgrund der Unerkennbarkeit ihres Gegenstandes überhaupt nicht entschieden werden. Die Kirche hatte keine Macht zu binden und zu lösen, ehe nicht Konstantin das Konzil von Nicäa einberief.[44] Sprecher A faßt die Situation so zusammen: „Jetzt verstehe ich, was Häresie ist, namentlich, erstens die Meinung einer Sekte, zweitens die Meinung einer christlichen Sekte und drittens die Meinung einer christlichen Sekte, die von der katholischen Kirche verworfen wurde.“[45]

Hobbes gibt exakt dasselbe Argument zur Erläuterung von ‚gut‘, ‚schlecht‘, ‚wahr‘, ‚falsch‘, ‚katholisch‘ und ‚häretisch‘ in der *Historia ecclesiastica*, wo er die Begriffe ‚katholisch‘ und ‚häretisch‘ auf die Zeit prä-Nicänischer, sozusagen demokratischer und illegitimer Konzile datiert. Nachdem er dort die Rangeleien beschreibt, zwischen den „armen Nichtsnutzen, nur dem Namen nach Philosophen“, die sich um der Selbstdarstellung willen den kirchlichen Diskussionen zuwandten, und den Kirchenvätern, die „keine Philosophen waren, von denen aber jeder versuchte, die Wahrheiten ihres jeweiligen Lehrers zum Dogma zu machen“,[46] merkt Hobbes an, daß der Streit über Abstimmungen beigelegt wurde: „Und indem einer die Lehren des anderen verdammte, wurden die Namen ‚häretisch‘ und ‚katholisch‘ geboren./Ja, endete das Konzil im Disput, war zu gewinnen katholisch, zu verlieren häretisch.“[47]

4. Konventionalismus, Relativismus und Epikureische Ethik

In *Zwischen Vergangenheit und Zukunft* kritisiert Hannah Arendt Hobbes’ Wahrheitstheorie folgendermaßen: „In *Leviathan* (chap. 46) Hobbes explains that ‚disobedience may lawfully be punished in them, that against the laws teach even true philosophy‘. For is not ‚leisure the mother of philosophy; and Commonwealth the mother of peace and leisure‘? And does it not follow that the Commonwealth will act in the interest of philosophy when it suppresses a truth which undermines peace? Hence the truth-teller, in order to cooperate in an enterprise which is so necessary for his own peace of body and soul, decides to write what he knows ‚to be false philosophy‘. Of this Hobbes suspected Aristotle of all people, who according to him ‘writ it as a thing consonant to, and corroborative of [the Greek’s] religion; fearing the fate of Socrates’. It never occurred to Hobbes that the search for truth would be self-defeating if its conditions could be guaranteed only by deliberate falsehoods. Then, indeed, everybody may turn out to be a liar like Hobbes’ Aristotle. Unlike this figment of Hobbes’ logical fantasy, the real Aristotle was of course sensible enough to leave Athens when he came to fear the fate of Socrates; he was not wicked enough to write what he knew to be false, nor was he stupid enough to solve his problem of survival by destroying everything he stood for.“[48]

---

[44] Ebd., OL III, 550.
[45] Ebd.
[46] Hobbes 1668b, 475 f., 499 f.
[47] Ebd., 511–514.
[48] Arendt 1968, 297 FN 3.

Arendts Kritik basiert jedoch auf einer Aristotelischen Wahrheitstheorie, die Hobbes nicht teilt. Wie seine Darstellung der Zivilreligion klar beweist, ist Hobbes Epikureer und Skeptizist. Und tatsächlich waren Epikur und Demokrit nicht allein in ihrer Vorstellung, daß die Entwicklung der Sprache ein Analogon zur Entwicklung der Begriffe von ‚richtig' und ‚falsch' bot, und daß beides auf Konvention beruhte. Unter den Sophisten des fünften Jahrhunderts v. Chr. war die Ansicht so weit verbreitet, daß sich Aristoteles negativ dagegen absetzen zu müssen meinte. Sowohl Platon im *Protagoras* (327e–328a) als auch Euripides in den *Hiketides* (911–17) verglichen die Aneignung von Tugend mit dem Erlernen einer Sprache. Zusammen mit der Meinung, die Platon dem Protagoras im *Theaitetos* (167c) in den Mund legt, nämlich „was jedem Staate schön und gerecht erscheint, das ist es ihm", faßte dies mehr oder weniger die Position der Sophisten zusammen, der Epikur durchaus nahekam.[49] Und natürlich war dies, wenn auch in radikalisierter Form, Thrasymachos' Argument in Platons *Staat*, wo dieser behauptet, daß Moral und Sitten nicht nur das Produkt von Konvention sind, sondern daß sie in ihrem Inhalt durch die herrschende Klasse als Sieger des gesellschaftlichen Machtkampfes festgelegt wird. Die Dogmatiker Platon und Aristoteles richteten ihre Bemühungen gegen diese sophistische Position einer Verbindung der Genealogie der Sprache mit der der Moral, nur um deren Rückkehr als immer populärere Theorie miterleben zu dürfen.

Demokrit und Epikur als Sophisten zu charakterisieren, trifft die Wahrheit allerdings nur zum Teil. Bedenkt man, daß beide die menschlichen Konventionen des Guten und Bösen, des Gerechten und Ungerechten, als buchstäblich konventionell, als das Resultat von Verträgen und Konsens betrachteten, die sich in Gesetzen manifestieren, dann kann man sie nicht an platonischen Objektivitätsstandards messen, wo die Gerechtigkeit einem Aspekt der menschlichen Seele entspricht. Demokrit behauptet (Fragment B 188), daß „Lust und Unlust […] die Grenzbestimmung [οὖϱος] des Angenehmen und Unangenehmen" sei.[50] Entsprechend konnten Demokrit und Epikur, Lukrez und auch spätere Epikureer wie Valla, Vives, Gassendi und mit Sicherheit auch Hobbes, ohne Inkonsistenz behaupten, daß das Rechte und das Wahre das Angenehme sei, das Böse und Ungerechte das Gegenteil. Darin fuhren sie eine erfolgreiche Attacke auf die berühmte Maxime des Protagoras (*Theaitetos* 167b): „Ich aber nenne nur einiges besser als anderes, wahrer hingegen nenne ich nichts". Präziser gefaßt konnte Hobbes, wie auch Vives, Valla, Demokrit und die Epikureer, gerade aufgrund der Bedeutung von ‚Kunst' und der umfassenden Verantwortung der Menschen für die Formung ihrer gesellschaftlichen Welt, ‚das Gute für den Menschen' als universell, nicht relativ beschreiben. Und in der Möglichkeit dieser auf ‚Kunst' basierten Beförderung des Guten, verstanden als Verbesserung des Menschen, gründet die Bedeutung des Lehrens. Auf der Basis dieses grundlegenden Prinzips begründeten sowohl Demokrit als auch Epikur missionierende Sekten.

Die Funktion der Lehre und die Bedeutung von deren Wahrheit hatten auch eine Bedeutung für die Erklärung zivilisatorischen Fortschritts und der Rolle, die die Zivilreligion dabei spielte. Weisheit besteht in der Weitsichtigkeit und analytischen Fähigkeit, ohne die die Menschen schmerzhafte Lektionen erfahren. Denn durch ihre Weigerung,

---

[49] Cole 1990, 71.
[50] Diels 1922, II 57.

die Grenzen der Notwendigkeit anzuerkennen, und durch ihren zum Scheitern verurteilten Kampf gegen das Unvermeidliche, Alter und Tod, laufen sie dem Schmerz geradezu
nach: „Toren, denen das Leben verleidet ist, wollen trotzdem leben aus Angst vor dem
Hades".[51] Der falsche Trost der Religion verweist also auf fehlende Analyse und einen Mangel an Weisheit. Es ist eine überraschende Tatsache, daß all diese Themen in
Hobbes' *Historia ecclesiastica* auftauchen. Wie genau Menschen der Verführung von
Religion und Aberglaube verfallen, erzählt er in klassisch Epikureischen Begriffen: in
der Todesfurcht und der Fähigkeit von Astrologen und Weissagern, diese auszunutzen,
liegen die Ursprünge der Zivilreligion. Dieser Ansatz gehört in den Rahmen einer Epikureischen Anthropologie, die den Umstand stark betont, daß die Sprache ein Resultat
von ‚Kunst' oder ‚Kunstfertigkeit' ist, und die auf die Wichtigkeit der Unterscheidung
von Wort und Ding, Bezeichner und Bezeichnetem hinweist. Die Epikureische Vorstellung der Konventionalität der Gerechtigkeit muß sehr spezifisch und wörtlich verstanden
werden und sollte nicht für Zynismus oder einen grenzenlosen Relativismus gehalten
werden, wie dies, unter Umständen zu Unrecht, sophistischen Positionen unterstellt wurde. Man darf annehmen, daß die anscheinenden Anomalien in Hobbes' Verwendung
des Gerechtigkeitsbegriffs entsprechend im Rahmen eines demokritischen Arguments
erklärt werden können: Auch wenn ‚gerecht' und ‚ungerecht' als Maß für Handlungen
menschlicher Übereinkunft entspringen, und auch wenn eine Zuschreibung von Gerechtigkeit normalerweise Zustimmung, die von Ungerechtigkeit Ablehnung bedeutet, so
kann Hobbes problemlos zustimmen, daß „Lust und Unlust […] die Grenzbestimmung
[οὖρος], des Angenehmen und Unangenehmen" ist.[52]

Die Religion bewegt sich für Hobbes in den Zwischenräumen zwischen der phäno-
menalen und der noumenalen Welt, in der ‚Zwischenwelt' (μετακόσμια). Er zieht eine
Analogie zwischen den Erscheinungen und Chimären der Religion einerseits und der
Vorstellungskraft andererseits. Die Zwischenwelt der Vorstellungskraft ist der Speicher
der Bilder und Symbole, aus denen der Dichter die Ausschmückungen bezieht, mit denen
er die bloßen Fakten der reinen Geschichtsschreibung zum Leben erweckt. Die Vorstellungskraft oder Fantasie besitzt eine epistemische Funktion, wie Hobbes im *Leviathan*
ausdrücklich sagt: „Und dieser *Schein* oder diese *Einbildung* ist das, was die Menschen
Empfindung nennen, und besteht für das *Auge* in *Licht* oder in einer *vorgestellten Farbe*,
für das *Ohr* in einem *Ton*, für die *Nase* in einem *Geruch*, für die Zunge und den Gaumen
in einem *Geschmack*, und für den Rest des Körpers in *Hitze*, *Kälte*, *Härte*, *Weichheit* und
anderen Qualitäten, die wir durch das *Gefühl* wahrnehmen."[53] Die Vorstellungskraft ist
aber auch die Quelle religiöser Ausdrucksweisen, über die ein Volk im Angesicht seiner
Todesfurcht vereint werden kann. Es ist gerade „die Fantasie", sofern sie durch wahre
Philosophie unterstützt wird, „die die Zivilisation Europas von der Barbarei der Amerikanischen Wilden unterscheidet",[54] denn sie ist die Quelle „jener nützlichen Similes,
Metaphern und anderer Tropen, durch die *Dichter* und *Redner* gleichermaßen die Macht
besitzen, Dinge als angenehm oder unangenehm darzustellen und anderen Personen Gu-

---

[51] Ebd., II 102 f.
[52] Demokrit, Frag. B 188.
[53] Hobbes 1651, Kap. 1, 11.
[54] Hobbes 1650, EW IV, 450.

tes oder Schlechtes zu zeigen, wie es ihnen gerade gefällt."[55] Genau in diesen Worten springt Hobbes Homer zur Seite, dem Davenant in seinem Vorwort zu *Gondibert* (Zeile 27–33) vorwirft, einem bösen Zauberer gleich Mythen gewoben zu haben, wo er Geschichte hätte erzählen sollen.[56]

Hobbes' Stellung zu Homer zeichnet sich durch ihre Komplexität aus.[57] Wie Epikur sah er ihn als jemanden, der staatsrelevante Ursprungsmythen und Volkslegenden über die Götter verbreitete, eine Funktion, die Hobbes mit seiner Bemerkung anerkannte, daß „der Gegenstand eines Gedichts die Darstellung menschlicher Sitten ist, nicht die natürlicher Ursachen; von Sitten, die dargestellt, nicht diktiert werden; und von Sitten, die erfunden (wie der Name der Poesie nahelegt), nicht unter Menschen gefunden werden."[58] An die Poesie werden in bezug auf Wahrhaftigkeit andere Standards angelegt als an die Philosophie oder die Geschichtsschreibung. Hobbes, der im Vorwort zu seiner Thukydides-Übersetzung Aristoteles ungewöhnlich deutlich lobt[59], beruft sich dort auf dessen Unterscheidung zwischen Geschichtsschreiber und Dichter – der Geschichtsschreiber ist Chronist und Erzähler, der Dichter ein Magus oder Priester. Vielleicht erklärt sich hieraus Hobbes' Toleranz für die Widersprüche zwischen den Prinzipien Epikureischer Wissenschaft und den Lehren der etablierten Religion. Beide bewegen sich in unterschiedlichen und unvergleichbaren Bereichen. Die Geschichte der Zivilreligion ist für Hobbes entsprechend viel mehr als nur ein Katalog von Aberglauben, und der Leviathan kann die Macht der Weisen und Propheten im Angesicht der endemischen Todesfurcht der Menschen, ganz wie die des Magus oder Poeten, dem Staatszweck zuführen. Keiner seiner Zeitgenossen verstand das Ausmaß, in dem Religion ein Ausdruck von Kultur ist, besser als Hobbes, und seine Behandlung der Religion in der *Historia ecclesiastica* ist bemerkenswert anthropologisch. Ein Christentum jedoch, das sich weltliche ebenso wie spirituelle Macht anmaßt, konterkariert nicht nur die Bemühungen des großen Leviathan. Als eine in einer Reihe von Zivilreligionen tut sie dies auch noch aus falschen Gründen.

5. Literatur

Arendt, H. 1968: Between Past and Future: Eight Exercises in Political Thought, erweiterte Ausgabe, New York, NY.

Aubrey, J. 1898: Brief Lives, chiefly of Contemporaries, set down by John Aubrey between the Years 1669 & 1696, hrsg. v. Andrew Clark, Oxford, 2 Bde.

Berman, D. 1987: Deism, Immortality, and the Art of Theological Lying, in: J. Leo Lemay (Hrsg.), Deism, Masonry and the Enlightenment, Newark, NJ, 61–78.

Berman, D. 1992: Disclaimers as Offence Mechanisms in Charles Blount and John Toland, in: M. Hunter/D. Wootton (Hrsg.), Atheism from the Reformation to the Enlightenment, Oxford, 255–272.

Cole, T. 1990: Democritus and the Sources of Greek Anthropology, Oxford.

---

[55] Hobbes 1640, I.10.4, 50.
[56] Davenant 1651, 3 f.
[57] Hobbes 1673, EW X, viii ff.
[58] Hobbes 1650, EW IV, 445.
[59] Hobbes 1629, EW VIII, v.

Curley, E. 1996: Calvin and Hobbes, or Hobbes as an Orthodox Christian, in: Journal of the History of Philosophy 34, 257–271.

Davenant, W. 1651: Preface to Gondibert, in: David F. Gladish (Hrsg.), Sir William Davenant's Gondibert, Oxford 1971.

Diels, H. 1922: Die Fragmente der Vorsokratiker, gr.-dt., Berlin.

Epikur: Brief an Menoikeus, in: H.-W. Krautz (Hrsg.), Epikur. Briefe, Sprüche, Werkfragments, gr.-dt., Stuttgart 1980, 40–51.

Harrison, C. T. 1933: Bacon, Hobbes, Boyle, and the Ancient Atomists, in: Harvard Studies and Notes in Philology and Literature 15, 191–218.

– 1934: The Ancient Atomists and English Literature of the Seventeenth Century, in: Harvard Studies in Classical Philology 45, 1–79.

Herbert, G. 1987: „Hobbes's Phenomenology of Space", in: Journal of the History of Ideas 48, 709–717.

Hobbes, Th. 1629: Eight Books of the Peloponnesian War Written by Thucydides the Son of Olorus Interpreted with Faith and Diligence Immediately out of the Greek, in: W. Molesworth (Hrsg.), The English Works of Thomas Hobbes (= EW), 11 Bde., London 1839–1845, Bd. 8.

– 1640: The Elements of Law, Natural and Politic, hrsg. v. F. Tönnies, ND London 1969.

– 1650: The Answer to the Preface of Gondibert, in: Molesworth 1839–1845, Bd. 4, 441–458.

– 1651: Leviathan, oder Stoff, Form und Gewalt eines kirchlichen und bürgerlichen Staates, übers. v. W. Euchner, hrsg. v. I. Fetscher, Neuwied 1966.

– 1662: An Answer to Bishop Bramhall's Book, Called ‚The Catching of the Leviathan', in: Molesworth 1839–1845, Bd. 4, 279–384.

– 1668a: Leviathan sive de materia, forma, et potestate Civitatis ecclesiasticae et civilis, in: William Molesworth (Hrsg.) Thomae Hobbes Malmesburiensis Opera Philosophica quae Latine scripsit omnia (= OL), 5 Bde., London 1839–1845, Bd. 3.

– 1668b: Historia Ecclesiastica, hrsg. v. P. Springborg, P. Stablein und P. Wilson, Paris 2008.

– 1673: To the Reader, Concerning the Virtues of a Heroic Poem, in: Molesworth 1839–45, Bd. 10, iii–x.

Lukrez: De Rerum Natura, lat.-dt., übers. v. Karl Büchner, Stuttgart 1973.

Moreau, J. 1968: Epicure et la physique des dieux, in: Revue des Études Anciennes 70, 286–294.

Pacchi, A. 1975: Hobbes e l'epicureismo, in: Rivista Critica di Storia della Filosofia 33, 54–71.

Paganini, G. 1999: Thomas Hobbes e Lorenzo Valla. Critica umanistica e filosofia moderna, in: Rivista dell' Instituto Nazionale di Studi sul Rinascimento, 2. Reihe, 39, 515–568.

– 2003: Hobbes, Valla and the Trinity, in: British Journal for the History of Philosophy 40/2, 183–218.

– 2004: Hobbes, Gassendi and the Tradition of Political Epicureanism, in: G. Paganini/E. Tortarolo (Hrsg.), Der Garten und die Moderne. Epikureische Moral und Politik vom Humanismus bis zur Aufklärung, Stuttgart-Bad Cannstatt, 113–137.

Salem, J. 1989: Tel un dieu parmi les hommes: l'ethique d'Epicurus, Paris.

Scargill, D. 1669: The Recantation of Daniel Scargill Publickly made before the University of Cambridge in Great St. Maries, July 25, 1669, Cambridge.

Schuhmann, C. 2004: Phantasms and Idols: True Philosophy and Wrong Religion in Hobbes, in: Revista di Storia della Filosofia 59/1, 15–31.

Smith, M. F. 1982: Introduction, in: M. F. Smith (Hrsg.), Lucretius. De rerum natura, London 1982, ix–lxii.

Springborg, P. 2004a: Hobbes and Epicurean Religion, in: G. Paganini/E. Tortarolo (Hrsg.), Der Garten und die Moderne. Epikureische Moral und Politik vom Humanismus bis zur Aufklärung, Stuttgart-Bad Cannstatt, 161–214.

– 2004b: Hobbes's Theory of Civil Religion: the Historia Ecclesiastica, in: G. Paganini/E. Tortarolo (Hrsg.), Pluralismo e religione civile. Una prospettiva filosofica, Milano, 61–98.

Waswo, R. 1980: The Reaction of Jean Luis Vives to Valla's Philosophy of Language, in: Bibliothèque d'Humanisme et Renaissance 42 (3), 595–609.
– 1987: Language and Meaning in the Renaissance, Princeton, NJ.
Zarka, Y. C. 1992: Le Vocabulaire de l'apparaitre: le champ sémantique de la notion de phantasma, in: Y.-Ch. Zarka/J. Bernhardt (Hrsg.), Hobbes et son vocabulaire. Etudes de lexicographie philosophique, Paris, 13–29.

Jean-Claude Wolf

Spinoza und Spinozismus: Politik und Religion[1]

1. Zusammenfassung

Spinozas Gott lässt sich erkennen, aber nicht beleidigen. Der Wissensanspruch der Propheten und die Tendenz zur Theokratie beruhen auf inadäquaten Ideen. Spinozas idealer Staat steht nicht nur im Dienst des Friedens, sondern auch der Freiheit. Meinungen müssen nach Spinoza vom Staat geduldet werden, sofern sie nicht zum Ungehorsam gegen die Gesetze anstiften. Spinozas „Fiktionalismus" besagt, für unvernünftige Menschen sei der Glaube an einen richtenden Gott nützlich. Obwohl er diesen Glauben selber nicht teilt, hält er ihn für logisch vereinbar mit seiner Auffassung, Gott habe unendlich viele Attribute. Moral ist nach Spinoza und Fichte autonom, nicht theonom begründet. Fichtes Gleichsetzung von Gott mit der moralischen Ordnung enthält eine implizite Weigerung, sich zum Schöpfergott der Bibel zu bekennen. Fichte wird auch die religionspolitische Forderung nach Meinungsfreiheit wiederholen.

2. Spinozas Gott

Spinozas Gott ist nicht nur der Schlussstein eines metaphysischen Systems, sondern auch das Energiezentrum schlechthin, das intellektuelle Liebe ausstrahlt. Klar erkennbar sind seine beiden Attribute Ausdehnung und Denken, einsehbar ist auch seine Definition als Substanz und *causa sui*. Unbekannt bleiben uns unendlich viele andere Attribute Gottes (vgl. *Ethik* Ip11: Spinoza 1999/1677, 20 ff.). Individuen sind „nur" Lichtstrahlen der Unendlichkeit; sie haben den Status von *modi*. Nach Spinoza haben und brauchen wir keine unsterbliche Seelensubstanz, bleiben wir doch in Gott aufgehoben. Die „Gottesinnigkeit" bleibt gewahrt!

Gleichwohl kann man zu Spinozas Gott nach den Definitionen der *Ethik* nicht in einen Dialog treten, nicht zu ihm beten, obwohl Spinoza die Nützlichkeit von Gebeten nicht

---

[1] Für Hinweise und Kritik danke ich Florian Häubi.

apodiktisch bestreiten will (vgl. Brief Nr. 21: Spinoza 1977, 111). Überdies ist der biblische Gott, der im *Theologisch-politischen Traktat* behandelt wird, wesentlich Richter und – durch die Vermittlung der Propheten – moralischer Lehrer und Erzieher. Dieses Gottesbild erscheint auf den ersten Blick als völlig unvereinbar mit Spinozas Gott im strikten Sinne der in der *Ethik* dargelegten Metaphysik. Der erkennbare Gott (nach der *Ethik*) ist trotzdem identisch mit dem Gott der Bibel – nur hat der biblische Gott viele Eigenschaften, die entweder fälschlich zugeschrieben oder unter die uns unbekannten Attribute Gottes zu zählen sind. Es ist möglich, dass unter den unerkennbaren Attributen Gottes moralische Attribute sind. In der Heiligen Schrift kommen keine tiefsinnigen Spekulationen über die ewigen Attribute Gottes vor, sondern bloße Parabeln, die z. B. besagen, dass Gott auf einem Throne sitze (vgl. Brief Nr. 21: Spinoza 1977, 113).

Spinozas Gott lässt sich durch Gebete nicht erweichen; insofern ist er kein „mitleidiger" Gott. Adjektive wie „mitleidig", „gleichgültig" oder „grausam" finden auf Spinozas Gott keine Anwendung. Dieser hat keine begrenzenden Eigenschaften. Selbstverständlich überliefern die biblischen Texte mehr oder weniger anthropomorphe Vorstellungen von Gott, und die Offenbarung Gottes in der Geschichte wird so verstanden, als ob sich Gott den Menschen durch einzelne Handlungen, durch Wunder und Mitteilungen zugewendet habe (vgl. Spinoza 1994/1670, 95 f.). Eine eigentliche *historia sacra* scheint es jedoch bei Spinoza nicht zu geben, sondern nur eine weltliche Geschichte, in der Gott zuerst als Wundertäter, Lehrer und Richter aufgefasst wird. Der Gott der Thora ist keineswegs ganz und gar unsichtbar oder unkörperlich, sondern es ist vielmehr der Fall, dass er sich verhüllt oder als für uns tödliche Lichtgestalt existiert. Auch wenn Spinoza in der *Ethik* Gott als Substanz mit zwei erkennbaren Attributen nicht-anthropomorph konzipiert, so gibt es doch verschiedene Grade des Anthropomorphen und „Berührungspunkte" zwischen Endlichem und Unendlichem, Zeit und Ewigkeit (vgl. Rohs 1999). Es ist nicht unmöglich, dass Gott, der selber das Attribut der unendlichen Ausdehnung hat, endlichen Wesen im Raum „begegnet", auch wenn es unbegreiflich bleibt, wie das stattfindet. Die Ethik argumentiert ahistorisch, der religionspolitische Traktat historisch-kritisch (vgl. Hippler 2008).

Die populäre Idee eines belohnenden und strafenden Gottes bildet immerhin ein Korrektiv gegen die Versuchungen zur Grausamkeit und Barbarei. Durch kognitive Korrektur der inadäquaten Idee kann die Philosophie zur adäquaten Idee von Gott als Substanz und *causa sui* mit den beiden erkennbaren Attributen der Ausdehnung und des Denkens voranschreiten. Die adäquate Idee Gottes hat nichts zu tun mit der Natur, wie sie uns erscheint (*natura naturata*); Spinoza vertritt keine „Naturfrömmigkeit". Die Natur, wie sie uns erscheint, ist vielmehr eine völlig zweckfreie Natur, in der viele kleine und sterbliche Zentren nach ihrer Freude und Selbsterhaltung streben und in der es sonst keine objektive Zweckmäßigkeit und keinen „Sinn" gibt. Insofern ist Spinoza weit entfernt von einer „natürlichen Theologie", aber auch von einem Naturalismus, der sich hinter dem vieldeutigen Etikett des Pantheismus versteckt. *Deus sive natura* verweist nicht auf die erscheinende Natur, sondern auf die unabhängige Natur Gottes.

Spinozas Gott findet sich nicht in der Bibel. Die adäquate Idee Gottes lässt sich nur aus der Ausübung der Vernunft, nicht aus den kollektiven Phantasien der biblischen Volksreligion schöpfen. Gott selber erschließt sich nur der intellektuellen Intuition, und diese lässt sich nur vollziehen nach einer gründlichen konzeptuellen Arbeit. Spinozas Gott lässt sich erkennen, aber nicht durch Häresien beleidigen (vgl. Yalom 2012, 90).

3. Weisheit und Moral in der Bibel und die Autorisierung des Staats

Spinoza will im *Theologisch-politischen Traktat* Theologie und Philosophie trennen. Die Philosophie vermittelt ewige Wahrheiten, die Bibel Erzählungen und moralische Weisheit in der Gestalt göttlicher Gebote. Die Bibel enthält Erzählungen (eine Mischung von Fakten und Mythen) und Weisungen – die Erzählungen enthalten auch historische, aber keine ewigen (begrifflichen) Wahrheiten. Eines der tiefsinnigsten Bücher der Bibel – das Buch *Hiob* – besteht in einer Gleichniserzählung. Die historische Existenz Hiobs ist weder bezeugt noch relevant für die enorme poetische, ethische und politische Kraft dieses Buches (vgl. Susman 1996/1946).

Die Auffassungen eines Gottes, der sein Volk *in der Zeit* begleitet und beschützt, überwacht und prüft, belohnt und bestraft, mögen einen wahren Kern haben (der *ewige* Gott ist immer und überall dabei), gehören aber als vermeintliche Berichte oder Protokolle in den Bereich der großen Erzählungen, der mythologischen „Biographie Gottes" (vgl. Miles 1996). Der erzählte Gott ist wandelbar. Miles hat, wie zuvor C. G. Jung in seinem Buch „Antwort auf Hiob" (vgl. Jung 1952), auf die kreativ-destruktive Ambivalenz im Gottesbild dieser Erzählungen hingewiesen.

Es ist nach der Auffassung von Hobbes (vgl. Abel et. al. 2013) und Spinoza der große Irrtum der politischen Kalvinisten, dass sie die Theokratie der Hebräer als Vorbild für die Neuzeit betrachten. In der Moderne sind die Menschen moralisch und politisch mündig geworden; sie brauchen weder Wunder noch theokratische Bevormundung. Sie können (und müssen) sich jedoch an die göttlichen Gebote halten. Die Bibel bleibt ein Trost und Gnadengeschenk für die Menschen!

Da die Wahrheiten der Moral aus der Vernunft und die geoffenbarten Verhaltensvorschriften der Bibel vollkommen harmonieren, kann die Bibel als moralischer Führer *aller* Menschen dienen. Naturrecht und Gottes Ratschluss sind austauschbare Begriffe (vgl. Spinoza 1994/1670, 51). Die Bibel richtet sich nicht an Gelehrte und nicht nur an Juden, sondern an alle, freie und unfreie, vernünftige und unvernünftigen Menschen. Deshalb lohnt es sich auch für Gelehrte, zur eigenen Erbauung und Festigung der Moral in der Bibel zu lesen. Alle lassen sich nach ihrem Verhalten bzw. ihrer Tugend, unabhängig von ihren übrigen Überzeugungen, moralisch beurteilen. Es gibt keinen guten Grund, andere wegen ihrer abweichenden Meinungen zu verfolgen, solange sie in Übereinstimmung mit den moralischen und gesetzlichen Vorschriften leben. „Nicht der Grund des Gehorsams, der Gehorsam macht den Unterschied." (Spinoza 1994/1670, 249) Dies ist auch die Quintessenz des Mehrheitsprinzips, nach der Maxime „Räsoniert, aber gehorcht." (Vgl. Spinoza 1994/1670, 302 f., 307) Die Unterwerfung unter Mehrheitsbeschlüsse ist mit einer Dissonanz zwischen Meinung und Handeln vereinbar. Ich muss auch Gesetze befolgen, die ich für dumm oder ungerecht halte. Gehorsam ist nicht identisch mit Zustimmung zu einer Wahrheit. So gesehen ist es sogar weiterhin möglich, dass viele Menschen motiviert sind, tugendhaft und gesetzestreu zu leben, *als ob* es einen göttlichen Gesetzgeber gäbe, der ihnen befiehlt und sie zur Verantwortung zieht.[2] Zugleich gibt es keine Pflicht, an einen anthropomorphen Gott (als Erzieher und Gesetzgeber) zu glauben oder zur Gottesfrage diese oder jene Meinung zu äußern.

Was die Autorisierung der Staatsmacht betrifft, so folgt Spinoza zunächst den Spuren von Thomas Hobbes. Macht autorisiert sich teilweise selber, nämlich durch ihre Stabilität und Effizienz. Diese Selbstautorisierung bleibt aber unvollständig ohne das Einverständnis jener Menschen, die ihr gehorchen müssen. Die Menschen können und müssen sich teils aus Angst, teils aus Einsicht in einem Vertrag zusammenschließen und sich auf einen Souverän einigen, denn nur unter einem gesetzgebenden und bewaffneten Souverän können sich alle ihres Lebens sicher sein. Im *Leviathan* fallen die Begründung und die Durchsetzung von naturrechtlichen Normen zusammen. Die Wissenschaft der Politik wird in den Dienst des Friedens gestellt (vgl. Höffe 2010, 61–80). Hobbes' Absolutismus hat zwar auch theologische Wurzeln: So wie das Wesen Gottes seine Allmacht ist (vgl. Foisneau 2000), so ist der Souverän ein Abbild dieser Macht. Allerdings ergibt sich seine Legitimation nicht aus dieser symbolischen Abbildbeziehung, sondern aus der (fiktiven) Zustimmung eines jeden Einzelnen, vermittelt durch die Einsicht, dass nur eine souveräne Macht ohne echte Konkurrenz im Inneren (ohne Staat im Staat) ein wirksamer Garant des Friedens sein kann. Erfüllt der Staat nicht mehr seine Friedensgarantie, stirbt er ab. Die Zustimmung jedes Einzelnen ist eine nützliche Fiktion, die den Status des Staates als einer künstlichen Maschine verdeutlicht.

Spinoza erweitert diese Finalität des *Leviathans* durch die explizite Verteidigung der Freiheit. Der Staat macht den Frieden *und* die Freiheit zu den letzten Zielen, wobei Freiheit als ein Leben ohne Angst gelegentlich sogar zum höchsten Ziel erklärt wird (vgl. Spinoza 1994/1670, 301). Weder die Wissenschaft noch die Politik muss sich auf angebliche Wahrheiten der Bibel stützen, sofern sie über die moralischen Gesetze hinausgehen. Nach Spinoza gehen die Wahrheiten der Offenbarung nicht über die Wahrheiten der Vernunft hinaus, es sind keine „höheren Wahrheiten". Die Bibel enthält Verhaltensvorschriften, die sich mit den Regeln eines vernünftigen Lebens decken, und nur diese moralischen Vorschriften der Bibel machen die vernünftige Quintessenz der Überlieferung aus. Die Bibel erinnert an die wichtigsten Grundsätze der Moral, die sich in der Goldenen Regel zusammenfassen lassen, und sie bekräftigt diese als Ausdruck des Willen Gottes. Dies ist keine vernünftige, sondern eine bloß „voluntaristische Begründung", die von Sanktionen flankiert wird. Sie ist insofern mehr Paränese als Begründung, d. h. Ermutigung, den Geboten Gottes zu gehorchen, und Ermahnung vor den Folgen des Ungehorsams.

4. Toleranz für Häresien

Im Staat, der an den Zielen des Friedens und der Freiheit orientiert ist, müssen religiöse Häresien geduldet werden, sofern sie nicht gegen die Regeln der Vernunft verstoßen. Die Moral der Vernunft bleibt der einzige Test für die Grenzen der Toleranz. Meinungen, die

---

[2] „[…] dass selbst an sich ein Staat recht gut aus Atheisten bestehen könnte […] die Atheisten also leben können und teils wirklich leben, als glaubten sie an einen Gott […]" Bayle, nach der Paraphrase von Feuerbach 1989/1838, 58; vgl. Czelinski-Uesbeck 2007.

nicht zu Ungehorsam und Hass anstiften, sind ungefährlich. Der Vorwurf des Atheismus bleibt zumindest problematisch als Kränkung oder Verleumdung, im schlimmsten Fall als moralische und staatsbürgerliche Diffamierung. Spinoza sollte zwischen (für alle) gefährlichen Meinungen (oder besser: Meinungsäußerungen, die eine „unmittelbare und präsente Gefahr" schaffen) und (für die Mehrheit der Unfreien) skandalösen Meinungen unterscheiden. Es macht zwar Sinn, skandalöse Irrtümer zu kritisieren, aber es ist unnötig, sie zu unterdrücken. Es muss ein friedliches Zusammenleben von „freien" und „unfreien" Menschen geben. Auch Intellektuelle müssen eine Nische finden, in der sie sicher überleben und von wo aus sie die Bildung anderer Menschen fördern können. Vernunftgeleitete Menschen sind u. a. frei von Gefühlsansteckung; sie lassen sich nicht von Leidenschaften fortreißen; sie erwidern Hass nicht mit Hass. Umso mehr müssen diese „Nicht-Vergelter" von Verdächtigungen und Verfolgungen der „unfreien" Menschen geschützt werden, und zwar zunächst durch gute Gesetze.

Aus den biblischen Erzählungen und Weisungen lassen sich keine ewigen Wahrheiten herausdestillieren. Es gibt keine moralische Pflicht, an die „Wahrheit" von Erzählungen (als einer Mischung aus Berichten und Mythen) zu glauben, weil sie keine ewigen Wahrheiten enthalten. Die Erzählungen der Urgeschichte, insbesondere die Geschichte von der Schöpfung und vom Sündenfall, tragen nichts bei zur Erklärung der Welt. Es gibt hier keine theoretischen Wahrheiten zu schützen oder zu verteidigen. Gegenüber diesen Dichtungen hat jedes Individuum eine unabhängige Deutungshoheit. Ich darf mir beim Anhören dieser Dichtungen denken, was ich will, und auf mein Handeln haben sie keinen direkten Einfluss, es sei denn als Fiktionen, die zu gutem oder schlechten Handeln anregen.

Zu den harmlosen Häresien gehören nicht nur kleine Abweichungen von den gängigen Theologien und Konfessionen, sondern auch der Verzicht auf die Ausübung einer Religion. Menschen, die keine Religion praktizieren, verstoßen gegen keine moralischen Pflichten, denn es gibt keine moralischen Pflichten gegen Gott.

Aufrührerische, gefährliche Meinungen sind solche, welche (Anstiftung zu) Handlungen enthalten (vgl. Spinoza 1994/1670, 303). Die Wirkungslosigkeit der Verfolgung Andersdenkender wird mit einer Anspielung auf die Hinrichtung des Sokrates illustriert. In diesem Fall war die Verfolgung nicht nur wirkungslos, sondern vielmehr kontraproduktiv, hat sie doch Sokrates von der Patristik bis in die Gegenwart zum Märtyrer der Erkenntnis befördert. Bereits Sokrates hat trotz seiner Treue zu den Gesetzen Athens die Lebensnotwendigkeit der Freiheit des Philosophierens verteidigt (vgl. ebd., 306).

Christus steht zwar da als menschliche Ausnahmenatur, der Gott seine Weisheit direkt, von Seele zu Seele, mitgeteilt hat. Auch infolge dieser hohen Wertschätzung von Jesus als „Mund Gottes" (vgl. ebd., 73) wurde Spinoza von den Juden seiner Zeit verstoßen. Doch er war weder braver Jude noch gläubiger Christ, denn was Jesus betrifft, so hat er ihn als vollkommenen Weisheitslehrer anerkannt und seine kurze öffentliche Wirkungsgeschichte, Kreuzigung und Beerdigung nicht bezweifelt, aber den Glauben an Jesu Auferstehung von den Toten in den Bereich der Allegorie verwiesen (vgl. Brief Nr. 75: Spinoza 1977, 282).

Nach Spinoza hat Christus nur seine Jünger autorisiert, aber nicht deren „Nachfolger". Die Autorität, die Christus seinen Jüngern gab, galt nur für sie und kann nicht als Beispiel gelten (vgl. Spinoza 1994/1670, 291 f.). Spinoza verehrt zwar die Ausnahmenatur Christi: dieser war mehr als Prophet, nämlich „Mund Gottes"; zugleich distanziert er sich von der Erörterung der Christologie der Kirche (vgl. ebd., 21 f. sowie die Anmerkung des Herausgebers Günther Gawlick auf S. 314). Spinoza nimmt vorweg, was spätere historische Exegese bestätigen wird: Der historische Jesus stand im Banne der spätjüdischen Apokalyptik. Er hat nicht die sogenannte Sukzession Petri für Jahrtausende geplant (vgl. Silva Rosa in Bento/Silva Rosa 2013).

5.   Der tugendhafte „Atheist" und die politische Toleranz

Spinoza wurde zunächst und zumeist als „Atheist" rezipiert. Gleichwohl haben auch einige Kritiker, die den (angeblichen) „Atheismus" Spinozas verabscheuten, Spinoza als Musterbeispiel des tugendhaften „Atheisten" verstanden und damit einen Vorbehalt des Locke'schen Toleranzmodells beseitigt. Atheismus wird als Bedrohung der politischen Ordnung wahrgenommen, solange er mit einer lasterhaften Lebensweise in Verbindung gebracht wird. Einige heimliche Atheisten (clandestins) scheinen dieses Klischee zu bestätigen, praktizierten sie doch sexuelle Freizügigkeit und galten deshalb als „libertains". (Vgl. Blom 2010) Nach Locke ist kein Atheist moralisch vertrauenswürdig und daher auch nicht vertragsfähig. Diese Auffassung setzt eine Theorie voraus, welche die moralischen Gebote in göttlichen Befehlen begründet und motiviert.

Mit dem offenen und frivolen Atheismus einiger französischer Aufklärer hat Spinoza zwar nichts gemeinsam. Nach den Standards des biblischen Gottes war er jedoch ein „Gottesleugner". Spinoza selber hat auf den Vorwurf seltsam reagiert: Atheisten strebten gewöhnlich übermäßig nach Ehren und Reichtum, er aber habe diese immer verachtet (vgl. Brief 43: Spinoza 1977, 193). Spinozas Umkehrschluss lautet: Ich bin bekanntlich kein lasterhafter Mensch, also kann ich auch kein Atheist sein. Auf eine Widerlegung des Atheismus lässt er sich in diesem Brief nicht ein. Dazu hätte er die Lehren seiner *Ethik* preisgeben müssen – diese hat er aber nicht zu Lebzeiten zu veröffentlichen gewagt. Er ist „Atheist", aber nicht Atheist. Spinoza glaubt an Spinozas Gott. In Sinne seiner Definitionen ist Spinoza nicht Atheist, sondern „gotttrunken". (Novalis)

Der tugendhafte „Atheist" (der nicht an den richtenden Gott glaubt) hat sogar Vorzüge, verzichtet er doch auf die vermeintlichen Privilegien der Heuchler und Frömmler im Himmel und wird dadurch zum Ausbund des „Reinen" und „Heiligen", zum Vertreter einer „reinen Liebe", welche sogar in der Hölle das in sich Beste zu lieben fortfahren würde (vgl. Fénelon 2014/1818).

Nach einer Unterscheidung von Pierre Bayle gibt es nicht nur die Heuchler, die sich zu den Evangelien bekennen, ohne danach zu leben, sondern auch jene, die Religion im Herzen haben, obwohl sie keine im Kopf haben (vgl. Bayle 2003, 388 f.). Jacobi wird auf diese Unterscheidung zurückkommen, wenn er sagt, Fichtes Lehre sei atheistisch, Fichte als Person jedoch nicht. Fichtes Atheismus sei „ein Vergehen des Grüblers, nicht des Menschen". (Vgl. Jacobi in Lindau 1910, 185) Nochmals im Geistes des Schemas des „tugendhaften Atheisten" wird Fichte Spinoza als „rechtschaffen" bezeichnen, aber ihm in seiner Wissenschaftslehre von 1804 unterstellen, dass er, indem er Gott als Sein dogmatisch voraussetze, Gott töte (vgl. Fichte 1986/1804, 76; Lauth 1989).

6.   Gefühlspantheismus und Katechisierungsverweigerung

Lange nach Spinozas Tod spielt der Pantheismus in der klassischen deutschen Dichtung und Philosophie eine interessante Rolle. Nach Forberg und Fichte (von 1798) genügt es, so zu handeln, *als ob* es eine moralische Ordnung gäbe. Es ist dieses „Als-ob", das in Kants Religionsschrift und in den Texten von Fichte und Forberg zum Atheismusstreit gehäuft auftritt. Was allerdings von Spinoza als populäre Moral in Frage kommt (so leben, *als ob* es einen belohnenden und strafenden Gott gäbe), wird später von Fichte als Ausdruck einer autonomen Tugendreligion verstanden: So leben, als ob es eine göttliche Regierung gäbe, die jedem seine Aufgabe und seine „Bestimmung" zugewiesen habe (vgl. Lindau 1912; Röhr 1987; Essen/Danz 2012). Die *moralische* Ordnung ist von persönlicher Glückserwartung gereinigt. Die Berufung auf moralische *Ordnung* sollte auch jene beschwichtigen, die Forberg und Fichte des Jakobinismus verdächtigten.

Von Fichtes Gleichsetzung des Glaubens an Gott mit dem Glauben an die moralische Ordnung ist es nur ein kleiner Schrift zum Verzicht auf ein dogmatisches Glaubensbekenntnis. Goethes Faust entzieht sich den Katechisierungsversuchen Gretchens durch einen bekannten gefühlspantheistischen Hymnus, doch Gretchen merkt es wohl, dass sich Faust einem verbindlichen Glauben, wie ihn Pfarrer und Kirche lehren, mit schönen Worten entzieht (vgl. Goethe 1999, 148 f.). Fichte zitiert am Ende seines Aufsatzes „Über den Grund unseres Glaubens an eine göttliche Weltregierung" von 1798 Fausts Antwort an Gretchen. Goethes Faust und Fichte wollen einen religiösen Impuls unabhängig von dogmatischem Bekenntnis und kirchlicher Zugehörigkeit bewahren. Der bewusste Anti-Katechismus in Goethes Hymnus hat die Bedeutung der Erweiterung und Flexibilisierung individueller religiösen Optionen nach der Aufklärung. Er sucht nach neuen Optionen, die von der traditionellen Kontroverstheologie entweder gar nicht vorgesehen oder meist diffamiert wurde. Der viel geschmähte Pantheismus wird dem apologetischen Schema entrissen; aus einer theologischen Vogelscheuche wird eine lebendige Option, die dem Gefühl oder dem „Herzen" zugeordnet wird. Aus Häresie wird Poesie, aus rationaler Metaphysik Begriffsdichtung (vgl. Wolf 2013). Ein pantheistisches Lebensgefühl erlaubt es, Religiosität auch kirchendistanziert zu leben und zu erleben und den religiösen Instanzen die Macht der Definition von Rechtgläubigkeit und sozialer Kontrolle zu entreißen. Ich kann selber herausfinden und definieren, ob ich noch ein Christ bin, auch wenn ich nicht mehr regelmäßig Gottesdienste besuche, Christus anders interpretiere als die offiziellen Glaubenswächter und beim Beten und Singen von Kirchenliedern denke, was ich will, was zu meiner Lebenserfahrung, meines Erfahrungshorizont und meinen Bedürfnissen passt. Ich muss es mit Gott selber abmachen, mit Gott selber ins Reine kommen. Damit verlieren andere das Recht, mir Christlichkeit oder Religion abzusprechen, wenn ich es nicht will. Der Gefühlspantheismus mag wenig gemeinsam haben mit Spinozas System; Goethe und Fichte scheinen jedoch Spinozas religionspolitische Emanzipation aufzugreifen.

7.   War Spinoza Fiktionalist?

Es wäre purer Anachronismus, Spinoza als Fiktionalisten zu deklarieren. Selbst Hans Vaihinger, der in der Spurensuche nach Vorläufern seiner „Philosophie des Als ob" manchmal zu weit geht, ist in der Zuordnung von Spinozas Verständnis von Begriffen zum Fiktionalismus eher zurückhaltend.

Gegen eine fiktionalistische Einvernahme sprechen mehrere Gründe. Spinozas Philosophie ist nicht vom Skeptizismus und Agnostizismus in Bezug auf die Beweisbarkeit der Existenz Gottes angekränkelt. Die *Ethik* geht davon aus, dass es eine höchste, nämlich intuitive und adäquate Erkenntnis Gottes gibt. Und seine Auffassung der Erkenntnis Gottes ist charakterisiert durch eine unbezweifelbare und untrügliche Evidenz. Die (begriffliche) Erkenntnis Gottes hat die Evidenz von elementaren Axiomen der Geometrie, während die Evidenz moralischer Vorschriften, die auch in der Bibel anzutreffen sind, vergleichsweise schwächer ist. Gott als *causa sui* wird von Spinoza verwendet, um die Welt zu „erklären".

Gleichwohl könnte Spinoza als ein Vorläufer des Fiktionalismus erscheinen, zieht man seine Auffassung in Betracht, die besagt, dass Menschen mit inadäquaten Ideen von Gott (als einem Schöpfer, Gesetzgeber und Weltenrichter) gut und anständig leben können. Ein moralisch guter Mensch braucht kein philosophischer oder wissenschaftlicher Experte zu sein! Viele Menschen leben *de facto* tugendhaft und damit so, als ob es einen strafenden und belohnenden Gott gäbe, ob sie es glauben oder nicht. Wenn sie es glauben, lassen sie sich mehr von der Imagination als von der Vernunft leiten. Anthropomorphe Auffassungen von Gott sind zwar vergleichbar mit Irrtümern (d. h. mit Fiktionen, wie sie Hans Vaihinger charakterisieren wird), aber sie enthalten auch einen gewissen Anteil von adäquaten Ideen. Sie sind deshalb nicht nur Leitern, die man nach Gebrauch wegstellt.[3] Die Leitern müssen aufbewahrt und verwendet werden für jene, die nicht zur kleinen Elite von Menschen gehören, die nur adäquate Ideen von Gott haben.

Die (heteronome) Auffassung von Religion ist nicht von Menschen (Priestern, Propheten) gemacht; sie entspricht vielmehr dem Auffassungsvermögen eines barbarischen Volkes. Spinoza vertritt so etwas wie eine Akkommodationstheologie, die besagt, Gott habe sich den Propheten aus Gnade und zum Trost der Menschen mitgeteilt und seine Propheten hätten sich dem barbarischen Volk der Juden angepasst. Doch die Propheten empfingen und vermittelten keine adäquate Erkenntnis Gottes und geraten daher in die Nähe von „Fiktionalisten"; sie agieren als Erzieher der Menschheit, deren Lehren allerdings übereinstimmen mit der Moral, die auch die Vernunft lehrt. Die Propheten der Bibel sind nicht „Fiktionalisten" im manipulativen Sinne einer Betrugstheorie, weil

---

[3] Das Bild von der Leiter, das durch Wittgenstein bekannt wurde, findet sich *mutatis mutandis* bei Vaihinger 1920, 276. Vaihinger deutet z. B. die Monaden gegen das Selbstverständnis von Kant und Herbart als Gerüste, die wir nach Gebrauch wieder abbrechen sollten. Eine reine Fiktion, die keine Elemente einer wahrheitsfähigen oder wahrscheinlichen Hypothese enthält, ist nach Vaihinger auch die aus der Renaissance-Philosophie stammende und von Descartes verwendete Fiktion eines *deus malignus*; vgl. ebd., 263, Anm. Ebenfalls eine reine Fiktion ist die von Adolf von Trendelenburg verwendete Fiktion einer „Gemeinschaft von Gerechten", die dieser dazu verwendet, die begriffliche Unabhängigkeit von Recht und Sanktion zu erläutern. „Recht bleibt immer Recht, auch ohne Zwang." Trendelenburg, zitiert in ebd., 574.

sie nur moralische, keine mathematischen Gewissheiten haben (vgl. Spinoza 1994/1670, 34, 227, 229) und deshalb Gott als notwendiges Wesen nicht zu erkennen vermögen; sie haben demnach keine adäquate Erkenntnis, die sie zurückhalten oder bewusst durch einen pädagogisch wirksamen Irrtum ersetzen könnten. Gemessen an der adäquaten Erkenntnis Gottes ist das im *Theologisch-politischen Traktat* behandelte Bild von Gott als Quelle der Offenbarung für das moralische Wissen der Propheten eine Fiktion. Die Fiktion der Imagination stellt Gott selber als Erzieher der Menschheit dar; dies ist auch damit vereinbar, dass Gott unendlich viele Attribute hat, die wir nicht erkennen können; einige darunter *könnten* mit den moralischen Attributen des Erziehers der Menschheit zusammenfallen (vgl. Brochard 2013, 35 f.). Wie dem auch sei: Fiktion oder mögliches, aber unerkennbares Attribut Gottes: Die autoritäre und heteronome Moral ist vorübergehend ein nützliches Korrektiv und Durchgangsstadium eines Volkes vor der Aufklärung. Moses lehrte die Israeliten wie Eltern ihre noch unvernünftigen Kinder (vgl. Spinoza 1994/1670, 44). Auch er steht nicht über diesen anthropomorphen Lehren!

Unabhängig von der historischen Frage, ob Spinoza ein Fiktionalist war, kann man im Blick auf die Wirkungsgeschichte und auch aus rein systematischen Gründen die Frage stellen, ob er nicht ein Wegbereiter des Fiktionalismus war. Von der Wirkungsgeschichte aus betrachtet ist er ein Vorläufer der Auffassung, dass der Theismus, der Glaube an einen persönlichen und ins Weltgeschehen intervenierender Gott, eine falsche Hypothese sei. Er lehnt die Offenbarungen der Propheten als Quelle adäquater Erkenntnis ab. Insofern gibt es Motive, ihn in die Vorgeschichte des Atheismus aufzunehmen, wie das Pierre Bayle in der Frühaufklärung tat und Christopher Hitchens in der von ihm herausgegebenen Anthologie „The Portable Atheist" im 21. Jahrhundert tut (vgl. Bayle 2003/1740; Lomba 2013; Hitchens 2007, 21–25). Spinoza ist verpflichtet, das Stigma zurückzuweisen, sofern es auf eine moralische oder staatsbürgerliche Diffamierung hinausläuft. Nach seinen eigenen hohen Ansprüchen an einen wahren und erkennbaren Gott ist er kein Atheist. Er erscheint aber als „Atheist" oder „Fiktionalist" in Bezug auf das Bild des richtenden Gottes.

Als bloße Fiktion braucht die Annahme eines richtenden Gottes nichts zu erklären; Fiktionen haben nach Vaihinger keinen erklärenden, sondern lediglich heuristischen Wert: Sie leiten und beflügeln die Suche nach Einsichten. In diesem Sinne hat die biblische Präsentation von Gott als höchstem Gesetzgeber heuristischen Wert und erfüllt damit die Anforderungen an eine nützliche Fiktion. Als Korrektiv passiver Leidenschaften und als pädagogischer Anreiz zur Formulierung vernünftiger Einsichten ist sie eine nützliche Fiktion; als Mittel zur definitiven Fixierung einer ungenügenden Bildung und inadäquater Ideen von Gott sowie als Vorwand für Verbrechen und Fanatismus erweist sie sich als eine schädliche Fiktion.

Ist der Fiktionalismus eine kohärente Theorie? Manchen Kritikern erscheint der Fiktionalismus als eine schiefe und schielende Theorie. Gegen den Fiktionalismus wird u. a. geltend gemacht, dass es eine Form von (instabiler) Selbsttäuschung sei, etwas zugleich zu glauben und nicht zu glauben. Und es wird auch bestritten, dass der Fiktionalismus mit dem unmittelbaren Glauben (aus ganzem Herzen, wie es Forberg und Fichte formulieren) vereinbar sei.

Diesen Einwänden kann man vielleicht entgehen, indem man zwei Ebenen unterscheidet. Der Fiktionalismus ist nicht eine typische Annahme oder Haltung auf der Ebene

der alltäglichen Praxis, sondern eine distanzierte Diagnose auf der Ebene einer Analyse
dessen, was praktischer Glaube genannt wird. Praktischer Glaube unterscheidet sich von
einem theoretischen Glauben oder einer theoretischen Hypothese. In der Praxis glauben
wir viele Dinge, von denen wir wissen, dass wir sie nicht beweisen können: Wir glauben an den zuverlässigen Halt einer Treppe, an die Treue von Lebensgefährten oder an
die Willensfreiheit eines Taschendiebes. Der Bestohlene ärgert sich nicht nur über den
verlorenen Geldbeutel (und seine Unachtsamkeit), sondern auch über den Dieb, weil
er glaubt, dass der Dieb frei war, nicht zu stehlen. Ob es eine ultimative Willensfreiheit gibt, kann man theoretisch (und mit Spinoza) bezweifeln, aber in der Praxis kann
man sich solche Zweifel nicht leisten. Selbst Spinoza argumentiert, als ob er und seine
Leser eine *Freiheit zu lernen* hätten. Ohne die Annahme von kognitiven Spielräumen
zur Ersetzung inadäquater durch adäquate Ideen wäre die Praxis der Aufklärung zweck-
los; sie würde ins Leere predigen. Vielleicht nehmen wir in manchen Zusammenhängen
zu viel des Guten an, um nicht zu resignieren. Umgekehrt wird pauschaler Zweifel an
der Freiheit in der alltäglichen und juristischen Praxis nicht als genereller Entschuldi-
gungsgrund akzeptiert. Niemand kann sich der Strafe entziehen mit der Ausrede, er sei
Skeptiker oder Fiktionalist.

Sollte es mit dem anthropomorphen Gott ähnlich sein? Gehört der belohnende und
strafende Gott ebenso wie die Annahme der Freiheit zum praktischen Glauben oder zum
„impliziten Wissen" einer moralischen Praxis? Theoretische Zweifel sind allemal angebracht, aber können wir es uns in der Praxis leisten, so zu handeln, als ob es keine
höchste moralische Autorität gäbe? Und wenn es eine gäbe, wäre es dann nicht Spinozas Gott, der die Juden nicht mehr liebt als andere Völker (vgl. Spinoza 1994/1670, 55;
Sand 2008, 109, 191, 463, 471). Parteilichkeit ist ein Makel der passiven Leidenschaften,
von denen nur Gott völlig frei ist. Parteiisch ist der Hass der Theologen, aber auch der
Hass der Hebräer nach außen (vgl. Spinoza 1994/1670, 264–267). Auch der völlig un-
parteiische und universalistische Gott mag eine Fiktion sein, doch er ist um einige Grade
weniger anthropomorph als der eifrige Gott der Bibel. Ist ein unparteiisch gesetzgeben-
der und richtender Gott vielleicht eine nützliche Fiktion zur Bezeichnung eines völlig
unparteiischen Standpunkts der Moral? Braucht es jene (vielleicht fiktive) Instanz zur
Korrektur und Überwindung einiger der hartnäckigsten Vorurteile der Geschichte der
menschlichen Spezies wie z. B. der Annahme, moralisch zähle nur der eigene Stamm
oder die eigene Nation?

Spinoza hat die schädliche Fiktion der Juden als eines auserwählten Volkes scharf kritisiert (vgl. Spinoza 1994/1670, 49, 102), obwohl er auch den begrenzten Nutzen dieser
Fiktion für den Lebenskampf eines kleinen Volkes nicht ignorieren kann. Es ist auch der
Hass der Völker und das Zeichen der Beschneidung, was die Juden erhält (vgl. Spinoza 1994/1670, 53; Milner 2013). Hat er den partikulären Stammesgott vom Standpunkt
eines (fiktiven) höchsten und universellen moralischen Gesetzgebers aus kritisiert, „der
nicht bloss auf die Menschheit, sondern auf die ganze Natur Rücksicht nimmt"? (Spinoza
1994/1670, 102) Gibt es moralischen Fortschritt durch die Ersetzung einer schädlichen
Fiktion (Gott als Kriegsherr seines Stammes) durch eine im höheren Grade nützliche
Fiktion (Gott als „Vater" für die gesamte Schöpfung)? Die Frage ist für Spinoza nicht
schlüssig zu beantworten, da er den Schöpfergott der Bibel für eine unangemessene Idee,
den Gott als *causa sui* und Grund der Welt dagegen für eine adäquate Idee hält.

Die Zuschreibung eines theologischen Fiktionalismus ist im Blick auf Spinoza ein Anachronismus. Wir müssen einen großen Zeitsprung machen, nämlich ins Jena des Jahres 1798, um explizite Ansätze zu einem theologischen Fiktionalismus zu finden. Forberg und Fichte, die Protagonisten im sog. Atheismusstreit, haben „fiktionalistisch" gedacht; sie haben in Erwägung gezogen, dass man auch dann noch ein Christ (und jedenfalls kein Atheist) wäre, wenn man „nur" so lebt, als ob Gott existierte und moralischer Gesetzgeber wäre. Sie wollten damit dem Agnostizismus von Kants Transzendentalphilosophie Rechnung tragen, der besagt, dass wir die Existenz Gottes nicht streng beweisen können und dass wir nur dann genuin moralisch bzw. aus Pflicht handeln, wenn wir uns nicht von der Aussicht auf Glück (oder von der Vermeidung von [göttlichen] Strafen) leiten lassen. Im zuletzt genannten Punkt stimmten sie mit Spinoza überein: „Glückseligkeit ist nicht der Lohn der Tugend." (*Ethik* Vp42: Spinoza 1999/1677, 592 f.) Forberg und Fichte glaubten ebenso wenig wie Kant, dass Moral theonom sei, sondern vielmehr, dass es ohne Moral keine echte Religion gebe. „Religion ohne Moral ist Aberglaube." (Fichte, *Appellation an das Publikum …*, in: Lindau 1912, 112 f.) Es genügt, so zu handeln, als ob es eine moralische Regierung gäbe, die dafür sorgt, dass alles seinen Ort und seine Aufgabe hat, das Gute über das Böse siegt und die Menschen guten Willens, die sich dem Guten stets annähern, dieses auch erreichen. Fichte weigert sich, sich zum christlichen Gott des Katechismus zu bekennen und stellt die Vorstellung eines Schöpfergottes in Frage. Er setzt sich damit wie einst Spinoza dem Vorwurf des Atheismus aus, und wie Spinoza vertritt er eine autonome Moral. Fichte dreht den Spieß um: Die eigentlichen Atheisten sind für ihn die „Eudämonisten", welche für ihre Tugend einen (himmlischen) Lohn erwarten.

Die Frage bleibt offen, ob Spinoza eine Ethik ohne Gott vertritt. Eines ist gewiss: Der Glaube an Gott als moralische Sanktionsinstanz ist für tugendhafte Menschen überflüssig. Menschen, die sich trotz der Anfeindungen und Verfolgungen durch andere aufraffen, Hass nicht mit Hass zu beantworten, werden Menschen, die anderen Menschen im höchsten Masse nützlich sein können. Unfreie Menschen sind den Menschen ein Wolf; freie Menschen dagegen sind frei von Neid, Furcht und Hass; sie sind den Menschen ein Gott. „Homo homini Deus." (*Ethik* IVp35sc: Spinoza 1999/1677, 434)

8.   Literatur

Werke

Spinoza, Baruch de 1999/1677: *Ethik in geometrischer Ordnung dargestellt*. Lateinisch-Deutsch, hrsg. Wolfgang Bartuschat, Hamburg 1999.
– 1994/1670: *Theologisch-politischer Traktat*, 3. Aufl., hrsg. von Günther Gawlick, Hamburg 1994.
– 1977: *Briefwechsel*, hrsg. von Carl Gebhardt und Manfred Walther, Hamburg.

Sekundärliteratur

Abel, O./Moreau, P.-F./Weber, D. (Hrsg.) 2013: *Jean Calvin et Thomas Hobbes. Naissance de la modernité politique*, Genève.
Bayle, Pierre 2004/1740: *Historisches und kritisches Wörterbuch*, Hamburg.

Blom, Philipp 2010: *Böse Philosophen. Ein Salon in Paris und das vergessene Erbe der Aufklärung*, München.

Brochard, Victor 2013: *Le Dieu de Spinoza*, Paris.

Czelinski-Uesbeck, Michael 2007: *Der tugendhafte Atheist. Studien zur Vorgeschichte der Spinoza-Renaissance in Deutschland*, Würzburg.

D'Holbach, Paul-Henry Thiry 1970: *Religionskritische Schriften*, Berlin/Weimar.

– 2006/1758: *Le Christianisme dévoilé ou Examen des principes & des effets de la religion chrétienne*, Tanger (Maroc) 2006.

Essen, Georg/Danz, Christian (Hrsg.) 2012: *Philosophisch-theologische Streitsachen. Pantheismusstreit, Atheismusstreit, Theismusstreit*, Darmstadt.

Fénelon, François 2014/1818: *Fénelon's Werke religiösen Inhalts.* Aus dem Französischen übersetzt von Matthias Claudius, drei Bände in einem Band neu hrsg. mit Anmerkungen und Nachwort von Jean-Claude Wolf, Basel 2014.

Feuerbach, Ludwig 1989/1838: *Pierre Bayle*, Berlin 1989.

Fichte, Johann Gottlieb 1986/1804: *Die Wissenschaftslehre*. Zweiter Vortrag im Jahre 1804, Hamburg 1986.

Foisneau, Luc 2000: *Hobbes et la toute-puissance de Dieu*, Paris.

Hitchens, Christopher (Hrsg.) 2007: *The Portable Atheist. Essential Readings for the Nonbeliever*, London.

Goethe, J. W. 1999: *Faust* (Band 1: Texte) hrsg. von Albrecht Schöne, Frankfurt a.M.

Hippler, Thomas 2008: Spinoza et l'histoire, in: *Studia Spinozana* 16, 155–176.

Höffe, Otfried 2010: *Thomas Hobbes*, München.

Jung, Carl Gustav 1952: *Antwort auf Hiob*, Zürich.

Lauth, Reinhard 1989: Fichtes Sicht der Philosophie Spinozas, in: ders., *Transzendentale Entwicklungslinien von Descartes bis zu Marx und Dostojewski*, Hamburg 1989, 24–43.

Lindau, Hans (Hrsg.) 1912: *Die Schriften zu J. G. Fichtes Atheismusstreit*, München.

Lomba, Pedro 2013: Pierre Bayle, Spinoza's Reader, in: Bento, Antonio/Silva Rosa, Jose Maria (Hrsg.): *Revisiting Spinoza's Theological-Political Treatise*, Hildesheim u. a., 213–235.

Martin, Michael (Hrsg.) 2007: *The Cambridge Companion to Atheism*, Cambridge.

Miles, Jack 1996: *Gott. Eine Biographie*, München, Wien.

Milner, Jean-Claude 2013: *Le sage trompeur. Libres raisonnements sur Spinoza et les Juifs. Court traité de lecture I*, Lagrasse.

Röhr, Werner (Hrsg.) 1987: *Appellation an das Publikum … Dokumente zum Atheismusstreit Jena 1798/99*, Leipzig.

Rohs, Peter 1999: Die Freiheit Gottes im Pantheismus, in: Gott der Philosophen – Gott der Theologen, hrsg. von Christof Gestrich, (Beiheft 16. Jg. zur *Berliner Theologischen Zeitschrift*) Berlin, 141–167.

Sand, Shlomo 2008: *Die Erfindung des jüdischen Volkes. Israels Gründungsmythos auf dem Prüfstand*, Berlin.

Silva Rosa, José Maria 2013: „That the catholica religio does [not] need a pontiff", in: Bento, Antonio/Silva Rosa, Jose Maria (Hrsg.): *Revisiting Spinoza's Theological-Political Treatise*, Hildesheim u. a., 55–71.

Susman, Margarete 1996/1946: *Das Buch Hiob und das Schicksal des jüdischen Volkes*, Neuauflage mit einem Vorwort von Hermann-Levin Goldschmidt, Frankfurt a.M. 1996.

Vaihinger, Hans 1920: *Philosophie des Als-Ob*, 5. und 6. Auflage, Leipzig.

Wolf, Jean-Claude 2013: *Pantheismus nach der Aufklärung. Religion zwischen Häresie und Poesie*, München, Freiburg.

Yalom, Irvin D. 2012: Das Spinoza-Problem. Roman, München.

Dirk Brantl

John Locke über Gründe und Grenzen der Toleranz

John Locke wird am 28. August 1632 als Sohn eines Rechtsanwalts geboren. Seine Kindheit und frühen Jugendjahre sind durch den englischen Bürgerkrieg geprägt. Die fragile Restauration nach der kurzen Parlamentsherrschaft, Oliver Cromwells Protektorat und dem gescheiterten Interregnum von dessen Sohn erlebt Locke als Student eines der bedeutendsten Colleges in Oxford, Christ Church, wo er 1658 den Master of Arts erwirbt. 1667 tritt er als Arzt und Sekretär in den Haushalt Anthony Ashley Coopers ein, des ersten Earl of Shaftesbury und radikalen Anführers der Whigs, der parlamentarischen Gegner von Charles II. 1683 flieht Locke in die Niederlande, um im Zuge der *Glorious Revolution* 1688 wieder nach England zurückzukehren, wo er bis zu seinem Lebensende 1704 wirkt.[1] Er lebt also ein Leben im Zeichen der oft religiös motivierten politischen Wirren, die England im 17. Jahrhundert zerreißen, und dies nicht als bloßes Opfer, sondern als aktiver und selbstbewußter Gestalter. Daß er über das Verhältnis von Politik und Religion philosophieren sollte, kann also kaum verwundern. Gleichzeitig teilt Locke das Schicksal vieler großer Denker: Als Vertreter einer bestimmten, historisch bedeutsamen Position wird er in der Rezeption gerne auf diese verkürzt, die Komplexität seines Denkens geht verloren.

So tritt uns John Locke zunächst als der Vordenker eines modernen Rechtsverständnisses entgegen. In seiner Vertragstheorie, also seiner Herleitung politischer Legitimität aus der allgemeinen Zustimmungsfähigkeit von Institutionen, ebenso wie in seiner Betonung der Grenzen staatlicher Macht erscheint er uns als der erste moderne Staatsdenker, als jemand, der das Modell des Thomas Hobbes demokratisch wendet.[2] Betrachtet man die Verbindung von Politik und Religion bei Locke, so findet sich das Bild des Verfassers

---

[1] Für eine konzise und aktuelle Biographie s. Milton 1994, umfangreicher Cranston 1957.

[2] Noch Jean Hampton wird ihn als Paradigma einer *agency social contract theory*, in der das Volk seine Macht an Herrscher unter Bedingungen und in institutionellen Grenzen verleiht, gegen Hobbes als Vertreter einer *alienation social contract theory* absetzen, wo die Macht des Volkes bedingungslos an den Herrscher abgetreten wird: Hampton 1986, 3.

des ersten *Letter Concerning Toleration* von 1689.[3] Dort vertritt Locke wiederum eine modern anmutende These der Grenzen des Staates in religiösen Angelegenheiten sowie eine korrespondierende Toleranzpflicht, die sich auch auf das öffentliche Ausleben privater Religion bezieht. Einen ersten Eindruck, daß Locke, ein Denker des siebzehnten Jahrhunderts, doch nicht zur Gänze als Vordenker von Individualrechten und Religionsfreiheit gelten kann, findet sich im oft bemerkten Ausschluß sowohl der Katholiken als auch der Atheisten aus dem Feld der religiösen und politischen Toleranz. Kann man dies auch als Zugeständnis an seine Zeit verstehen, so erscheinen diese Einschränkungen doch theoretisch inkonsistent. Diese intoleranten Positionen, so werde ich zu zeigen versuchen, sind aber tief im Denken Lockes verwurzelt und bestimmen die Struktur nicht erst seines religionspolitischen, sondern schon seines politischen Denkens im allgemeinen.

Der Text wird zuerst Lockes Toleranzbegriff in der Entwicklung seines Denkens analysieren. In einem zweiten Abschnitt wird auf Lockes Anti-Katholizismus eingegangen, um im letzten Teil schließlich die grundlegenden Probleme aufzuzeigen, vor die der Atheismus Locke stellt.

1. Toleranz in Lockes Denkens

Betrachtet man das Œuvre John Lockes, so findet man, daß seine Auseinandersetzung mit religiösen Themen seine gesamte Karriere durchzieht. Keine auch noch so theoretische Beschäftigung mit theologischen Details im England des siebzehnten Jahrhunderts konnte aber sicher sein, von politischen Implikationen frei zu sein, und so beginnt selbst ein so unpolitischer Text wie die *Reasonableness of Christianity* (1695) mit der Feststellung seiner Gegnerschaft gegen calvinistische und deistische Positionen, von denen mindestens die calvinistische religiös begründete politische Ansprüche erhob.[4] Religiöses Denken ist zu Lockes Zeiten also immer auch zumindest potentiell politisches Denken. Entsprechend beginnt und beendet Locke sein philosophisches Schaffen mit einem explizit religionspolitischen Text. Am Anfang stehen die *Two Tracts on Governments* (1660/62), am Ende der unvollendete vierte *Letter Concerning Toleration* (1704).

---

[3] Die Schriften, die heute als Lockes Hauptwerke gelten, der *Essay*, die *Two Treatises* und der erste *Letter*, erscheinen alle im selben Jahr. Die Schaffensperiode der ersten zwei Werke zieht sich aber über viele Jahre hin, die *Treatises* wurden wahrscheinlich bereits zehn Jahre vor ihrer Veröffentlichung weitestgehend vollendet: vgl. Laslett 1988, 31–37.

[4] Interessanterweise ist einer der ersten Vorwürfe gegen die *Reasonableness* der des Hobbismus, gegen den sich Locke in einer *Vindication* seines Werkes (1695b) verteidigt. Vgl. hierzu Higgins-Biddle 1999, lxxiv–cxv.

a.   Die Two Tracts on Government[5]

Locke zögerte zeitlebens, seine Schriften zu veröffentlichen. Seinem Mißtrauen gegenüber Verlagen und der Angst vor negativen Reaktionen gleichermaßen geschuldet, findet
er sich nur nach Drängen von Bekannten bereit, sein Erstlingswerk, den *First Tract on
Government* (1660) zu veröffentlichen, und auch dies nur anonym.[6]

Locke, damals Student am Christ Church College in Oxford,[7] reagiert mit seinem
kleinen Pamphlet auf eine Schrift seines Kollegen Edward Bagshaw. Letzterer veröffentlicht ebenfalls 1660 ein kurzes Pamphlet mit dem Titel *The Great Question Concerning
Things Indifferent in Religious Worship.*

Die Zeit, in der Locke sich also auf eine religiöse Kontroverse einläßt, sind die ersten
Monate nach der Restauration der Stuart-Monarchie in England nach einem fast zwan-
zigjährigen Bürgerkrieg mit anschließender Parlamentsherrschaft, die jedoch schnell in
eine Militärdiktatur Oliver Cromwells verfällt. Nach dessen Tod übernimmt sein Sohn
Richard die Macht, ohne sie jedoch halten zu können. 1660 ruft das Parlament schließlich den Thronfolger des 1649 hingerichteten Charles I. aus dessen französischem Exil
zurück und bietet ihm die Krone an. Diese trägt er ab April 1661 als Charles II.

Nicht nur Hobbes wird in seinem Dialog *Behemoth* religiöse Spannungen als einen
Hauptgrund des Bürgerkriegs ausmachen. Religiöses Sektierertum gilt als politisch su-
spekt, um so mehr dann, wenn im Namen der Religion Rechte gegen den Souverän
gefordert werden.

In diese politisch extrem volatile Zeit fällt die Veröffentlichung von Bagshaws kleiner Schrift. An ihr zeigt sich die politische Sprengkraft selbst scheinbar unbedeutender
religiöser Detailfragen. Denn die 'große Frage' der Schrift dreht sich um das Recht der
politischen Mächte, Handlungen gesetzlich vorzuschreiben, die religiös unumstritten als
indifferent gelten. Als solche unterscheiden sie sich von den religiös, also für die Rettung
der Seele notwendigen Aspekten der Religion wie Glaubensbekenntnisse, Moralgesetze
etc. Indifferente Handlungen (*things indifferent*) betreffen hauptsächlich Umstände der
religiösen Praxis, also die Frage nach dem Wann, Wo und Wie des (äußeren, im Gegensatz zum inneren) Gottesdienstes. Konkreter Auslöser des Streits zwischen Bagshaw
und Locke ist die Frage danach, ob das Tragen eines Meßgewandes (*surplice*) während
des Gottesdienstes vorgeschrieben werden kann oder den Gläubigen selbst überlassen
werden müsse.[8]

Bagshaw hält den Staat für unzuständig bei der Bestimmung dieser indifferenten
Handlungen. Diese definiert er, anders als Locke, als Dinge, für die „uns Gott nur
allgemeine Regeln" gegeben hat, so z. B. „Ehre Gott in all Deinen Handlungen".[9]

---

[5] Die beiden *Tracts* haben eigentlich keine Überschrift. Als scholastische *disquisitiones* ist ihnen
    jeweils eine Streitfrage vorangestellt: ,Ob dem bürgerlichen Magistrat erlaubt sei, indifferente
    Handlungen im Bereich der Religion zu bestimmen', die im Lateinischen noch um die Antwort
    ergänzt wird: *affirmatur.*

[6] Vgl. hierzu die Darstellung in Abrams 1967, 10 ff.

[7] Zur besonderen Bedeutung der *studentships* am Christ Church College und zu Lockes Laufbahn
    dort vgl. Milton 1996, 30 ff.

[8] Abrams 1967, 30 ff.

[9] Bagshaw 1660, 2. Meine Übersetzung.

Indifferente Handlungen sind also solche, bei denen die genauen Umstände von Gott nicht vorgeschrieben sind. Sie sind vielmehr Gegenstand der individuellen „christlichen Klugheit".[10] Damit ist freilich nur bestimmt, daß indifferente Handlungen nicht durch direkte göttliche Weisung geregelt werden. Wer sie regeln soll, ist damit noch nicht gesagt. Für Bagshaw ist klar, daß dies durch das je handelnde Individuum geschehen muß. Der größte Teil seiner Schrift besteht in der Begründung, warum es für den Souverän ungesetzlich (*unlawfull*) sei, entsprechende Handlungen vorzuschreiben. Dabei argumentiert Bagshaw in erster Linie bibelexegetisch sowie aus der Perspektive christlicher Praxis, mit anderen Worten, er interpretiert die Vorschriften und Beispiele, die sich im Neuen Testament hierzu finden. Ein genuin politisches Argument gibt er nur am Ende: die Festschreibung indifferenter Handlungen durch den Souverän ziehe negative Folgen (*inconveniences*) nach sich, von denen vor allem eine die genuin politische Sorge vor staatlichen Interventionen in das religiöse Leben der Bürger betrifft: Innerhalb der indifferenten Handlungen gibt es keine klare Grenze zwischen verschiedenen Gruppen von Handlungen, so daß zu befürchten stünde, daß, gäbe man dem Souverän ein entsprechendes Recht zur Regulierung indifferenter Handlungen, er dieses so breit auslegen würde, daß schließlich keine individuelle Freiheit mehr übrig bliebe.[11] Einziges Kriterium der Legitimität seiner Entscheidungen sei dann nur noch, ob der Souverän die entsprechenden Regeln für „angemessen oder angenehm" befinde. Die Gefahr, die im Hintergrund steht, sind freilich stets „die großen *Narreteien*, die der *papistische* Glaube" beinhalte.[12] Auch wenn Bagshaw hier wie stets über die gesetzliche Regelung indifferenter Handlungen im Bereich des Glaubens spricht, ist leicht zu sehen, daß neben den Gefahren eines religiösen Streits auch die Grenzen der Macht des Souveräns per se zur Debatte stehen. Was die genannten Gefahren angeht, so sieht Bagshaw im von der konservativen Gegenseite befürchteten Chaos (*disorder*) ohnehin lediglich Vielfalt (*variety*).[13]

Der spätere Autor des Toleranzbriefes tritt Bagshaw mit der Feststellung entgegen, daß mit der Restauration gerade erst eine Konsequenz dieser ‚Vielfalt' überwunden wurde: der Religionskrieg, hier in seiner Form als religiös motivierter Bürgerkrieg. In seiner Erklärung, warum er eine Schrift über religiöse Themen veröffentliche, gesteht Locke im Vorwort an die Leser[14] zu, er sei doch stets „ein Feind des Geschreibsels unserer Zeit" gewesen und habe „oft den Federn meiner Landsleute ebenso so viel Schuld zugewiesen wie ihren Schwertern", wenn es um die Gründe des Bürgerkriegs ging, der in Schwere

---

[10] Ebd.
[11] Ebd., 10.
[12] Ebd.
[13] Ebd., 13.
[14] Obwohl es ein solches Vorwort gibt, wird der Text nie veröffentlicht. Im Rahmen der möglichen Gründe, die in der Locke-Forschung für diesen Umstand angegeben werden, halte ich den von Abrams für den plausibelsten: Locke, der ohnehin zögert, in die Öffentlichkeit zu treten und den *Tract* auch nur anonym veröffentlichen will (vgl. Locke 1660, 118), vertritt die These – im Dezember 1660 –, daß er in eine Diskussion eintritt, die nur solange legitim ist, wie es keine politische Entscheidung der zuständigen Stellen gibt. Insofern diese mit den entsprechenden Aussagen Charles' II. und des Earl of Clarendon im Mai 1661 gefällt wird, kann Locke nicht mehr ohne inneren Widerspruch in eine öffentliche Debatte zu diesem Thema eintreten. Vgl. Abrams 1967, 13 ff.

und Dauer kaum so schlimm gewesen wäre, „wären die Menschen sparsamer mit ihrer Tinte umgegangen". Für Locke waren „Krieg, Grausamkeit, Raub, Chaos etc. […] in privaten Studienzimmern heraufbeschworen und zur Störung der Ruhe, die wir genossen, in die Welt gesandt worden."[15] Ganz unabhängig von den Intentionen des Autors sei es der bloße Umstand, daß der Magistrat öffentlich diskutiert werde, der zu Instabilität und Unruhe beitrage – ein Argument, das Hobbesianischer nicht sein könnte.[16]

Ganz wie bei Hobbes erscheint die Lösung bei Locke auch in der Sprache seiner Zeit im Finden eines ‚Mittelwegs'[17] zwischen Autorität und Freiheit.[18] Die Extreme der Tyrannei und der Anarchie seien die „schlimmsten Plagen, die die Menschheit befallen können", und exzessive Vorstellungen von Autorität und Freiheit führten zu diesen Extremen hin.[19] Ganz wie Hobbes landet Locke, allerdings mit weit weniger ausgeklügelten Argumenten, bei der Feststellung, daß „der höchste Magistrat eines jeden Staates, wie auch immer er zustande gekommen sein möge, notwendigerweise eine absolute und willkürliche Macht [*absolute and arbitrary power*] über alle indifferenten Handlungen seiner Untertanen haben muß."[20] Lockes Argument ist letztlich identisch mit Bagshaws, der daraus das Gegenteil schließt. Da die einzige sinnvolle Trennung zwischen notwendigen und indifferenten Handlungen zu ziehen sei, nicht zwischen einzelnen Klassen indifferenter Handlungen, müsse der Souverän entweder das Recht über alle oder über keine der indifferenten Handlungen besitzen. Dabei entscheidet sich Locke aus strategischen Gründen noch für keine Begründung des Staates, sondern versucht die Gültigkeit seines Arguments für die beiden Formen der Staatsbegründung nachzuweisen, die in der damaligen Debatte am häufigsten waren: Gottesgnadentum einerseits, Zustimmung des Volkes andererseits. Im ersten Fall sei dem Souverän, als Stellvertreter Gottes, nur das verboten, was als notwendige Handlung im göttlichen Gesetz bereits determiniert sei. Im anderen Fall hätten die Untertanen sich dem Willen des Souveräns willentlich unterworfen, so daß „all seine Befehle nur ihre eigenen Voten [*votes*] sind."[21]

Bagshaws Argument wird weniger von Locke widerlegt, als daß auf seine Zweideutigkeit hingewiesen wird. Locke gesteht seinem Widersacher zu, gebe man dem Souverän „das Recht zur Steuererhebung, wer kann sagen, daß er uns irgend etwas lasse; gib ihm das Recht, Menschen zu verhaften, wie können wir irgend einer Freiheit noch länger sicher sein; gib ihm das Recht, Versammlungen zu verbieten, wer kann sagen, wie lange wir noch die Gemeinschaft unserer Freunde genießen können?" Die Wende folgt aber sofort: „Diese letztere Praxis ist den schottischen Presbyterianern nicht unbekannt"[22], mit anderen Worten: wenn nicht Anarchie herrscht, wird jemand eine arbiträre Gewalt haben und besitzt dann die Macht, sie zu mißbrauchen. Dies ist schlicht eine Konse-

---

[15] Locke 1660, 118. Meine Übersetzung.

[16] Vgl. Hobbes 1651, Kap. 29, 365.

[17] Zur Bedeutung von Begriffen wie *middle way*, *mediocrity* etc. im England des ausgehenden 16. und 17. Jahrhunderts vgl. Shagan 2011, v. a. Kap. 8.

[18] Wenig beachtet kündigt Hobbes dies in der Widmung des *Leviathan* an: Hobbes 1651, 75.

[19] Locke 1660, 119.

[20] Ebd., 175.

[21] Ebd., 126. Das Argument borgt natürlich deutlich bei Hobbes' Repräsentationstheorie: Hobbes 1651, Kap. 18, 232.

[22] Locke 1660, 157.

quenz politischer Macht, diese aber, so Locke „ängstigt zwar oft, verletzt aber selten".[23] Und ängstigen soll sie durchaus, ist doch die glaubwürdige Strafandrohung eines ihrer Funktionsmerkmale.

Freilich ist dies kein schlagendes Argument gegen Bagshaw, der die Entscheidung ja nicht vom Staat an die Kirchen übergeben, sondern dem Individuum überlassen wollte. Man kann aber annehmen, daß der Locke der *Tracts* die negativen Seiten politischer Macht stets jenem individuellen Pluralismus vorgezogen hätte, der für ihn die Gefahr von Anarchie und Bürgerkrieg mit sich brachte.

Ist der erste, englische *Tract* ein Zeilenkommentar zu Bagshaws Schrift, der weitestgehend bibelexegetisch argumentiert, so verfährt der zweite, lateinische, sehr viel philosophischer. Bagshaw findet keine explizite Erwähnung. Vielmehr bringt Locke das Thema auf eine argumentativ-abstrakte Ebene. Dies geschieht auf scholastische Weise, indem nämlich Locke die relevanten Titelbegriffe, Magistrat, Gottesdienst und Indifferenz, einer Reihe von Unterscheidungen unterzieht.[24] Den Magistrat definiert er hier zunächst über seinen Zweck, die Sorge für die Gemeinschaft (*cura communitatis*), zu deren Gewährleistung er das Recht auf Gesetzgebung besitzen muß, von dem Locke alle anderen Rechte als untergeordnet ableitet. Der einzige Hinweis auf die Uneingeschränktheit dieser Macht findet sich in dem Umstand, daß der Magistrat diese Handlungen nach seinem Gutdünken (*pro libitu*) durchführt.[25] Wirklich deutlich wird die autoritäre Haltung des jungen Locke aber erst, wenn er, um zu erläutern, worin das Aufzwingen (*impositio*) durch den Souverän bestehe, darauf eingeht, welche Verpflichtungsstruktur zwischen Untertanen und Herrscher existiert. Hierzu unterscheidet er zwei Arten von Macht und zwei Arten von Verpflichtung. Die Macht des Herrschers kann nach Locke materiell oder präzeptiv sein. Die erstere bezieht sich auf Handlungen, die ihrem Inhalt nach tatsächlich seiner Zuständigkeit (also der Sorge für die Gemeinschaft) unterstehen. Die präzeptive Macht besteht darin, daß der Befehl, den er gibt, selbst gesetzmäßig (*licitus*) sei, der Gegenstand aber nicht, d.i. nicht zu dem gehört, was die Sorge um die Gemeinschaft betrifft.[26] Die zwei Verpflichtungsformen sind einfach die aktive und die passive, die Verpflichtung zu handeln und die, nicht zu hindern.[27]

Ausschlaggebend für Locke ist, daß die Verpflichtungslage für den Untertan in allen Fällen dieselbe ist. Eine passive Gehorsamspflicht ist unter allen Umständen gegeben, entsprechend ein Widerstandsrecht niemals. Im Fall eines material und präzeptiv legitimen Befehls besteht eine aktive Gehorsamspflicht: sowohl der Gegenstand als auch die Intention des Befehls bzw. des Gesetzes sind legitim. Im Fall eines nur material legitimen Befehls, in dem die Intention nicht auf die Sorge für die Gemeinschaft geht, besteht aber ebenfalls eine aktive Gehorsamspflicht, da das Vergehen des Magistrats dessen Verhältnis gegen Gott betrifft, nicht aber sein Verhältnis gegen die Untertanen. Deren Gehorsamspflicht gründet nur darin, daß der Gegenstand, der reguliert wird, in-

---

[23] Ebd., 158.

[24] Locke 1662, 187/212. Da die zitierte Ausgabe zweisprachig ist, gibt die erste Seitenzahl die lateinische, die zweite die englische Stelle an.

[25] Ebd.

[26] Ebd., 191 f./219 f.

[27] Ebd., 192/220.

different ist.[28] Verfehlungen des Magistrats sind also Sünden gegenüber Gott, nicht aber Verbrechen gegen das Volk und schon gar nicht Gründe für ein Recht auf Widerstand. Ein Recht auf Toleranz im strengen Sinn kann also kein Untertan einfordern.

b. Der Essay Concerning Toleration

Locke begegnet 1666 Anthony Ashley Cooper, dem ersten Earl of Shaftesbury. Nutzt er diese Bekanntschaft zunächst, um im Rahmen seiner Universitätskarriere in Oxford Vergünstigungen zu erlangen, so tritt er 1667 ganz in dessen Dienst, als Hausarzt und, wichtiger, als Sekretär des Mannes, der die liberale Fraktion im englischen Parlament führt, die im Laufe des siebzehnten Jahrhunderts den Namen Whigs erhält und als Motor der liberalen politischen und wirtschaftlichen Entwicklung Englands gilt.[29]

Zwischen der Restauration 1660 und seinem Eintritt in Shaftesburys Haushalt erlebt Locke auch die Umsetzung der in den *Tracts* geforderten Religionspolitik durch den Clarendon Code und dessen praktische Folgen.

Es überrascht daher nicht, daß Locke, als er 1667 mit dem *Essay Concerning Toleration* zu den Themen der *Tracts* zurückkehrt, eine liberalere Einstellung in bezug auf das Verhältnis von Religion und Politik zu vertreten scheint.

Locke beginnt den Toleranzessay mit einer, ganz wie im zweiten *Tract*, am Staatszweck orientierten Definition des Magistrats. Daraufhin unterscheidet Locke zunächst drei Arten von Meinungen (*opinions*) und Handlungen (*actions*), erstens die rein spekulativen Meinungen und die auf ihnen basierenden gottesdienstlichen Handlungen, denen allein er eine, allerdings unbedingte Toleranz (*absolute and universal right to toleration*) zuweist.[30] Locke gibt zwei Gründe für diese Behauptung an. Der zweite, der auch im Toleranzbrief wieder auftaucht, rekurriert auf die Unmöglichkeit, Meinungen und Überzeugungen durch Strafen zu regulieren.[31] Interessanter, weil der bisherigen Argumentation diametral entgegengesetzt, ist allerdings der erste, daß nämlich die bloß spekulativen Meinungen und darauf fußende Handlungen „meinen Umgang mit anderen Menschen nicht beeinflussen" können und entsprechend aus dem Umstand der Privatheit dieses Gottesdienstes keine Konsequenzen für Gesellschaft und Staat erwachsen.[32] Ganz wie bei Bagshaw fallen nun auch für Locke hierunter alle Umstände des Gottesdienstes wie „Zeit, Ort und Art", da dies eine Angelegenheit zwischen Gläubigem und Gott sei.[33] Zum anderen könnten diese Umstände des Gottesdienstes gar nicht zu den indifferenten Handlungen gezählt werden, da es solche in der Religion überhaupt nicht gäbe.[34] In einer strikten Abwendung seiner früheren Position, aber auch auf ganz andere

---

[28] Ebd. Den interessanten Fall, in dem der Magistrat etwas befiehlt, was gegen moralisch notwendige Anforderungen verstößt, thematisiert Locke nicht.

[29] Zu Shaftesbury vgl. Haley 1968. Zu Lockes Verhältnis zu Shaftesbury vgl. Milton/Milton 2006, 1 ff.

[30] Locke 1667, 136.

[31] Ebd., 137.

[32] Ebd.

[33] Ebd. Vgl. Bagshaw 1660, 2.

[34] Locke 1667, 139.

Weise als Bagshaw (nämlich durch die Verneinung der Existenz religiös indifferenter Handlungen), dessen Konsequenzen er nunmehr übernimmt, argumentiert Locke, nicht aus bibelexegetischer, sondern aus psychologischer Perspektive, daß, indem der Gottesdienst für den Gläubigen ein Weg zur Ehrung Gottes ist, er nur diejenigen Handlungen ausüben könne, die er tatsächlich für ehrbar hält. Was „seinem Wesen nach indifferent" ist, ist es für den Gläubigen in keiner Weise.[35] Für den Gläubigen gilt nun, was in den *Tracts* für den absoluten Herrscher galt: Da die Wahrhaftigkeit seiner Absichten sich nur in seinen Aussagen und Handlungen zeige, kann eine Überprüfung, ob der Gläubige Handlungsfreiheiten tatsächlich aus religiösen Gründen einfordert, nur durch Gott erfolgen. Rechtlich muß ihm gewährleistet werden, was gegenüber Gott dennoch Sünde sein kann.[36] Das Recht des Magistrats in bezug auf praktische Prinzipien, die nicht die Moral betreffen, Lockes zweite Klasse von Meinungen und Handlungen, unterliegt immer noch weitestgehend dem Magistrat, und ganz wie in den *Tracts* gilt auch hier noch, daß ein Urteil darüber nur Gott zusteht und kein gewissensbasiertes aktives Widerstandsrecht erlaubt ist.[37] Gewissensbasierter passiver Ungehorsam aber, auch dies ist neu, ist erlaubt, beinhaltet aber weiterhin die Pflicht, die entsprechenden weltlichen Strafen auf sich zu nehmen.[38] Die dritte Gruppe von Meinungen und Handlungen, die moralisch relevanten praktischen Prinzipien, unterstehen wiederum nicht per se dem Magistrat, dem nichts obliegt als die Sorge um das diesseitige Wohl. Wohl aber darf er sie regulieren, insofern sie seine Aufgaben, also die Sorge für die Gemeinschaft betreffen.[39]

Nicht nur der Bezug auf indifferente Handlungen ist neu, auch der Umstand, daß selbst intolerante Gruppierungen in Teilen geduldet werden sollten, allerdings explizit nicht aus moralischen, sondern aus Klugheitsgründen.[40] (Zur großen Ausnahme unter den Religionen, dem Katholizismus, s. den nächsten Abschnitt.) Die Fanatiker (*fanatics*), unter denen Locke die protestantischen Extremisten zusammenfaßt, fallen nämlich zunächst, wie alle Gruppen, die durch religiöse Überzeugungen definiert sind, unter das oben genannte Verdikt über spekulative Meinungen. Ihre Handlungen, mögen sie auch gesellschaftlich problematisch sein, fließen nämlich aus ihren Überzeugungen, die durch Gewalt nicht geändert werden können.[41] Gewalt führe in dieser Hinsicht tatsächlich eher zur Verhärtung der Meinungen oder zu einer geheuchelten und daher wertlosen Orthodoxie.[42] Der Locke von 1667 sieht in der Diffferenz der Meinungen „kaum eine Trennung", während Gewaltandrohung hieraus „einen Kampf" mache.[43] Nicht nur verhärtet letztere die Meinungen, sie klärt auch die Fronten. Was die protestantischen Fanatiker im Gegensatz zu den Katholiken tolerabel macht, was es ermöglicht, sie „nützlich und hilfreich"

---

[35] Ebd.
[36] Ebd., 140.
[37] Ebd., 142.
[38] Ebd., 143. So später auch in Locke 1689a, 86.
[39] Locke 1667, 145 f.
[40] Ebd., 151. Es geht darum, was der Magistrat „klugerweise tun sollte."
[41] Ebd., 154.
[42] Ebd., 154 f.
[43] Ebd., 156.

(*useful and assisting*) zu machen,[44] ist die Vielfalt ihrer Kongregationen, die dem Staat erst dann gefährlich werden, wenn er sie durch Gewaltanwendung gegen sich vereint.[45]

c. Der Letter Concerning Toleration

Die Theorie des Toleranzessays findet ihre Fortsetzung im etwas umfangreicheren, deutlicher ausformulierten ersten Toleranzbrief (1689). Lockes Assoziation mit Shaftesbury hatte ihn zu dieser Zeit in persönliche Gefahr und, ab 1683, in die Niederlande ins Exil gebracht. Dort verfaßt er, adressiert an einen „Honoured Sir", seinen Freund Philip van Limborch, eine Schrift, die 1689 anonym sowohl im lateinischen Original wie in der englischen Übersetzung von Alexander Popple ihren Weg in die Öffentlichkeit findet.

Neu an dieser berühmtesten von Lockes Schriften zur Religion und Politik ist ihre Betonung einer kirchlichen Toleranzpflicht. Im Anschluß nicht so sehr an den Toleranzessay als an die kurze typologische Schrift *Civil and Ecclesiastical Power* (1674), strukturiert Locke die Schrift gemäß einer Aufteilung in die Zwecke von ziviler Regierung einerseits, kirchlicher Regierung andererseits, definiert erstere als die Sorge um das weltliche, letztere als die um das seelische Heil und folgert, daß ein wahrer Begriff von Toleranz nur gefunden werden könne, wenn man diese Trennung analytisch strikt aufrechterhalte.[46] Seine eigentliche Botschaft erhält gegenüber dem Toleranzessay in erster Linie die neue Emphase, daß „es ungeheuerlich scheint, wenn Menschen so blind sind, Notwendigkeit und Vorzüglichkeit [der Toleranz] bei so hellem Licht nicht zu gewahren".[47]

Weit mehr als in den früheren Schriften insistiert Locke hier darauf, die Rechte und Pflichten von Kirchen zu untersuchen und schränkt deren Strafkompetenz im Fall eines Regelverstoßes auf maximal den Ausschluß des Delinquenten von der Kirchengemeinschaft ein. Eine Verletzung der natürlichen Rechte dieser Person stehe ihr nicht zu, da dies der Bereich der weltlichen Strafinstanz sei.[48] Ohnehin sei die Mitgliedschaft in der jeweiligen Kirche freiwillig.[49] Die Toleranzpflicht innerhalb der Kirchengemeinschaft endet für Locke erst mit dem Bruch ihrer Regeln durch ein Mitglied oder durch dessen Beeinträchtigung der natürlichen Rechte eines anderen Mitglieds.[50] Aufgrund der durch ihre unterschiedlichen Zwecke definierten kategorischen Differenz zwischen Religion und Politik hat auch nicht einmal der Staat selbst das Recht, auf religiöse Differenzen mit strafrechtlichen Mitteln zu reagieren.[51] Wohl aber darf er, ja muß er diejenigen Handlungen unterbinden, die den Staatszweck unterminieren. Diese sind seiner Zuständigkeit

---

[44] Ebd., 153.
[45] Ebd., 157. Diese Ansicht wiederholt der erste Toleranzbrief: Locke 1689a, 96 ff.
[46] Locke 1689a, 10–26.
[47] Ebd., 11. Ganz wie noch im ersten *Tract* versteht er auch diese Position als Instanz eines Mittelwegs.
[48] Ebd., 24 f.
[49] Ebd., 18.
[50] Ebd., 28.
[51] Ebd., 36.

unterworfen, religiöse Freiheiten bewegen sich also weiterhin innerhalb der Sphäre dessen, was das bürgerliche Gesetz unreguliert läßt.[52]

Die Unzuständigkeit des Staates basiert hier, wie schon im Toleranzessay, in erster Linie auf dessen Unfähigkeit, religiöse Angelegenheiten zu regeln. Der Katalog der religiös relevanten Handlungen aus der früheren Schrift, vor allem die spekulativen Überzeugungen und die indifferenten religiösen Handlungen, über deren Wert für Gott nur der Handelnde selbst entscheiden kann, wird nicht erweitert, nur die kategorische Trennung wird nochmals betont.[53] Aber auch genuin normativ bleibt dem Staat, nunmehr im Geiste des *Second Treatise* explizit vertragstheoretisch rekonstruiert[54], die Sorge um das Seelenheil verwehrt. Nicht nur funktional, sondern auch von seiner Provenienz her, weil das weltliche Wohlergehen „den einzigen Grund für die gesellschaftliche Vereinigung von Menschen" darstelle[55], ist für Locke Religion eine Privatangelegenheit, präziser: eine Angelegenheit der freien Wahl einer Gemeinschaft, die sich innerhalb der Staatsgesetze um des Seelenheils ihrer Mitglieder willen konstituiert hat.[56]

Vollzieht Locke schon 1667 die Wendung zu einem liberaleren, toleranteren Denker, so verbindet sich diese Position 1689 vor allem mit der ausdrücklichen Unterstützung einer vertragstheoretischen Fundierung des Staates. Die Frage nach der Toleranz in einem religiös pluralen Staat vervollständigt Locke hier durch eine erstmalige Ausarbeitung der Toleranzpflicht der verschiedenen Kirchen gegeneinander.

Was auch 1689 erhalten bleibt, ist die im Toleranzessay angeschnittene Frage nach der Duldung von Katholiken. Neu erscheint im ersten Toleranzbrief die Frage nach der Duldung von Atheisten. Mit diesen beiden Elementen beschäftigen sich die folgenden Abschnitte.

2. Anti-Katholizismus

Im England des siebzehnten Jahrhunderts hat das Nachdenken über Religion eine besondere Dimension. Mit der Konstitution der anglikanischen Kirche unter Heinrich VIII. und ihrer Festigung unter Elisabeth I. ist die Frage nach dem religiösen Pluralismus gegenüber protestantischen Sekten eine drängende; ebenso sehr aber benötigt es eine Auseinandersetzung mit den temporalen, also weltlichen Ansprüchen der katholischen Kirche. Katholiken gelten dabei in der Diskussion als vertrauensunwürdig nicht wegen bestimmter, von Protestanten abgelehnter religiöser Ansichten, sondern eben wegen des weltlichen Anspruchs des Papstes, über dem jeweiligen Landesherrscher zu stehen und katholische Untertanen von ihrer Treuepflicht gegen diesen entbinden zu können. Gibt es in einem Land eine nichtkatholische Landeskirche, so folge daraus, daß katholische Untertanen keinen echten, also unbedingten Treueschwur leisten können. Dabei geht es,

---

[52] Ebd., 64 ff.
[53] „[K]einerlei Verbindung mit bürgerlichen Angelegenheiten": Ebd., 59.
[54] Ebd., 82 ff.
[55] Ebd., 87.
[56] Locke vergleicht den Versuch, Staatsgesetze in bezug auf das Seelenheil zu geben mit Gesetzen, die es Privatpersonen verböten, krank oder arm zu werden: ebd., 42.

ganz unabhängig davon, ob Untertanen ein Widerstandsrecht eingeräumt wird, um die Funktionalität von Versprechen im Angesicht bestimmter religiöser Haltungen: Das Versprechen als normative Selbstbindung über einen Sprechakt beruht auf dem Vertrauen, das dem Versprechenden entgegengebracht wird. Herrscht dieses Vertrauen nicht, kann der, dem das Versprechen gegeben wurde, nicht von einer Selbstbindung ausgehen. Gibt es eine Instanz, die dieses Versprechen aufheben kann – hier den Papst – so kann dem Versprechenden ganz unabhängig von der Ernsthaftigkeit seines Sprechakts kein Vertrauen entgegengebracht werden, gerade wenn er die normativen Ansprüche des Papstes, also dessen Recht, Versprechen aufzuheben, ebenso ernsthaft anerkennt. Nicht der (als Heuchler an sich vertrauensunwürdige) geheuchelte, sondern gerade der wahrhafte Katholik kann kein bindendes Versprechen geben.

Thomas Hobbes stellt dieses Problem in seiner stringentesten Form dar, ohne allerdings besondere Originalität für sich reklamieren zu können: Das Argument ist in seiner Zeit vor allem unter konservativen Denkern weit verbreitet. Die Frage ist, wie kann ein politisches System stabil sein, wenn dies nur durch den Gehorsam der Untertanen möglich ist, diese aber zwei Herren dienen sollen – ihrem Souverän und dem Papst? Was, wenn diese widersprüchliche Anweisungen geben? Nach Hobbes ist es in diesem Falle nicht irrational, dem spirituellen Herrscher in seinen weltlichen Ansprüchen zu folgen, kann er doch mit ewiger Verdammnis drohen, wo der weltliche Herrscher höchstens die Existenz in dieser Welt beenden kann.[57]

Hobbes' Lösung dieses Problems besteht im Nachweis, daß der weltliche Herrscher der Stellvertreter Christi auf Erden in allen weltlichen Angelegenheiten ist, das Seelenheil entsprechend nur durch Gehorsam oder Ungehorsam gegen ihn erhalten oder verloren werden kann. Er argumentiert also, daß das Problem, zwei Herren dienen zu müssen, einem falschen Verständnis der Heiligen Schrift und deren Aussagen über das Verhältnis weltlicher und geistlicher Macht geschuldet ist.[58] Während Hobbes dieses Mißverständnis korrigieren will, schließt Locke die Katholiken von der religiösen Toleranz aus. Allerdings tut er dies auf der Basis ihrer grundsätzlichen Vertrauensunwürdigkeit, womit seine These jenseits religiöser Implikationen auch den staatsbürgerlichen Gehorsam der Katholiken und die Möglichkeit eines gesellschaftlichen Zusammenlebens mit ihnen betrifft.

Oben wurde festgestellt, daß Locke ursprünglich eine konservative politische Position vertrat. Da uns auch der liberale, ältere Locke als anti-katholisch entgegentritt, könnte es sich bei seinem Anti-Katholizismus also um ein bloßes Überbleibsel seiner früheren Positionen handeln. Die Frage wäre dann nur, weshalb er als liberaler Denker diese konservative Position beibehalten hat, wo er doch so viele andere aufgibt.

Gerade der Anti-Katholizismus scheint aber dem jungen, konservativen Locke nicht wichtig zu sein. Seine Frühschriften zeichnen sich durch eine Angst vor Anarchie aus, die seine *Tracts* auf das Sektierertum seiner Zeit zurückführen. Aus seiner Oxforder Zeit findet sich gegen den Katholizismus gerichtet hingegen nur der kleine Aufsatz *Infallibility* (1661), der den Unfehlbarkeitsanspruch jeder christlichen Autorität mit Ausnahme der Heiligen Schrift ablehnt. Damit rekonstruiert er den orthodoxen Anspruch des Pro-

---

[57] Hobbes 1651, Kap. 43, 610.
[58] Ebd., Kap. 42, 527.

testantismus, dem sich auch der Anglikanismus anschließt,[59] und wendet sich notwendig gegen einen Aspekt des Katholizismus. Mag dieser auch Implikationen für das von Hobbes konstatierte Problem des bürgerlichen Gehorsams haben, so bleibt es doch in dieser Phase von Lockes Schaffen bei dieser Vorübung.

Erst durch seinen Anschluß an und politische ‚Konversion‘ durch Shaftesbury findet anti-katholisches Gedankengut Eingang in Lockes Philosophie, zuerst und am emphatischsten 1667 im *Essay Concerning Toleration*.

Nach seiner neuen Ausarbeitung der Toleranzpflichten des Staates erläutert Locke dort die Grenzen dieser Pflicht. Da diese an sich abstrakte Pflicht einer Ausdifferenzierung entlang konkreter politischer Anforderungen bedarf, wendet sich Locke nun den zwei großen religiösen Parteien zu, die er, stets als Vertreter des politischen Mittelwegs, als „Papisten und Fanatiker" identifiziert.[60] Will er, wie oben erwähnt, über Mäßigkeit und Nachsicht zum einen verhindern, daß sich die Vielzahl der Fanatiker, also der protestantischen Sekten, zu einer politisch relevanten Vereinigung entwickeln, zum anderen sie für die Möglichkeit einer ‚Nützlichmachung‘ als Staatsbürger offenhalten, so sieht er keine Möglichkeit, die Katholiken anders als durch gesetzliche Härte kleinzuhalten. Drei Gründe sprechen nach Locke für diese Vorgehensweise. Zum einen seien einige katholische Doktrinen schlicht mit der Stabilität jedes Staates inkompatibel, in dem der Katholizismus nicht Staatsreligion sei, so der Dispens von der Vertragstreue gegen Heiden und die Erlaubnis des bürgerlichen Ungehorsams auf Befehl des Papstes.[61] Als zweites führt Locke einen Wechselseitigkeitsgrundsatz ein: Da Katholiken sich selbst nicht an die Toleranzpflicht gegen Nichtkatholiken gebunden sähen, gelte eine entsprechende Pflicht auch nicht gegen sie. Drittens schließlich seien sie, da der Papst „den Schlüssel zu ihrem Gewissen an seinem Gürtel" trage, „unversöhnliche Feinde, deren Treue man niemals sicher sein" könne.[62] Entsprechend werden die Katholiken eher als Staatsfeinde angesehen denn als verblendete Sucher religiöser Reinheit, womit ihre harte Behandlung eher als gerechtfertigte Strafe betrachtet werde.[63] Weil die Katholiken ohnehin schon eine Gruppe bilden, können sie auch weder über Toleranz zerstreut gehalten werden wie die protestantischen Sekten, noch bestehe die Gefahr, daß sie sich durch Härte mit diesen vereinen würden.[64]

---

[59] Zu Locke 1661 vgl. Higgins-Biddle 1999, lxxxii f.

[60] Locke 1667, 151. Meine Übersetzung.

[61] Ebd., 152.

[62] Ebd.

[63] Ebd.

[64] Waldron 2002, 218 ff. behauptet, daß es keine Anhaltspunkte für einen genuinen Anti-Katholizismus bei Locke gäbe. Dies kann auf der Basis des Toleranzessays (Waldron argumentiert in erster Linie vom *Letter* aus) nicht aufrecht erhalten werden. Weit davon entfernt, Toleranz zu zeigen, geht Lockes Forderung, ganz wie bei den Atheisten hier (allerdings nicht mehr im Toleranzbrief) über die religiöse Intoleranz hinaus und wird zu einer bürgerlichen. Es ist wahr, daß Locke bspw. im dritten Toleranzbrief die Frage aufwirft, wie der Magistrat auf den Umstand reagieren solle, daß die Sozinianer und die Katholiken nur je zwei der drei Glaubensbekenntnisse des Christentums anerkennten (Locke 1692, 173). Hierbei handelt es sich aber um eine spekulativ-spirituelle Frage, die bei Locke ab 1667 stets aus der Zuständigkeit des Magistrats herausfällt. Insofern und solange zum Katholizismus aber der Glaube an die spirituelle Notwendigkeit der Anerkennung

Wie findet ausgerechnet durch den Einfluß eines liberalen Politikers anti-katholisches Gedankengut Eingang in Lockes Philosophie? Im letzten Abschnitt wurde argumentiert, daß Lockes tolerantere Haltung gegenüber Sekten im Toleranzessay auch seinen Erfahrungen in Oxford unter dem rigiden Konformitätsregime nach der Restauration geschuldet sein könnte. Ähnlich konkreten Umständen verdankt er wohl seinen Anti-Katholizismus.

Dabei muß, um Shaftesburys Einfluß richtig einschätzen zu können, zunächst gefragt werden, in welchem Sinne die Whigs des siebzehnten Jahrhunderts ,liberaler' waren als die Tories. Den Whigs ging es ebenso sehr um politische Stabilität wie ihren politischen Gegnern, allerdings sahen sie diese Stabilität am besten in einer gemäßigten Monarchie realisiert, die vom Parlament kontrolliert wird. Sie waren die treibende Kraft hinter der *Glorious Revolution* von 1688. Als Vertreter politischer Stabilität waren sie allerdings an religiöser Konformität durchaus interessiert, da das Sektierertum der Presbyterianer und anderer als ein Hauptgrund für den Bürgerkrieg betrachtet wurde. Allerdings war diese Form des Liberalismus nicht nur intolerant gegenüber protestantischen Sektierern. Die absolutistische Monarchie Frankreichs war ihnen ein besonderes Feindbild. Die Angst vor einer Rekatholisierung Englands war vor allem in diesem Absolutismus begründet, der allen politischen Forderungen der Whigs zuwiderlief. Charles II. allerdings war der Sohn von Henrietta Maria, einer Tochter des französischen Königs. Seine Neigungen zum Katholizismus, seine Versuche, anti-katholische Gesetzgebung durch exekutive Einflußnahme zurückzunehmen oder ihre Opfer mit Amnestien zu versehen, nicht zuletzt der Umstand, daß sein Bruder und Thronfolger offen katholisch war, machten Charles II. daher zusätzlich zu einem Feind der Whigs.

Der Anti-Katholizismus Shaftesburys war also in erster Linie politischen Gründen geschuldet und weniger dem klassischen konservativen ,Zwei-Herren'-Argument. Wenn Locke dieses Argument im Toleranzessay verwendet, so greift er damit zwar auf eine konservative Trope zurück, an der er sein Leben lang festhalten wird. Die Gründe für sein Argument sind aber letztlich machtpolitischer Natur.

Die beschriebene politische Situation dauert auch noch zur Zeit des ersten Toleranzbriefs an. Geschrieben im niederländischen Exil, wiederholt Locke die Argumente aus dem Toleranzessay, ohne sie weiter auszuarbeiten. Insgesamt schrumpft der Umfang der anti-katholischen Argumentation gegenüber dem Toleranzessay sogar. Dabei gewinnt die Frage in der englischen Tagespolitik zunehmend an Bedeutung. Die politische Situation spitzt sich schon im Umfeld der *Exclusion Crisis* (1678–81) zu, als die Whigs, angeführt von Shaftesbury, versuchen, Katholiken von der englischen Thronfolge auszuschließen.[65] Über die Panik im Rahmen des *Popish Plot* (1678) und des *Rye House Plot* (1683) – in beiden Fällen geht es um angebliche Konspirationen zur Ermordung des Königs, im Rahmen des letzteren muß Locke aus England fliehen – kulminiert der Konflikt 1685 in der Thronfolge Jakobs II., Charles' Bruder.

---

eines weltlichen Vorrangs des Papstes gehört, kann Locke weder den Katholizismus dulden, da diese Glaubenssätze den Staat selbst gefährden, noch den Katholiken als Bürger.

[65] Ein schöner Überblick über die Debatte zum Anti-Katholizismus in England während der *Exclusion Crisis* findet sich in Ashcraft 1986, 191 ff.

Drei Jahre später schließlich, in der Nachfolge der *Glorious Revolution*, wird William of Orange englischer König. Locke kehrt aus dem Exil zurück, um ein Jahr später die anonyme Veröffentlichung seines ersten Toleranzbriefs miterleben zu dürfen. Daß der Anti-Katholizismus mit dieser Revolution nicht ausgestanden ist, vielmehr Lockes Forderungen der Intoleranz gegenüber Katholiken gerade erst *en vogue* werden, zeigt sich am *Toleration Act* (1689), mit dem Personen katholischen Glaubens bis zur Aufhebung des Gesetzes 1829 von allen politischen Ämtern ausgeschlossen werden.

3.   Atheismus

Von der Toleranz sind im ersten Brief auch Atheisten ausgeschlossen. Auch dies könnte man ein Zugeständnis an den Zeitgeist nennen, immerhin ist Atheismus als eine Form von Blasphemie der Todesstrafe unterworfen. Gerade hier aber findet sich eine Kontinuität über Lockes gesamtes Schaffen hinweg, eine Kontinuität, die die Fundamente seines moralischen und politischen Denkens berührt.

Im Toleranzbrief von 1689 findet sich der Ausschluß der Atheisten quasi als Nachgedanke zum Anti-Katholizismus. Ähnlich wie bei den Katholiken ist der Grund des Ausschlusses allerdings so fundamental, daß er auch bei den Atheisten als ein Ausschluß aus der Gesellschaft insgesamt verstanden werden muß. Denn weit davon entfernt, dem Atheismus, sozusagen als Negation des Theismus, den Status religiösen Denkens, und der entsprechenden Intoleranz den einer nur religiösen Intoleranz zu geben, rekurriert Locke wie schon beim Katholiken auf die Unmöglichkeit der Institution des Versprechens. Denn die Selbstbindung des Versprechens ist immer auch eine Bindung an Gott, dessen Strafandrohung uns unsere Versprechen im Angesicht der Versuchung des Wortbruchs halten läßt. Fällt der Glaube an Gott weg, fällt auch die Angst vor dessen Strafe weg und nichts steht dann mehr zwischen uns und dem Wortbruch. Die Bedeutung des Versprechens bedarf in ihrer grundlegenden Bedeutung für Lockes moralisches und politisches Denken insgesamt einer näheren Betrachtung.

Beginnen wir dieses Mal mit dem älteren Locke, dem der zwei *Treatises*, die, wenn auch einige Jahre vor dem Toleranzbrief verfaßt, zeitgleich mit diesem erscheinen. Dort hat sich Locke für die Begründung politischer Institutionen durch die Zustimmung des Volkes entschieden. Er stellt sich in die Hobbes'sche Tradition der Vertragstheorie und begründet den Staat aus einer Übereinkunft, die im Naturzustand geschlossen wird.[66] Der Naturzustand jedoch ist, anders als bei Hobbes, nicht mit einem Kriegszustand identisch. Letzterer droht zwar eher im Natur- als im staatlichen Zustand, ist jedoch von beiden dadurch unterschieden, daß er sich durch tatsächlichen Konflikt auszeichnet.[67] Im Naturzustand selbst steht der Mensch nur unter dem Naturrecht. Dieses jedoch wird, wiederum anders als bei Hobbes, nicht als „Recht auf alles"[68] konzipiert. Vielmehr

---

[66] Locke 1689b, II Kap. 8. Dies im Unterschied zu den beiden *Tracts*, wo er betont, daß seine Argumente über die Grenzen des Staates und der Religionsfreiheit von der Theorie über die Fundierung des Staates unabhängig sind.

[67] Ebd., II Kap. 3, § 19, im Gegensatz zu Hobbes, wo der Naturzustand stets mindestens ein Zustand des Kalten Krieges ist: Hobbes 1651, Kap. 13, 185 f.

[68] Hobbes 1651, Kap. 14, 190.

wird Lockes „Zustand völliger Freiheit"[69] durch die Erkenntnis eines göttlichen Natur-rechts eingeschränkt.[70] Von besonderer Bedeutung ist dabei der Ausdruck ‚Gottes Werk' (*God's workmanship*).[71] In einer eleganten Verknüpfung seiner theonomen Wurzeln mit der Sprache der aufkommenden bürgerlich-liberalen Schicht, für deren gesellschaftliche Vision er die gedankliche Grundlage legt, rekonstruiert Locke die Grenzen des natürlichen Rechts aus dem Umstand, daß die Menschen gleich sind in ihrer Eigenschaft als Produkte Gottes. Als solche sind sie alle gleichermaßen seinen Geboten unterworfen, die sich im Naturrecht manifestieren.

Man kann argumentieren, daß die unausgesprochene und bei Locke nie ausformu-lierte Naturrechtstheorie ihre Urgestalt beibehalten hat, seit Locke sie im ersten *Tract* entwickelt hat. Dort rekonstruiert er eine (wie wir sahen absolute und willkürliche) staat-liche Autorität entlang spätscholastischer Denktraditionen. Die Struktur des Arguments ist dort ebenso knapp wie luzide.

1. Alles Gesetz stammt von Gott. Dazu gehört vor allem die theonome, kategorisch-moralische Pflicht zur Vertragstreue und zum Halten von Versprechen (*fides*). Die Befolgung dieser Pflicht ist notwendig, auch und vor allem für das eigene Seelenheil.

2. Alles, was nicht vorgeschrieben ist, ist indifferent, und der Mensch ist in dieser Hin-sicht frei.

3. Alles, was indifferent ist, steht dem Mensch dahingehend zur Verfügung, daß er sich dessen begeben kann. Er kann bezüglich dieser Handlungen eine Verpflichtung (*ob-ligatio*) eingehen.

4. Hat er dies getan, so besitzt er hinsichtlich dieser Verpflichtung eine Pflicht zur Einhaltung des Versprochenen, *obligatio* wird also an *fides* gebunden. Handlungen, deren Verfügung frei war, fallen nunmehr unter das göttliche Naturrecht, ihre Ein-haltung ist nun eine kategorische Pflicht.

In den *Essays on the Law of Nature* (1664),[72] in denen Locke erstmals explizit das Natur-recht als ein Vernunftrecht definiert, das auf Sinneswahrnehmungen basiert,[73] vollzieht er damit nicht etwa eine Abkehr vom scholastisch-theonomen zu einem quasi-Hobbesia-nischen vernunftbasierten Naturrecht, sondern thematisiert vielmehr die epistemischen Voraussetzungen von dessen Erkenntnis. Der Umstand, daß Gott seine Quelle ist, daß Gott aus einer im Grunde teleologisch verstandenen Natur abgeleitet wird, bleibt da-durch unberührt.[74] Auch der Atheist hat hier bereits seinen ersten Auftritt. Ohne weiter darauf einzugehen oder es argumentativ zu unterfüttern, hält Locke es für unmöglich, daß ein vernünftiges Wesen seiner Herleitung der Existenz Gottes widersprechen könn-

---

[69] Locke 1689b, II Kap. 2, § 4.

[70] Schon John Dunn 1969 erkannte diese theonomen Wurzeln von Lockes Politik, erneut betont wurden sie zuletzt von John Marshall 1994, Jeremy Waldron 2002 und Greg Forster 2005.

[71] Locke 1689b, II Kap. 6, § 56; vgl. I Kap. 6, § 53.

[72] Wie bei den beiden *Tracts*, so ist auch hier der Titel der des Herausgebers. Die einzelnen *Essays* sind jeweils, wie die *Tracts*, schlicht mit einer Frage überschrieben, auf die jeweils ein *affirmatur* oder *negatur* folgt.

[73] So v. a. im vierten Essay: Locke 1664, 147 ff.

[74] Ebd., 109 ff.

te.[75] Die Existenz Gottes ist für den jungen Locke also eine Voraussetzung für Moral, indem Gott die Quelle der Treuepflicht ist. Indem Vertragstreue die Grundlage bürgerlichen Gehorsams und ergo der Stabilität des Staates ist, indem schließlich die Erfüllung einer Verpflichtung (die man gegenüber dem Souverän durch Vertragsschluß eingeht) moralische Pflicht ist, ist auch die genuin politische Normativität des jungen Locke letztlich an Gott zurückgebunden.

Wir sahen allerdings auch, daß Locke weder in den *Essays* noch in den *Treatises* eine darüber hinausgehende Theorie des Naturrechts besaß. Will man diese theonome Wurzel seines moralischen und politischen Denkens auch für den Zeitraum der *Treatises* und des ersten Toleranzbriefs nachweisen, so wäre es hilfreich, wenn man einen Text aus dieser Zeit vorweisen könnte, in dem Locke explizit diese Argumentationsstruktur wiederholt. Etwas in dieser Art findet sich tatsächlich in einem Kapitel eines frühen Entwurfs zu Lockes Hauptwerk, dem *Essay Concerning Human Understanding* (1689). Dieses Kapitel, das mittlerweile unter seinem Titel *Of Ethick in General* als eigenständiger kleiner Text in der Locke-Forschung rezipiert wird, wird um 1686 formuliert.[76] Im Text rekurriert Locke, nach einer Darstellung seiner hedonistischen psychologischen Prämissen, auf das Naturrecht als Quelle moralischer Theorie und auf Gott als Quelle des Naturrechts. Hier wie in seinen Frühschriften ist die Figur des „Gesetzgebers" zentral für die Akzeptanz moralischer Anforderungen.[77] Ohne eine Anerkennung dieses Gesetzgebers kann es keine Moral geben, da das Naturrecht seinen gesetzlichen Charakter eben nicht, wie bei Hobbes, primär von seiner Vernunftmäßigkeit hat. Daß gerade dieses Verständnis des Naturgesetz als einer Vernunftregel nicht ausreicht, um normative Verbindlichkeit zu begründen, betont Locke noch 1695 in der *Reasonableness of Christianity*, wo, ganz in der Tradition der *Tracts* und der *Essays on the Law of Nature*, das Naturgesetz Gottes Gesetz ist. Und da das Naturgesetz, als „vollständige Moral", seine Funktion erst als „unhinterfragbare Lebens- und Verhaltensregel" erfüllt, kann es nicht in den „unzusammenhängenden Sprüchen der Philosophen" bestehen. Zwar ist das Vernunftgesetz Gottes Gesetz; daher ist das moralische Gesetz vernunftgemäß, verpflichtend ist es aber durch seinen Gesetzescharakter. Entsprechend ist es die Offenbarung, nicht die Vernunft, die das Naturgesetz gibt, so daß „hier die Moral einen sicheren Standard besitzt, für den die Offenbarung bürgt, den die Vernunft nicht ableugnen kann, und in dem beide, Offenbarung und Vernunft, Gott als den großen Gesetzgeber bezeugen."[78]

Das Naturgesetz ist also von vornherein Gesetz im normativen Sinne, weil es eine Verhaltensregel ist, die von einer dazu autorisierten Person gegeben wird. Insofern diese Person, Gott als allmächtiger Schöpfer, als Hersteller und folglich als Eigentümer seiner Schöpfung, die Grundlage aller privaten und öffentlichen Moral ist, kann ohne eine Anerkennung seiner Existenz und Autorität[79] keine Moral existieren. Diejenigen,

---

[75] Ebd., 109. In der *Vindication* wird der Atheist geradewegs für verrückt erklärt: Locke 1695b, 8.
[76] Locke 1686.
[77] Ebd., 304.
[78] Locke 1695a, 152 f. Vgl. hierzu auch Locke 1689c, 77, sowie seine kleine Notiz zum Naturgesetz: Locke 1678.
[79] Insofern die Anerkennung seiner Existenz im christlichen Kontext per Definition die Anerkennung seiner Allmacht beinhaltet und seine Berechtigung auf dieser Allmacht basiert, fallen die zwei Begriffe zusammen.

die seine Existenz bestreiten, können also nicht als moralische Akteure akzeptiert werden. Insofern der Staat auf Vertragstreue beruht, eine wahre Stabilität aber nicht durch prudentielle – die höchste dem Atheisten mögliche Form –, sondern nur durch kategorische Treue[80] ermöglicht wird, sind Atheisten entsprechend aus weit mehr ausgeschlossen als aus dem Bereich religiöser Toleranz. Ein Atheist kann, so die Implikation von Lockes Argument, kein Mitbürger sein. Mit dieser Konsequenz rekonstruiert Locke zwar schlicht den juristischen Status quo des Englands seiner Zeit. Das Bild des liberalen Reformers wird dadurch freilich in einem bedeutenden Bereich erheblich eingeschränkt.

4. Literatur

Abrams, Ph. 1967: Introduction, in: Ph. Abrams (Hrsg.), John Locke. Two Tracts on Government, Cambridge 1967, 3–114.
Ashcraft, R. 1986: Revolutionary Politics and Locke's *Two Treatises of Government*, Princeton, NJ.
Bagshaw, E. 1660: The Great Question Concerning Things Indifferent in Religious Worship, London.
Cranston, M. 1957: John Locke. A Biography, London.
Dunn, J. 1969: The Political Thought of John Locke. An Historical Account of the Argument of the ‚Two Treatises of Government‘, Cambridge.
Forster, G. 2005: John Locke's Politics of Moral Consensus, Cambridge.
Haley, K. H. D. 1968: The First Earl of Shaftesbury, Oxford.
Hampton, J. 1986: Hobbes and the Social Contract Tradition, Cambridge.
Higgins-Biddle, J. 1999: Introduction, in: J. Higgins-Biddle (Hrsg.), John Locke: The Reasonableness of Christianity, Oxford 1999, xv–cxv.
Hobbes, Th. 1651: Leviathan, or The Matter, Forme & Power of a Common-Wealth, hrsg. v. C. B. Macpherson, Harmondsworth 1968.
Laslett, P. 1988, Introduction, in: P. Laslett (Hrsg.), John Locke. Two Treatises of Government, Cambridge 1988, 3–122.
Locke, J. 1660: First Tract on Government, in: Ph. Abrams (Hrsg.), John Locke. Two Tracts on Government, Cambridge 1967, 115–181.
– 1661: Infallibility, in: P. Goldie (Hrsg.), John Locke. Political Essays, Cambridge 1997, 204–209.
– 1662: Second Tract on Government, in: Ph. Abrams (Hrsg.), John Locke. Two Tracts on Government, Cambridge 1967, 183–241.
– 1664: Essays on the Law of Nature, in: W. Von Leyden (Hrsg.), John Locke. Essays on the Law of Nature, Oxford 1954, 107–215.
– 1667: Essay Concerning Toleration, in: P. Goldie (Hrsg.), John Locke. Political Essays, Cambridge 1997, 134–159.
– 1674: Civil and Ecclesiastical Power, in: P. Goldie (Hrsg.), John Locke. Political Essays, Cambridge 1997, 216–221.
– 1678: Law of Nature, in: P. Goldie (Hrsg.), John Locke. Political Essays, Cambridge 1997, 270.
– 1686: Of Ethick in General, in: P. Goldie (Hrsg.), John Locke. Political Essays, Cambridge 1997, 297–304.
– 1689a: A Letter Concerning Toleration, zit. nach: J. Ebbinghaus (Hrsg.), Ein Brief über Toleranz, engl.-dt., Hamburg 1996, 1–121.
– 1689b: Two Treatises of Government, in: P. Laslett (Hrsg.), John Locke. Two Treatises of Government, Cambridge 1988, 135–428.

---

[80] Nicht aber durch unbedingte Treue in einem inhaltlichen Sinn. Die Grenzen der kategorischen Vertragstreue sind in den Grenzen der durch den Vertrag festgesetzten Rechte festgeschrieben.

- 1689c: An Essay Concerning Human Understanding, hrsg. v. R. Woolhouse, Harmondsworth 1997.
- 1692: A Third Letter Concerning Toleration, in: The Works of John Locke, in Nine Volumes, London ^{12}1824, Bd. 5, 139–546.
- 1695a: The Reasonableness of Christianity, in: J. Higgins-Biddle (Hrsg.), John Locke. The Reasonableness of Christianity, Oxford 1997, 1–171.
- 1695b: A Vindication of the Reasonableness of Christianity, in: V. Nuovo (Hrsg.), John Locke. Vindications of the Reasonableness of Christianity, Oxford 2002, 3–26.
Marshall, J. 1994: John Locke. Resistance, Religion, and Responsibility, Cambridge.
Milton, J. R. 1994: Locke's Life and Times, in: V. Chappell (Hrsg.), The Cambridge Companion to Locke, Cambridge 1994, 5–25.
- 1996: Locke at Oxford, in: G. A. J. Rogers (Hrsg.), Locke's Philosophy, Oxford, 29–47.
-/Milton, Ph. 2006: General Introduction, in: J. R. Milton, Ph. Milton (Hrsg.), John Locke. An Essay Concerning Toleration and Other Writings on Law and Politics, 1667–1683, Oxford 2006, 1–161.
Shagan, E. 2011: The Rule of Moderation. Violence, Religion and the Politics of Restraint in Early Modern England, Cambridge.
Waldron, J. 2002: God, Locke, and Equality. Christian Foundations in Locke's Political Thought, Cambridge.

DIETRICH SCHOTTE

Zwischen Bürgergesinnung und Sakralisierung des Gemeinwohls

Rousseaus Konzept der *religion civile*

1. Einleitung

Auf welchen sozialen Faktoren ruht die Stabilität einer politischen Ordnung? Reicht es, um die klassischerweise Thomas Hobbes zugeschriebene Position zu paraphrasieren, aus, eine hinreichend transparente und allgegenwärtige Sanktionsmacht einzusetzen, die jeden Adressaten der entsprechenden politischen Ordnung schlicht zur Befolgung der entsprechenden Gesetze und Vorgaben *zwingt*?[1] Oder ist es nicht vielmehr so, dass wirkliche Stabilität lediglich durch eine affirmative Haltung dieser Adressaten, durch ihre *Anerkennung* der politischen Ordnung zu erreichen ist?[2] Dann aber stellt sich die Frage: Reicht, wie vor allem liberale Theoretiker immer wieder nahegelegt haben, eine aktive Einbindung der Adressaten in die Gestaltung der politischen Ordnung, d. h. die ihnen gegebene Möglichkeit, ihre eigenen, partikularen Interessen in ihr und durch sie zur Geltung zu bringen, aus, um sie an die politische Ordnung zu binden? Oder muss es sich bei dieser affirmativen Haltung letztlich nicht doch um eine *affektive* Bindung an das „Gemeinwesen", um eine Identifikation mit ihm und dem korrespondierenden „Gemeinwohl" handeln, die vor allem sicherstellt, dass partikulare Interessen zurücktreten, wenn die Erreichung dieses Gemeinwohls in Frage steht?

Mit dieser letzten Frage ist, unabhängig von der darauf gegebenen Antwort, das sachliche Problem der „Zivilreligion" aufgeworfen.[3] Mit diesem Begriff wird gemeinhin auf jene „Bestände religiöser Kultur, die in das politische System integriert sind" verwiesen,

---

[1] Wie die meisten ‚Lehrbuchlesarten' ist auch diese Hobbes-Lesart mindestens grob vereinfachend, zumindest hat die jüngere Hobbes-Forschung immer wieder auf die Bedeutung einer „politischen Bildung" bei Hobbes hingewiesen, vgl. Vaughan 2007, Bejan 2012 sowie Schotte 2013, Kap. 8.

[2] Für entsprechende Argumente jenseits der Beschäftigung mit „Zivilreligion" u. ä. vgl. Arendt 2000, 51 sowie Hume 1988a, 25.

[3] Heinz Kleger (2010, 135) hat vorgeschlagen, statt von „Zivilreligion" im Falle Rousseaus eher von „Bürgerreligion" zu sprechen, da Rousseau und die ihm folgende Tradition „auf das griechische Verständnis des polis-Bürgers" zurückgreifen (ebd.) und als *religion civile* nicht, wie Kleger zufolge die angloamerikanische Tradition mit *civil religion*, einfach den „gemeinsame[n] Nenner der in

„die in dieser Charakteristik Bürger auch in ihrer religiösen Existenz an das politische Gemeinwesen binden" (Lübbe 1986, 308). Bisweilen werden unter „Zivilreligion" allerdings auch nicht genuin religiöse, sondern im weiteren Sinne weltanschauliche oder sittlich-traditionelle „Lebensvoraussetzungen und Sinnfundamente [...], die der politischen Dimension entzogen sind und als unverfügbar anerkannt werden wollen", angesprochen (Kersting 2002, 219). In beiden Fällen zielt der Begriff jedoch auf die gerade angesprochene, affektive Bindung des Einzelnen an die jeweilige politische Ordnung und es wird betont, dass allein diese affektive Bindung ihn daran hindert, partikulare Interessen *gegen* die politische Ordnung zu verfolgen.[4]

Nicht nur die erste Ausformulierung, vor allem auch die entscheidende Prägung des Begriffs „Zivilreligion", der *religion civile*, wird Jean-Jacques Rousseau zugeschrieben. Seine Entwicklung des Konzeptes der *religion civile* im letzten Kapitel des *Contrat social* ist vor allem deshalb aufschlussreich, weil sie nicht nur zeigt, welches politische Problem die Zivilreligion lösen soll (2), sondern auch Gründe für die These liefert, dass es nicht mit einer beliebigen Gesinnung oder Weltanschauung, sondern allein mit einer spezifisch *religiösen* Überzeugung zu lösen ist (3). Bei Rousseau kann man, mit anderen Worten, lernen, unter welcher Bedingung eine affektive Bindung an eine politische Ordnung genuin religiösen Charakter haben *muss*. Damit lässt sich dann auch zeigen, warum Rousseaus *religion civile* heute kein ernst zu nehmendes Angebot zur Lösung des eingangs formulierten Problems darstellt (4).

2.   Ideal und Wirklichkeit des freien Menschen: Rousseaus idealer Staat[5]

Man kann die Grundfrage der politischen Philosophie Rousseaus wie folgt wiedergeben: Unter welchen Bedingungen kann es eine Gesellschaft *wirklich* freier Menschen geben? Die bedingte, vielfach eingeschränkte Freiheit des modernen Menschen, der durch die Gesetze des Staates und soziale Zwänge eingeschränkt wird, ist, so die prima facie einsichtige These, in jedem Falle weit davon entfernt, *wirkliche* Freiheit zu sein – schließlich ist sie bestenfalls die Freiheit, in beschränktem Maße zwischen Alternativen wählen zu dürfen. Daher stellt sich die Frage: Können wir Menschen als Freie und Gleiche miteinander leben (Rousseau 2010, 33 (I.6), 111 (II.11))?

---

der Gesellschaft wirksamen Religionen" bezeichnet (Kleger 2010, 133). Ich werde im Folgenden der verbreiteten Redeweise von der „Zivilreligion" folgen.

[4] Die immer noch prominenteste Variante dieser These ist das bekannte ‚Böckenförde-Theorem': „*Der freiheitliche, säkulare Staat lebt von Voraussetzungen, die er selbst nicht garantieren kann.*" (Böckenförde 1991, 112) Zielt diese doch recht vage Formulierung (Reese-Schäfer 2010, 107 spricht von einer „raunenden Ungewissheit") noch auf eine explizit *christliche* Religiosität, so hat Böckenförde rückblickend seine Position der hier an zweiter Stelle beschriebenen angenähert, wenn er allgemein dafür plädiert, eine „vorhandene und gelebte Kultur", die auch, aber nicht ausschließlich religiös geprägt ist, „zu stützen und [...] zu schützen", um die Stabilität des Staates zu gewährleisten (Böckenförde 2007, 31).

[5] Zur politischen Philosophie Rousseaus vgl. im Folgenden auch Kersting 2002 (die Kerngedanken finden sich prägnant in Kersting 2003) sowie Fetscher 1960 und Forschner 1970.

Rousseaus Antwort auf diese Frage ist wesentlich von zwei Vorannahmen bestimmt: Einerseits ist die historische Entwicklung der Menschheit ihm zufolge an einen Punkt gelangt, an dem Menschen notwendig in Gesellschaften leben; die solitär-autarke Existenz eines natürlichen, nicht vergesellschafteten Lebewesens, die Rousseau im *Discours sur l'inégalité* als zumindest denkbaren historischen Ausgangspunkt der Entwicklung der menschlichen Gattung bestimmt hatte (Rousseau 2008, 47, 71), ist durch eben diese Entwicklung endgültig überwunden worden (vgl. Rousseau 2008, 267, 271). Andererseits zeigt eben diese solitär-autarke Existenz des *homme naturel*, worin menschliche Freiheit letztlich besteht: in der Fähigkeit und Möglichkeit, allein dem *eigenen* Willen zu folgen, allein die *eigenen* Entscheidungen in Taten umzusetzen. Nur wer nicht den Anweisungen anderer folgen und ihre Interessen nicht berücksichtigen muss, wenn sie den seinen zuwider laufen, nur der kann als ,frei' angesehen werden.

Es ist offensichtlich, dass, ausgehend von der ersten Prämisse, die Realisierbarkeit einer solchen Freiheit alles andere als selbstverständlich ist. Während die Vergesellschaftung mannigfache Vorteile mit sich bringt, nicht zuletzt die mit ihr mögliche arbeitsteilige Organisation der Produktionsprozesse, so hat sie zugleich gravierende Nachteile. Insbesondere die Arbeitsteilung führt zu der Notwendigkeit, eigenes Handeln auf das Handeln anderer abzustimmen, was gleichbedeutend ist mit der Notwendigkeit, auf die Interessen Dritter einzugehen. Folgt man Rousseaus Kulturkritik, dann müsste man sagen: Die Vergesellschaftung befreit die Menschen aus der Abhängigkeit von der Natur und zwingt sie dafür in die Abhängigkeit von der Gesellschaft. Denn erst der vergesellschaftete Menschen kennt jene „Eigenliebe", jenen *amour propre*, den Rousseau in der Anmerkung XV zum *Discours sur l'inégalité* als Ursache des Strebens nach Ehre und Anerkennung, mithin als Ursache des Strebens, seine Mitmenschen zu übervorteilen, ausmacht (Rousseau 2008, 369 ff.).

Der offensichtlichste Nachteil der Vergesellschaftung für das Leben in wirklicher Freiheit ist die aus dem Problem der Koordination der einzelnen Gesellschaftsmitglieder erwachsende Notwendigkeit, allgemeine Verhaltensregeln einzuführen und sie gegebenenfalls mit Sanktionen durchzusetzen. Und genau an diesem Punkt setzt Rousseau an, wenn er die Möglichkeit einer Gesellschaft *wirklich* freier und gleicher Menschen diskutiert: Sie ist dann gegeben, wenn jeder Einzelne nicht nur der Adressat der gesellschaftlich verbindlichen Regeln, sprich: der Gesetze des Staates, ist, sondern wenn er *zugleich* ihr Autor ist. Wenn ich allein solchen Gesetzen folge bzw. zu folgen verpflichtet bin, die ich selbst (mit)erlassen habe, dann tue ich schließlich nichts anderes, als meinem eigenen Willen zu folgen – und bin somit, im oben angegebenen Sinne, frei.[6] Allerdings, so Rousseaus für das Folgende entscheidende Argument, kann diese Freiheit nur dann zur Gänze realisiert werden, wenn die Wahl der Gesetze nicht nach Maßgabe dessen, was ich will (*volonté particulière*), und auch nicht nach Maßgabe dessen, was die Mehrheit oder auch wir alle wollen (*volonté de tous*), geschieht. Sie muss sich vielmehr am „Gemeinwillen" (*volonté générale*) ausrichten, d. h. an der Frage, was der unbescha-

---

[6] Vgl. Kersting 2002, 54: „Der Rousseau'sche Staat ist die sich politisch selbst organisierende, selbst regierende Gesellschaft; er ist der ,agent libre' im Großformat."

deten und möglichst autarken Existenz des Gemeinwesens, d. h. der Gesellschaft von Freien und Gleichen *als Ganzer* dient bzw. schadet.[7]

Das Problem der Anpassung von Gesetzen an die Interessen einzelner Gesellschaftsmitglieder ist nicht weiter klärungsbedürftig, jeder Bürger einer modernen Demokratie kennt dieses Phänomen und weiß, grundsätzlich zumindest, um seine Probleme. Anders mag es mit dem Gegensatz von *volonté de tous* und *volonté générale* sein, daher sei es kurz an einem Beispiel illustriert, das bei aller Aktualität ganz im Sinne Rousseaus sein dürfte: Es kann durchaus der Wille aller Bürger sein, ihre Bürgerrechte drastisch einzuschränken, um (vorgeblich) ein höheres Maß an Sicherheit durch erweiterte Kompetenzen der Regierung und der Sicherheitsbehörden zu erlangen. Insofern die Einschränkung der Bürgerrechte aber gleichbedeutend ist mit der Aufgabe der Freiheit und Gleichheit und des Rechtes, als Bürger die maßgeblichen Entscheidungen zu politischen Ordnung zu treffen, ist eine solche Entscheidung möglicherweise der „Wille aller", sie ist aber sicherlich nicht der „Gemeinwille". Denn die Integrität des Staates als Ausdruck nicht nur der Entscheidungen einer (wenn auch dazu autorisierten) Minderheit, sondern des Willens ‚des' Volkes, ist damit aufgegeben worden.

Bedeutsam ist die Kehrseite dieser Unterscheidung von *volonté de tous* und *volonté générale*: Ganz im Geiste der klassischen republikanischen Tradition (vgl. Strauss 1953, 253–4, Strauss 1972, 287 sowie Forschner 1970, 17, 96) bindet Rousseau die wirkliche Freiheit des Einzelnen als Tugend des *citoyen* an die Existenz des republikanisch verfassten Staates – mit der Folge, dass es diese (möglichst autarke) Existenz des Staates ist, die zu erhalten oberste Pflicht und Ausdruck höchster Bürgertugend ist (vgl. Kersting 2002, 100). Und die letzte Konsequenz einer solchen Tugend ist der ‚Tod fürs Vaterland', gerechtfertigt durch die Gewährleistung der wirklichen Freiheit durch eben dieses Vaterland (Rousseau 2010, 75 (II.5)). Diese Kehrseite ist umso bedeutsamer, wenn man sich vor Augen hält, dass mit der Einrichtung einer politischen Ordnung notwendigerweise eine Ungleichverteilung des Zugriffs auf Machtressourcen und staatlich monopolisierte Gewaltmittel gegeben ist. Insbesondere die Mitglieder der Regierung, aber auch die Angehörigen des Militärs oder der Polizei (sofern deren Aufgaben nicht partiell oder gänzlich von der Bürgern selbst in Form einer Miliz übernommen werden) müssen auf besonders starke Weise an den „Gemeinwillen" gebunden sein, denn sie bilden notwendig gruppen- oder klassenbezogene „Sonderwillen" aus (Rousseau 2010, 141 (III.2)) und verfügen anders als die einfachen Bürger über eine deutlich bessere Ausgangsposition, diese auch gegen die anderen Gesellschaftsmitglieder durchzusetzen (vgl. Kersting 2002, 156).

Wirklich frei ist folglich allein derjenige, der in einer Gesellschaft lebt, in der er wie alle anderen frei über die Gesetze entscheidet, in der aber die Kriterien für die Güte der Gesetze nicht von den mehr oder weniger kontingenten partikularen Privatinteressen, sondern vom Interesse des Gemeinwesens bzw. vom Gemeinwohl bestimmt werden. Anders formuliert: Bei Rousseau verschränken sich Radikaldemokratie und Republikanismus zum Ideal einer Gemeinschaft tugendhaft-patriotischer *citoyens*.

---

[7] Zur *volonté générale* vgl. Riley 1988, bes. 168, 174–5 sowie Forschner 1970, 81–4, 117–29 und Kersting 2002, 130–6.

3. Gelingensbedingung des Gemeinwohls: Funktion und Beschaffenheit der *religion civile*

Inwiefern sollte ein solcher Staat auf das Vorhandensein religiöser Überzeugungen bei seinen Bürgern angewiesen sein? Schließlich betont Rousseau ja selbst immer wieder, dass es doch die Gesetze, d. h. das positive Recht seien, die dafür Sorge tragen (bzw. tragen sollten), dass die partikularen Interessen, ganz gleich, von wie vielen sie geteilt werden, nicht über das Gemeinwohl obsiegen (vgl. Rousseau 2010, 155 ff. (II.11)).

Es ist offensichtlich, dass die im vorigen Kapitel skizzierte ideale Republik hohe Anforderungen an ihre Bürger stellt, wenn sie das dortige (ebenfalls nur skizzierte) Modell eines tugendhaften *citoyen* zur unumgänglichen Voraussetzung des Gelingens der Selbstregierung einer Gesellschaft von Freien und Gleichen macht. Zudem betont Rousseau ja selbst im *Discours sur l'inégalité*, dass die Vergesellschaftung und mit ihr die Verankerung des *amour propre* in der Triebstruktur der Menschen unumkehrbar sind. Der vergesellschaftete Mensch ist, mit anderen Worten, als *citoyen* zu einer Mentalität *verpflichtet*, die seinem im Grunde unüberwindbaren, weil durch das bloße Faktum der gesellschaftlichen Existenz bedingten, Egoismus widerspricht. *Dass* er zu dieser Mentalität verpflichtet ist, steht für Rousseau allerdings außer Frage, so dass die *religion civile* in keinem Falle die Funktion der Rechtfertigung der staatsbürgerlichen Tugend haben kann. Es geht vielmehr – ganz im Sinne des einleitend dargestellten Problems – um jene affektive Bindung des Einzelnen an ‚seinen‘ Staat, die es ihm praktisch möglich macht, seine egoistischen Impulse zu überwinden und das von ihm Geforderte auch wirklich zu tun.

a. Die Unzulänglichkeit des Bestehenden: Rousseaus Kritik zeitgenössischer Modelle politischer Religion

Ein in der Tat klassisches, in der Neuzeit vor Rousseau vor allem bei Autoren wie Machiavelli und Spinoza zu findendes Modell der Indienstnahme religiöser Überzeugungen zur Integration der Gesellschaft kann Rousseaus Problem freilich nicht lösen: Es handelt sich um die durch die Herrscher gezielt eingesetzte und durch sie gesteuerte Staatsreligion. Der bzw. die Inhaber der Regierung nutzen dabei die Religiosität der Regierten, indem sie sich selbst und die von ihnen eingesetzte politische Ordnung als ‚von Gott gegeben‘ inszenieren, so dass die Autorität der politischen Ordnung wie auch ihrer Repräsentanten religiös imprägniert und beide aus Sicht der Regierten letztlich sakralisiert sind. Rousseau führt als Beispiel für diesen „großen und mächtigen Geist, der über dauerhafte Einrichtungen herrscht" (Rousseau 2010, 95 (II.7)), die Autoren des mosaischen und islamischen Gesetzes an.

Allein im Falle des *législateur*, des „Gesetzgebers", zieht Rousseau diese Art politischer Religion ernsthaft in Betracht, was einen simplen Grund hat: Anders als die Regierenden eines gegebenen Staates ist der *législateur* selbst nur Schöpfer, nicht aber Teil der politischen Ordnung – er ist *weder* Regierender *noch* Regierter (Rousseau 2010, 89 ff. (II.7)); daher verschafft die hier ja bloß als Instrument (bzw. als Lüge) eingesetzte Religion ihm keinen Vorteil innerhalb des Staates gegen seine Mitbürger. Für den hier infrage stehenden Zweck der Stabilisierung und Integration einer gegebenen Republik ist dieses Modell hingegen untauglich (vgl. Rehm 2006, 99–100, 134–5).[8] Denn es würde bedeuten, dass die entsprechende Religion von den Regierten anerkannt und geglaubt, von den Regierenden aber lediglich als Machtmittel und damit im Grunde genommen als Lüge erkannt wird, obwohl doch *gerade* die Regierenden einer affektiven Bindung an das Gemeinwohl bedürfen. Eine machiavellistische politische Religion würde nicht die affektive Identifikation *aller* Gesellschaftsmitglieder mit dem Gemeinwohl sichern und auf diese Weise das Ungleichgewicht der Macht also letztlich nicht neutralisieren, sondern vielmehr verschärfen.

Im Grunde ist damit auch Rousseaus eindeutige Ablehnung der „Priesterreligion" im letzten Kapitel des *Contrat social* erklärt, wobei Rousseau hier vor allem den Katholizismus im Auge hat (Rousseau 2010, 299 (IV.8)). Bei dieser *religion du Prêtre* handelt es sich aus seiner Sicht um ein analoges Modell einer asymmetrischen religiösen Praxis – mit dem das Problem noch verschärfenden Unterschied zum machiavellistischen Modell, dass es nicht einmal die Regierenden, sondern eine von ihnen noch unterschiedene Gruppe, die Priester, sind, die mit Hilfe der Religion über die Menschen regieren. Das Ergebnis ist nach Rousseau, dass die Angehörigen dieser Religion letztlich gezwungen werden, zwei Herren zu dienen, nämlich ihrer Regierung und ihrer Kirche. Er macht denn auch entsprechend kurzen Prozess mit der *religion du Prêtre*: „Alles, was die soziale Einheit zerstört, taugt nichts. Alle Einrichtungen, die den Menschen mit sich selbst in Widerspruch bringen, taugen nichts." (Rousseau 2010, 299 (IV.8))

Es bleiben nach Rousseau noch zwei Alternativen: das ‚reine' (und das heißt vor allem: das nichtkatholische) Christentum und die antike Polisreligion. Beiden attestiert er sowohl Vor- als auch Nachteile. Der Vorteil des ersteren, der zugleich sein Nachteil ist, ist bereits in der Bezeichnung enthalten, die Rousseau für diese Religion wählt – *religion de l'homme*, „Religion des Menschen". Anders als die *religion du Prêtre* macht sie den Gläubigen nicht zum Untertanen dieser oder jener religiösen Elite, sondern zum Bürger eines Reiches, das „nicht von dieser Welt" ist (Joh 18,36). Damit verbunden ist eine Friedfertigkeit und Duldsamkeit, die den Gläubigen sogar zur Feindesliebe ermächtigt und ihn folglich auch davon abhält, Kriege zu beginnen oder zu unterstützen. Die Kehrseite dieser auch von Rousseau grundsätzlich begrüßten latent pazifistischen Mentalität ist die damit verbundene Unmöglichkeit, ihre Träger an irgendein spezifisches Gemeinwesen zu binden. Sie werden zwar in jedem Staat, in dem sie leben, ihre Pflichten erfüllen, aber jene Identifikation mit der Gemeinschaft seiner Bürger, jene von Rousseau geforderte Tugend des Engagements für die *patria* bis zur Bereitschaft, für sie das Leben zu lassen, werden sie zu keinem Zeitpunkt aufbringen. Die *religion de l'homme* zerstört die „großen Bindeglieder der jeweiligen Gesellschaft" (Rousseau 2010, 301 (IV.8)) zwar nicht, wie es die *religion du Prêtre* tut. Aber sie stärkt sie auch nicht, vielmehr schwächt sie sie, da für ihre Anhänger jede irdische Gemeinschaft nicht mehr ist als ein mehr oder weniger stark zu vernachlässigendes ‚Durchgangsstadium' zum Reich Gottes.

Es bleibt also die antike Polisreligion, deren Bezeichnung als *religion du Citoyen* bereits anzeigt, dass sie dem von Rousseau gesuchten „Bindeglied" der Gesellschaft am

---

[8] Für gegenteilige Interpretationen vgl. Kersting 2002, 177–8 und Cell 1988a, 179–85 sowie Cell 1988b, 198.

nächsten kommt. Denn in den antiken Poleis war die Religion auf so enge Weise mit dem Staat verwoben, dass beide untrennbar waren; damit war der Dienst am Staat zugleich Gottesdienst (Rousseau 2010, 299 (IV.8)). Die Konsequenz einer solchen politischen Religion ist freilich eine kaum noch zu steigernde Intoleranz ihrer Anhänger – denn jede Kritik an staatlichen Entscheidungen oder Institutionen wird seitens ihrer Bürger zugleich als Angriff auf ihren Gott verstanden (und umgekehrt). Jeder Häretiker und sogar jeder fromme Zweifler wird auf diese Weise zum Staatsfeind, der mit allen Mitteln bekämpft werden muss (vgl. Rousseau 2010, 301 (IV.8)). Erschwerend kommt hinzu, dass die antiken Polisreligionen aus Rousseaus Sicht nicht zuletzt aufgrund ihres polytheistischen Charakters auf falschen, „abergläubischen" Vorstellungen gründen; und die damit in ihren Anhängern erzeugte oder befestigte Leichtgläubigkeit und Unaufgeklärtheit fördert wiederum jene zelotische Mentalität, die „ein Volk blutrünstig und intolerant macht" (Rousseau 2010, 301 (IV.8)).

b. Die *religion civile* als gemeinschaftlich geteilte religiöse Gesinnung

Es ist vor allem diese Intoleranz, die aus Rousseaus Sicht gegen eine Wiederbelebung der antiken Polisreligion spricht. Die Tatsache, dass er sie als falsch und „auf Lüge gegründet" (Rousseau 2010, 301 (IV.8)) bezeichnet, hängt damit eng zusammen: Denn eben weil sie von falschen, „abergläubischen" Vorstellungen ausgeht, gelingt ihr eine *vollständige* Identifikation von Religion und Staat – Rousseau spricht von „eine[r] Art Theokratie" (Rousseau 2010, 299 (IV.8)) – in Form einer ‚Nationalreligion'.

Es spricht vieles dafür, Rousseaus Konzept der *religion civile* als Versuch zu verstehen, die Stärken der *religion de l'homme* und der *religion du Citoyen* miteinander zu kombinieren und auf diese Weise ihre Schwächen auszugleichen (Asal 2007, 108–9, Fetscher 1960, 189 sowie Rehm 2006, 132). Denn anders als die antike Polisreligion lässt Rousseaus *religion civile* einen durchaus breiten Raum für individuelle religiöse Überzeugungen, sie ist, so Rousseau, letztlich eine „Gesinnung des Miteinander" (Rousseau 2010, 309 (IV.8)). Die vier für die Bürger verbindlichen „positiven" (im Sinne von: etwas gebietenden oder behauptenden) Glaubenssätze (Rousseau spricht, mit Einschränkung, von „Dogmen", vgl. Rousseau 2010, 309 (IV.8)) beschränken sich auf den Glauben an einen personalen Gott, an ein Leben nach dem Tod, an die Bestrafung der Ungerechten und Belohnung der Gerechten und an die „Heiligkeit des Gesellschaftsvertrages und der Gesetze" (Rousseau 2010, 311 (IV.8)). Die ersten drei Dogmen sind hinreichend allgemein und mit beliebigen (monotheistischen) Religionen in Einklang zu bringen; sie sind zugleich der Kerngehalt dessen, was Rousseau als *religion de l'homme* beschreibt.[9] Die Funktion der Bindung an den Staat wird dann durch das vierte, an die *religion du Citoyen* gemahnende „positive" Dogma garantiert, das „den Gesellschaftsvertrag", also die republikanisch-radikaldemokratische Grundverfassung des Staates, sakralisiert und so dem Zugriff tages- oder parteipolitischer Kalküle entziehen soll. Diese

---

[9] Es handelt sich übrigens keinesfalls um einen „vagen Theismus" (Rehm 2006, 135, 152), sondern um die klassische Position der Vertreter des Deismus bzw. der natürlichen Religion seit Lord Herbert of Cherbury.

vier „positiven" werden um ein „negatives" (verbietendes) Dogma ergänzt: das Verbot der Intoleranz (Rousseau 2010, 311 (IV.8)). Solange ein Bürger die vier Dogmen der *religion civile* öffentlich anerkennt (unabhängig von dem, was er glauben mag), folgt nach Rousseau aus dem Grundrecht der Freiheit als Bürger, dass er sie um beliebige weitere Glaubenssätze ergänzen und auf eigene Weise auslegen darf. Ausgenommen von diesem Recht sind allein jene Überzeugungen, die die *religion civile*, die ja letztlich wenig mehr als eine ‚Minimalreligion' ist, infrage stellen. Der Souverän, d. i. das Volk, kann folglich jemanden, der, wie der Atheist, derartige Überzeugungen öffentlich äußert, „verbannen […] als einen, der sich dem Miteinander widersetzt" (Rousseau 2010, 309 (IV.8)).

Auf den ersten Blick scheint Rousseaus Position der moderner Konservativer zu gleichen, die – meist in mehr oder weniger klarer Bezugnahme auf das eingangs erwähnte Böckenförde-Theorem – die Unverzichtbarkeit der breiten Anerkennung gewachsener religiöser Traditionen zur Stabilisierung des Staates behaupten. An dieser Stelle hilft ein kurzer Vergleich mit den Argumenten des Ahnherrn dieser Denktradition, Edmund Burke, um die eigentliche Stoßrichtung von Rousseaus Argumentation besser zu verstehen.

Burke behauptet in direkter Kritik Rousseaus, dass jede vom Staat bzw. von seinen Repräsentanten derart auf die eigenen Bedürfnisse ‚maßgeschneiderte' Religion eine Totgeburt ist. Politische Institutionen, so Burke, erhalten ihre Stabilität allein aus dem Umstand, dass sie aus den tradierten Überzeugungen und Bräuchen der entsprechenden Gesellschaft erwachsen und diese vielleicht modifizieren, in ihren Kerngehalten und -praktiken aber unangetastet lassen (Burke 1991, 62–3). Burke betont wie Rousseau, dass die Verankerung religiöser Überzeugungen in einer Gesellschaft der einzige Schutz vor ihrem Zerfall, vor allem aber vor dem Machtmissbrauch ihrer Eliten ist – nur behauptet er eben, dass die entsprechende Religion immer nur die in der Gesellschaft bereits vorhandene und breit anerkannte sein kann, die allerdings auch institutionell vom Staat getrennt werden muss (Burke 1991, 62–3).

Eine solche Position muss freilich voraussetzen, dass es in einer Gesellschaft lediglich *eine* weithin anerkannte Religion gibt, was aber seit der Reformation allein schon aufgrund der konfessionellen Pluralität einer Chimäre nahe kommt, von Fragen nach der Behandlung der Juden und Muslime ganz zu schweigen. Burkes Position kommt folglich der intoleranten, „blutrünstigen" Nationalreligion gefährlich nahe – und insofern es kaum noch Gesellschaften gibt, in denen *eine* Religion dominiert, führt dieser Verzicht auf die Beschränkung auf eine Minimalreligion Rousseau'schen Typs letztlich eher zur Auflösung als zur Stärkung des „Miteinander". Außerdem wird der Souverän auf diese Weise an tradierte, im schlimmsten Falle „abergläubische" Praktiken und Überzeugungen gebunden, d. h. in seiner Freiheit eingeschränkt. Mit anderen Worten: Burke fordert letztlich eine Einschränkung des basalen, unaufgebbaren Freiheitsrechts zugunsten tradierter Sittlichkeit, wogegen Rousseau die uneingeschränkte Freiheit des Souveräns setzt, über alle gesellschaftlich relevanten Belange vollkommen ungebunden entscheiden zu dürfen.

Dann stellt sich aber die Frage, warum Rousseau die von Hume vorgeschlagene Alternative eines gänzlichen Verzichts auf politische Einbindung genuin religiöser Praktiken ignoriert. An die Stelle einer religiösen „Gesinnung des Miteinander", so könnte man Humes These rekonstruieren, könne doch auch eine nichtreligiöse, moralische Gesinnung treten. Ähnlich wie Rousseau (2008, 141 ff.) konstatiert auch Hume, dass die

Menschen von Natur aus mit „*Selbstsucht* und *begrenzte[m]* Großmut" (Hume 1987, 238 (III.ii.2)) ausgestattet seien. Damit verbunden ist eine grundsätzlich positive affektive Reaktion auf jene Handlungen, Regeln und Institutionen, die diesen Anlagen entsprechen und auch dadurch ihre „Nützlichkeit" für uns demonstrieren; diese affektive Reaktion gelte es zu kultivieren und, unter anderem durch eine entsprechende Erziehung, stärker an die gegebenen Gesetze und Institutionen zu binden (Hume 1978, 244–5 (III.ii.2)). Die tradierten religiösen Überzeugungen *können* dabei als ein Element dieser Kultivierung der moralischen Anlagen dienen, sie sind Hume zufolge aber weder das einzige noch das beste Mittel zu dieser Kultivierung (Hume 1988b, 34).

Das Problem an Humes Vorschlag ist aus Rousseaus Sicht, dass selbst die Kultivierung der moralischen Anlagen eines nicht erreichen wird: dass der *citoyen* in Erfüllung seiner Pflicht für sein Vaterland auch dann noch einsteht, wenn dieses Einstehen den eigenen Tod zur Folge hat. Solange die affektive Bindung an den Staat letztlich prudentiell, d. h. unter Bezug auf den Nutzen der Existenz des Staates für den Einzelnen gerechtfertigt wird (die „*Selbstsucht*" wird zwar „kultiviert", sie wird aber nicht überwunden und soll es auch nicht werden), so lange werden die Bürger zwar bereit sein, auch Unannehmlichkeiten in Kauf zu nehmen und ihre eigenen Interessen dem Gemeinwohl unterzuordnen, aber sie werden höchstens in Ausnahmefällen ihr Leben für den Staat geben. Gerade weil dies aber nach Rousseau die letzte Pflicht des *citoyen* ist, muss eine Institution, die eine affektive Bindung des Einzelnen an den Staat gewährleisten soll, genuin *religiösen* Charakter haben: Sie muss den Glauben an ein (wie auch immer beschaffenes) Leben nach dem Tode sowie an die Existenz eines die Tugend belohnenden Richters enthalten.

Während Rousseaus Konzeption im Vergleich zu der Burkes als relativ aufgeklärt, da (in Grenzen) tolerant und von Traditionen emanzipiert erscheint, zeigt sich im Abgleich mit Humes Thesen, warum Rousseau an dem genuin religiösen Charakter der *religion civile* festhält und ihn in ihre „Dogmen" integriert: weil sie letztlich vor allem eines sicherstellen soll – die Bereitschaft der *citoyens* zum ‚Tod fürs Vaterland' (vgl. Fetscher 1960, 188, Forschner 1970, 171, 177 sowie Kersting 2002, 199–201; dagegen Rehm 2006, 13, 151–5).

4. Bürgerliches Engagement vs. Bürgerliche Religion

Es liegt nahe, Rousseaus Argument für die *religion civile* als notwendigen Stabilisationsfaktor des Staates nicht an der Verbindung von Republik und republikanisch-religiöser Gesinnung anzugreifen, sondern an der *besonderen Form* republikanischer Gesinnung, die Rousseau von seinen *citoyens* als notwendige Mentalität fordert. Warum, so könnte man fragen, sollten alle Bürger sich derart mit dem Staat zu identifizieren *verpflichtet* sein, dass sie bereit sind, für das Gemeinwohl alle Interessen einschließlich desjenigen am eigenen Leben aufzugeben? Es mag ja sein, dass es aus Sicht der Republik wünschenswert ist, dass die Identifikation der Bürger mit ihr so weit geht, aber wieso sollte diese Identifikation *Pflicht* sein?

In der Tat liefert Rousseau kein zwingendes Argument für diese Pflicht. Seine These, aus der Notwendigkeit gesellschaftlicher Existenz folge die Notwendigkeit der Anerkennung einer politischen Ordnung, ist ein Gemeinplatz mindestens der Neuzeit und auch nicht weiter kontrovers. Nur folgt aus ihr nicht, dass ich alle meine Interessen aufgeben muss, im Gegenteil: Sie liefert letztlich eine prudentielle Rechtfertigung der Anerkennung einer politischen Ordnung und diese Rechtfertigung setzt die Interessen als Grundlage der Anerkennung gerade voraus, sie funktioniert also nur *mit* ihnen und eben nicht *gegen* sie.

Nun folgt aus der Einsicht, dass Rousseau die Reichweite seiner Argumentation überschätzt, nicht, dass seine These, die Stabilität einer politischen Ordnung sei abhängig von einer affektiven Bindung ihrer Adressaten an sie, falsch ist. Denn fehlt eine solche Bindung, so hat etwa Hume an verschiedenen Stellen geltend gemacht (Hume 2003, 118–23 (IX.2)), dann ist der einzige Grund, sich an die staatlichen Gesetze zu halten, dass der Gesetzesbruch höhere ‚Kosten' zur Folge hätte. Bleiben diese ‚Kosten' aber aus (weil etwa keine Sanktionen zu erwarten sind), dann wird der Bürger, der nur aufgrund des Nutzenfaktors den Staat anerkennt, die Gesetze im Zweifelsfall brechen. Damit eine politische, oder allgemeiner: eine normative, Ordnung stabil ist, bedarf es allerdings einer Form der Anerkennung, die sich einerseits in der habitualisierten Befolgung ihrer grundlegenden Normen und andererseits in einer Höherbewertung dieser Befolgung gegenüber kurzfristigen Nutzenerwägungen und somit gegenüber einigen privaten Interessen niederschlägt. Und damit ist Rousseaus These, dies lasse sich nur durch die Institution einer *religion civile* sicherstellen, weiterhin zu diskutieren.

Ein Einwand gegen diese These wurde bereits von Edmund Burke formuliert: Um eine *religion civile* stiften zu können, müssten die bestehenden, tradierten Formen religiösen Lebens im Grunde radikal überwunden werden. Denn ansonsten droht die Überformung der *religion civile* mit Restbeständen eben jener religiösen Praktiken, die nicht mit der Freiheit der politischen Existenz des *citoyen* zusammen bestehen können. Wer aber die tradierte Sittlichkeit zerstört, so Burkes Argument, raubt den Menschen die Orientierungspunkte des alltäglichen Handelns, er macht sie wahlweise handlungsunfähig oder wirft sie auf ihre unmittelbaren Affekte und Neigungen als letzte noch existierende Orientierungspunkte zurück. In beiden Fällen ist die Annahme, es wäre möglich, sie zur Anerkennung einer *religion civile* zu bringen, illusionär: Denn zum einen hätten sie keinen Grund, eine neue Religion anzunehmen, wo die alte doch offensichtlich – als Religion – Grund genug zur Abschaffung bot; zum anderen wären infolge der Zerstörung der tradierten Sittlichkeit die gesellschaftlichen Verhältnisse gar nicht stabil genug für derartige ‚Erziehungsmaßnahmen', alles, was noch Ruhe herstellen könnte, sei der bloße Zwang durch Anwendung von Gewalt (Burke 1991, 163–4).

Dieser Einwand lässt sich entkräften. Der Vorteil einer Minimalreligion wie der *religion civile* ist ja, dass sie eine Vielzahl tradierter religiöser Praktiken integrieren kann, solange sie den wenigen Dogmen der *religion civile* nicht widersprechen. So lassen sich die entsprechenden Religionsgemeinschaften (zumindest die monotheistischen) relativ reibungslos an den Staat binden, ohne dass die entsprechenden tradierten Religionen bekämpft oder gar zerstört werden müssten. Sie bleiben vielmehr erhalten, wenn auch vielleicht mit eingeschränkten politischen Rechten. Mit der Zeit, so wäre zu erwarten (auch wenn Rousseau dies nicht in Erwägung zieht), wird dann die *religion civile* mehr und mehr den Kerninhalt des religiösen Selbstverständnisses bilden und die tradierten religiösen Praktiken werden in ihrer Bedeutung geschwächt. Eine solche Anbindung wäre

selbst ein quasi-organischer Prozess, wie Burke ihn in seinem Votum für die „Reformation" anstelle der „Revolution" fordert (Burke 1991, 76–77), denn an die Stelle einer
Zerstörung träte eine *Transformation* tradierter Sittlichkeit und damit entfiele dann auch
der von Burke behauptete notwendige Rückgriff auf die Anwendung von Gewalt zur
Befriedung. Ein Beispiel für eine derartig gelungene Anbindung dürfte die erfolgreiche
Integration der vormals eher demokratieskeptischen Großkirchen in der Bundesrepublik
(durch Gewährung von Privilegien wie bekenntnisgebundenem Religionsunterricht, Kir-
chensteuer, etc.) sein.[10]

Problematisch ist hingegen, dass die *religion civile*, gerade *weil* sie den universalis-
tischen Theismus der *religion de l'homme* aufnimmt, letztlich nicht das von Rousseau
angestrebte Ziel der ungebrochenen Identifikation des Einzelnen mit der Republik bzw.
dem Gemeinwohl zu leisten vermag. Rousseau lobt Hobbes ja im letzten Kapitel des
Contrat social für die Kompromisslosigkeit, mit der dieser die Notwendigkeit der Vereinigung von Staat und Kirche gefordert habe (Rousseau 2010, 297 (IV.8)). Allerdings
meint er (wie Hobbes auch), dass diese „politische Einheit" (Rousseau 2010, 297 (IV.8))
bereits dann hergestellt ist, wenn das weltliche mit dem geistlichen Oberhaupt identisch
ist.

Nur ist dies nicht der Fall: Insofern die *religion civile* nicht nur die „Heiligkeit des Gesellschaftsvertrags", sondern auch die Existenz des einen Gottes zu ihren Dogmen zählt,
bleibt die Dualität von Gott und Gemeinwohl, ungeachtet der Singularität der maßgeblichen Institutionen, bestehen. Auch wenn es keine vom Staat unterschiedene Kirche gibt,
so ist allein in dieser Dualität immer schon die mögliche Spannung zwischen dem, was
Gott will, und dem, was das Gemeinwohl fordert, angelegt – und diese Spannung kann
dann, von privaten Akteuren gezielt instrumentalisiert, zum Schaden des Staates auf-
brechen. Denn angesichts der Einzigkeit Gottes und der Partikularität und Kontingenz
des Gemeinwohls (denn es gibt ja noch zahlreiche andere Republiken neben ‚unserer',
ja sogar alternative Formen der politischen Ordnung für ‚unsere' Republik) ist zugleich
klar, dass Gottes Wille die absolute Priorität zukommt (vgl. Rehm 2006, 148, 180). Die
Identität von Staat und Kirche und die Institution einer *religion civile* sind sicherlich in
der Lage, diese Spannung zu mildern, aber sie heben sie nicht auf – mehr noch: insbesondere die *religion civile* wird sie zementieren. Und damit bietet sie selbst ernannten
Propheten und anderen religiös imprägnierten Volkstribunen einen stetigen Ansatzpunkt
zur Stiftung von Unruhen, in den Worten Rousseaus: Sie bringt „die Menschen mit sich
selbst in Widerspruch" (Rousseau 2010, 299 (IV.8)).

Gemessen an der Aufgabe, die Rousseau ihr in Bezug auf die Förderung der Stabilität
einer politischen Ordnung zuweist, ist die *religion civile* folglich dysfunktional.

---

[10] Michaela Rehm (2006, 141) hat allerdings zu Recht darauf hingewiesen, dass Rousseau vielleicht
zu Unrecht unterstellt, dass sich die metaphysischen, für die (politische) Ethik relevanten Kern-
gehalte leicht von den anderen Inhalten, die in religiösen Praktiken transportiert werden, trennen
lassen, was für die gewünschte Relativierung der letzteren allerdings in der Tat notwendig wäre. Die andauernden Auseinandersetzungen von Protestanten und Katholiken und soteriologischen
und sakramentalen Fragen (von den so genannten ‚interreligiösen Dialogen' ganz zu schweigen)
dürften diese Skepsis nähren.

5.   Schlussbemerkung

Es ist an dieser Stelle von großer Bedeutung, dass man sich noch einmal vor Augen hält, welches Argument letztlich den genuin religiösen Charakter der *religion civile* erzwingt: Es ist Rousseaus hypertropher Begriff der bürgerlichen Tugend, der die vollständige Selbstaufgabe im ‚Tod fürs Vaterland' zur Pflicht des wahren *citoyen* erhebt. Nur unter dieser Voraussetzung muss eine Zivilreligion genuin religiöse Aspekte, d. h. den Glauben an eine transzendente Person (Gott) und an eine transzendente Sphäre (Leben nach dem Tod) beinhalten.

Nun ist eine solche Pflicht nicht zu rechtfertigen, weshalb es auch nicht verwundert, dass Rousseau keine befriedigende Rechtfertigung liefert. Gesteht man aus diesem und anderen Gründen zu, dass für die Stabilität insbesondere einer auf Engagement der Bürger *angewiesenen* Form politischer Ordnung wie der Demokratie die Bereitschaft zur vollständigen Selbstaufgabe weder erforderlich noch wünschenswert ist, dann stellt sich die Frage, ob zu ihrer Stabilität wirklich eine Zivil*religion* erforderlich ist. Mit Blick auf das oben grob skizzierte Konzept David Humes muss die Antwort eindeutig ‚Nein' lauten. An der Notwendigkeit einer affektiven Bindung an den Staat oder besser: seiner habitualisierten Anerkennung lässt sich schwer zweifeln. Aber diese Anerkennung braucht nicht nur nicht religiös zu sein, aufgrund der notwendigen Dualität von Gott und Staat (analog zur religionskonstitutiven Dualität von Transzendenz und Immanenz, vgl. Schotte 2010, 388–9) *sollte* sie es nicht sein. Und das unabhängig davon, dass in einer weltanschaulich pluralen Gesellschaft auch eine ‚Minimalreligion' nicht allgemein anerkannt werden wird.

Der Rückgriff auf eine Zivilreligion, die diesen Namen verdient, zumindest das kann man von Rousseau lernen, hieße in jedem Falle, den Teufel mit dem Beelzebub auszutreiben.

6.   Literatur

Arendt, H. 2000: Macht und Gewalt, München/Zürich.

Asal, S. 2007: Der politische Tod Gottes. Von Rousseaus Konzept der Zivilreligion zur Entstehung der Politischen Theologie, Dresden.

Bejan, T. M. 2012: „Teaching the *Leviathan*. Thomas Hobbes on Education", in: *Oxford Review of Education* 36, 607–626.

Böckenförde, E.-W. 1991: „Die Entstehung des Staates als Vorgang der Säkularisation", in: Ders.: Recht, Staat, Freiheit. Studien zur Rechtsphilosophie, Staatstheorie und Verfassungsgeschichte, Frankfurt a.M., 92–115.

– 2007: Der säkularisierte Staat. Sein Charakter, seine Rechtfertigung und seine Probleme im 21. Jahrhundert, München.

Burke, E. 1991: Über die Französische Revolution. Betrachtungen und Abhandlungen, übers. von F. Gentz, hrsg. von H. Klenner, Berlin.

Cell, H. R. 1988a: „The Religious Foundations of Community", in: H. R. Cell/J. I. MacAdam: Rousseau's Response to Hobbes, New York et al., 163–195.

– 1988b: „The Civil Religion Incarnate", in: H. R. Cell, J. I. MacAdam: Rousseau's Response to Hobbes, New York et al., 195–211.

Fetscher, I. 1960: Rousseaus politische Philosophie. Zur Geschichte des demokratischen Freiheitsbegriffs, Neuwied.

Forschner, M. 1970: Rousseau, Freiburg/München.

Hume, D. 1978: Ein Traktat über die menschliche Natur. Buch II. Über die Affekte, Buch III. Über die Moral, übers. von T. Lipps, hrsg. von R. Brandt, Hamburg.

– 1988a: „Über die ursprünglichen Prinzipien der Regierung", in: Ders.: Politische und ökonomische Essays, übers. von S. Fischer, hrsg. von U. Bermbach, Hamburg, 25–31.

– 1988b: „Über den Ursprung der Regierung", in: Ders.: Politische und ökonomische Essays, übers. von S. Fischer, hrsg. von U. Bermbach, Hamburg, 31–36.

– 2003: Eine Untersuchung über die Prinzipien der Moral, übers. und hrsg. von M. Kühn, Hamburg.

Kersting, W. 2002: Jean-Jacques Rousseaus „Der Gesellschaftsvertrag", Darmstadt.

– 2003: „Gesellschaftsvertrag, Volkssouveränität und ‚volonté générale'. Das systematische Zentrum der politischen Philosophie Jean-Jacques Rousseaus", in: Ders. (Hg.): Die Republik der Tugend. Jean-Jacques Rousseaus Staatsverständnis, Baden-Baden, 81–117.

Kleger, H. 2010: „Ist eine liberale Bürgerreligion möglich?", in: M. Kühnlein (Hg.): Kommunitarismus und Religion, Berlin, 133–151.

Lübbe, H. 1986: Religion nach der Aufklärung, Graz, Wien u. Köln.

Reese-Schäfer, W. 2010: „Kommunitarisches Denken als Glaubensakt. Zur soziologischen Instrumentalisierung von Religion", in: M. Kühnlein (Hg.): Kommunitarismus und Religion, Berlin, 105–119.

Rehm, M. 2006: Bürgerliches Glaubensbekenntnis. Moral und Religion in Rousseaus politischer Philosophie, Paderborn.

Riley, P. 1999: „A Possible Explanation of Rousseau's General Will", in: C. W. Morris (Hg.): The Social Contract Theorists. Critical Essays on Hobbes, Locke, and Rousseau, Lanham et all., 167–191.

Rousseau, J.-J. 2008: Diskurs über die Ungleichheit – Discours sur l'inégalité, übers. und hrsg. von H. Meier, Paderborn.

– 2010: Du contrat social – Vom Gesellschaftsvertrag. Französisch – Deutsch, übers. und hrsg. von H. Brockard, in Zusammenarbeit mit E. Pietzcker, Stuttgart.

Schotte, D. 2010: „Zur (Un)Übersetzbarkeit religiöser Rede. Kritische Anmerkungen zu Habermas' neuerer Religionsphilosophie", in: Zeitschrift für philosophische Forschung 64:3, 378–393.

– 2013: Die Entmachtung Gottes durch den Leviathan. Thomas Hobbes über Religion, Stuttgart-Bad Cannstatt.

Strauss, L. 1953: Natural Right and History, Chicago/London.

– 1972: „On the Intention of Rousseau", in: M. Cranston/R. S. Peters (Hg.): Hobbes and Rousseau. A Collection of Critical Essays, Garden City, 254–291.

Vaughan, G. M. 2007: Behemoth teaches Leviathan. Thomas Hobbes on Political Education, Lanham et al.

Reinhard Brandt

Recht, Religion und Politik bei Kant

Einige unzeitgemäße Beobachtungen

1. Zeitgeschichtlicher Kontext

Nach der Bedeutung der Religion in Recht und Politik zu fragen, entspricht einem neu entfachten Interesse. Religiöse Themen werden in Publikationen neu belebt, Tagungen widmen sich der Religion und der segensreichen Rolle der Kirchen. Die Haupttendenz der Aufklärung ging in eine andere Richtung. David Hume, Adam Smith und Rousseau, Wieland und Lichtenberg, Thomasius, Wolff und Kant, selbst Swedenborg und viele andere Aufklärer hätten nicht sagen können, wer gerade Papst in Rom ist. Sie waren mit einigen Ausnahmen keine Atheisten, aber sie hatten die Lektion des Mittelalters und der beginnenden Neuzeit gelernt: „tantum religio potuit suadere malorum (zu soviel Übeln hat die Religion die Menschen anstiften können)".[1] Und sie wussten, dass die Bedrohung an Leib und Leben durch die Macht der Priester nicht beendet war; Bücherverbrennungen fanden als Mahnzeichen für Schlimmeres statt.

Voltaire gab in seinen späten Briefen die Parole aus: „Écrasez l'infâme!", seine Schriften standen im kirchlichem Gegenfluch auf dem Index. Nach der Veröffentlichung des *Émile* und *Contrat social* (1762) begann die Verfolgung Rousseaus. „Als der Erzbischof von Paris nach der offiziellen Verurteilung des Textes [sc. des *Émile,* RB] durch die Sorbonne und der Anordnung des Pariser *Parlements*, das Werk öffentlich verbrennen zu lassen, 1762 eine Verfügung erließ, welche die Lehren des *Émile* als schädlich brandmarkte, war Rousseau bereits aus Frankreich geflohen."[2] Christian Wolff hielt 1721 anlässlich der Übergabe seines Prorektorats an den Pietisten Joachim Lange eine Rede *De Sinarum philosophia practica*, die die Eigenständigkeit der menschlichen Vernunft lehr-

---

[1] Lukrez 1957, I 101. Bei Kant-Zitaten werden im Folgenden nur die Band-, Seiten- und Zeilenzahl angeführt; Zitate der *Kritik der reinen Vernunft* (wie üblich *KrV*, auch *KpV* etc.) erfolgen nach der Ausgabe im Meiner-Verlag in den Auflagen von 1781 oder 1787 (A oder B). – Für kritische Lektüre danke ich Werner Euler (Brasilien), Heiner F. Klemme (Mainz), Ulrike Santozki (Hameln), Werner Stark (Marburg).

[2] Wokler 2004, 130.

te; selbst außerhalb des Christentums, so seine Meinung, gab es die Möglichkeit höchst moralischer Theorie und Praxis. Die Intrigen der Pietisten führten den preußischen König dazu, am 8. November 1723 der Universität mitzuteilen, Wolff solle „binnen 48 Stunden nach Empfang dieser Ordre die Stadt Halle und alle unsere übrige Königl. Lande bey Strafe des Stranges räumen [...]."[3] Kant wurde 1724 geboren, er war also kein Zeitzeuge dieses Mordkomplotts von Thron und Altar, aber er wird später dazu beigetragen haben, ihn vor den Pietisten zu warnen. Für Moral gibt der Glaube keine Gewähr, also umgekehrt: Nicht Glaube, Liebe, Hoffnung, sondern Liebe (Moral), Glaube, Hoffnung. Erst die Moral, und dann der Glaube.[4] David Hume ließ seinen Freund Henry Home wissen: „[...] the Church is my Aversion."[5] Seine *Dialogues on Natural Religion* ließ er aus Angst vor kirchlicher Verfolgung erst postum publizieren, desgleichen die beiden Abhandlungen *Of Suicide* und *Of the Immortality of the Soul.* Der Kirche in seiner schottischen Heimat war nicht zu trauen,[6] und 1761 setzte die katholische Kirche vorsorglich alle Humeschen Publikationen auf den *Index Librorum Prohibitorum*, von dem sie jedoch 200 Jahre später während des Zweiten Vatikanischen Konzils (1962–1965) entfernt wurden.[7] Die christlichen Kirchen aller Konfessionen kämpften an der Seite der feudalen Throne gegen die Aufklärer. Die Kirchen beeindruckten die Autoren, die der Aufklärung zugezählt werden, nicht durch gegenläufige Initiativen. Die allmähliche Herausbildung des sozialen Gewissens entsprang keiner kirchlichen Sorge, sondern begann mit dem *Spectator*, der Zeitschrift von Addison und Steele, der Kampf gegen die Sklaverei knüpft an Spanische Naturrechtler und dann entscheidend an das Naturrecht von John Locke an, die Emanzipation der Frau ist kein Werk von Pastoren und Priestern, um nur einige Themen zu nennen, die die Verachtung oder Indifferenz der Aufklärer gegen Institutionen der Religion in ihr Gegenteil hätte verkehren können. Die Kirchenarchitektur nach Barock und Rokoko konnte sich nur dem Klassizismus zuwenden, der nun seinerseits den nicht-christlichen Ursprüngen der europäischen Kultur verpflichtet war; richtungweisend war Johann Joachim Winckelmann, der den Blick auf Griechenland und Palladio richtete, aber kein Glaubensgefühl unterstützte. In der Kirchenmusik gab es, trennt man einmal zwischen Barock und Aufklärung, keine attraktiven Erneuerungen bis hin zur Romantik, und von aufregenden religiösen Predigten wird nichts berichtet, so wie es in London zur Zeit von John Locke der Fall war – die Predigten in St. Paul´s erschienen sogleich im Druck, und für Intellektuelle war es ein Genuss, sie am Sonntag anzuhören.

Kant mahnt in seinem Eingriff in den Jacobi-Mendelssohnschen Streit im Aufsatz *Was heißt; sich im Denken orientieren?* (1786; dazu VIII 483–484) beide Parteien („Freunde des Menschengeschlechts und dessen, was ihm am heiligsten ist!" VIII 146,23–24), Frieden zu wahren – der Thronwechsel steht bevor und kann dem Gedankenaustausch

---

[3] Wuttke 1982, 28 Anm. 1.
[4] Brandt 2009, 63 ff. Dazu auch Kant VIII 267,10–14.
[5] Hume 1954, 26 (Brief Ende Juni 1747), von Lothar Kreimendahl als Titel eines Buches gewählt: „Die Kirche ist mir ein Greuel" (Kreimendahl 2012).
[6] Streminger 1994, 449–462.
[7] Streminger 1994, 462.

mit dem bigotten Nachfolger gefährlich werden. Mit dem Tod Friedrichs II. war ein Ende des relativ liberalen „climate of opinions" zu erwarten.

Bei feierlichen Kirchgängen der Professoren nahm Kant zunächst teil, aber „er ging, wann immer er konnte, an der großen Kirchentür vorbei."[8] Das Religionsedikt Johann Christoph Wöllners vom 9. Juli 1788 lastete bis zum Tod Friedrich Wilhelms II. (16. November 1797) auf Preußen und zwang Kant zu unwürdigen Erklärungen. Das Edikt entfremdete die Intellektuellen in Preußen weiter von der Kirche.

Kant erhebt sich kurz vor seinem Tod 1804 bei der Ankunft des Arztes vom Krankenbett; der Arzt bittet ihn, sich wieder zu legen, er antwortet: „Das Gefühl für Humanität hat mich nicht verlassen."[9] Ein Geistlicher ex officio wurde nicht gerufen, die Religion ist aus den letzten Gesprächen offenbar gänzlich ausgeklammert. Das letzte Wort des Philosophen lautete: „Es ist gut."[10] Ein stoisches Bekenntnis.

„Les philosophes": sie kannten einerseits den verbissenen Kampf der Kirchen um den Erhalt der Macht, suchten jedoch ein menschlich lebbares, liberales Verhältnis zu einzelnen integren und gebildeten Geistlichen, sei es in Paris, Edinburgh oder Königsberg.

Im Folgenden sollen drei Themenbereiche diskutiert werden. 1. Die Universität und die christliche Theologie. 2. Wissen und Glauben – Kants Platzzuweisung. 3. Recht, Religion und Politik.

2. Die Universität und die christliche Theologie

Die Selbstwerdung des Menschen, die Befreiung aus der Unmündigkeit ist Thema der Aufklärungsschrift von 1784: „Faulheit und Feigheit sind die Ursachen, warum ein so großer Theil der Menschen, nachdem die Natur längst von fremder Leitung freigesprochen (naturaliter maiorennes), dennoch gerne zeitlebens unmündig bleiben; und warum es Anderen so leicht wird, sich zu deren Vormündern aufzuwerfen." (VIII 35,9–13) Es ist durch die Beamten der staatlichen Fakultäten (das sind die „Anderen") für alles gesorgt, die Juristen, Ärzte und Geistlichen übernehmen die Leitung der Geschäfte der äußeren Güter, der körperlichen Gesundheit und der Seelsorge. Das eigenständige Ich wird erdrückt unter dem „Joch der Unmündigkeit" (VIII 36,19–20). Dies wird man bei Juristen und Ärzten für nicht so befremdlich halten, denn die jeweiligen Sachkenntnisse kann sich der Laie schwer aneignen. Anders bei der Seelsorge; sie betrifft das eigentümliche Interesse der Kantischen Universitätsschrift, die ihre Autonomie-Vorstellungen ursprünglich nur am Streit der Philosophie mit der Theologie exemplifizieren wollte.[11]

Zur Erinnerung: Die oberen drei Fakultäten sind nach der antiken Ordnung von drei Gütern disponiert; es sind die Seele, der Leib und die äußere Habe, demzufolge die Disziplinen der Theologie, Medizin und Jurisprudenz.[12] Die Universitäten – und Kant im

---

[8] Dietzsch 2003, 235.
[9] Groß o. J. 298.
[10] Groß o. J. 302. Man kann die Aussage auch auf die momentane physische Situation des Trinkens beziehen. Aber Kant sagt nicht: „Es reicht".
[11] Ausführlich Brandt 2003.
[12] Brandt 2003 u. ö.

Streit der Fakultäten – folgen dieser alten Dreiteilung.[13] In der *Metaphysik der Sitten* wird dagegen das duale Schema von äußerem Recht und innerer Ethik angewendet. Die Aufgabe der Politik ist es, das äußere Recht gemäß der bekannten Formel der Friedensschrift zu realisieren: Politik ist „ausübende Rechtslehre" (VIII 370,11). Die Politik hat zum Gegenstand den Staat und die Institutionen des Völker- und Weltbürgerrechts. Als Mittel der Verrechtlichung durch Kultur und damit als letztlich politische Maßnahme könnte die Förderung der Wissenschaften an den Universitäten durchaus zählen, doch dazu finden sich keine expliziten Äußerungen, und im Hinblick auf die konfessionsgebundene Theologie wird man bezweifeln, dass dieses Argument überzeugen könnte.[14]

Der Streit der Fakultäten, speziell der Streit von Theologie und Philosophie, bezieht sich auf Positionen, die im Rahmen der Kantischen kritischen Philosophie bestimmt werden. Die Philosophie vertritt in der Konfrontation die bekannten kritischen Argumente der Autonomie gegen die Heteronomie (die Herausstellung der „Anderen"); den Religionsglauben gegen den Kirchenglauben, und hier zeichnet Kant ein Bild des Moralisch-Bösen der repressiven Fremdbestimmung. Wenn es zutrifft, muss die Fakultät geschlossen und so an der weiteren Verbreitung des Opiums für das Volk gehindert werden.

Ohne die autonome Moral sind die Schriftauslegungen „entweder praktisch leer oder gar Hindernisse des Guten. – Auch sind sie alsdenn nur eigentlich *authentisch*, d. i. der Gott in uns[15] ist selbst der Ausleger, weil wir niemand verstehen als den, der durch unsern eigenen Verstand und unsere eigene Vernunft mit uns redet, die Göttlichkeit einer an uns ergangenen Lehre also durch nichts, als durch Begriffe *unserer* Vernunft, so fern sie rein moralisch und hiemit untrüglich sind, erkannt werden kann." (VII 48,3–9) Die in der Theologischen Fakultät praktizierte Lehre und das entsprechend auf den Kanzeln verkündete Evangelium widerspricht den elementaren Forderungen der Sittlichkeit. Es wird die eigene praktische Vernunft an „Andere" delegiert und damit die Heteronomie zum Prinzip erhoben.

Nun will Kant die Theologische Fakultät nicht aufheben; wir werden uns später nach einem Grund umsehen müssen, der zur Beibehaltung der bestehenden Universität und ihrer drei oberen Fakultäten wenn nicht zwingt, so doch einlädt.

Wir sahen, dass die ethischen Prinzipien der praktizierten Theologie jeder ernsthaften Moral qua Tugendlehre zuwider laufen. Es sei erlaubt, jetzt einen Blick auf die Seite des Rechts zu werfen.

Die intendierte Theologie ist die christliche; sie hat ihrerseits nach Kant einen leicht aufzeigbaren sittlichen und kulturellen Vorteil gegenüber allen anderen Religionen, so dass ihre Plazierung als einzige gewissermaßen selbstverständlich ist. Aber das betrifft die Ansicht des Philosophen, nicht die der beteiligten Anhänger unterschiedlicher Religionen. Wie ist über die Besetzung der Theologischen Fakultät unter diesem Gesichtspunkt bürgerlicher Gleichheit zu verfahren? Der *Streit der Fakultäten* eröffnet weder der jüdischen oder moslemischen oder irgendeiner anderen Religion den Zugang zur allgemein so benannten Theologie, die Schrift sagt auch nichts darüber, dass zwar die Theologie den Nicht-Christen verschlossen bleibt, nicht jedoch die beiden

---

[13] Brandt 2013, Einleitung u. ö.

[14] Zum Unruhefaktor „der Verschiedenheit der *Sprachen* und *Religionen*" (VIII 367,22).

[15] „Deus est in nobis", dazu Brandt 2008.

anderen Fakultäten. Bei Kant ist die christliche Konfession eine unausgesprochene und unbegründete Zugangsbedingung für die gesamte Universität. Wenn sich dies wohl in der Jurisprudenz und Medizin selbst nicht gut rechtfertigen lässt, so wird doch im Hintergrund das Argument gezählt haben, dass im Senat über die Mitglieder aller drei Fakultäten abgestimmt wurde und bei einer Lessingschen Toleranz jüdische oder moslemische Kollegen über die christlichen Lehrstühle abgestimmt hätten. Dies war auf jeden Fall zu vermeiden.

Es war zu Kants Amtszeit tatsächlich nicht möglich, dass z. B. die Juden Marcus Herz oder Moses Mendelssohn eine beliebige Professur an einer preußischen Universität erhielten, desgleichen natürlich Frauen.[16] Hier spielten die Probleme eine Rolle, die andere Autoren wie Locke und Voltaire unter dem Titel der Toleranz erörtert hatten, die Kant jedoch dadurch ausklammern zu können meinte, dass alle Probleme durch die Rechtslehre geklärt würden.[17] Dann aber suchen wir nach der Antwort auf die Frage nach dem Rechtsgrund, Juden (und Gläubige sonstiger Religionen) aus der Universität auszuschließen, vergeblich – es gibt ihn nicht.

Das vorläufige Fazit unseres Rundganges: Die Theologie der Universität, von der Kant handelt, ist nach ihm gegen das vernunftnotwendige Projekt der Aufklärung gerichtet, und sie beruht mit ihrer Kandidatenauswahl auf einem ungesicherten Rechtsboden. Worin besteht ihr Wert? Warum spricht Kant nicht vom „Opium für das Volk", das eliminiert werden muss? Warum wendet er sich nicht ab von jeglicher Rettung, die den Streit mit der Aufklärung immerhin noch ermöglichen sollte? Die Antwort muss sich m. E. auf die soziale Funktion beziehen. Die Kirche, deren Amtsträger die Theologen ausbilden, sorgen für einen geregelten Ablauf von Ritualen, auf die die Gesellschaft und der Staat angewiesen sind: Taufe, Heirat, Beerdigung, Stadt- und Staatsfeierlichkeiten wie der Wechsel der Herrscher auf dem Thron. Kant war, so erschließen wir, der Meinung, dass ein europäischer Staat auf eine gesetzliche Ordnung dieser Riten nicht verzichten konnte oder sollte. Dies war der „status quo" in Kants Umgebung. Der Streit der philosophischen mit der theologischen Fakultät, wie er im *Streit der Fakultäten* entworfen wird, nötigt die Theologie zu einer Auseinandersetzung mit Argumenten und damit zur progressiven Aufklärung, die jedoch nicht zur Aufhebung der Kirche und des heteronomen Kirchenglaubens führen wird. So Kants vorsichtig liberale Position.

---

[16] Die „Metaphysischen Anfangsgründe der Rechtslehre" (1796 bzw. 1797) konstatieren, dass „alles Frauenzimmer" (VI 314,29–29) vom Stand des aktiven Bürgers ausgeschlossen ist; Frauen können auch nicht als eigenständige Vertragspartner auftreten; der Ehekontrakt (VI 277,34 u. ö.) wird wohl nur vollzogen, nicht getrennt unterschrieben?

[17] Die Rechtslehre und die politischen und geschichtsphilosophischen Traktate bringen keinen Beitrag zur Toleranz. In der Aufklärungsschrift bemerkt Kant: „Ein Fürst, der es seiner nicht unwürdig findet, zu sagen: daß er es für *Pflicht* halte, in Religionsdingen den Menschen nichts vorzuschreiben, sondern ihnen darin volle Freiheit zu lassen, der also selbst den hochmüthigen Namen der *Toleranz* von sich ablehnt, ist selbst aufgeklärt […]." (VIII 40,28–31) Insgesamt Forst 2003.

3.   Wissen und Glauben und Kants Platzanweisung

„Ich kann also *Gott, Freiheit und Unsterblichkeit* zum Behuf des praktischen Gebrauchs meiner Vernunft nicht einmal *annehmen*, wenn ich nicht der spekulativen Vernunft zugleich ihre Anmaßung überschwenglicher Einsichten *benehme*, […]. Ich mußte also das *Wissen* aufheben, um zum *Glauben* Platz zu bekommen." (*KrV* B XXX) Die Aufhebung des Wissens (sc. der Erkenntnis) in der *KrV* (1781) hatte nicht den Zweck („um..."), einen Platz für den Glauben freizuräumen. Der Titel der „Kritik der reinen Vernunft" besagt, dass die reine, d. h. nicht auf Anschauung bezogene, vorgebliche Vernunfterkenntnis der Seele, der Welt im Ganzen und Gottes in eine Dialektik gerät und dass deren „Erkenntnis", wiewohl denknotwendig, grundsätzlich nicht möglich ist. Jenseits der Erscheinungen gibt es also keine Erkenntnis, aber der Platz jenseits der Grenze steht als Platz frei, jedoch zuerst für den praktischen Gebrauch der Vernunft, also für das moralische Gesetz und die es ermöglichende Freiheit. Erst danach kommen die drei Postulate mit ihrer Glaubensforderung. Das Wort „Glaube" einfach so, ohne Kirche, hatte jedoch zur Zeit der großen Wirkung von Friedrich Heinrich Jacobi plötzlich einen guten Klang. Daher wohl Kants leichte Verdrehung der Fakten, die er natürlich durchschaute.

Ich möchte im Folgenden der Destruktion der alten Metaphysik in der ersten Kritik (1781) und der Besetzung des frei gewordenen Platzes durch die reine praktische Vernunft (1788) nachgehen. Der Komplex ist vielfältig analysiert und erörtert worden; ich hoffe jedoch, einen bisher nicht bemerkten Systemgedanken Kants freilegen zu können.[18]

In ihrer Selbstkritik von 1781 setzt die reine Vernunft sich selbst Grenzen gemäß dem Lockeschen Programm der „Bestimmung sowohl der Quellen, als des Umfanges und der Grenzen" der menschlichen Erkenntnis (*KrV* A XII).[19] Dazu gehört auch die Vorstellung, unsere Erkenntnis sei beschränkt auf eine Insel und deren „terra ferma", sie dürfe sich nicht auf den sturmumtobten Ozean hinauswagen (*KrV* A 235–236). Dieses Konzept ist überführbar in das platonisierende Projekt zweier Welten, der Phaenomena und Noumena, wie sie die Dissertation von 1770 darstellt. Das Wissen in der Redeweise von 1787 bezieht sich auf die durch die Kategorien und die Grundsätze des Verstandes erkennbare Natur; nicht haltbar ist eine Erkenntnisprätention, die die Noumena der alten Metaphysik betrifft: Gott, Freiheit und Unsterblichkeit. Die Zermalmung der alten Metaphysik geschieht nicht auf Grund einer Zwecksetzung der praktischen Vernunft, sondern ist das Ergebnis einer spekulativen negativen Erkenntnis. 1788 siedelt Kant auf dem frei gewordenen Platz der Noumena zuerst die praktische positive Freiheit und ihre Gesetzlichkeit an. Dies geschieht in der „Analytik" der *KpV*; das moralische Handeln bedarf jedoch zu einer wirklichen Realisierung zweitens des Glaubens an Gott und Unsterblichkeit – und hiermit sind wir beim Thema, das in unserem Anfangszitat aufgerufen wurde.

---

[18] Die folgende Analyse erscheint zugleich in ungefähr derselben Form in Brandt 2013.

[19] Siehe Locke 1975, 43 – *An Essay concerning Human Understanding* I 1, 2: „This, therefore, being my *Purpose* to enquire into the Original, Certainty, and Extent of human Knowledge […]."

Das Verhältnis von „Analytik" und „Dialektik" ist in zwei umfangreichen Publikationen gründlich erörtert worden;[20] mir scheint jedoch, dass folgende Systemklammer aus der Urteilstafel der *KrV* nicht gesehen wurde.[21]

Die „Analytik" der *KpV* stellt ihre eigene Systematik als präzise Verkehrung der „Analytik" der *KrV* vor, sie beginnt mit den Grundsätzen, sc. dem Grundsatz der Kausalität aus Freiheit, geht dann zu Begriffen des Guten und Bösen und von diesen zu den Sinnen, sc. zu den Triebfedern, die auch als Ästhetik der praktischen Vernunft geführt wird (V 16,20–36). „Die Analytik der theoretischen reinen Vernunft wurde in transcendentale Ästhetik und transcendentale Logik eingetheilt, die der praktischen umgekehrt in Logik und Ästhetik der reinen praktischen Vernunft […]." (V 90,12–15) Den drei Titeln der „Analytik" folgt als vierter in der „Dialektik" die Lehre von den Postulaten der praktischen Vernunft, die allererst die Modalität der vorhergehenden „Analytik" bestimmen: „Ist also das höchste Gut nach praktischen Regeln unmöglich, so muß auch das moralische Gesetz, welches gebietet, dasselbe zu befördern, phantastisch und auf leere eingebildete Zwecke gestellt, mithin an sich falsch sein." (V 114,6–9) Die „Dialektik", die auf die „Analytik" folgt, legt die Postulate frei, die zeigen, dass die Lehre der drei vorhergehenden Titel nicht „phantastisch und auf leere eingebildete Zwecke gestellt" ist. Die zwei bzw. drei Postulate (Freiheit, Gott, Unsterblichkeit) haben dieselbe Funktion der Modalität wie in der *KrV* „Die Postulate des empirischen Denkens überhaupt[22]." (*KrV* A 218) Sie widerlegen den Idealismus (nach *KrV* B 274) der reinen praktischen Vernunft. Während die „Dialektik" der *KrV* die Ansprüche der Vernunft auf eine theoretische Erkenntnis des Übersinnlichen zurückweist, wird die „Dialektik" der *KpV* umgekehrt zu einer *pars construens*, in der die Ansprüche der reinen praktischen Vernunft auf eine objektiv-praktische Erkenntnis eben dieser Objekte bestätigt werden.

Somit könnte die Konstellation 1, 2, 3/4[23] die architektonische Grundlage der *KpV* liefern. Im Folgenden soll dies näher erwogen werden.

In der „Einleitung" machte Kant zum ersten Mal darauf aufmerksam, dass die zweite Kritik wie die erste in Elementar- und Methodenlehre zerfalle und die Elementarlehre wiederum in Analytik und Dialektik. „Allein die Ordnung in der Unterabtheilung der Analytik wird wiederum das Umgekehrte von der in der Kritik der reinen speculativen Vernunft sein. Denn in der gegenwärtigen werden wir von *Grundsätzen* anfangend zu *Begriffen* und von diesen allererst, wenn möglich, zu den Sinnen gehen; da wir hingegen bei der speculativen Vernunft von den Sinnen anfingen und bei den Grundsätzen endigen mußten." (V 16,20–26) In der Willenslehre müssten „die Grundsätze der empirisch unbedingten Causalität den Anfang machen" (V 16,29–30), von da müsse man zu den Begriffen gehen, die die Anwendung auf Gegenstände ermöglichten, und drittens folge die Anwendung auf das Subjekt und seine Sinnlichkeit.

Die Anlage folgt dem praktischen Syllogismus, in dem die erste Prämisse vom allgemeinen Gesetz eingenommen wird, in der zweiten Prämisse werden die Begriffe des

---

[20] Albrecht 1978; Milz 2002.

[21] Das nachfolgende Argument benutze ich auch in Brandt 2013.

[22] Vgl. die Bezugnahme *KrV* A 74; 78 auf das „Denken überhaupt".

[23] Dazu Näheres in Brandt 2013.

Guten und Bösen unter das Gesetz subsumiert, und die Triebfederlehre behandelt die Konklusion in Form der zu vollziehenden Handlung.

Durch dieses Procedere immunisiert sich die *KpV* gegen zwei bedrohliche Alternativen. Die erste besteht in einem platonischen Rationalismus, die zweite im Empirismus der englischen Gefühlsmoral. Der platonische Rationalismus stellt den Begriff des Guten an die Spitze aller Bestimmungen; Kant dagegen besetzt erstens diese Position durch den kategorischen Imperativ und integriert zweitens das Gute als eine Größe, die allererst vom Gesetz bestimmt wird. Die englischen Gefühlsmoralisten machen dagegen das moralische Handeln von den Kräften des Gefühls abhängig; Kant läßt umgekehrt das moralische Gefühl das Erzeugnis des Gesetzes der reinen praktischen Vernunft sein. Im ersten Fall erweist sich der kategorische Imperativ als das wahre objektive Beurteilungsprinzip sittlichen Handelns, das sog. „principium dijudicationis", im zweiten als das wahre subjektive Ausführungsprinzip, das „principium executionis". So werden die rationalistische Idee des Guten und das empiristische Moralgefühl in modifizierter Weise in die eigene Systematik integriert und als mögliche Gegeninstanz liquidiert.

Die „Analytik" stellt sich auf diese Weise als ein vollendetes triadisches System der Moral vor, das aus eigener Begrifflichkeit das Gute und Böse bestimmt und aus eigener Kraft zum moralischen Handeln motiviert.

Der Leser muss in Kauf nehmen: Die Umkehrung der „Analytik", so wie sie in der „Einleitung" und in der „Kritischen Beleuchtung" geschildert wird, fordert, wie schon gesehen, ein erhebliches Opfer, denn Kant modifiziert retrospektiv die Struktur der *KrV*.[24] Dort setzt die Elementarlehre mit der „Transzendentalen Ästhetik" ein und geht dann zur „Transzendentalen Logik" über, die ihrerseits in „Analytik" und „Dialektik" zerfällt. Jetzt heißt es dagegen in der „Einleitung", die Elementarlehre der spekulativen Vernunft zerfalle in „Analytik" und „Dialektik" (V 16,18–20); so auch in dem späteren Kapitel „Von der Deduction der Grundsätze der reinen Vernunft": „Wenn wir damit den analytischen Theil der Kritik der reinen Vernunft vergleichen, so zeigt sich ein merkwürdiger Contrast beider gegen einander. Nicht Grundsätze, sondern reine sinnliche *Anschauung* (Raum und Zeit) war daselbst das erste Datum [...]" (V 42,20–23) – „daselbst", nämlich in der „Analytik". Und ebenso in der „Kritischen Beleuchtung": „Die Analytik der theoretischen reinen Vernunft wurde in transcendentale Ästhetik und transcendentale Logik eingetheilt [...]." (V 90,12–13) Die Eigenstellung der Ästhetik gegenüber der Logik wird also nicht aufgrund eines zufälligen Irrtums und einer nebulösen Erinnerung,[25] sondern planvoll und systematisch reduziert, indem sie zu einem Teilgebiet der Analytik, des ersten Teils der Logik, gemacht wird.

Wir können uns also nicht an der Urteilstafel orientieren und von den Schlüssen über die Urteile zu den Begriffen zurück gehen, sondern müssen die *KrV* aus dem Blickweise der *KpV* benutzen und von den Grundsätzen (sie werden zum Grundsatz des kategorischen Imperativs) über die Begriffe (des Guten und Bösen) zur Ästhetik (Triebfeder) schreiten und so tun, als sei die letztere tatsächlich ein Teil der „Analytik". Aber unab-

---

[24] Darauf wurde schon oben S. 183 hingewiesen.

[25] Beck 1969, 55 schreibt nur: „Kant incorrectly recalled the division of the first *Critique*". Dass Kant hier einfach ein Fehler unterläuft, halte ich für ganz unwahrscheinlich.

hängig von dieser Änderung bleibt das triadische System für die vorläufige vollständige Bestimmung des Moralprinzips intakt.

In der „Dialektik" überrascht den Leser die Aussage, dass die objektive praktische Realität, das Faktum also des kategorischen Imperativs und seiner begrifflichen und „ästhetischen" Wirkung, eine Chimäre ist, wenn nicht eine bestimmte Folgebestimmung erfüllt wird.

Inhaltlich wird gezeigt, dass der kategorische Imperativ zu seiner Realisierung unter Menschheitsbedingungen auf eine Glücks-Hoffnung angewiesen ist. Die Beweisaufgabe lautet: Zeige, dass die Moralität, die in der Gewalt des Menschen ist und sein soll, von sich aus der Garant der objektiven praktischen Realität dessen ist, was nicht in unserer Gewalt ist, das notwendig zu erhoffende Glück; diese Hoffnung ist an Gott und Unsterblichkeit gebunden, die also objektiv praktische Realität haben müssen. Dabei ist die von der Moral notwendig postulierte Realität von Gott und Unsterblichkeit mit der Moral nicht analytisch, sondern synthetisch verbunden, so dass eine Moral ohne Gott und Unsterblichkeitsglauben nicht in sich widersprüchlich ist. Dass dieser in der Moral synthetisch fundierte Gottes- und Seelen„vernunftglaube" der einzig mögliche ist, ergibt sich durch den negativen Bescheid der *KrV*, die jeder Alternative den Weg versperrte.

Die „Analytik" der *KpV* ist ein in sich abgeschlossenes System, das an keiner Stelle darauf explizit verweist, dass ein entscheidendes Problem noch nicht gelöst ist. Verfolgt man andererseits die Tradition der europäischen Moralphilosophie, weiß man, dass auf der Seite der reinen Sittlichkeit erst die eine, leichtere Hälfte der Aufgabe gelöst ist. Folgt das „utile" nicht dem „honestum", bleibt die Konstruktion nach dem inspirierten Ausdruck Alexander Baumgartens eine „ethica chimaerica".[26]

Kant schließt sich den Autoren von Platon über Aristoteles zu Cicero, Seneca und Rousseau gegen Epikur und Locke an, die im Guthandeln um des Guten willen einen Wert sehen und den Wert der Handlung und des Handelnden ausschließlich nach dem inneren sittlichen Wert bemessen. Dieser Aristokratismus des Sittlichen wird profiliert gegen das niedere Lohndenken der materialistischen Gegenpartei. Der Nutzen darf also in der Motivation zum Handeln und in der Entscheidung für die Sittlichkeit keine Rolle spielen. Der Heros ist Sokrates, der sich von dem erkannten Guten durch keinen Schrecken und keine Verlockung abbringen lässt. Die Frage ist damit verschärft: Wie ist das eigene „utile" zu realisieren, wenn es keine Rolle in der Handlungsbestimmung spielen darf? Hier scheint die Situation völlig ausweglos zu sein, wenn man – wie Kant – an einer rigorosen Bestimmung von Moralität festhält und sich zugleich nicht dem Vorwurf aussetzen will, dass der sittlich Handelnde ein Narr ist.

Kant konzipiert in der vierten Position seines Quaternio eine Postulatenlehre, die die gesuchte Lösung enthalten soll.[27] Die drei ersten Positionen bilden eine in sich vollständige moralische Bestimmung der Handlung; dann folgt der Übergang zur Modalität, die die Wirklichkeit für die sinnlich affizierte Natur des Menschen im Hinblick auf das höchste Gut erwägt. Eine gute Bestätigung liefert das Motiv des moralischen Fortschritts, das nicht in den ersten drei Titeln behandelt werden kann, sondern in die

---

[26] Baumgarten 1763, § 7: „ethica chimaerica"; Albrecht 1978, 152–162; Rousseau spricht von einer „véritable chimère", Rousseau 1959 ff., III 284.

[27] In dieser Weise möchte ich die Detailarbeiten von Albrecht 1978 und Milz 2002 ergänzen.

Verwirklichung in der Kategorie der Modalität gehört: „Die Bewirkung des höchsten Guts in der Welt das nothwendige Object eines durchs moralische Gesetz bestimmbaren Willens. […] Die völlige Angemessenheit des Willens aber zum moralischen Gesetze ist *Heiligkeit* eine Vollkommenheit, deren kein vernünftiges Wesen der Sinnenwelt in keinem Zeitpunkte seines Daseins fähig ist. Da sie indessen als praktisch nothwendig gefordert wird, so kann sie nur als in einem ins *Unendliche* gehenden *Progressus*[28] zu jener völligen Angemessenheit angetroffen werden, und es ist nach Principien der reinen praktischen Vernunft nothwendig, eine solche praktische Fortschreitung als das reale Object unseres Willens anzunehmen." (V 122,4–16)[29] In dem Aufsatz *Das Ende aller Dinge* (1794) wird das Motiv des „unendlichen Fortschreitens zum Endzweck" (VIII 335,14–15; auch 334,4–25) näher ausgeführt.

Wir bewundern die Konstruktion und sind fest entschlossen, ihr keinen Glauben zu schenken.

4.   Recht, Religion und Politik

Das Recht ist vielfach bei Kant präsent, die einzige systematische Darstellung findet sich jedoch in den „Metaphysischen Anfangsgründen der Rechtslehre" in der *Metaphysik der Sitten"* (1797). Hier steht es Kant nicht frei, den Glauben hypothetisch auszuklammern, wie es Hugo Grotius 1625 für sein Naturrecht *De jure belli ac pacis* in Anspruch nahm,[30] sondern es handelt sich um Vernunftrecht, das in der reinen praktischen Vernunft begründet ist und keine Alternative zulässt, die Religion hat im Recht keine Möglichkeit der Mitsprache. Die „Einleitung in die Metaphysik der Sitten" ist hier dezidiert und klar: „Verbindlichkeit ist die Nothwendigkeit einer freien Handlung unter einem kategorischen Imperativ der Vernunft." (VI 222,3–4) Diese Bestimmung gilt für die nachfolgende Rechts- und Tugendlehre. Kant kennt nur eine reine praktische Vernunft und einen kategorischen Imperativ und einen Pflichtbegriff. Die eine einheitliche *Metaphysik der Sitten* handelt von den Pflichten der Menschen als Vernunftwesen, nicht als nur „vernünftigen Wesen".[31]

---

[28] Dazu die „duratio noumenon" VIII 327,29 ff. auch Mendelssohn 1971 ff., III 1, 102–128 (*Phädon* III).

[29] Hier gibt es nun doch eine Antizipation des Postulats in der „Analytik", denn die Moral führt auf den Begriff das heiligen Willens: „Diese Heiligkeit des Willens ist gleichwohl eine praktische Idee, welche nothwendig zum *Urbilde* dienen muß, welchem sich ins Unendliche zu nähern das einzige ist, was allen endlichen vernünftigen Wesen zusteht, und welche das reine Sittengesetz, das darum selbst heilig heißt, ihnen beständig und richtig vor Augen hält, von welchem ins Unendliche gehenden Progressus seiner Maximen und Unwandelbarkeit derselben zum beständigen Fortschreiten sicher zu sein, d. i. das Höchste ist, was endliche praktische Vernunft bewirken kann […]." (V 32,35–33,3) Quandoque dormitat Homerus.

[30] Grotius 1939, 10: „Et haec quidem quae iam diximus, locum haberent etiamsi daremus, quod sine summo scelere dari nequit, non esse Deum, aut non curari ab eo negotia humana […]." („Prolegomena")

[31] Dazu VI 26,4–11; 418,5–13 u. ö.

Von dem einheitlichen kategorischen Imperativ der Vernunftwesen macht die Rechtslehre in verschiedenen Kontexten Gebrauch, so bei der richterlichen Strafe: „Das Strafge-
setz ist ein kategorischer Imperativ, und wehe dem! Welcher die Schlangenwindungen
der Glückseligkeitslehre durchkriecht, […]." (VI 331,31–33) Der Delinquent braucht
vom Unterschied der Vernunftwesen und nur vernünftigen Wesen nichts zu wissen; der
Gesetzgeber jedoch hat dem kategorischen Imperativ zu folgen und kann keine pragmati-
schen Regeln aufsuchen, für die z. B. die Vollstreckung des Todesurteils beim Verlassen
der Insel (VI 333,17–25) abwegig ist. Kant dagegen: „Selbst wenn sich die bürgerliche
Geselschaft mit aller Glieder Einstimmung auflösete (z. B. das eine Insel bewohnende
Volk beschlösse auseinander zu gehen und sich in alle Welt zu zerstreuen), müßte der
letzte im Gefängniß befindliche Mörder vorher hingerichtet werden […]." (VI 333,17–
21) Dieser Rigorismus kann nicht gut das Ergebnis pragmatischer oder hypothetischer
Imperative sein, sondern hat sein Fundament in einem absoluten Gebot der Freiheit und
seinen Konsequenzen, wie Kant sie ziehen zu müssen glaubt. Ob die Inselgeschichte
haltbar ist, steht auf einem anderen Blatt; die einstimmig beschlossene Staatsauflösung
führt alle Mitglieder zurück in den Naturzustand, den zu verlassen das Recht gebietet,
weil ohne Staat jeder jeden anderen lädiert (VI 307,8–26).

Eine Rechtslehre, die sich der einen reinen praktischen Vernunft entziehen möchte,
hätte das Dach des kategorischen Imperativs zu verlassen und müsste sich mit einem hy-
pothetischen Imperativ begnügen, müsste beim Benutzen des Pflichtbegriffs den Leser
warnen, dass er nicht wirklich ernst gemeint sei und noch andere Skurrilitäten einräu-
men. Es ist ein leider höchst wirksamer, immer wieder vertretener Widerspruch.[32]

Auf die Einheit der MdS, also von Recht und Ethik, hinzuweisen ist nötig, weil die
übliche Interpretation das Recht für sich setzt und den kategorischen Imperativ für die
Tugendlehre reserviert. Eine, man möchte sagen, unphilosophische Auffassung, die das
Recht aus der Vernunftgeschichte entläßt und in seiner eigenen Unvernunft den jeweiligen Sachzwängen oder Umfragen unterwirft.

Das Interesse daran, die Rechtsstrukturen aus dem sittlichen Bereich auszuklinken,
könnte darin liegen, dass man mit dem Moloch, der sich unter den eigenen Händen ent-
wickelte, nichts zu tun haben möchte und zwar in ihm handelt, aber nicht in sittlicher
Hinsicht. Wie immer; wer diese These vertritt, müsste auf jeden Fall erklären, warum
Kant mit aller Klarheit die Gegenthese formuliert – welches Interesse hat er, die somit klare Unwahrheit zu verbreiten? Warum verfasst er kein von den Widersprüchen
der Metaphysik gereinigtes postmetaphysisches Kolloquialrecht, das nur auf universelle
Geltung statt auf Notwendigkeit zu setzen braucht?

Der Rechtslehre wird in der *MdS* die Tugendlehre entgegen gestellt. Die letztere ist so
angelegt, dass die Befolgung der Rechtspflichten zugleich als innere Pflicht gilt – auch
hier zeigt sich die innere systematische Einheit von Recht und Tugend oder Ethik (VI
390,30–391,7 u. ö.). Aber die Rechtslehre wird der Tugendlehre auch vorangestellt. Der
Interpret soll nicht nur Wörter, sondern auch Textorte beachten; er lernt: Erst das Recht,
danach die Tugend, erst das Schuldige, dann die Wohltat. Kant war über die Umkehrung
dieser Reihenfolge in der feineren Gesellschaft schon in den sechziger Jahren empört.[33]

---

[32] Hierauf wies mich Julius Ebbinghaus hin, der an dem Erfolg jedoch wesentlich beteiligt war.

[33] Vgl. XX 35–36; 40,4–7 u. ö.; Ritter 1971, bes. 93–96.

Die Rechtslehre entwickelt das Recht als ein dynamisches Totum von der singulären provisorischen Eigentumsbehauptung bis zu einem kosmopolitischen peremtorischen Recht, das idealiter auf dem finalen Konsens aller Beteiligten und Betroffenen beruht. Eine analoge globale Vision entwickelt Kant in der *Religion innerhalb der Grenzen der bloßen Vernunft* (1793). Es ist eine allumfassende Tugendgemeinschaft der Menschen, die die Vereinzelung der ethischen Subjekte überwindet und sie zur Einheit aller Menschen guten Willens führt. Es soll in diesen unseren letzten Darlegungen die doppelte Vision einer weltumspannenden Einheit des äußeren Rechts und der inneren Gesinnung erläutert werden. Auf der Seite des Rechts stehen die Schrift *Zum ewigen Frieden* (1795) und die Rechtslehre der *Metaphysik der Sitten* (1797), auf der Seite der Gesinnung die *Religion innerhalb der reinen Vernunft* (1793).

In beiden Konzepten bedient sich Kant der Stufung von Natur- und Zivilzustand.

„Ein *rechtlich-bürgerlicher* (politischer) *Zustand* ist das Verhältniß der Menschen untereinander, sofern sie gemeinschaftlich unter *öffentlichen Rechtsgesetzen* (die insgesamt Zwangsgesetze sind) stehen. Ein *ethisch-bürgerlicher* Zustand ist der, da sie unter dergleichen zwangsfreien[34], d. i. bloßen *Tugendgesetzen* vereinigt sind." (VI 95,12–16) Es folgt aus den Merkmalen des ethisch-bürgerlichen Zustandes, dass dieser immer auf die Menschheit im Ganzen bezogen ist. Das „exeundum est e statu naturali" gilt im Recht und in der Ethik gleichermaßen. Im letzten Fall: „Der Mensch soll aus dem ethischen Naturzustande herausgehen, um ein Glied eines ethischen *gemeinen Wesens* zu werden." (VI 96,31–33)

Das Rechtsverhältnis der Menschen untereinander bezieht sich notwendig auf alle Bewohner der Erde; ihre Allheit wird durch den Boden auf diesem Planeten als einer Kugel gebildet. Die Erfüllung der drei Rechtspflichten (VI 236,19–237,32) resultiert als Aufgabe u. a. aus den drei Ulpianischen Formeln, angewendet auf die Daten, die in einer *Metaphysik der Sitten* einen apriorischen Status haben (wie die Geschlechtlichkeit, wie die Begrenztheit des Wohnplatzes etc.). Die Rechtspflichten beziehen sich also auf ein räumliches Totum, in dem die Rechtlichkeit in der Zeit zu verwirklichen ist. An einen Gott zu glauben wird an keiner Stelle notwendig. Die gewagte Hypothese des Hugo Grotius[35] kann jetzt problemlos zugrunde gelegt werden.

Anders ist die Lage in der Ethik. „Der Mensch soll aus dem ethischen Naturzustande herausgehen, um ein Glied eines ethischen *gemeinen Wesens* zu werden." (VI 96,31–33) Anders als das Recht führt die Ethik auf den Begriff des höchsten Guts, der nun seinerseits in der *KpV* und anderen Schriften die Postulate des Übersinnlichen bei sich führt. Das Individuum wird seinen moralischen Privatangelegenheiten nachgehen, „das Ganze der Angelegenheit des menschlichen Geschlechts aber (seiner moralischen Bestimmung nach) einer höhern Weisheit überlassen [dürfen]. Er muß vielmehr so verfahren, als ob alles auf ihn ankomme, und nur unter dieser Bedingung darf er hoffen, daß höhere Weisheit seiner wohlgemeinten Bemühung die Vollendung werde angedeihen lassen." (VI 100,33–101,3)

Aus der Logik des Buches ist diese Parallelaktion gut zu verstehen. Es soll die historisch verständliche, aber von der Sache nicht mehr haltbare Phase des heteronomen

---

[34] Genauer: frei von der Möglichkeit eines äußeren Zwanges, folglich nur des Selbstzwanges.

[35] Dazu oben S. 186.

Kirchenglaubens abgelöst werden durch den autonomen Religionsglauben und damit die Kirche durch ein ethisches gemeines Wesen, das den Rechtsinstitutionen zur Seite tritt, als Idee jedoch den Glauben an die Gottesherrschaft notwendig macht.

Der zur Pflicht gemachte Glaube an Gott als dem Oberhaupt der ethischen „Weltreligion" (VI 157,29) bleibt dem Prinzip treu, dass die Rücksicht auf Gott zu keinen neuen inhaltlichen Pflichten führt; der Bestand der ethischen Pflichten ist also abgeschlossen durch die Pflichten gegen sich selbst und gegen andere. Man sieht also nicht, was sich für den Menschen durch den Übertritt aus dem ethischen Naturzustand in den Zivilzustand ändert; worin soll die „wohlgemeinte Bemühung" bestehen, deren Vollendung durch Gott der Mensch nur persönlich erhoffen kann?

Ich selbst oder Andere – worin könnte eine Erweiterung bestehen, wenn aus Gott keine inhaltlichen Pflichten erwachsen dürfen? Wir müssen hier den Kantischen Text verlassen und in das 19. und 20. Jahrhundert vorstoßen. Die Erweiterung der ethischen Pflichten erwächst nicht durch ein Anwachsen über das Feld von Ich und Anderen hinaus, sondern durch eine Änderung des Subjekts des Handelns: Es werden Handlungsfelder entdeckt, deren sittliche Bewältigung nicht durch einzelne Subjekte möglich ist, sondern nur durch die gemeinsame *organisierte* Tätigkeit vieler Menschen. Man nehme die globale Tätigkeit von Hilfsorganisationen, die nicht abhängig sind von konfessionellen Institutionen und Rücksichten einerseits und andrerseits rechtlichen nationalen Zwangspflichten, sondern die zur Ethik gehören, also angewiesen sind auf den sittlichen Impuls des global Einzelnen, aber im Verbund mit anderen, weil die Aufgaben die Möglichkeiten der Einzelnen überschreiten.[36] Beispiele sind das Rote Kreuz, Ärzte ohne Grenzen, SOS-Kinderdorf. Hiermit liegen Tätigkeiten vor, die in das Gebiet der Ethik fallen, nicht des Rechts, die aber nicht unter den Kantischen Tugendpflichten in der *Metaphysik der Sitten* (1797) erscheinen, auch nicht als Inhalte des Religionsglaubens in der *Religion innerhalb der Grenzen der bloßen Vernunft* (1793). Die Tätigkeiten der einzelnen Individuen sind freiwillig, sie werden im Konsens organisiert und auf das von allen angestrebte Ziel gelenkt. Durch die zweckbezogene Organisation unterscheidet sich dieser neue Typ ethischer Tätigkeit von der bloßen Akkumulation von vermeintlich guten Handlungen wie z. B. der Prozession, der Demonstration oder der öffentlichen Bezeugung der Zustimmung zur Revolution durch die Zuschauer (VII 86–87).

Ohne die gemeinsame Organisation ist das Erreichen des Ziels nicht möglich. Eine derartige Pluralisierung ethischer Subjekte ist Kant in der Tugendlehre unbekannt; die sittliche Kirche, die in der Religionsschrift entwickelt wird, agiert noch mit dem Einzelnen, der sich zusammen tut, um im Glauben an ein göttliches Oberhaupt den Tugendpflichten leichter zu folgen. Es gibt jedoch keine inhaltlich gekennzeichneten Kirchenpflichten, die der Organisation vieler Einzelner bedürfen, um die ethische Aufgabe bewältigen zu können. Aber Kant bereitet für die neue gemeinsame Gesinnung den Boden vor.

---

[36] Forschner 1993, 107–138 benutzt bei der Paraphrase der Kantischen ethischen Vorstellungen die Begriffe der Solidarität und Kooperation (passim); sie kommen bei Kant lexikalisch nicht vor, und ich befürchte, sie verfehlen auch die Sache.

5. Literatur

Albrecht, M. 1978: Kants Antinomie der praktischen Vernunft, Hildesheim.

Baumgarten, A. 1763: Ethica philosophica, 3. Auflage, Halle.

Beck, L. W. 1969: A Commentary on Kant´s *Critique of Practical Reason*, Chicago.

Brandt, R. 2003: Universität zwischen Selbst- und Fremdbestimmung. Kants „Streit der Fakultäten“. Mit einem Anhang zu Heideggers Rektoratsrede, Berlin.

– 2008: „Der Gott in uns und für uns bei Kant“, in: Religion und Philosophie im Widerstreit? hrsg. von C. Bickmann, M. Wirtz, H.-J. Scheidgen, Nordhausen, 285–311.

– 2009: Die Bestimmung des Menschen bei Kant, Hamburg.

– 2011: „Thomas Hobbes und John Locke: Staatssouveränität und unveräußerliche Grundrechte“, in: L. Siep, Th. Gutmann, B. Jäkl und M. Städtler (Hrsg.), Von der religiösen zur säkularen Begründung staatlicher Normen, Tübingen, 93–104.

– 2012: „Die Zeitenwende der Neuzeit“, in: Wie gewiss ist unser Wissen? Alles nur eine Mode der Zeit? hrsg. von H. A. Müller, Berlin 2012, 14–35.

– (Hrsg.) 2013: Die Macht des Vierten. Über eine Ordnung der europäischen Geschichte, Hamburg.

Dietzsch, S. 2003: Immanuel Kant. Eine Biographie, Leipzig.

Forschner, M. 1993: Über das Glück des Menschen, Darmstadt.

Forst, R. 2003: Toleranz im Konflikt: Gehalt und Gegenwart eines umstrittenen Begriffs, Frankfurt a. M.

Groß, F. (Hrsg.) (o. J.): Immanuel Kant. Sein Leben in Darstellungen von Zeitgenossen, Berlin.

Grotius, H. 1939: De Jure Belli Ac Pacis Libri Tres (1625), hrsg. von B. J. A. De Kanter-Van Hettinga Tromp, Leyden.

Hume, D. 1954: New Letters of David Hume, hrsg. von R. Klibansky und E. C. Mossner, Oxford.

Kant, I. 1900 ff.: Gesammelte Schriften (Akademie-Ausgabe), Berlin.

Kreimendahl, L. 2012: „Die Kirche ist mir ein Greuel“. Studien zur Religionsphilosophie David Humes, Würzburg.

Kühn, M. 2003: Kant. Eine Biographie, München.

Locke, J. 1966: Ein Brief über Toleranz. Englisch-deutsch, hrsg. und übersetzt von J. Ebbinghaus, Hamburg.

– 1975: An Essay concerning Human Understanding, hrsg. von P. H. Nidditch, Oxford.

Losfeld, Chr. 2002: Philanthropisme, Libéralisme et Révolution. Le „Braunschweigisches Journal“ et le „Schleswigsches Journal“ (1788–1793) (Hallesche Beiträge zur Europäischen Aufklärung), Tübingen.

Lukrez 1957: De rerum natura, hrsg. von C. Bailey, Oxford.

Mendelssohn, M. 1971 ff.: Gesammelte Schriften. Jubiläumsausgabe (1929), Stuttgart-Bad Cannstatt.

Milz, B. 2002: Der gesuchte Widerstreit. Die Antinomie in der Kritik der praktischen Vernunft, Berlin.

Ritter, C. 1971: Der Rechtsgedanke Kants nach den frühen Quellen, Frankfurt a. M.

Streminger, G. 1964: David Hume. Sein Leben und sein Werk, Paderborn.

Wokler, R. 2004: Rousseau. Aus dem Englischen von M. Rehm, Freiburg i. Br.

Wuttke, H. (Hrsg.) 1982: Christian Wolffs eigene Lebensbeschreibung. Herausgegeben mit einer Abhandlung über Wolff (1841), Königstein.

CHRISTOPH HALBIG

Religion und Politik bei Hegel

0. „Hegel ist der letzte der großen Staatsdenker, der diese Frage [sc. die „nach dem Verhältnis von Staat und Religion"] im Rahmen einer philosophischen Staatsbegründung
und Staatslehre systematisch aufgenommen und erörtert hat."[1] Der Jurist und Verfas-
sungsrichter Ernst-Wolfgang Böckenförde verbindet diese Diagnose mit der These, dass
Hegels Behandlung dieser Frage zudem weit mehr als „einen nur historischen Beitrag
zum Problem"[2] darstelle; sie bleibe vielmehr ein unverzichtbarer Bezugspunkt auch für
die Gegenwart. Im Rahmen dieses Beitrags soll das Verhältnis von Religion und Politik
– die in Hegels System unter den Begriff des ‚Staates' fällt – bei Hegel primär in seiner
genuin *systematischen* Dimension diskutiert werden; ob Hegel mit seiner Erörterung des
Problems tatsächlich das letzte Glied einer Reihe bildet, muss dabei freilich hier offen
bleiben.

Im ersten Abschnitt wird entsprechend versucht, vor dem Hintergrund einer Klärung
der Begriffe ‚Religion' und ‚Staat' bei Hegel die geistphilosophische Grundlage von
Hegels Bestimmung ihres Verhältnisses zueinander zu erläutern. Im zweiten Abschnitt
kann nach einer Rekonstruktion von Hegels Kritik an funktionalistischen und fanatisch-
fundamentalistischen Missdeutungen das Verhältnis von Religion und Staat sowohl unter
genetisch-geschichtsphilosophischen wie unter geltungslogischen Gesichtspunkten erörtert werden, bevor dann im dritten Abschnitt Problembereiche wie das der Spielräume
für religiöse Pluralität, das der Grenzen religiöser Toleranz, das der hierarchischen Partizipation sowie das der Aufsichtsrechte des Staates gegenüber der Religion identifiziert
und diskutiert werden können. Abschließend werden dann freilich in Form eines Ausblicks die strukturellen Prämissen von Hegels Klärung der Frage nach dem Verhältnis
von Staat und Religion zu benennen sein, die deren systematische Anschlussfähigkeit in
der Gegenwart grundlegend in Frage stellen.[3]

---

[1] Böckenförde 1991, 117.

[2] Ebd.

[3] Ganz außer Betracht bleiben müssen hier die Stellung Hegels im Rahmen der kirchenrechtlichen
und kirchenpolitischen Debatten seiner Zeit (vgl. dazu insbesondere Jaeschke (1979)) wie auch die

1. Gegenwärtige Versuche, das Verhältnis von Religion und Staat zu bestimmen, gehen zumeist von einer unabhängigen Individuierung der beiden Relata aus, um dann erst die Frage zu stellen, wie sich beide zueinander verhalten. Für Hegel liegt der Schlüssel zu einer Klärung dieses Verhältnisses hingegen in der Einsicht, dass beide, Religion und Staat, denselben Inhalt haben und sich lediglich in der Form, in der dieser Inhalt jeweils gegeben ist, unterscheiden:

> „Wie oben bemerkt ist, hat nun die Religion das Wahre zu ihrem allgemeinen Gegenstande, jedoch als einen *gegebenen* Inhalt, der in seinen Grundbestimmungen nicht durch Denken und Begriffe erkannt ist; ebenso ist das Verhältnis des Individuums zu diesem Gegenstande eine auf Autorität gegründete Verpflichtung, und das *Zeugnis* des *eigenen* Geistes und Herzens, als worin das Moment der Freiheit enthalten ist, ist *Glaube* und *Empfindung*. Es ist die philosophische Einsicht, welche erkennt, daß Kirche und Staat nicht im Gegensatze des *Inhalts* der Wahrheit und Vernünftigkeit, aber im Unterschied der Form stehen." (TW 7, 424f.)

Auch wenn es mithin philosophischer Reflexion bedarf, um dies zu erkennen, verbietet sich eine Entgegensetzung von Religion und Staat von vornherein, insofern beide denselben Inhalt teilen. Hegel bezeichnet ihn als „Wahrheit". Wahr ist gemäß Hegels ontologischer Wahrheitstheorie eine Entität in dem Maße, als sie ihren Begriff verwirklicht. Der Begriff bezeichnet in Hegels teleologisch-normativer Ontologie wiederum sowohl das Wesen wie den Maßstab für die kritische Bewertung einer Entität. Nach Hegels ontologischem Wahrheitsbegriff ist eine Entität in dem Maße wahr, als sie mit ihrem Begriff übereinstimmt. Der alle Phänomene des Geistigen (im Gegensatz zur Natur) leitende Begriff ist nun nach Hegel der der Freiheit. Die Weltgeschichte wiederum begreift Hegel insgesamt als Prozess der Realisierung dieser Freiheit im Sinne einer sich wechselseitig fortbestimmenden Explizierung ihres Gehalts wie ihrer Manifestation in geeigneten institutionellen Ordnungen: „Die Weltgeschichte ist der Fortschritt im Bewußtsein der Freiheit (...)." (VPhW 63)

Sowohl Religion wie Staat betrachtet Hegel mithin als Formen der Verständigung über und der Realisierung von Freiheit als dem Begriff des Geistes: „Es ist Ein Begriff der Freiheit in Religion und Staat." (TW 16, 237) Beide unterscheiden sich freilich in der Form, in der dieser gemeinsame Inhalt gegeben ist. Hegel ordnet der Religion die Formen der Vorstellung bzw. der Empfindung zu. Was empfunden bzw. vorgestellt wird zeichnet sich *erstens* dadurch aus, dass das Subjekt sich ihm gegenüber passiv verhält; es ist ihm vorgegeben und dies *zweitens* in einer holistischen Gestaltwahrnehmung, deren fehlende begriffliche Strukturierung wiederum die Passivität des wahrnehmenden Subjekts verstärkt. Dennoch betrachtet Hegel eine solche Gegebenheitsweise keineswegs als bloß defizient. Er schreibt der Religion ganz im Gegenteil eine privilegierte Rolle bei

---

Entwicklung von Hegels Auffassungen zum Verhältnis von Religion und Staat, die etwa durch eine signifikante Neubewertung der Rolle unterschiedlicher christlicher Konfessionen im Staat während seiner Berliner Zeit und dann insbesondere unter dem Eindruck der Juli-Revolution in Frankreich gekennzeichnet ist (vgl. dazu Jaeschke 1981, 14–21; Jaeschke 1986, 272f.; Großmann 2000; Siep 2010, 106, Fn. 36).

der Verständigung über die Wahrheit zu: „Die Religion ist der Ort, wo ein Volk sich die Definition dessen gibt, was es für das Wahre hält." (VPhW 125) Die Religion bildet also nicht nur eines von mehreren Medien der Verständigung, sondern eben dasjenige, das gerade aufgrund seiner tiefen Verankerung in der Identität der Gläubigen das „Grundgepräge der besonderen Sphären" (VPhW 132) insgesamt ausmacht. Hegels Religionsbegriff changiert insgesamt in einer methodisch nur unzureichend kontrollierten Weise zwischen einem engen Begriff – Religion als eine Form der Verständigung über das Wahre neben Kunst und Philosophie als den weiteren Formen des absoluten Geistes – und einem weiteren Begriff, der unter Religion alle Formen einer nicht-diskursiven kulturellen Selbstverständigung, sowohl kognitiver wie praktischer Art, einbegreift.[4]

Erst im Staat hingegen sieht Hegel die „Wirklichkeit der konkreten Freiheit" (TW 7, 406), in der die Interessen der Einzelnen wie der Anspruch einer Ordnung von Rechten und Institutionen zum Ausgleich gebracht worden sind: „Der Staat ist eben dies, daß er das einzig Wahre ist und daß er es weiß." (Ringier 154) Dem Staat eignet damit eine doppelte Überlegenheit gegenüber der Religion, trotz der gerade hervorgehobenen zentralen Rolle, die Hegel ihr sowohl in ihrem engen wie im weiten Verständnis zuweist: Zum einen ist die Form, in der der Staat dem Subjekt gegenübertritt, seinem Inhalt, nämlich der Freiheit, angemessener als die Formen, die für die Religion charakteristisch sind: An die Stelle von Vorstellung und Empfindung tritt der Gedanke, also die begriffliche Reflexion etwa auf die normativen Vorgaben, die ein Gemeinwesen in Form seiner Verfassung, seiner Gesetze, aber auch in seiner institutionellen Struktur vorgibt. Zum anderen liegt der Vorteil des Staates darin, dass er kein ‚bloßes' Reflexionsmedium über die Freiheit darstellt, sondern diese selbst zur Manifestation bringt. In der Staats- und Gesellschaftsordnung zumindest des modernen Staates sieht Hegel das Prinzip der Freiheit ein für alle Mal verwirklicht; er muss sich zwar durch die individuelle Reflexion seiner Angehörigen immer wieder kritischer Prüfung unterwerfen, vermag diesem Test der Reflexion nach Hegels Auffassung aber durchaus standzuhalten. Die Legitimität des Staates beruht gerade nicht auf der Souveränität des Staatsvolkes, sondern gründet sich in der Ordnung der Vernunft selbst, die ihren Begriff, die Freiheit, im Staat zur Wirklichkeit bringt. Entsprechend darf der Staat zu seiner eigenen Erhaltung auch dem einzelnen Subjekt fordernd gegenübertreten – bis hin zum Opfer des eigenen Lebens.[5]

2. Doch in welchem Verhältnis stehen nun Religion und Staat zueinander, nimmt man Hegels These von der Identität ihres Inhalts bei unterschiedlichen Formen seiner Gegebenheit beim Wort? Zunächst ist unmittelbar klar, dass beide nicht je unabhängig voneinander individuiert und dann erst auf ihr Verhältnis zueinander befragt werden können:

---

[4] Siep 2010, 101 bemerkt in diesem Zusammenhang treffend: „Hegels Religionsbegriff ist viel historischer und „kulturalistischer", aber auch existentieller und „kultischer" (Bild, Genuss) als der universalistisch-moralische Religionsbegriff Kants und Fichtes." Vgl. auch Siep 2009, 60–62.

[5] Vgl. dazu Rechtsphilosophie (TW 7), §§ 258, 278, 323f.

„Es ist der ungeheure Irrtum unserer Zeiten gewesen, diese Untrennbaren als voneinander trennbar, ja selbst als gleichgültig gegeneinander ansehen zu wollen." (TW 10, 356)

Bereits diese methodologische Prämisse enthält entscheidende systematische Implikationen. Sie schließt nämlich zum einen jeden Versuch einer funktionalistischen Inanspruchnahme der Religion zur Stabilisierung des Staates wie zum anderen auch jeden Versuch einer fanatischen Infragestellung des Staates durch eine Religion, die sich ein Monopol auf die Wahrheit angemaßt hat, aus:

(a) Überlegungen wie etwa die Ernst-Wolfgang Böckenfördes, dass der moderne, säkulare Staat von „Voraussetzungen, die er selber nicht garantieren kann",[6] lebe, nämlich solchen religiöser Art, könnten Anlass dazu geben, die Religion aus funktionalistischer Sicht zu rehabilitieren, um eben die notwendigen Voraussetzungen des säkularen Staates zu stabilisieren oder ganz zu erneuern. Für eine solche Indienstnahme der Religion hat Hegel nur Spott übrig: „als ob der Staat vorhanden wäre und die Religion nicht, und nunmehr, um denselben zu halten, die Religion in ihn hineinzutragen sei, in Eimern und Scheffeln, um sie den Gemütern einzuprägen." (VPhW 128) Der Funktionalismus verkennt sowohl das Wesen der Religion wie das des Staates: Religion wird von ihm nicht als immer schon vorgegebene Weise der Selbstverständigung einer Kultur über das Wahre verstanden, sondern als Instrument, das ihr äußeren Zwecken dient: „ein so zu Machendes", wendet Hegel ein, „ist die Religion überhaupt nicht" (VPhW 129). Diese Zwecke wiederum sind nicht einmal die des Staates selbst, so wie Hegel ihn zu verstehen vorschlägt. Es sind vielmehr die Zwecke der Individuen, die einem Not- und Verstandesstaat angehört, dessen Funktion allein „im Schutz und Sicherheit des Lebens, Eigentums und der Willkür eines jeden" (7, 424) seiner Angehörigen besteht. Die Religion bildet hier mithin eine Funktion des seinerseits funktionalisierten Staates. Voraussetzung für diese doppelte Funktionalisierung bleibt aber, dass das wesentliche Merkmal von Religion wie von Staat in Hegels Deutung, dass es sich bei beiden nämlich um Formen der Explizierung bzw. Verwirklichung des Begriffs der Freiheit handelt, außer Betracht bleibt.

(b) Nicht minder eindringlich als vor der Gefahr einer Funktionalisierung der Religion durch den (missverstandenen) Staat warnt Hegel umgekehrt vor einer fanatischen Destabilisierung des Staates durch die Religion. Diese Destabilisierung resultiert aus einer strukturellen Überforderung: „Sie [sc. die Religion] wollte in jedem Besonderen das Ganze haben und könnte es nicht anders als durch Zerstörung des Besonderen, denn der Fanatismus ist nur das, die besonderen Unterschiede nicht gewähren zu lassen." (TW 7, 430)[7] Indem die Religion glaubt, ganz unabhängig von ihrer Existenz innerhalb einer staatlichen Ordnung im Besitz der Wahrheit zu sein, untergräbt sie eben diese Ordnung, insofern sie deren Binnenstruktur unter den Druck absoluter Forderungen stellt – und übersieht dabei, dass Freiheit eine ausdifferenzierte Struktur voraussetzt, die die Rechte der je besonderen Sphären in ihren gegeneinander begrenzten Ansprüchen respektiert.

---

[6] Böckenförde 2007, 71.
[7] Zum Problem des Fanatismus vgl. auch VPhW 128, TW 7, 418.

Dass Religion und Staat als untrennbar verstanden werden müssen, bedeutet freilich wiederum nicht, dass beide in eines fallen dürften: „Jene so oft gewünschte Einheit der Kirche und des Staats" (TW 7, 428) betrachtet Hegel nicht einmal als wenn auch utopisches Ideal; er begnügt sich vielmehr mit dem Hinweis, „im orientalischen Despotismus" (ebd.) sei sie bereits verwirklicht gewesen. Unter den Bedingungen der Moderne jedoch kann Untrennbarkeit nur vor dem Hintergrund einer klaren und mit Argumenten ausweisbaren Abgrenzung von Religion und Staat verstanden werden. Diese Abgrenzung setzt zunächst die sorgfältige Unterscheidung von genetischen und geltungslogischen Fragen voraus.

In *genetischer* Hinsicht konstatiert Hegel scheinbar unzweideutig eine Priorität der Religion vor dem Staat: „Denn wenn zu sagen ist, daß der Staat sich gründet auf die Religion, daß er seine Wurzeln in ihr hat, so heißt das wesentlich, daß er aus ihr hervorgegangen ist und jetzt und immer aus ihr hervorgeht: der bestimmte Staat aus der bestimmten Religion." (VPhW 128) Nun warnt Hegel aber nicht nur selbst in einer methodologischen Reflexion vor der allfälligen Verwendbarkeit der Kategorie des Grundes[8], es gilt auch, zwischen der Religion *sans phrase* und der wahren Religion zu unterscheiden: Nur letztere erfasst den Begriff der Freiheit in angemessener Form und für sie gilt, wie Hegel an anderer Stelle hervorhebt, nicht minder die umgekehrte Abhängigkeit: „Die wahrhafte Religion und wahrhafte Religiosität geht nur aus der Sittlichkeit hervor" (TW 10, 354), wie sie eben im Staat verwirklich ist. Staat und Religion stehen mithin auch genetisch immer in einem Wechselverhältnis: Der Staat kann sich zu keinem Zeitpunkt in einem religiösen Vakuum konstituieren, sondern bleibt in seinen Entfaltungsmöglichkeiten auf die religiöse Selbstverständigung des jeweiligen Volkes in dem oben unterschiedenen umfassenden Sinne angewiesen. Umgekehrt trägt er selbst zur Fortentwicklung der Religion entscheidend bei, ja Hegel trifft sogar die All-Aussage: „Die Geschichte zeigt, daß alle Verbesserungen der Religion durch den Staat verursacht wurden, weil auf seiner Seite das Bedürfnis des Denkens und Wissens auftritt." (Ringier 160)[9]

Ein Blick auf die geschichtsphilosophische Dimension des Verhältnisses von Religion und Staat erlaubt es, diese strukturellen Beobachtungen zu konkretisieren. Der Begriff des Geistes, die Freiheit nämlich, liegt nach Hegel nicht ein für alle Mal invariant vor, wie das für die Begriffe von Entitäten der Natur gilt. Vielmehr ist es der Begriff der Freiheit selbst, der im Rahmen einer Erfahrungsgeschichte der Menschheit mit seinen jeweiligen Manifestationen Bedeutungsanreicherungen und -korrekturen erfährt, die wiederum dessen künftige Manifestationen prägen: „Der Begriff selber ist es, der berichtigt wird." (VPhW 153) Sowohl Hegels Religions- wie seine Verfassungsgeschichte bleibt freilich teleologisch strukturiert: Die Freiheit als Begriff des Geistes sieht er im modernen Verfassungsstaat auf der Grundlage einer christlichen Kultur protestantischer Konfession abschließend verwirklicht. Innerhalb der Entwicklung, die zum

---

[8] Vgl. Ringier 158: „und so kann man denn beliebig irgendetwas, an der Handlung oder [am] Gegenstand als wesentlich auffassen und als Grund bestimmen."

[9] Wenn Böckenförde 1991, 24, vgl. auch ebd., 138 von einem „Verhältnis der Parallelität" spricht, in dem Religion und Staat „in der Verwirklichung einer einheitlichen Substanz" (ebd.) zueinander stünden, dann bleibt durch diese Metapher dieser Aspekt der wechselseitigen Fundierung und Fortentwicklung von Religion und Staat zumindest unterbelichtet.

Erreichen dieses Telos führt, deckt Hegel freilich eine ganze Reihe von Formen eines Wechselverhältnisses von Staat und Religion als ein entscheidendes Agens dieser Entwicklung auf – sie können hier freilich nur exemplarisch benannt werden, insofern sie für die Fragestellung dieses Beitrags von Belang sind.

Der Staat als Verwirklichung von Freiheit ist für Hegel notwendig insofern ein christlicher Staat, als nach Hegels Auffassung erst im Christentum Grundsätze wie die der Gewissensfreiheit oder der der Gleichheit aller Menschen und der Verpflichtung auf Fürsorge und Solidarität unter den Menschen kulturprägend geworden sind. Die nicht-christlichen Kulturen hingegen lassen notwendige Voraussetzungen für die Bildung eines Staates, in dem sich Freiheit adäquat realisieren kann, vermissen: Die orientalischen Staaten etwa sind nach Hegel als Hierokratien verfasst, in der Religion und Staat keine Möglichkeiten zu einer notwendigen Ausdifferenzierung als eigenständige Bereiche erhalten; einer Reflexion auf die jeweils spezifischen Merkmale von Religion und Staat fehlt damit von vornherein die Grundlage. Der Islam wiederum als Religion der Erhabenheit destabilisiert aus strukturellen Gründen den Staat, insofern er eine interne Ausdifferenzierung von Rechten und Institutionen unter dem überzogenen Anspruch absoluter Geltung verhindert – für Hegel veranschaulicht gerade der Islam in dem Missverhältnis zwischen ausgreifender Eroberung und defizienter bzw. dysfunktionaler Staatlichkeit die Folgen fanatischer Religiosität in dem oben definierten Sinne.[10] Selbst *innerhalb* des Christentums jedoch bleiben die beiden hier am Beispiel der orientalischen Hierokratien und des islamischen Fanatismus nur exemplarisch aufgezeigten Gefahren einer Fehlentwicklung weiter präsent und müssen innerhalb der eigenen Entwicklung des Christentums auf unterschiedlichen Stufen immer neu überwunden werden, etwa in der Abwehr von Ansprüchen des Papsttums auf weltliche Herrschaft.

Erst mit der frühneuzeitlichen Reformation hält Hegel innerhalb des Christentums eine Entwicklungsstufe für erreicht, die die entscheidenden kulturellen, kognitiven und motivationalen Ressourcen für die Ausbildung des modernen Staates bereitstellt. Namentlich die endgültige Trennung von kirchlicher und weltlicher Macht sowie die Freiheit des Gewissens stellen für Hegel die entscheidenden Merkmale der Reformation dar.[11] Dass die Reformation mit einer Spaltung des Christentums in unterschiedliche Konfessionen einhergeht, betrachtet Hegel selbst wiederum[12] keineswegs als einen zu entrichtenden Preis religiösen Fortschritts, sondern vielmehr als einen durchaus zu begrüßenden Schritt der Emanzipation, von der sowohl Staat wie Kirche profitieren:

> „Es ist daher so weit gefehlt, daß für den Staat die kirchliche Trennung ein Unglück wäre oder gewesen wäre, daß er *nur durch sie* hat werden können, was seine Bestimmung ist, die selbstbewußte Vernünftigkeit und Sittlichkeit. Ebenso ist es das Glücklichste, was der Kirche für ihre eigene und was dem Gedanken für seine Freiheit und Vernünftigkeit hat widerfahren können." (TW 7, 428)

---

[10] Vgl. Hegel VPhW 132.

[11] Zu Hegels Deutung der Reformation vgl. Ritter 2003.

[12] Zumindest der ‚mittlere' Hegel, vgl. zur Revision dieser Auffassung unten Abschnitt 3.

Konfessionelle Pluralität erzeugt mithin einen Reflexionsdruck, durch den sich der Staat seiner eigenständigen Rolle gegenüber der Religion erst begrifflich angemessen bewusst werden kann; die konfessionell verfasste christliche Religion wiederum erhält Gelegenheit, ihre Ansprüche zu begrenzen und zugleich in ihrem spezifischen Wirkungsbereich, etwa in der Bildung des einzelnen Gewissens oder im kollektiven Kult, zu vertiefen. Umgekehrt wird der Staat dafür sorgen, dass Bereiche wie der der wissenschaftlichen Forschung frei bleiben von religiöser Bevormundung, wovon wiederum eine rational verantwortbare Religion im Sinne einer Selbstreinigung von Residuen des Aberglaubens wird profitieren können.

Aus genetischer Sicht bestimmen Religion und Staat einander mithin wechselseitig fort; ein genetisches Primat der einen oder der anderen Seite besteht nach Hegels Auffassung nicht.[13] Am Anfang der weltgeschichtlichen Entwicklung steht vielmehr eine undifferenzierte Einheit von Religion und Staat, deren Ausdifferenzierung jedoch in ständiger Wechselwirkung verläuft.

Bereits bei der Prüfung der Frage nach der genetischen Priorität sind indes *geltungslogische* Fragen in den Blick gekommen, insofern Hegels Geschichtskonzeption eine wesentlich teleologische ist – Geschichte wird von ihm insgesamt als Fortschritt im Bewusstsein der Freiheit aufgefasst. Der Begriff der Freiheit bildet den Inhalt sowohl der Religion wie des Staates. Entscheidend bleibt nun festzuhalten, dass Hegel auf der begründungslogischen Ebene in doppelter Weise die Defizienz der Religion akzentuiert: *Erstens* kommt die wissenschaftliche Rechtfertigung des Staates als Verwirklichung der Freiheit ganz ohne Religion aus. Sie kann vollständig im Medium der begrifflichen Reflexion, wie sie die Philosophie leistet, erfolgen, auch wenn sich *ex post* das Ergebnis einer solchen philosophischen Reflexion durchaus als eine Form von Aufhebung von Kernüberzeugungen des Christentums wird ausweisen lassen. *Zweitens* aber ist eine solche religionsfreie Begründung nicht nur möglich, sie ist auch wiederum in doppelter Hinsicht notwendig: Zum einen nämlich behindert die für die Religion spezifische Form der Empfindung bzw. Vorstellung die notwendige begriffliche Entwicklung von Argumenten im Medium des Gedankens. Zum anderen aber betrachtet Hegel auch die Religion als Garanten einer Haltung der Achtung vor dem Staat als ein bloßes *second best* gegenüber philosophischer Reflexion:

> „Meint man, daß die Menschen Achtung vor dem Staat, vor diesem Ganzen, dessen Zweige sie sind, haben sollen, so geschieht dies freilich am besten durch die philosophische Einsicht in das Wesen desselben; aber es kann in Ermangelung dieser auch die religiöse Gesinnung dahin führen. So kann der Staat der Religion und des Glaubens bedürfen." (TW 7, 430)

---

[13] Zudem lässt Hegel durchaus Raum für normative Vakua innerhalb einer Kultur, die gerade aus noch unzulänglichen Konzeptionen des Wahren innerhalb der einen Volksgeist prägenden Religion resultieren können: „Wird der Geist nicht in seiner wahrhaften Tiefe erfaßt, so gibt es, wie erwähnt, Seiten im Leben eines Volkes, wo es unvernünftig, seiner Willkür preisgegeben ist oder auf irgend eine Weise sich unfrei verhält." (VPhW 132) Hegel denkt hier etwa an das griechische Orakelwesen.

Was der Begriff der Freiheit umfasst, zeigt die philosophische Reflexion auf das sittliche Ganze, wie es für Hegel im modernen Staat ausgebildet vorliegt. Aus normativer Sicht bleibt damit kein Raum für miteinander unvereinbare Grundsätze in Staat und Religion – und ein etwaiger Konflikt ist immer in *eine* Richtung aufzulösen: „Nur muß [sc. darf, C. H.] die Religion nicht seinen [sc. des Staates] Prinzipien widersprechen." (Ringier 159)

Dem Staat kommt vor diesem geltungslogischen Hintergrund indes eine vierfache Verpflichtung gegenüber der (christlich-protestantischen) Religion zu:

Er muss *erstens* als „rettende Macht" die „Rechte der Vernunft" (TW 7, 416) gegen religiöse Übergriffe, etwa fanatischen Terror, verteidigen und Rechtssicherheit für seine Bürger gegen solche Formen eines religiösen Imperialismus herstellen.

Er muss *zweitens* gegenüber der Religion selbst eine doppelte Haltung der Achtung ihrer Unabhängigkeit einerseits, der Rechtsaufsicht über die Religion als am Staat partizipierender Institution andererseits einnehmen: Die Achtung vor ihrer Unabhängigkeit beinhaltet etwa, das religiöse „Recht der Innerlichkeit" (TW 7, 430) zu respektieren, also weder in den Streit zwischen verschiedenen religiösen Konfessionen als Richter in religiösen Fragen einzugreifen noch auch eine bestimmte Gesinnung als Grundlage für die Erfüllung der eigenen Gesetze von seinen Bürgern einzufordern. Andererseits unterliegt die Religion, insofern sie etwa als verfasste Kirche Eigentum besitzt, Beschäftigungsverträge abschließt, Erbschaften annimmt etc. selbst den staatlichen Gesetzen und muss sich hier der staatlichen Gerichtsbarkeit beugen.[14] Der Staat darf für Hegel keinen rechtsfreien bzw. nach einem alternativen Recht normierten religiösen Raum innerhalb des eigenen Gemeinwesens dulden, ohne sich dadurch selbst in Frage zu stellen.

Er muss *drittens*, insofern seine eigene Rechtfertigung auf rationalen Prinzipien beruht, auch die Freiheit der Wissenschaft und insbesondere der philosophischen Forschung von religiöser Einflussnahme sicherstellen.[15]

Er muss *viertens* dafür „sorgen, daß die Religion dem Staate nützlich sei" (Ringier 161). Diese Forderung scheint in Spannung zu Hegels eigener Kritik an einer Instrumentalisierung der Religion für staatliche Zwecke zu stehen. Vergegenwärtigt man sich jedoch, dass Religion und Staat für Hegel denselben Inhalt besitzen, nämlich die Freiheit (während der kritisierte Versuch einer Instrumentalisierung der Religion einen verkürzten Begriff des Staates als Diener individueller Interessen vorausgesetzt hatte), ergeben sich Spielräume für eine Aktivität des Staates gegenüber der Religion, die die eigenen Interessen fördert, ohne gegen das Eigenrecht Letzterer zu verstoßen. So kann der Staat etwa durch Förderung philosophischer Reflexion bei religiösen Amtsträgern eine reflek-

---

[14] Vgl. Ringier 161: „Die Kirche tritt selbst in die Sphäre des Staats. Sie hat Eigentum. So gehört sie in die Gerichtsbarkeit des Staates."

[15] Vgl. TW 7, 425f.: „Weil das Prinzip seiner Form als Allgemeines wesentlich der Gedanke ist, so ist es auch geschehen, daß von seiner Seite die Freiheit des Denkens und der Wissenschaft ausgegangen ist (und eine Kirche hat vielmehr den Giordano Bruno verbrannt, den Galilei wegen der Darstellung des Kopernikanischen Sonnensystems auf den Knien Abbitte tun lassen usf.)"

tierte Versöhnung mit den berechtigten Forderungen des Staates ermöglichen,[16] die der Entstehung von Ressentiments und Fanatismus vorbeugt.

3. Gerade vor dem Hintergrund dieser klaren begründungslogischen und inhaltlichen Bestimmung des Verhältnisses von Religion und modernem Verfassungsstaat bleiben jedoch vier strukturelle Grenzen von Hegels Theorie zu konstatieren, die ihrer Aneignung in der Gegenwart im Wege stehen.

Erstens erweist sie sich als unvereinbar mit der Anerkennung eines Pluralismus nicht nur unterschiedlicher Religionen, sondern sogar eines innerchristlichen Pluralismus. Hatte Hegel zunächst noch wenigstens die Konfessionsspaltung durch die Reformation als positives Moment der Freisetzung einer autonomen, staatlichen Rationalität gegenüber einer Pluralität konkurrierender religiöser Konfessionen, die gerade so ihren Anspruch auf ausschließlichen Besitz der Wahrheit dementieren, bejaht, zeichnet sich bereits mit der zweiten Auflage der *Enzyklopädie der philosophischen Wissenschaften* von 1827 ein Wandel in Hegels Auffassung ab, der aus seiner Sicht seine empirische Bestätigung durch die Juli-Revolution von 1830 in Frankreich erfährt. Die Vorstellung der Implementierung einer selbst aus vernünftigen Prinzipien heraus erarbeiteten Verfassung in einem katholischen Land, dessen Bevölkerung durch Dogmen und Kult in einem Geist der Unfreiheit eingeübt ist, erscheint Hegel als hoffnungslose Naivität:

> „Es hülfe nichts, daß die Gesetze und die Staatsordnung zur vernünftigen Rechtsorganisation umgeschaffen würden, wenn nicht in der Religion das Prinzip der Unfreiheit aufgegeben wird. Beides ist unverträglich miteinander; es ist eine törichte Vorstellung, ihnen ein getrenntes Gebiet anweisen zu wollen, in der Meinung, ihre Verschiedenheit werde sich gegenseitig ruhig verhalten und nicht zum Widerspruch und Kampf ausschlagen." (TW 10, 359f.)

Eine „Revolution ohne eine Reformation" (TW 10, 360) zu unternehmen stellt für Hegel ein aussichtsloses Projekt dar. Dies impliziert aber umgekehrt, dass ein moderner Verfassungsstaat nur eingebettet in eine Kultur reformierter Religiosität stabil gehalten werden kann. Die friedliche Koexistenz auch nur von katholischen und reformierten christlichen Konfessionen auf der Grundlage einer vernünftigen Verfassung hält zumindest der späte Hegel für ausgeschlossen. Umso weniger bleibt ein Spielraum für einen Pluralismus genuin unterschiedlicher Religionen selbst. Religionen wie der Islam müssen in teleologischer Perspektive als überwundene Stufen der religiösen Entwicklung erscheinen. Außerhalb von Hegels eigener Reflexion bleibt hier etwa die Frage, ob und wie solche Ungleichzeitigkeiten in einer globalisierten Welt etwa durch ‚nachgeholte' Rationalisierungs- und Reformationsprozesse aufgeholt werden können.

Zweitens setzt die Unvereinbarkeit der hegelschen Theorie mit einem religiösen Pluralismus auch den Möglichkeiten einer echten Toleranz enge Grenzen. Mit Blick auf das Verhältnis zu Quäkern und Wiedertäufern etwa, die die Erfüllung von Pflichten gegenüber dem Staat wie die des Kriegsdienstes verweigern, fordert Hegel zwar die Übung

---

[16] Zur Bedeutung des Versöhnungsbegriff in Hegels Religionsphilosophie vgl. ausführlich Rózsa 2005, Kap. 3.

staatlicher Toleranz, etwa durch das Angebot, diese verweigerte Pflichterfüllung durch Ausgleichsleistungen zu substituieren und sie zumindest als *bourgeois*, als Mitglieder der bürgerlichen Gesellschaft, wenn auch nicht als *citoyens* anzuerkennen.[17] Inhaltlich fassen kann Hegel eine solche Toleranz freilich nur mit den Kategorien einer „unendliche[n] Gleichgültigkeit" (TW 7, 427) bzw. eines absichtlichen Ignorierens:

> „Nur durch seine sonstige Stärke kann der Staat solche Anomalien übersehen und dulden und sich dabei vornehmlich auf die Macht der Sitten und der inneren Vernünftigkeit seiner Institutionen verlassen, daß diese, indem er seine Rechte hierin nicht strenge geltend macht, die Unterscheidung vermindern und überwinden werde." (ebd.)

Da die Wahrheit bereits im modernen Verfassungsstaat verwirklicht und in philosophischer Reflexion expliziert vorliegt, ist von religiösen Sekten, aber auch von Religionen wie dem Judentum von vornherein kein genuiner Beitrag zu einem offenen Prozess der Wahrheitssuche zu erwarten. Für den Staat bleibt die Aufgabe, gerade aus einer Position der Stärke heraus die Wahrnehmung seiner Rechte zurückzunehmen und so ein implizites Integrationsangebot zu machen, das freilich nur in der Konversion zum Protestantismus als der dem freien Staat gemäßen Form von Religiosität bestehen kann.

In keiner Weise tolerieren kann der Staat nach Hegel im Übrigen die Distanzierung von *jeder* Form religiöser Gemeinschaft: Der Staat hat „von allen seinen Angehörigen zu fordern, daß sie sich zu einer Kirchengemeinde halten" (TW 7, 420), wobei er freilich wiederum nicht mit Rechtszwang die Zugehörigkeit zu einer bestimmten Gemeinde fordern darf, ohne das religiöse Recht auf Innerlichkeit zu verletzen.

Drittens verlangt Hegel vom Staat ausdrücklich, sich nicht mit passivem Gehorsam abzufinden, sondern den Bürgern eine Einsicht in die eigenen Prinzipien und ihre rationale Begründung zu vermitteln: „Die ihm [sc. dem Staat] angehören, gehorchen nicht bloß als Unwissende, sondern der Staat muß dafür sorgen, daß sie als wissend und überzeugt handeln. Der Staat hat darauf zu sehen, daß das Wissen der Wahrheit nicht korrumpiert werde." (Ringier 160) Während Hegel also hier dem Staat Abwehrpflichten gegenüber religiösem Obskurantismus zuschreibt, gradualisiert er an anderen Stellen den Zugang zum Wahren ausdrücklich entsprechend unterschiedlicher Mentalitäten, die wiederum bestimmten sozialen Gruppen zugeordnet werden. Dem Agrarstand etwa entspricht für Hegel eine Haltung des passiven Zutrauens, die die Akzeptanz des Gegebenen mit einer religiösen Haltung der Dankbarkeit gegenüber Gott als dessen Schöpfer und Garanten verbindet.[18] Die emanzipatorischen Ansprüche an die Religion treten hier zurück zugunsten einer sozialen Arbeitsteilung, die kritische Reflexion auf die vorgegebene religiöse Praxis den (am besten philosophisch) gebildeten Ständen vorbehält.

Viertens schließlich bleiben die Grenzen der „oberpolizeilichen Oberaufsicht" (TW 4, 422), die Hegel dem Staat zuschreibt, zumindest unscharf. Klar ist, dass sie sich nicht auf die inhaltlichen Überzeugungen einer religiösen Gemeinschaft bezieht, sondern nur deren institutionell verfasste Form als „Korporation" (ebd.) betrifft. Ob Hegel aber be-

---

[17] Vgl. Ringier 162. Zum Problem der Toleranz bei Kant und in der Philosophie des Deutschen Idealismus insgesamt vgl. maßgeblich Siep 2010, 77–91.

[18] Vgl. Rechtsphilosophie (TW 7) § 203 Z.

reits die Existenz etwa einer dem Papst verpflichteten katholischen Hierarchie – Hegel
spricht von einer „vom Staate ausgeschiedenen Existenz" (TW 4, 423) – als polizeilich
zu verfolgendes Vergehen betrachten muss, und wo genau die Grenzen einer solchen
oberpolizeilichen Aufsicht zu ziehen sind, bleiben offene Fragen, zu deren Beantwortung sich aus Hegels rechtsphilosophischen Arbeiten wohl keine hinreichenden Kriterien
ableiten lassen.

4. Doch wie ist oberhalb solcher konkreter Problembereiche Hegels Projekt einer
Versöhnung von modernem Verfassungsstaat und protestantischem Christentum auf
der Grundlage eines gemeinsamen Inhalts, nämlich der Freiheit, systematisch zu
bewerten? Eine kritische Prüfung sowohl von Hegels Begriff des Staates wie von seiner
Deutung des Christentums legt eine pessimistische Einschätzung der Erfolgsaussichten
dieses Projekts nahe. Sein Gelingen in Hegels Systemkonstruktion scheint nämlich
an die doppelte Voraussetzung einer inakzeptablen Aufwertung des Staates wie einer
(zumindest aus religiöser Sicht) gleichermaßen inakzeptablen revisionären Umdeutung,
wenn nicht sogar vollständigen Elimination, zentraler Glaubensinhalte des Christentums
gebunden zu sein:

Hegel betrachtet es als Pflicht eines jeden Menschen, sowohl dem Staat wie einer
religiösen Gemeinde anzugehören. Zwischen beiden Verpflichtungen aber besteht eine
klare Hierarchie:

> „Das Recht des Staates ist einerseits das absolute Recht gegen die Individuen
> und andererseits das, wozu sie zu diesem absoluten Recht gelangen. Es ist
> nichts im Himmel und auf Erden, was höher ist als dieser Geist. In ihm haben
> sie denn auch ihr höchstes Recht. Ihre Substanz ist in ihm zu dem Dasein
> gekommen. Es ist deswegen höchste Pflicht, Mitglied eines Staates zu sein. Es
> ist nichts, einsam zu sein." (Ringier 155)

Im modernen Verfassungsstaat und nur dort sieht Hegel die Wahrheit verwirklicht. Dies
gilt ausdrücklich sogar dann, wenn diese Verwirklichung etwa nach innen durch eine ungerechte Regierung oder nach außen durch willkürliche Aggression gegen andere Staaten
beeinträchtigt ist.[19] Der Staat, der selbst unter solchen Umständen noch das Opfer des
Lebens seiner Bürger fordern darf, rückt hier selbst in die Stellung eines quasi-säkularen
Absoluten.[20] Nur als solcher darf er auf die Stellung der Wahrheit im ontologischen Sinn
als verwirklichter Begriff der Freiheit Anspruch erheben.

---

[19] Vgl. ebd. § 258 Z. und Ringier 155. „Der unvollkommene Staat hat das Göttliche in sich: daß man
weiß, daß man diesem Einen angehört."

[20] Das Spannungsfeld in der Debatte um den „Topos der ‚Staatsvergottung', der Hegel unendlich
oft vorgehalten wurde" (Schnädelbach 2000, 188) reicht von Tugendhats scharfer Kritik an dem
„nicht einmal mehr von Hegel zu überbietenden Gipfel der Perversion" (Tugendhat 1979, 349), der
darin erreicht sei, dass Hegel im Zuge einer „Umkehrung der Freiheit" (ebd.) diese gerade in der
Unterwerfung unter den Staat unter bewusstem Verzicht auf das eigene Gewissen und die eigene
kritische Reflexion bestehen lassen möchte, bis zu Schnädelbachs exkulpierender Diagnose einer
Entwicklung, die dann „fast unvermeidlich" geworden wäre, „wenn man das Recht erst einmal philosophisch in die Perspektive des Absoluten gerückt hat" (ebd., 188), wie Hegel dies eben tut – die
Heiligkeit des Staates und des Rechts wird dann zur bloßen Metapher ihrer Unverfügbarkeit durch

Von Seiten der christlichen Religion wiederum kann dieser Anspruch nur dann im Sinne der These der Identität des Inhalts affirmiert werden, wenn sie auf zentrale dogmatische Gehalte verzichtet: So muss die Entgegensetzung von Immanenz und Transzendenz aus Sicht von Hegels monistischer Metaphysik der sich realisierenden Idee als ebenso obsolet erscheinen wie die einzigartige Stellung Christi als göttlicher Inkarnation (die bei Hegel als bloße Metapher des für jeden Menschen erreichbaren Gottmenschentums erscheint) und die einer eschatologischen Heilserwartung (die ersetzt wird durch die immanente Verwirklichung der Freiheit im Staat selbst). Auch im Bereich des Praktischen stellt sich die Frage, ob hier das Christentum nicht entweder ganz eliminiert und durch eine bloße philosophische Konstruktion ersetzt wird oder aber zumindest eine radikale Umdeutung erfährt. Hegel ist sich der sich hier eröffnenden Problematik durchaus bewusst:

> „Damit gibt sich der Inhalt eine ganz andere Gestalt. Die Unfreiheit der *Form*, d. i. des Wissens und der Subjektivität, hat für den sittlichen Inhalt die Folge, daß das Selbstbewußtsein ihm als nicht immanent, daß er als demselben entrückt vorgestellt wird, so daß er nur wahrhaft sein solle als negativ gegen dessen Wirklichkeit. In dieser Unwahrheit heißt der sittliche Gehalt ein *Heiliges*. Aber durch das Sicheinführen des göttlichen Geistes in die Wirklichkeit, die Befreiung der Wirklichkeit zu ihm wird das, was in der Welt *Heiligkeit* sein soll, durch die *Sittlichkeit* verdrängt. Statt des Gelübdes der Keuschheit gilt nun erst die *Ehe* als das Sittliche, und damit als das Höchste in dieser Seite des Menschen die *Familie*." (TW 10, 358)

An die Stelle der entschärfenden Metaphorik der Verschiedenheit der Form nach bei gleichem Inhalt tritt hier also das Modell einer *Verdrängung* von Heiligkeit durch Sittlichkeit als Ideal menschlicher Praxis. Nach Hegels Auffassung verbleibt diese Verdrängung allerdings immer noch im Raum eines recht – nun nicht mehr katholisch, sondern reformiert verstandenen – Christentums.

Ob freilich Hegels Versöhnung von Religion und Politik auch außerhalb ihrer Voraussetzungen in einer teleologischen Metaphysik des Geistes, einer Verabsolutierung des Staates als unüberbietbare Verwirklichung von dessen Begriff, der Freiheit, und einer tiefgreifenden Revision, wenn nicht Elimination, der Kernüberzeugungen des Christentums auch für die Gegenwart Anregungspotentiale bereithält, erscheint gerade vor dem Hintergrund seiner ebenso komplexen wie voraussetzungsreichen Syntheseleistung als ausgesprochen fraglich.

1. Literatur

Böckenförde, E.-W. 1991: „Bemerkungen zum Verhältnis von Religion und Staat bei Hegel", in: Ders., Recht, Staat, Freiheit, Frankfurt a. M., 115–142.
– 2007: Der säkularisierte Staat, München.

---

den menschlichen Willen. Eine gleichermaßen kritische wie hermeneutisch adäquate Deutung der göttlichen Attribute des Staates bei Hegel vertritt Siep in 2011, 20ff.

Großmann, A. 2000: „Die freie Übereinstimmung von Staat und Religion. Hegel über Genese und Grund des modernen Staates", in: E. Weisser-Lohmann & D. Köhler (Hrsg.), Verfassung und Revolution, Hamburg, 123–136.

Hegel, G. W. F.: Theorie-Werkausgabe, hrsg. von E. Moldenhauer und K. M. Michel, Frankfurt a. M. 1979. (= TW, zitiert nach Band und Seitenzahl)

– 1819/20: Vorlesungen über die Philosophie des Rechts, Berlin. Nachgeschrieben von J. R. Ringier. Hrsg von E. Anghern et alii, Hamburg 2000. (= Ringier)

– [1994]: Vorlesungen über die Philosophie der Weltgeschichte, Bd. 1: Die Vernunft in der Geschichte, hrsg. von J. Hoffmeister, Hamburg [6]1994. (= VPhW)

Jaeschke, W. 1979: „Staat aus christlichem Prinzip und christlicher Staat. Zur Ambivalenz der Berufung auf das Christentum in der Rechtsphilosophie Hegels und der Restauration", in: Der Staat 18, 349–374.

– 1981: „Hegel's Last Year in Berlin", in: Bulletin of the Hegel Society of Great Britain 4, 9–31.

– 1986: Vernunft in der Religion, Stuttgart/Bad Cannstatt.

Ritter, J. 2003: „Hegel und die Reformation", in: Ders., Metaphysik und Politik, Frankfurt a. M., 310–320.

Rózsa, E. 2005: Versöhnung und System. Zu Grundmotiven von Hegels praktischer Philosophie, München.

Schnädelbach, E. 2000: Hegels praktische Philosophie, Frankfurt a. M.

Siep, L. 2009: „Staat und Kirche bei Fichte und Hegel", in: W. Beierwaltes & E. Fuchs (Hrsg.), Symposium Johann Gottlieb Fichte, München, 47–63.

– 2010: Aktualität und Grenzen der praktischen Philosophie Hegels, München.

– 2011: Hegels praktische Philosophie und das „Projekt der Moderne", Würzburg.

Tugendhat, E. 1979: Selbstbewußtsein und Selbstbestimmung, Frankfurt a. M.

MORITZ HILDT

Gerechtigkeit, Pluralismus und liberale Bescheidenheit

Religion und Politik bei John Rawls

Dieser Beitrag beschäftigt sich mit dem Verhältnis von Religion und Politik im Werk von John Rawls.[1] Rawls' Denken ist hierbei, so werde ich zeigen, von einer besonderen Form von Bescheidenheit geprägt: Im Gegensatz zu den meisten anderen liberalen Denkern insistiert Rawls darauf, dass der Liberalismus in einer pluralistischen Gesellschaft zunächst lediglich eine Weltanschauung unter vielen ist. Damit steht er auf der gleichen Ebene wie etwa Religionen oder nicht-religiöse Weltanschauungen. Ein gemeinsamer Raum geteilter politischer Werte, so Rawls, muss also erst geschaffen werden – und darf nicht bereits vom Liberalismus für sich beansprucht werden.

In einem kurzen Text, der in John Rawls' Nachlass gefunden wurde, skizziert der Autor sein persönliches Verhältnis zur Religion. In „On my Religion" beschreibt Rawls seine Entwicklung von einem gläubigen episkopalischen Christen, der als junger Mann sogar erwägt, ins Priesterseminar einzutreten, hin zu einem liberalen Politischen Philosophen, dem es um grundlegende Fragen der Gerechtigkeit und des respektvollen Umgangs der Menschen miteinander geht. Ausgelöst durch persönliche Erlebnisse als Soldat im Zweiten Weltkrieg, vor allem aber durch seine Auseinandersetzung mit den Verbrechen der Shoah, durchlebt Rawls eine tiefe Glaubenskrise: Wie kann es nach dem, was geschehen ist, noch möglich sein, die Geschichte als den Willen Gottes zu interpretieren (vgl. 1997a, 263)?[2] Für den jungen Soldaten ist klar, dass der Wille Gottes mit unseren grundlegenden Gerechtigkeitsüberzeugungen übereinstimmen muss: „To interpret histo-

---

[1] Für inspirierende Diskussionen zu den Themen dieses Beitrags und für bereichernde Kommentare möchte ich Dirk Brantl, Thomas E. Hill, Karoline Reinhardt und Oliver Sensen danken.

[2] Da im Folgenden lediglich aus Rawls' eigenen Schriften zitiert wird, steht in Klammern nur das Erscheinungsjahr des Werkes sowie die Seitenzahl. Eine Liste der zitierten Schriften findet sich am Ende des Beitrags. Aufgrund der Situation, dass es zwar für die meisten der hier verwendeten Texte deutsche Übersetzungen gibt, diese aber einige der zentralen Begriffe nicht einheitlich übersetzen, werden direkte Zitate aus Gründen der Einheitlichkeit in diesem Beitrag aus dem englischen Original übernommen.

ry as expressing God's will, God's will must accord with the most basic ideas of justice as we know them. For what else can the most basic justice be?" (ebd.).

Diese Beobachtung eines Zusammenhangs zwischen der Vorstellung eines göttlichen Willens und grundlegenden Gerechtigkeitsforderungen ist für Rawls' intellektuelle Entwicklung zentral: Anstatt sich weiter mit theologischen Fragen zu beschäftigen, wie er es noch in seiner (2009 posthum veröffentlichten) Bachelorarbeit über das Konzept der Sünde getan hatte, kehrt Rawls nach Kriegsende an die Universität von Princeton zurück, um sich der normativen Philosophie zu widmen. Er verfasst zunächst eine Doktorarbeit zu einem kohärenztheoretischen Rechtfertigungsmodell, und veröffentlicht 1971 nach zahlreichen Vorarbeiten sein erstes Hauptwerk, *A Theory of Justice*. 1993 folgt seine zweite große Monographie, *Political Liberalism*, die sich mit dem Problem des gesellschaftlichen Pluralismus befasst und eine Rechtfertigungstheorie entwirft, um der Herausforderung des Pluralismus angemessen zu begegnen. Im Jahr 1999 veröffentlicht Rawls *The Law of Peoples*, in welchem er seine liberale Theorie erstmals auf den internationalen Bereich ausweitet. 2001, kurz vor Rawls' Tod, erscheint schließlich *Justice as Fairness. A Restatement*. Hier führt Rawls resümierend aus, dass er sein Werk als einheitliche Theorie versteht, und dass es seiner Ansicht nach – entgegen der Einschätzung vieler Kritiker – keinen systematischen Bruch zwischen *A Theory of Justice* und *Political Liberalism* gibt, sondern lediglich argumentative Erweiterungen sowie Unterschiede in den jeweiligen Fragestellungen.

Das Verhältnis von Religion und Politik hat John Rawls, dessen Veröffentlichungen ihn zum bedeutendsten US-amerikanischen Politischen Philosophen des 20. Jahrhunderts machten, sein Leben lang beschäftigt. Was ihn im Lager der zeitgenössischen liberalen Denker in dieser Hinsicht besonders auszeichnet, ist eine Grundhaltung der Bescheidenheit: Für Rawls ist es ein zentrales Anliegen zu betonen, dass liberales Denken nicht gleich säkularem Denken ist. Zwar besteht zweifelsohne das Neutralitätsgebot als grundlegende Gerechtigkeitsforderung – dass also der Staat sich neutral gegenüber religiösen Fragen zu verhalten habe –, aber dennoch stehen für Rawls säkulares und religiöses Denken zunächst auf derselben Stufe: Wie er in *Political Liberalism* sagen wird, ist beides gleichermaßen Ausdruck einer bestimmten Weltanschauung. Es geht also nicht darum, religiöses Denken aus dem politischen Raum zu verbannen und durch die angeblich überlegene Ideologie des Liberalismus zu ersetzen, sondern darum, einer Vielzahl von Personen gerecht zu werden, in deren Leben Religion oder säkulare Werte eine wichtige Rolle spielen. Rawls versteht sein Projekt des Politischen Liberalismus darin, eine Theorie zu entwerfen, die beide Arten von Weltanschauungen berücksichtigt und Prinzipien entwickelt, die für religiöse wie nicht-religiöse Menschen zustimmungsfähig sind.

Mit dieser Betonung der Gleichwertigkeit von säkularem und religiösem Denken und der Konsequenz, eine höherstufige, für beide Seiten akzeptable Theorie zu entwerfen, die beiden Seiten gleichermaßen Respekt zollt, steht er im heutigen liberalen Denken nahezu alleine. Liberale Philosophen wie etwa Ronald Dworkin, Jürgen Habermas, Otfried Höffe, Martha Nussbaum, Thomas Pogge und T. M. Scanlon vertreten in Rawls' Augen alle keinen Politischen Liberalismus, sondern eine liberale Weltanschauung: Ihre liberale Theorie erstreckt sich weit über den Bereich des Politischen hinaus und identifiziert grundlegende Werte, die für das Leben jedes Menschen Gültigkeit besitzen sollen.

Damit stehen sie aber, so Rawls, auf der gleichen Ebene wie religiöse Weltanschauungen und stellen nur eine unter vielen möglichen Weltanschauungen in einer pluralistischen Gesellschaft dar. Insofern sind diese liberalen Theorien Teil der Herausforderung, die der Pluralismus darstellt, und noch nicht Teil der Lösung.

Auf diese in seinem Denken zutage tretende liberale Bescheidenheit insistiert Rawls in verschiedenen Kontexten immer wieder. Sie liegt der umfassenderen Verhältnisbestimmung von Politik und Religion, wie er sie vornimmt, stets zugrunde. Um diese Verhältnisbestimmung zu illustrieren, werde ich im Folgenden auf vier Aspekte genauer eingehen. Zunächst wird (1) die grundlegende Gerechtigkeitsforderung nach Gewissens- bzw. Religionsfreiheit im Zentrum stehen. Anschließend werde ich untersuchen, (2) was genau Rawls unter einer Weltanschauung versteht, und welche Herausforderung sich damit für die Rechtfertigung in einer pluralistischen Gesellschaft ergibt. Mit dem Begriff der „öffentlichen Vernunft" (*public reason*) beschreibt Rawls den (3) politischen Kommunikationsprozess in einer wohlgeordneten Gesellschaft. Ich werde die Frage herausgreifen, welche Rolle religiöse und generell weltanschauliche Überzeugungen in diesem politischen Kommunikationsprozess spielen können. Schließlich werde ich in Form eines Ausblicks einen kurzen Blick auf Rawls' (4) internationale Gerechtigkeitstheorie werfen. Hier entwickelt Rawls ein beachtenswertes Argument dafür, dass liberale Gesellschaften zu Toleranz auch gegenüber nicht liberalen, religiös organisierten Gesellschaften verpflichtet sind, so lange jene gewisse normative Grundbedingungen erfüllen.

1. Religion und Urzustand – Ein Argument für Gewissens- und Religionsfreiheit

Der Urzustand (*original position*) ist eine hypothetische Vertragssituation, die Rawls zur Rechtfertigung seiner Gerechtigkeitsprinzipien konstruiert (vgl. 1971, Kap. 1, §§ 3–4 und Kap. 3). In diesem Urzustand entscheiden sich Repräsentanten der Bürger einer Gesellschaft hinter einem „Schleier des Nichtwissens" (*veil of ignorance*) für bestimmte Gerechtigkeitsprinzipien zur Regulierung der grundlegenden Institutionen ihrer Gesellschaft. Dieser Schleier des Nichtwissens sorgt dafür, dass den Akteuren bestimmte Informationen fehlen, die keinen Einfluss auf Gerechtigkeitsfragen haben sollten: Die Repräsentanten im Urzustand wissen nicht, welche soziale Position sie in der Gesellschaft einnehmen werden, welches Geschlecht oder welche Hautfarbe sie haben, ob sie religiös oder nicht religiös sein werden, und welche Talente und besonderen Fähigkeiten sie haben werden (vgl. ebd., § 24). Das zentrale Argument in *A Theory of Justice* besteht darin zu zeigen, dass sich die Repräsentanten in diesem Urzustandsszenario auf zwei bestimmte liberale Gerechtigkeitsprinzipien einigen würden.

Im Rahmen dieses Urzustandes entscheiden sich die Repräsentanten unter anderem für die Sicherung von Gewissens- und Religionsfreiheit (als Bestandteil des ersten Gerechtigkeitsprinzips). Während Rawls der Frage, aus welchen Gründen sich die Repräsentanten auf solche konkreteren Freiheiten einigen, in *A Theory of Justice* nur geringen Platz einräumt (zur Gewissensfreiheit s. ebd., § 33), entwickelt er in einem früheren Aufsatz hierfür ausführlichere Argumente. Da sich Rawls in diesem früheren Aufsatz,

„Constitutional Liberty and the Concept of Justice" (1963), umfassend mit dem Thema der Religionsfreiheit auseinandersetzt, ist es lohnenswert, einen Blick hierauf zu werfen.

Im erwähnten Aufsatz unternimmt es Rawls, mehrere Argumente für grundlegende politische Freiheiten zu formulieren, die sich allein aus Gerechtigkeitserwägungen ergeben (vgl. 1963, 73). Eines dieser Argumente bezieht sich auf die Gewissens- und Religionsfreiheit (*liberty of conscience, religious freedom*). Es soll zeigen, dass sich die Repräsentanten im Urzustand alleine aufgrund ihres begrifflichen Verständnisses davon, was es heißt, religiöse Verpflichtungen zu haben – was es also bedeutet, gemäß den Vorgaben einer Religion zu leben –, für eine Forderung nach grundlegender Gewissens- und Religionsfreiheit entscheiden würden.

Dieses Argument geht, wie später *A Theory of Justice*, von einer Wahl im Urzustand (*original position*) aus: Die Informationen der Personen sind also durch den Schleier des Nichtwissens eingeschränkt. Worüber sie aber verfügen, so Rawls, ist ein Verständnis dessen, was es heißt, verpflichtende religiöse Vorgaben zu haben (vgl. ebd.): Solche religiöse Verpflichtungen (*religious obligation*) haben einen besonders starken bindenden normativen Charakter. Ihre Vorgaben sind für eine Person verbindlicher als der persönliche Vorteil und haben eine Vorrangstellung gegenüber letzterem in entsprechenden Entscheidungssituationen: Wir können religiöse Vorgaben nicht gerechtfertigterweise unseren momentanen Bedürfnissen unterordnen. Besonders relevant für den hier diskutierten Zusammenhang sind vor allem zwei grundlegende religiöse Vorgaben: Sowohl die Verpflichtung, zur Wahrheit der Grundsätze der eigenen Religion zu stehen, als auch die Verpflichtung, so gut wie irgend möglich gemäß den religiösen Vorgaben zu leben, dürfen nicht durch nicht-religiöse Interessen eingeschränkt werden.

Ausgehend von diesem Verständnis des Verpflichtungscharakters religiöser Vorgaben entwickelt Rawls nun folgendes Argument: Jede Person im Urzustand weiß, dass sie möglicherweise, sobald der Schleier des Nichtwissens gehoben wird, religiösen Verpflichtungen unterliegen wird: Im Falle, dass sie religiös sein wird, werden sich für diese Person aus ihrer Religion heraus bestimmte Verpflichtungen ergeben. Noch weiß sie nicht, welcher Religion sie angehören oder ob sie nicht-religiös sein wird, aber sie versteht, was es heißt, religiöse Verpflichtungen zu haben. Würde eine dieser Personen im Urzustand nun ein anderes Prinzip als das gleicher Religionsfreiheit fordern, würde sie damit ihr Verständnis des Begriffs der religiösen Verpflichtung verletzen. Somit ergibt sich aus dem formalen, noch nicht inhaltlich bestimmten Begriff der religiösen Verpflichtung die Forderung nach der Sicherung von Gewissens- und Religionsfreiheit: „If each person is thought to regard himself as in general subject to religious obligations (although he may expect that these obligations will change over his life if his religious views change), then he can only acknowledge the principle of equal religious freedom; otherwise he would be violating his interpretation of his religious obligations" (ebd., 87 f.). Warum nun würde eine solche Person ihr Verständnis davon, was es heißt, religiöse Verpflichtungen zu haben, verletzen?

Rawls' Idee scheint hierbei folgende zu sein: Wenn ich verstehe, was es heißt, unter religiöser Verpflichtung zu stehen, dann ist mir klar, dass meine Religion, welche immer es auch sei, von mir verlangen wird, dass ich zur Wahrheit ihrer Grundsätze stehe und dass ich mich so gut wie möglich bemühe, ihren Vorgaben entsprechend zu leben. Diese Vorgaben werden in meinem Alltagsleben eine bedeutsame Vorrangstellung einnehmen.

Insbesondere wird es mir nicht möglich sein, aus säkularen Gründen die Überzeugungen und Handlungen, auf die mich meine Religion verpflichten wird, zu vernachlässigen oder gar aufzugeben. Um mir also zu ermöglichen, diesen Verpflichtungen gemäß zu leben, kann ich im Urzustand nicht anders, als gleiche Religionsfreiheit zu fordern. Ansonsten liefe ich Gefahr, dass meine Religion unterdrückt und ich damit in der Ausübung meiner religiösen Verpflichtungen empfindlich gehindert werden würde. Daher bedeutet mein Insistieren auf gleicher Religionsfreiheit, wie Rawls es auch formuliert, nichts weniger als das Insistieren auf einem Recht zu verstehen, was meine Religion von mir verlangt, und in der Umsetzung dessen nicht gehindert zu werden (vgl. ebd., 92).

Rawls liefert also bereits in diesem frühen Aufsatz, acht Jahre vor der Veröffentlichung von *A Theory of Justice*, ein Argument für die Sicherung von Gewissens- und Religionsfreiheit. Besonders interessant an diesem Argument ist, dass es versucht, rein formal, also aus dem bloßen Begriff religiöser Verpflichtung, einen Grund zu konstruieren, der alle Personen im Urzustand dazu bringt, sich auf gleiche Gewissens- und Religionsfreiheit als grundlegende Gerechtigkeitsforderung zu einigen. Damit wird deutlich, welch fundamentales Anliegen die Sicherung von Religionsfreiheit für Rawls war, noch lange bevor er sich ausführlicher mit dem Verhältnis von religiösen und säkularen Weltanschauungen beschäftigte. Inwiefern dieses Argument überzeugt oder inwiefern Rawls' Verständnis des Begriffes religiöser Verpflichtung plausibel ist, braucht hier nicht erörtert werden.

2. Weltanschauungen und übergreifender Konsens

Mit Beginn der 1980er Jahre wendet sich John Rawls verstärkt dem Phänomen des gesellschaftlichen Pluralismus zu. In mehreren Aufsätzen, und schließlich in seiner umfassenden zweiten Monographie *Political Liberalism* (1993), untersucht er die Herausforderung, die der Pluralismus für Gerechtigkeitsfragen darstellt, und welche Modifikationen diese Herausforderung für seine eigene Gerechtigkeitstheorie erfordert.

Im Zentrum steht dabei die Einsicht des Autors, dass der Liberalismus zunächst nichts weiter als eine Weltanschauung unter vielen ist und daher nicht mehr Plausibilität oder intellektuelle Autorität für sich beanspruchen darf, als andere, zum Beispiel religiöse Weltanschauungen. Rawls nennt diese liberalen Theorien, zu denen er nun auch seine eigene zählt (wie er sie in *A Theory of Justice* entwickelt hatte), von nun an „umfassender Liberalismus" (*comprehensive liberalism*).

In einer pluralistischen Gesellschaft, so Rawls, bedarf es einer Rechtfertigung, der alle Bürger trotz ihrer unterschiedlichen Weltanschauungen zustimmen können. Diese Aufgabe, deren Beantwortung sich Rawls in *Political Liberalism* annimmt, formuliert er in folgender Grundfrage: „how is it possible for there to exist over time a just and stable society of free and equal citizens, who remain profoundly divided by reasonable religious, philosophical, and moral doctrines?" (1993, 4).

Der Begriff der umfassenden Weltanschauung (*comprehensive doctrine*) spielt für Rawls' Analyse des Pluralismus eine entscheidende Rolle. Wörtlich „Lehre" (*doctrine*), im Deutschen aber problemlos und leichter verständlich als „Weltanschauung" übersetzbar, bezeichnet der Begriff dasjenige, was in einer Gesellschaft auf vielfache, also

„plurale" Weise vorhanden ist: Nach Rawls besteht der gesellschaftliche Pluralismus aus einer Vielzahl von Personen, die unterschiedlichen Weltanschauungen anhängen. Diese Weltanschauungen zeichnen sich durch drei Eigenschaften aus (vgl. ebd., Kap. 2, § 3): Erstens umfasst eine Weltanschauung die grundlegenden religiösen, philosophischen und moralischen Aspekte eines menschlichen Lebens und bringt diese in einen (weitestgehend) konsistenten und kohärenten Zusammenhang. In diesem Sinne vermittelt sie eine umfassende Weltsicht; eben eine Weltanschauung. Zweitens konstituiert eine Weltanschauung den grundlegenden normativen Orientierungsmaßstab einer Person: Sie beinhaltet eine Wertehierachie, die angibt, welche Werte besonders grundlegend sind, welche weiteren Werte von diesen abgeleitet werden, und wie konfligierende Werte gegeneinander aufgewogen werden können. Drittens ist eine Weltanschauung im Normalfall keine vollständig eigenständige Konstruktion einer individuellen Person, sondern sie beruht auf einer Denktradition und auf einer bestimmten Kultur, durch welche hindurch sich die Weltanschauung entwickelt hat.

Da sich Weltanschauungen auf den gesamten Bereich des menschlichen Lebens beziehen, nennt Rawls sie „umfassend" (*comprehensive*): „A conception [...] is comprehensive when it includes conceptions of what is of value in human life, as well as ideals of personal virtue and character, that are to inform much of our nonpolitical conduct (in the limit our life as a whole)" (ebd., 175). Um deutlich zu machen, dass es sich dabei um weit mehr als nur um religiöse Weltanschauungen handeln kann, versieht Rawls den Begriff der Weltanschauungen mit den Adjektiven „philosophisch", „moralisch", und „religiös". Auch der klassische – ebenso wie viele Varianten des zeitgenössischen – Liberalismus ist für Rawls eine solche Weltanschauung: Insofern eine solche Theorie Vorstellungen darüber enthält, was im menschlichen Leben wertvoll und erstrebenswert ist, ist sie eine umfassende Weltanschauung. Damit befindet sie sich auf derselben Ebene wie Religionen oder nicht religiöse, etwa humanistische Weltanschauungen. Als Beispiele für einen solchen umfassenden Liberalismus nennt Rawls unter anderem die Theorien Immanuel Kants und John Stuart Mills (vgl. ebd., 37, 99 und 145 f.), aber auch die Theorien zeitgenössischer Kollegen wie Ronald Dworkin (ebd., 211), Jürgen Habermas (ebd., 376), Thomas Nagel (ebd., 57) und Joseph Raz (ebd., 200).

Rawls zufolge besteht also der gesellschaftliche Pluralismus in einer Vielzahl von Personen, die unterschiedliche umfassende Weltanschauungen besitzen. Diese Situation ist für Rawls keineswegs negativ einzuschätzen. Sie ist vielmehr das zu erwartende Langzeitergebnis in einer Gesellschaft, in welcher die Bürger unter freien Institutionen ihre Vernunft selbstbestimmt gebrauchen können (vgl. ebd., 144). Rawls bezeichnet dies als das „Faktum des vernünftigen Pluralismus" (*fact of reasonable pluralism*).

Politische Entscheidungen müssen gegenüber allen diesen Weltanschauungen rechtfertigbar sein – so lange jene „vernünftig" (*reasonable*) sind. Vernünftige Weltanschauungen zeichnen sich dadurch aus, dass sie zwei Bedingungen erfüllen (vgl. ebd., Kap. 2, §§ 1–3): Erstens müssen sie bereit sein zur aufrichtigen und wechselseitigen gesellschaftlichen Kooperation: „Persons are reasonable in one basic aspect when, among equals say, they are ready to propose principles and standards as fair terms of cooperation and to abide by them willingly, given the assurance that others will likewise do so" (ebd., 49). Außerdem müssen sie, zweitens, die „Bürden der Urteilskraft" (*burdens of judgment*) anerkennen: Laut Rawls befindet sich unsere Vernunft in einer prekären Situation, insbesondere wenn es um grundlegende Fragen des menschlichen Daseins geht. Die Hindernisse, denen sie begegnet – etwa der Zugang zu allen relevanten Informationen, das korrekte Abwägen, usw. – sind so zahlreich, dass unter Bedingungen, die es unserer Vernunft erlauben, sich frei zu betätigen, nicht davon auszugehen ist, dass jede Person zur selben Weltanschauung gelangen wird: „many of our important judgments are made under conditions where it is not to be expected that conscientious persons with full powers of reason, even after free discussion, will all arrive at the same conclusion" (ebd., 58). Diese Hindernisse, zusammengefasst unter dem Begriff der „Bürden der Urteilskraft", liefern nach Rawls die Erklärung dafür, wie es dazu kommen kann, dass sich unter freien Institutionen unterschiedliche Weltanschauungen entwickeln können.

Eine Weltanschauung ist demnach dann „vernünftig", wenn sie bereit zur fairen Kooperation ist und anerkennt, dass andere Personen, die dieselbe intellektuelle Kraft aufwenden, nichtsdestotrotz andere Weltanschauungen entwickeln können. Wir stehen also vor dem Problem, dass wir in einer pluralistischen Gesellschaft eine Vielzahl von umfassenden Weltanschauungen, religiöse wie säkulare, vorfinden, und dass all diesen Weltanschauungen gleichermaßen Rechtfertigung geschuldet ist insofern sie allesamt vernünftig sind. Auch der Liberalismus kann nicht, wie wir gesehen haben, von vornherein einen Anspruch geltend machen, der ihn als universaler, gültiger, oder sonst wie vor anderen Weltanschauungen auszeichnen würde. Wie aber ist dann eine Einigung möglich?

Rawls' Lösung besteht darin, einen spezifisch *Politischen* Liberalismus zu konzipieren. Dieser Politische Liberalismus beschränkt sich im Gegensatz zu den verschiedenen Varianten des umfassenden Liberalismus lediglich auf den „Bereich des Politischen" (*domain of the political*): Er vermeidet jede Aussage, die sich über den Bereich des Politischen hinaus erstrecken würde (vgl. ebd., 38). Die Idee ist also, dass es genügt, einen klar definierten normativen Bereich zu identifizieren und hierfür Gerechtigkeitsprinzipien zu entwickeln: Wenn in diesem Bereich Einigung hergestellt ist, ist die darüber hinaus gehende und weiterhin bestehende Divergenz von Weltanschauungen unproblematisch; die Herausforderung des Pluralismus wäre damit bewältigt. Diese grundlegende Idee fasst Rawls in das Motto „politisch, nicht metaphysisch" (*political, not metaphysical*; vgl. 1985 sowie 1993, 10 und 97): Eine dem Pluralismus angemessene Gerechtigkeitstheorie sollte nicht „metaphysisch" sein – mit diesem Begriff bezeichnet Rawls hier den Bereich der Weltanschauungen –, sondern „politisch", indem sie sich allein auf jenen Bereich des Politischen beschränkt.

Rawls konzipiert diesen Bereich des Politischen in Abgrenzung zum Bereich der Weltanschauungen. Letzteren bezeichnet er auch als „Hintergrundkultur" (*background culture*), bzw. als „Kultur des Sozialen" (*culture of the social*): Im Gegensatz zur Kultur des Politischen sei jene „the culture of daily life, of its many associations: churches and universities, learned and scientific societies, and clubs and teams, to mention a few" (1993, 14). Dies ist also der Ort der verschiedenen Weltanschauungen, und in diesen Bereich darf der Politische Liberalismus nicht eingreifen. Er muss sich stattdessen allein auf die politische Kultur beziehen: auf die Tradition des demokratischen Denkens, von welcher Rawls meint, dass ihre Grundsätze im „gebildeten Alltagsverstand" (*educated common sense*) aller Bürger implizit präsent seien (vgl. ebd.).

Das Ziel des Politischen Liberalismus, wie Rawls ihn entwirft, besteht also darin, eine politische Gerechtigkeitskonzeption zu entwickeln, die sich nur auf den Bereich des Politischen bezieht und eben deswegen eine Einigung trotz bestehender unterschiedlicher Weltanschauungen ermöglichen soll. Die Ausarbeitung des Arguments, wie auf dieser Grundlage ein solcher Politischer Liberalismus konstruiert werden kann, ist das Thema in *Political Liberalism*. Ich möchte die Grundzüge des Arguments hier kurz umreißen.

Die angestrebte Einigung aller Personen trotz unterschiedlicher, vernünftiger Weltanschauungen, bezeichnet Rawls als einen „übergreifenden Konsens" (*overlapping consensus*), da er alle Weltanschauungen umfasst (ebd., Kap. 4). Den Weg dorthin soll der „Politische Konstruktivismus" (*political constructivism*) bereiten (ebd., Kap. 3). Dieser Konstruktivismus gelangt – in Form eines vertragstheoretischen Gedankenexperiments – ausgehend von einer Reihe von „fundamentalen Vorstellungen" (*fundamental ideas*) zu politischen Gerechtigkeitsprinzipien. Diese fundamentalen Vorstellungen sind für Rawls ebenfalls Teil des Bereichs des Politischen: Er sieht sie als grundlegende Werte, die der politischen Kultur demokratischer Verfassungsstaaten innewohnen (ebd., Kap. 1, bes. 13 f.).

Rawls' Rechtfertigungstheorie ist damit eine kohärenztheoretische Variante des Konstruktivismus: Die Grundlage bildet eine Menge an fundamentalen Werten, die alle vernünftigen Weltanschauungen insofern bereits teilen, als sie innerhalb eines demokratischen Verfassungsstaates leben. Damit ist aber gleichzeitig auch klar, dass Rawls' Rechtfertigungstheorie nur für eine solche Gesellschaft funktioniert: Alle Personen müssen bereits, um als vernünftig zu gelten, diese fundamentalen Werte teilen. Da es ausgehend von diesen Werten dann aber möglich ist, zu einer konkreten Gerechtigkeitstheorie zu gelangen, der alle Bürger trotz unterschiedlicher Weltanschauungen zustimmen können, kommt der Rechtfertigungstheorie trotz des relativistischen Einschlags eine beachtenswerte systematische und kritische Leistung zu.

Rawls' Analyse des gesellschaftlichen Pluralismus hat ihn dazu bewogen, liberale Theorien als gleichwertig zu religiösen Weltanschauungen zu betrachten; dem säkularen Denken kommt in Rawls' Theorie per se keine Vorrangstellung gegenüber dem religiösen Denken zu. Gleichwohl müssen alle Personen zu einer Einigung gelangen, die alle vernünftigen Weltanschauungen, religiöse wie säkulare, gleichermaßen berücksichtigt und deren Freiheiten gleichermaßen sichert.

3.   Weltanschauungen und öffentliche Vernunft

Wir haben gesehen, dass die Verhältnisbestimmung von Religion und Politik für John Rawls ein zentrales Anliegen ist: Der Schutz religiöser ebenso wie anderer weltanschaulicher Überzeugungen nicht nur vor staatlichem, sondern auch vor interpersonellem Eingriff ist für ihn ein fundamentales Desiderat einer Gerechtigkeitstheorie. Dabei haben sich die Aspekte, die bisher behandelt wurden, mit grundlegenden Rechtfertigungsfragen beschäftigt.

Unter dem Stichwort der „öffentlichen Vernunft" (*public reason*; s. bes. 1993, Kap. 6 sowie 1997b) diskutiert Rawls nun eine Anwendungsfrage seiner Gerechtigkeitsprinzipien: Gesetzt, eine Gesellschaft wäre durch die gefundenen Gerechtigkeitsprinzipien wohl geordnet (*well-ordered society*) – nach Rawls eine Gesellschaft im Idealzustand – untersucht er, wie sich nun im politischen Diskurs die Umsetzung der Gerechtigkeitsprinzipien denken lässt: Wie kann eine politische Debatte aussehen, die den Anforderungen des Politischen Liberalismus genügt und nur solche Gründe zulässt, die sich jenseits von umfassenden Weltanschauungen formulieren lassen?

Unter der „öffentlichen Vernunft" versteht Rawls den Vernunftgebrauch der Bürger im öffentlichen Forum (*public forum*) hinsichtlich der Verfassungsgrundsätze und fundamentaler Gerechtigkeitsfragen (vgl. 1993, 10). Dieser öffentliche Vernunftgebrauch besteht nach Maßgabe des Politischen Liberalismus darin, dass Personen nur solche Gründe für ihre Positionen vorbringen, die sich mit jenen Werten rechtfertigen lassen, die aus dem Bereich des Politischen stammen – denn nur so können sie aus dem übergreifenden Konsens schöpfen, dessen normative Prinzipien für alle vernünftigen Weltanschauungen verbindlich sind.

Im Zusammenhang mit seiner Erörterung, auf welche Weise die Bürger ihre Vernunft öffentlich gebrauchen können, geht Rawls auch auf den Unterschied zwischen politischem und säkularem Denken ein. Hier findet sich die ausführlichste Darlegung seiner Einstellung, die ich oben als liberale Bescheidenheit bezeichnet habe: Das Insistieren darauf, dass zunächst sowohl der Liberalismus als auch die verschiedenen Religionen gleichermaßen Weltanschauungen sind und dass deswegen ein gemeinsamer Raum geteilter politischer Werte erst geschaffen werden muss – und nicht bereits vom Liberalismus für sich beansprucht werden darf.

Rawls führt aus, dass die öffentliche Vernunft (*public reason*) nicht mit einer säkularen Vernunft (*secular reason*) verwechselt werden dürfe. Letztere bezeichne ein Begründen innerhalb einer nicht-religiösen Weltanschauung, wogegen sich die öffentliche Vernunft in ihrem Begründen auf den gemeinsamen Bereich des Politischen beschränke (vgl. 1997b, 779 f.; s. auch 775): Als ein Argument, das lediglich auf nicht-religiösen Gründen beruht, sei ein säkulares Argument, so Rawls, nicht in der Lage, als solches bereits öffentliche Gründe (*public reasons*) zu liefern. Das Resultat eines solchen säkularen Arguments könnten lediglich säkulare Gründe sein, die wiederum eine säkulare Weltanschauung voraussetzen (vgl. ebd., 780). Ob säkular oder religiös ist also nicht die Frage – die Frage ist lediglich, was sich im Bereich des Politischen mit öffentlichen Gründen rechtfertigen lässt. Und öffentliche Gründe zeichnen sich dadurch aus, dass sie nicht nur für alle Bürger nachvollziehbar sind, sondern zustimmungsfähig.

In der Diskussion, wie dieses Begründen nun im Einzelnen abläuft, führt Rawls die Forderung des „Vorbehalts" (*proviso*) ein. Gemäß dieser Forderung können auch weltanschauliche Gründe in der öffentlichen Debatte vorgebracht werden – unter dem Vorbehalt, dass eine politische Rechtfertigung dieser Gründe nachgeliefert wird: „This requirement still allows us to introduce into political discussion at any time our comprehensive doctrine, religious or nonreligious, provided that, in due course, we give properly public reasons to support the principles and policies our comprehensive doctrine is said to support" (1997b, 776). Dieser Vorbehalt ermöglicht also, provisorisch Gründe in die politische Debatte miteinzubringen, die weltanschaulich gerechtfertigt werden. Sie werden aber so lange nur als provisorische Gründe anerkannt, so lange es der entsprechenden Person oder Gruppe nicht gelingt, rein politische Gründe dafür anzuführen. Die Einführung des Vorbehalts ist eine Konzession an die durchaus anspruchsvollen Anforderungen, die der Politische Liberalismus in den öffentlichen Debatten von den Bürgern erwartet: Er ermöglicht es, auch solche Gründe vorzubringen, die möglicherweise öffentlich rechtfertigbar sind, deren Rechtfertigung aber noch nicht vollständig durchdacht ist.

Im Abschnitt 3 seines Aufsatzes „The Idea of Public Reason Revisited" (1997b) wendet sich Rawls noch einmal explizit der Vereinbarkeit von Religiosität und Politischem Liberalismus zu. Er wirft die Frage auf, wie es Personen mit religiösen Weltanschauungen möglich ist, dem übergreifenden Konsens des Politischen Liberalismus zuzustimmen. Rawls sieht bei diesen Weltanschauungen plausiblerweise entsprechende Konflikte als besonders virulent an, da Religionen zumeist substantielle Thesen darüber beinhalten, was wahr ist, und zu welchen Handlungen Menschen verpflichtet sind – und sie diesen Wahrheitsanspruch gemäß des Politischen Liberalismus im Bereich des Politischen nicht von anderen einfordern dürfen. Die Antwort, die Rawls an jener Stelle in seinem Spätwerk auf diese Frage gibt, erinnert deutlich an sein Argument zur Sicherung der Religions- und Gewissensfreiheit, das er bereits 1963 expliziert hatte: Nur durch die Zustimmung zu einem wohl geordneten demokratischen Verfassungsstaat ist es den Anhängern einer Weltanschauung möglich, die eigene Freiheit eines Leben gemäß den Grundsätzen der eigenen Weltanschauung dauerhaft zu sichern und zu garantieren (vgl. 1997b, 782 f.). Im Verständnis dieser grundlegenden Einsicht liegt für Rawls die entscheidende Leistung einer vernünftigen Weltanschauung.

4.   Ausblick: Toleranz für nicht-liberale Gesellschaften

Die letzte Monographie, die John Rawls eigenständig veröffentlicht hat, beschäftigt sich mit der Ausweitung seiner liberalen Theorie auf den internationalen Bereich. In mehreren Schritten diskutiert er in *The Law of Peoples* zunächst das außenpolitische Verhältnis liberaler Staaten untereinander, sowie anschließend das Verhältnis liberaler Staaten zu mehreren Formen von nicht-liberalen Staaten. Das zentrale Argument der Schrift (Teil I und II) besteht darin, dass sich liberale und nicht-liberale, aber *decent* (wörtlich: „anständige") Staaten auf einen Katalog von internationalen Gerechtigkeitsprinzipien (*law of peoples*) einigen würden und damit eine Gemeinschaft wohl geordneter Völker bilden (*society of well-ordered peoples*). In Teil III untersucht Rawls anschließend, welche Implikationen die Gerechtigkeitsprinzipien für das Verhalten gegenüber mehreren Formen von nicht wohl geordneten Staaten beinhalten.

Ich möchte in Form eines Ausblicks Rawls' Argument herausgreifen, warum liberale Staaten bzw. „Völker" (*peoples*) auch gegenüber einer bestimmten Form von nicht-liberalen Staaten – den „anständigen Völkern"[3] (*decent peoples*) – zu Toleranz und Achtung verpflichtet sind. Dieses Argument offenbart erneut Rawls' Grundhaltung der liberalen Bescheidenheit: Auch im internationalen Bereich haben Liberale in Rawls' Augen kein Recht, von vornherein als intellektuell oder kulturell überlegen aufzutreten. Gesetzt, dass eine nicht-liberale Gesellschaft gewisse normative Grundsätze achtet, so Rawls' Argu-

---

[3] Für aufschlussreiche Diskussionen zur Übersetzung von „decent" in diesem Zusammenhang mit „anständig" danke ich Karoline Reinhardt.

ment, muss sie als gleichwertiges Mitglied in der Gemeinschaft der wohl geordneten Völker angesehen werden. Eine normative Aufforderung an alle Gesellschaften, sich hin zu einer liberalen Grundordnung zu entwickeln – wie sie sich bei einigen zeitgenössischen liberalen Denkern findet –, lehnt Rawls vehement ab.

Anständige Völker erfüllen nach Rawls normative Kriterien, die sie zwar nicht liberal, aber immerhin „anständig" machen. Für Rawls bezeichnet „anständig" (*decent*) eine schwächere normative Kategorie als „vernünftig" (*reasonable*) – die normative Kategorie der wohl geordneten liberalen Völker (vgl. 1999, 67). Ohne hier ausführlicher auf die Struktur dieser anständigen Völker einzugehen zu können, möchte ich auf sein fiktives Beispiel verweisen, das Rawls für ein anständiges Volk konstruiert: Kazanistan. Dabei soll es sich – wie der Name bereits vermuten lässt –, um einen islamischen Staat handeln. Religion und Staat sind hier nicht strikt von einander getrennt, wie es in liberalen Staaten der Fall ist: In Kazanistan ist der Islam die vorherrschende Religion, und die höheren politischen Ämter stehen nur muslimischen Personen offen. Andere Religionen werden gleichwohl toleriert und können von ihren Anhängern praktiziert werden, ohne dass jene um ihre Bürgerrechte fürchten müssten – sie können eben nur keine politische Laufbahn einschlagen (vgl. ebd., 75 f.). Kazanistan zeichnet sich zudem durch eine „Konsultationshierarchie" (*consultation hierarchy*) aus. Diese ermöglicht es allen Gesellschaftsgruppen – also auch den nicht-islamischen –, politische Anliegen vorzubringen und von der Regierung gehört zu werden. Kazanistan ist demnach also nicht liberal, aber doch „an enlightened society in its treatment of religious minorities" (ebd., 78).

Gesteht man Rawls nun zu, dass eine solche Gesellschaft denkbar ist, dann folgt, dass die ideale Welt-Gesellschaft nicht nur aus liberalen Gesellschaften zu bestehen braucht: Da diese anständigen Völker die Menschenrechte achten, aufgeklärten Umgang mit ihren religiösen Minderheiten betreiben, eine Konsultationshierarchie beinhalten und sich aus all diesen Gründen in einem internationalen Urzustandsszenario ebenso auf die Prinzipien des „Rechts der Völker" (*law of peoples*) einigen würden, schulden liberale Völker ihnen Toleranz und Achtung in demselben Maße wie sie dies anderen liberalen Gesellschaften entgegenbringen. Die anständigen Völker sind also, eben weil sie „anständig" sind, achtbare und gleichwertige Mitglieder in einer Gesellschaft der wohl geordneten Völker.

Der wesentliche Punkt, um den es Rawls hier geht – und der einmal mehr seine außerordentliche Sensibilität für die Grenzen des Liberalismus einerseits und die Trennung von säkularem und liberalem Denken andererseits unter Beweis stellt – ist, dass solche „anständigen" Gesellschaften tatsächlich denkbar sind. Rawls selbst drückt es in diesem Spätwerk folgendermaßen aus: „I think enlightenment about the limits of liberalism recommends trying to conceive a reasonably just Law of Peoples that liberal and nonliberal peoples could together endorse" (ebd., 78).

Hinsichtlich des Verhältnisses von Politik und Religion ist dies ist womöglich John Rawls' größter Beitrag für die gegenwärtige Politische Philosophie: Bestimmt von einem zutiefst liberalen Geist, ist Rawls in seinen Werken in ausgesprochen sensibler Weise aufmerksam für die Grenzen des Liberalismus, und fordert das Gegenteil einer Gleichstellung von säkularer und liberaler Vernunft: Sowohl säkulares Denken als auch religiöses Denken gründet in Weltanschauungen. Die Aufgabe des Politischen Liberalismus ist es, sowohl inner- als auch zwischenstaatlich, dies stets zu berücksichtigen und sich für die Konstruktion eines Bereichs des Politischen einzusetzen, dem alle Weltanschauungen – ob religiös oder säkular – gleichermaßen in einem übergreifenden Konsens zustimmen können.

5. Literatur

Rawls, John 1963: „Constitutional Liberty and the Concept of Justice", wiederabgedruckt in: Freeman, S. (Hrsg.), John Rawls. Collected Papers, Cambridge/MA 1999, 73–95.

– 1971: A Theory of Justice, Cambridge/MA; dt. Eine Theorie der Gerechtigkeit, übers. v. H. Vetter, Frankfurt/M. 1979.

– 1985: „Justice as Fairness. Political, not Metaphysical", in: Philosophy & Public Affairs 14 (3), 223–251; dt. „Gerechtigkeit als Fairneß. Politisch, nicht metaphysisch", in: Rawls, J., Die Idee des Politischen Liberalismus, hrsg. u. übers. v. W. Hinsch, Frankfurt/M. 1992, 255–292.

– 1993: Political Liberalism, New York (2., erw. Aufl. 1996); dt. Politischer Liberalismus, übers. v. W. Hinsch, Frankfurt/M. 1998.

– 1997a: „On My Religion", in: Rawls, J., A Brief Inquiry into the Meaning of Sin and Faith, hrsg. v. Th. Nagel, Cambridge/MA 2009, 259–269; dt. „Über meine Religion", in: Rawls, J., Über Sünde, Glaube und Religion, übers. v. S. Schwark, Berlin 2010, 301–310.

– 1997b: „The Idea of Public Reason Revisited", in: University of Chicago Law Review 64, 765–807; dt. „Nochmals. Die Idee der öffentlichen Vernunft", in: Rawls, J., Das Recht der Völker, übers. v. W. Hinsch, Berlin/New York 2002, 165–218.

– 1999: The Law of Peoples, Cambridge/MA; dt. Das Recht der Völker, übers. v. W. Hinsch, Berlin/ New York 2002.

– 2001: Justice as Fairness. A Restatement, hrsg. v. E. Kelly, Cambridge/MA; dt. Gerechtigkeit als Fairneß. Ein Neuentwurf, übers. v. J. Schulte, Frankfurt/M. 2003.

MICHAEL KÜHNLEIN

Fetisch Säkularität: Zur Aufhebung der ,großen Trennung' von Religion und Politik bei Charles Taylor

In seinem einflussreichen Buch *The Stillburn God: Religion, Politics, and the Modern West* legt der amerikanische Politikwissenschaftler Mark Lilla so etwas wie die ultimative Selbstbeschreibung des säkularisierten Westens vor, die in der Separierung von Religion und Politik wie selbstverständlich das normative Rückgrat der Moderne zu erblicken meint. Gewiss kann dabei die von Lilla so genannte ,Große Trennung' von Politischer Theologie und Politischer Philosophie („Great Separation") in ihrem institutionellen Arrangement auf eine reichhaltige historisch-hermeneutische Genealogie vertrauen, die bis auf die vertragstheoretische Umgestaltung unseres sozial-politischen Vorstellungsschemas im 17. und 18. Jahrhundert zurückreicht. In dieser Perspektive erscheint jedenfalls die Verdiesseitigung des Legitimitätsglaubens eine notwendige Konsequenz aus den religiösen Gewaltexzessen vergangener Jahrhunderte zu sein; und Lilla selbst hegt auch keinen Zweifel an der Vorstellung, dass die metasoziale Heilsordnung einer auf Offenbarung gründenden Autorität in der Moderne *berechtigterweise* durch einen rein immanenten Ordnungsrahmen der Vernunft abgelöst bzw. ersetzt worden ist. So zieht er am Schluss seines Buches auch die unmissverständliche Konsequenz, dass der politische Liberalismus der „Großen Trennung" unter allen Umständen verteidigt werden müsse, um einen Rückfall in vor-politische und latent gewaltanfällige Gesellschaftstheologien zu vermeiden (Lilla 2007, 5; 162; 305 f.).[1]

---

[1] Dabei darf freilich nicht übersehen werden, dass Lillas systematische Gegenüberstellung von Politischer Theologie und Politischer Philosophie weder prominent noch singulär ist. Heinrich Meier hat bereits seit einigen Jahren diese Differenzierung im wissenschaftlichen Diskurs etabliert; für ihn liegt die konstitutive Differenz zwischen Religion und Politik vor allem in den unterschiedlichen Weisen ihres In-der-Welt-Seins begründet: „Während die politische Theologie rückhaltlos auf das *unum est necessarium* des Glaubens baut und in der Wahrheit der Offenbarung ihre Sicherheit findet, stellt die Politische Philosophie die Frage nach dem Richtigen ganz und gar auf den Boden ,menschlicher Weisheit', um sie hier in der grundsätzlichsten und umfassendsten Art und Weise zu entfalten, die dem Menschen aus eigenen Kräften zu Gebote steht" (Meier 1994, 17 f.; vgl. dazu auch die Beiträge in Kühnlein 2010).

Nun ist nicht zu bestreiten, dass die Trennungsthese in der politischen Nomenklatur der Moderne einen herausragenden Stellenwert einnimmt: Im Bild einer großen Separation hat die heterarchisch gegliederte Gesellschaft ohne Zweifel den für sie bestimmenden Selbstausdruck gefunden. Doch ideenpolitisch ist der Separationsgedanke in den letzten Jahren verstärkt unter Druck gekommen.[2] Namentlich Charles Taylor hat ihm öffentlich widersprochen und auf die heiklen politischen und erkenntnistheoretischen Hintergrund*haltungen* aufmerksam gemacht, die im Verständnis der Trennungs-Metapher eingeschlossen sind und zu deren Popularisierung sie in nicht unerheblichem Maße beigetragen haben. Unausgesprochene Bilder von existenziellen Bedrohungslagen wurden hier mit angeblichen Vernunftdefiziten der Religion legiert, um auf diese Weise die grundsätzliche Irrationalität und Antiquiertheit eines politisch-theologischen Selbstentmächtigungsdenkens aufzudecken (vgl. 2012, 78 f.; 2009, 680).

Das Problematische an dieser Sichtweise ist nach Taylor jedoch, dass der Glaube an die Legitimität der liberalistischen Trennung seine Berechtigung allein in der Negation von Religion findet; der Laizismus der Moderne wird so zu einem Trennungsregime, welches gerade in seiner negativen Haltung zur Religion die normative Auszehrung des politischen Liberalismus implizit zu befördern hilft, indem es religiöse Menschen zu Bürgern zweiter Klasse macht.[3] Politisch ist deshalb der Säkularismus nur eine „Krankheit zum Tode" (Kierkegaard), der sich selbst seiner Kraft zur Solidarisierung beraubt, wenn er auf die Hegemonie einer monolingualen Vernunftkonzeption vertraut. Taylor kritisiert damit an der Trennungsthese, dass sie im Zuge ihrer rationalen Ausdifferenzierung die liberalistische Semantik *e contrario* aushöhlt und so aus der politischen Neutralität nachmetaphysisch eine Kategorie politischer Neutralisierung macht. Aus dieser differenzblinden Entpolitisierung des Daseins speist sich zu einem großen Teil auch Taylors grundsätzliches *Unbehagen an der Moderne* und dessen fortschreitendes Entfremdungsregime (1991).

Im Unterschied aber zu Carl Schmitt verzichtet Taylor im Folgenden darauf, seine souveränitätskritischen Überlegungen in eine identitäre Konzeption des Politischen zu überführen,[4] sondern er ersetzt vielmehr den *politisch-existenziellen* Verlust an religiöser

---

[2] Ideenhistorisch vermag die bei Hobbes anzusetzende Trennungsthese gerade in Bezug auf Hobbes nicht zu überzeugen: In dessen Staatsphilosophie geht es nämlich vor allem um die souveränitätstheoretische Einheit von Religion und Politik, wie Höffe überzeugend herausgearbeitet hat: „Wer plakative Diagnosen liebt, kann hier von einem Rückfall ins politische Mittelalter sprechen, nämlich dem Versuch, kirchliche und staatliche Macht erneut miteinander zu verschmelzen. Die Verschmelzung soll allerdings unter umgekehrten Vorzeichen stattfinden. An die Stelle des (damals freilich strittigen) Anspruchs einer geistlichen, päpstlichen tritt der Anspruch einer politischen Vorherrschaft" (Höffe 2010, 183). Auch Palaver hält Lillas Definition von politischer Theologie für formal unterbestimmt (vgl. Palaver 2011, 230).

[3] „Ein solches Regime ersetzt mit anderen Worten eine bestehende Religion sowie die für sie bestimmenden Grundüberzeugungen durch eine säkulare, aber antireligiöse Moralphilosophie, die ihrerseits ein System metaphysischer und moralischer Glaubenssätze herausstellt. [...] Diese Art von Regime ersetzt die bestehende Religion durch eine laizistische Moralphilosophie" (2011, 22 f.).

[4] „Der Staat hat nicht eine Verfassung [...], sondern der Staat ist Verfassung, d. h. ein seinsmäßig vorhandener Zustand, ein Status von Einheit und Ordnung" (Schmitt 1928, 4).

Aura durch die *politisch-hermeneutische* Aura spiritueller Vielfalt. Denn es zählt – wie Taylor im Blick auf die Genealogie unseres säkularen Zeitalters anzuführen weiß (2007) – nicht zu den geringsten Listen der Vernunft, die Dialektik des Säkularismus von innen nach außen gestülpt zu haben: Was einmal als innerreligiöse Rationalisierung begann, hat sich unter nachmetaphysischen Bedingungen der Moderne zu einem Pluralismus unterschiedlichster Wertüberzeugungen ausgeweitet, dessen semantische Energien es nun von der Vernunft politisch zu *integrieren* gilt, um die in der Moderne zu beobachtenden gegenläufigen Tendenzen von Staat und Zivilgesellschaft, von System und Lebenswelt auszubalancieren.[5] Mit einem Stück repristinierter politischer Theologie haben Taylors Überlegungen dann insoweit zu tun, als dass sich an der Frage der Religion die Zukunft des Liberalismus wieder mit entscheidet (vgl. Kühnlein 2005).[6]

Taylor plädiert daher „für eine grundlegende Neubestimmung des Säkularismus", die uns in die Lage versetzen soll, unsere immanente Ordnung „konstruktiver wahrzunehmen" (2012, 53 und 73). Gewissermaßen versucht er dabei die Säkularisierung selbst noch einmal zu säkularisieren, um die ideologischen Altlasten einer einseitigen Religionsfixierung abzuwerfen. In Folge dieser Überlegungen skizziert Taylor nun ein Laizitätsmodell *zweiter Ordnung*, welches in seinen begrifflichen Grundzügen den Gedanken der Unparteilichkeit politischer Rechtfertigung mit der Anerkennung von moralischer Diversität verbinden will. Den Unterschied zu einem Laizitätsmodell *erster Ordnung* legt Taylor dabei wie folgt fest: „Ein rigideres Regime der Laizität erlaubt im Namen eines bestimmten Verständnisses der staatlichen Neutralität und der Trennung der politischen und religiösen Gewalten eine weiter gehende Einschränkung der freien Religionsausübung, während eine ‚offene' Laizität für ein Modell eintritt, das sich am Schutz der Gewissensfreiheit und Religionsfreiheit ebenso wie an einer ‚weicheren' Vorstellung von Trennung und Neutralität orientiert" (2011, 39). Im Folgenden werde ich nun Taylors Argumente gegen das von ihm kritisierte Trennungsregime vorstellen (1.) und in einem weiteren Schritt die These diskutieren (2.), ob das begriffliche Grundgerüst eines anpassungsfähigen bzw. ‚offenen' Begriffs des Säkularen eine sinnvolle Erweiterung des öffentlichen Vernunftgebrauchs darstellt oder lediglich eine

---

[5] Für Habermas kann daher das kollektive Selbstverständnis einer demokratischen Bürgergesellschaft von den religiösen Erfahrungen der pluralistischen Moderne „nicht unberührt" bleiben: „Das einzige spontane Element, das die Grenzen der institutionalisierten Machtpolitik überschreitet, ist der Lärm einer zivilgesellschaftlich von unten, aus dem anarchischen Gebrauch kommunikativer Freiheiten gespeisten Springflut von Kommunikationsflüssen. Allein durch diese Kanäle können vitale, jedoch nicht fundamentalistisch verhärtete Religionsgemeinschaften eine transformative Kraft entfalten – und dies umso mehr, wenn die Reibung zwischen säkularen und religiösen Stimmen einen Streit über normative Fragen provoziert, der das Bewußtsein für die Relevanz solcher Fragen wachhält" (Habermas 2012, 42; vgl. aus phänomenologischer Sicht: Taylor 2007; dazu: Kühnlein 2013; 2011; 2008; 2005).

[6] So kritisiert Taylor die Ansicht von Habermas, dass moderne säkulare Staaten ihren Machtbegriff so weit von religiösen Konnotationen gereinigt haben, dass sie auf politische Theologien nicht mehr angewiesen seien. Diese Auffassung könne er, Taylor, „*nicht* ganz teilen" (2012, 71; Hervorhebung M. K.). In der daran anschließenden Diskussion vermutet Habermas nicht zu Unrecht eine konservativ-„defensive" Ausrichtung des Moderne-Projekts bei Taylor (vgl. Habermas 2012, 94). Zur Situierung der Politischen Theologie vgl. auch die bekannten Schmitt-Prolongationen in dem einschlägigen Sammelband von Taubes (1983).

,weiche' Politische Theologie vorwegnimmt, die die entwicklungsgeschichtliche Zäsur zwischen einer transzendenten und einer immanenten Begründung des Politischen herabzusetzen versucht (in diesem Sinne argumentiert etwa Habermas 2012, 40).

1.   Charles Taylors Plädoyer für eine Polysemie des Säkularen

Taylor verteidigt in seinen Ausführungen zunächst einmal den Wert des Säkularen erster Ordnung. Er macht deutlich, dass der demokratische Inklusionsgedanke sowohl eine bestimmte Form der institutionellen Trennung zwischen Staat und Religion voraussetzt als auch ein Modell der „prinzipiengeleiteten" Distanznahme verlangt (2012, 53), um Grundgüter wie Freiheit, Gleichheit und Partizipation in den Korpus politischer Souveränität überführen zu können.[7] Dieses doppelte Achtungsprinzip staatlicher Neutralität gerät nach Taylor aber dort an seine Grenzen, wo es sich unter der Hand zu einem religionskritischen Vernunftbegriff laizisiert hat. Die Grundwerte unserer säkularen Ordnung werden dadurch monologisiert und in einen starren Begründungskanon eingebunden, der differenzblind ist gegenüber dem zunehmenden Bedarf an politischer Konkretisierung, den eine kulturell und religiös diversifizierte Gesellschaft bei der Verwirklichung ihrer gesellschaftlichen Zielsetzungen notwendigerweise aus sich heraus produziert. Denn Vernunft verteidigt keine apriorische Feindschaft zur Religion, sondern sie unterliegt der unendlichen Anstrengung des Begriffs, in dilemmatischen Situationen, die die politische Identität einer Gesellschaft betreffen, zwischen den einzelnen demokratischen Prinzipien wie Freiheit und Gleichbehandlung zu vermitteln.[8] Die Zielsetzungen müssen also immer wieder an die ethische Ausgangslage angepasst werden (vgl. 2012, 55); und das schließt für Taylor mit ein, dass sich *alle* spirituellen Weltanschauungen an dieser hermeneutischen Anstrengung beteiligen können:

> „Eine wesentliche Schwierigkeit bei unserem Umgang mit diesen Fragen besteht darin, daß wir ein falsches Modell zugrunde legen, welches nach wie vor unser Denken beherrscht. Wir meinen, daß sich Säkularismus (oder *laicité*) um das Verhältnis zwischen Staat und Religion drehe, während es dabei

---

[7] „Auf der Ebene der Prinzipien erkennt ein demokratisches System allen seinen Bürgern einen gleichen moralischen Wert bzw. eine gleiche Würde zu und sucht entsprechend, ihnen gleiche Achtung zu erweisen. Die Verwirklichung dieses Ziels verlangt die Trennung von Kirche und Staat und die Neutralität des Staates gegenüber den Religionen und säkularen geistigen Strömungen. Einerseits darf der Staat sich nicht mit einer Religion oder einer bestimmten Weltanschauung identifizieren, wenn er der Staat aller Bürger sein soll und diese eine Vielfalt von Weltbildern und Wertvorstellungen akzeptieren. [...] Andererseits verlangt das Prinzip der gleichen Achtung auch, daß der Staat den Religionen und anderen Grundüberzeugungen gegenüber ,neutral' ist; er darf keine unter ihnen bevorzugen oder benachteiligen. Um allen Bürgern gleiche Achtung entgegenzubringen, muß der Staat in der Lage sein, gegenüber jedem von ihnen die von ihm getroffenen Entscheidungen zu rechtfertigen, was er nicht könnte, wenn er eine bestimmte Weltanschauung oder Vorstellung des Guten bevorzugt" (2011, 30 f.; vgl. auch Nagel 1995, 325–359).
[8] Taylor und sein Co-Autor Maclure verweisen hier auf die Vielzahl an europäischen „Kopftuchkrisen"; aber sie erinnern auch an die (möglichen) Grenzen der Meinungsfreiheit im Zuge der Mohammed-Karikaturen und an die Integrations-Problematik (2011, 9 f.).

doch tatsächlich um die (richtige) Antwort des demokratischen Staats auf Vielfalt geht. […] Es gibt keinen Grund, der Religion eine von nichtreligiösen, ‚säkularen‘ (in einem anderen gebräuchlichen Sinn des Worts) oder atheistischen Standpunkten abgehobene Sonderstellung zuzuweisen. Tatsächlich liegt der Sinn staatlicher Neutralität genau darin, jegliche Bevorzugung oder Benachteiligung nicht nur religiöser Bekenntnisse, sondern überhaupt jeder Weltanschauung, sei sie religiöser oder nichtreligiöser Natur, zu vermeiden. Wir dürfen die christliche Religion nicht gegenüber dem Islam begünstigen, ebenso wenig wie den religiösen Glauben gegenüber dem Unglauben oder umgekehrt" (2012, 56 f.).[9]

a.   Fetisch Säkularität

Ausgehend von einem differenzoffenen Begriff des Säkularen zeichnet Taylor nun die Gründe nach, die zu einer säkularistischen „Fixierung auf die Religion" geführt haben (2012, 62). Hier macht er eine komplexe Reihe von Ursachen aus, die genealogisch miteinander verwoben sind, doch in ihrer normativen Bestimmungskraft auseinandergehalten werden müssen. Der Einfachheit halber spreche ich deshalb von einem Argument der *Überhistorisierung* und von einem Argument der *Überinstitutionalisierung*. Taylor selbst verwendet diese Begriffe so nicht, aber sie verdeutlichen die Stoßrichtung seiner Überlegungen.

Zunächst einmal zum Überhistorisierungskontext der Vernunft: Für Taylor gibt es zwei wichtige Gründungszusammenhänge, die zur Entstehung eines westlich-säkularistischen Vorstellungsschemas beigetragen haben, nämlich einen amerikanischen und einen französischen. In einer luziden Rekonstruktion der amerikanischen Verfassungsgeschichte zeigt er dabei, wie am Anfang des 19. Jahrhunderts politische Neutralität vor allem als *inter*religiöse Neutralität verstanden wurde und der Begriff der Säkularisierung im Laufe seiner Ausdifferenzierung langsam die anti-religiöse Bedeutung einer Entprotestantisierung des Politischen annahm.[10] In Frankreich indes lag Taylor zufolge der Akzent der Laizität maßgeblich auf dem Kampf gegen das machtvolle Regime

---

[9] Taylors integrativer Ansatz stützt sich hier im Wesentlichen auf Rawls politische Ethik eines ‚übergreifenden Konsenses‘ (vgl. 1987), der in seinen Grundintentionen gewissermaßen eine Säkularität ohne Säkularismus vertritt: Rawls formuliert nämlich ein Konvergenzmodell der politischen Ethik (Gerechtigkeit als Fairness), deren Zielsetzungen moralisch deshalb verbindlich sind, weil sie sich aus den unterschiedlichsten Anerkennungsdispositiven des Guten zusammensetzen lassen. Rawls vermeidet so in seinem gesellschaftlichen Konsens-Modell *substanzialistische* und *säkularistische* Fehlschlüsse: Es verteidigt allgemein politische Prinzipien wie Menschenrechte und Gleichheit, ohne dabei im Hintergrund mit einer bestimmten Ethik des Guten zu verschmelzen (vgl. 2012, 58 und Taylor 1996; zu Taylor und Rawls: vgl. Kühnlein 2008, 251 ff.).

[10] „Ursprünglich […] waren alle Positionen, zwischen denen der Staat Neutralität wahren mußte, religiöser Natur." Sie umfassten alle „Spielarten des (protestantischen) christlichen Glaubens, mit einigen zusätzlichen deistischen Einsprengseln" (2012, 58 f.).

der Kirche, der seinen Ausdruck in einer moralistischen Überhöhung des Staates fand.[11] Beide Motive – Säkularisierung als Nichtreligion (amerikanischer Kontext) und Laizität als moralische Überlegenheit einer unabhängigen Ethik (französischer Kontext) – haben nach Taylor ganz entscheidend auf unsere Vorstellungen einer immanenten sozialen Ordnung eingewirkt und ein revolutionäres Freiheitsnarrativ tradiert, in dem für Religion kein Platz mehr war. Von einem Moment der ‚Überhistorisierung' kann man aber insofern sprechen, als dass unsere im Westen ausgebildeten Lebensmilieus längst nicht nur ein breites Spektrum an religiösen Möglichkeiten entfalten, gegen das man ideologiekritisch anzukämpfen hätte; vielmehr gehört ein konsequenter Atheismus des Guten längst zum Werteestablishment einer über sich selbst aufgeklärten Gesellschaft (vgl. 2012, 61; 2011, 139 f.).

Kommen wir zum Überinstitutionalisierungsargument: Hier erblickt Taylor einen weiteren Säkularisierungsfaktor unserer politischen Existenz, der auf dem Missverständnis beruht, Laizität nur als *ein* monolithisches, anwendungsbezogenes Prinzip aufzufassen. Doch für Taylor ist die Laizität „ein Modus politischen Regierens, der auf zwei grundlegenden Prinzipien beruht, nämlich der gleichen Achtung und der Gewissensfreiheit, sowie auf zwei Verfahrensmodi, nämlich der Trennung von Staat und Kirche einerseits und der Neutralität des Staates gegenüber den Religionen und säkularen geistigen Strömungen." Taylor erschließt also im Begriff der Laizität sowohl eine *moralische* als auch eine *institutionelle* Prinzipientypologie, die allerdings in einem Verhältnis der lexikalischen Ordnung von Zweck und Mittel zueinander stehen: „Gleiche Achtung und Gewissen sind moralische Prinzipien, deren Aufgabe es ist, unser Handeln [...] zu regeln, während man die Neutralität, die Trennung und Ausnahmeregelungen als ‚institutionelle Prinzipien' bezeichnen könnte, die aus den Prinzipien der gleichen Achtung und der Gewissensfreiheit *hervorgehen*." (Hervorhebung M. K.) In der Zweckgebundenheit institutioneller Prinzipien bringt sich demnach ihr sekundärer Charakter zur Geltung: Sie sind lediglich „unentbehrliche Mittel für die Verwirklichung eigentlich moralischer Zwecke" (2011, 33–35).[12] In dieser Hinsicht kann man von der Gefahr einer ‚Überinstitutionalisierung' genau dann sprechen, wenn moralische Zwecksetzungen reduktionistisch überformt und die Ziele, die ein laizistischer Staat zu verwirklichen sucht, ausschließlich über die eingesetzten Mittel entschieden werden:

> „Wenn es richtig ist, daß die Achtung des gleichen moralischen Wertes der Bürger und der Schutz der Gewissensfreiheit die *Zwecke* die Laizität sind und daß die Trennung von Politik und Religion sowie die religiöse Neutralität die *Mittel* sind, die es erlauben, diese Zwecke zu erreichen und im Gleichgewicht zu halten, läßt sich daraus schließen, daß die rigideren Vorstellungen von Laizität, die eher bereit sind, dem Schutz der Religionsfreiheit eine un-

---

[11] So hat sich nach Taylor „die Vorstellung, daß es bei der *laicité* allein darum gehe, die Religion in Schranken zu weisen und unter Kuratel zu stellen", einseitig „in den Köpfen festgesetzt (2012, 61; vgl. auch Gauchet 1998, 47–50).

[12] So besehen ist für Taylor das Prinzip der Trennung *kein* moralisches Prinzip: Es handelt sich lediglich „um ein unverzichtbares institutionelles Arrangement, das, wie Locke und Montesquieu gezeigt haben, darauf abzielt, die Freiheit der Bürger zu sichern und vor der Gefahr der Tyrannei zu schützen" (2011, 35).

tergeordnete Rolle zuzuweisen, gelegentlich dazu neigen, den auf der Ebene der Werte gehobenen Verfahrensmodi der Laizität eine übermäßige Bedeutung einzuräumen, und das häufig auf Kosten ihrer eigenen Zwecke. Die vollständige Trennung von Kirche und Staat bzw. die religiöse Neutralität des Staates haben dann mehr Gewicht als die Achtung der Gewissensfreiheit der Individuen. Im übrigen drehen sich die öffentlichen Debatten über die Laizität häufiger um ihre Verfahrensmodi als um ihre Zwecke, so daß man hier von einem ‚Fetischismus der Mittel‘ sprechen könnte (Hervorhebung M. K.): Die Trennung von Kirche und Staat sowie die religiöse Neutralität werden zu Werten, die es um jeden Preis zu verteidigen gilt, statt als gewiß unentbehrliche Mittel betrachtet zu werden, die jedoch in bezug auf die Zwecke, denen sie dienen, zu definieren sind" (2011, 40 f.; vgl. auch 2012, 62–65).

Einen mächtigen Traditionsstrom dieser ‚Überinstitutionalisierung‘ erblickt Taylor nun im Republikanismus der Neuzeit, dessen politische Semantik darauf abzielt, das an staatliche Einrichtungen gerichtete Neutralitätsgebot auch auf die Sphäre des Individuums auszuweiten. In dieser Perspektive geht die Republikanisierung der Laizität mit einem emanzipatorischen Bildungsauftrag einher, der die Religionsausübung in die Grenzen bloßer Privatheit verbannt. Staatsbürgerliches Ziel ist es hier, Freiheit und Vernunft auf Seiten des individuellen Gewissens zu schaffen, eben weil wir umgekehrt auch nur als freie und vernünftige Subjekte unsere Identifikation mit dem demokratischen Gemeinwesen vollziehen.[13] Taylor indes kritisiert eine solche ausschließlich über die Idee der Laizität vermittelte republikanische Verschränkung von Emanzipation und Integration; weder hält er die erkenntnistheoretische Auszeichnung der Vernunft für plausibel[14] noch einen über die Eliminierung von Differenz gesellschaftlich gesteuerten Kollektivzusammenhalt für nötig.[15] In den laizisierten Autonomiebedingungen vernünftiger Subjektivität findet Taylor also begriffliche Ausdünnungen vor, die Emanzipation auf „bloße Vernunft" (vgl. 2013) und Integration auf Homogenität reduzieren. Diese Schieflagen entstehen, weil das republikanische Regime der Laizität dazu neigt, seine moralischen

---

[13] In seiner Konzeption der „volonté générale" hat Rousseau den Gedanken der Personalität des demokratischen Souveräns in die politische Theoriebildung eingeführt – zum Vergleich: Bei Hobbes ist der *Leviathan* stets eine „künstliche Person" geblieben.

[14] „Es gibt allen Grund, anzunehmen, daß eine Person ihre Lebensführung auch dann vernünftig ausrichten kann, wenn sie an ihrem religiösen oder spirituellen Glauben festhält." So kann nach Taylor eine Person durchaus „zu dem vernünftigen Schluß kommen, daß es Fragen metaphysischer Natur gibt, die sich die Mehrzahl der Menschen stellt, auf die jedoch die menschliche Vernunft und die Wissenschaft keine definitiven oder befriedigenden Antworten zu geben vermögen, oder daß ein Weltbild beunruhigend ist, in dem nichts den Menschen transzendiert" (2011, 43, Fußnote).

[15] So haben sich nach Taylor die Lebensmilieus pluralistischer Gesellschaften inzwischen so weit ausdifferenziert, dass sie ihre sozialen Kooperationsformen nicht mehr alleine aus den normativen Beständen einer nach innen gerichteten moralischen Vernunftsubstanz ableiten können; der Gedanke der Solidarität erfordere vielmehr eine gegenseitige (und nicht artifiziell homogenisierte) Verständigung zwischen den Bürgern, so „daß die Ähnlichkeiten und die Unterschiede zwischen diesen anerkannt und geachtet werden. Ein Gefühl der Zugehörigkeit entwickelt sich in diversifizierten Gesellschaften eher durch eine ‚vernünftige Anerkennung‘ der Unterschiede als durch deren strikte Verbannung in die Privatsphäre" (2011, 44 f.).

Werte institutionellen Prinzipien anzugleichen; eine solche Form der ‚Überinstitutionalisierung' bleibt jedoch den liberal-pluralistischen Anerkennungsmodellen der Laizität
begrifflich unterlegen:

> „Das republikanische Modell schreibt der Laizität die Aufgabe zu, über die
> Achtung der moralischen Gleichheit und der Gewissensfreiheit hinaus die
> Emanzipation der Individuen und die Herausbildung einer gemeinsamen
> staatsbürgerlichen Identität zu fördern, was eine Distanzierung von religiösen
> Zugehörigkeiten und deren Verlagerung in die Privatsphäre verlange. Hinge-
> gen sieht das liberal-pluralistische Modell die Laizität als einen politischen
> Organisationsmodus, dessen Aufgabe es ist, das optimale Gleichgewicht
> zwischen der Achtung der moralischen Gleichheit und der Achtung der
> persönlichen Gewissensfreiheit zu finden. Ein liberales Regime der Laizität
> wird an der Präsenz des Religiösen in der Öffentlichkeit keinen Anstoß
> nehmen […]. Eine liberal-pluralistische Laizität zielt also auf die optimale
> Versöhnung von gleicher Achtung und Gewissensfreiheit" (2011, 47 f.).

Gleichwohl ist Taylor ein zu sehr an der Historie geschulter Denker, um nicht zu erkennen, dass die emanzipatorische Befreiung von der Religion zu den zentralen Iden-
titätsnarrativen politischer Selbstbestimmung gehört: Die demokratischen Staatsbürger
vollziehen nämlich ihre Identifikation mit dem Gemeinwesen als freie Subjekte – und
diese Freiheit ist gerade gegen die Religion erkämpft worden, so dass Taylor in einem gewissen Umfang auch dafür Verständnis hat, dass eine politische Aufwertung der Religion
häufig als identitätsbedrohend empfunden wird und infolgedessen ein „starker Antrieb"
besteht, „unsere historisch tradierten Einrichtungen zu fetischisieren". Freilich helfen
auf Dauer Kompensationen nicht weiter: Denn wenn politische Identität nicht mehr quasi von ‚oben' transzendent-autoritär verfügt, sondern aus der Mitte ihrer bürgerlichen
Körperschaft selbst erzeugt und reguliert wird, dann kann unter Bedingungen der spirituellen Vielfalt der Moderne von den multi-kulturellen Voraussetzungen ebendieser
Identität nicht mehr abgesehen werden: Heutige Demokratien müssen sich daher „einer
ebenso schmerzhaften wie weitreichenden Neubestimmung ihrer historischen Identität
unterziehen", indem sie sich von der repressiven Einsprache einer republikanisch laizisierten Vernunftauffassung befreien (2012, 73 und 70).

b.   Integrativer Säkularismus

Charles Taylors Plädoyer für eine Polysemie des Säkularen ist demnach ein Plädoyer für
einen differenzoffenen und nach innen integrierenden Säkularismus. Im Begriff der Polysemie klingt dabei an, dass es heute nicht mehr genügt, demokratische Gründungskon-
texte in ihren Neutralisierungsfluss zu überhistorisieren; vielmehr muss der Laizismus
auch eine Antwort auf die prinzipielle spirituelle Diversität moderner Gesellschaften
finden und d. h.: er darf Religion nicht mehr ausschließen, sondern er muss alle welt-
anschaulichen Optionen mit einschließen. Polysem ist also eine säkulare Ordnung dann,
wenn sie die Neutralität ihrer Institutionen nicht mit der Neutralität von Individuen verwechselt; nur so ist nach Taylor unter den pluralistischen Bedingungen der Moderne

„ein optimales Gleichgewicht zwischen der Achtung der moralischen Gleichheit und dem Schutz der Gewissensfreiheit der Individuen zu erreichen" (2011, 82). Im Kern läuft der Begriff der Polysemie demnach auf eine Semantik des Säkularen hinaus, die Neutralität *und* Anerkennung gleichursprünglich umfasst, um so das Maximum an einer „gemeinsamen Philosophie der Zivilität" zu garantieren: „Eine Ordnung, die sich in der heutigen Demokratie aus gutem Grund als säkularistische bezeichnet, darf sich nicht primär als Bollwerk gegen die Religion verstehen [..]. Und das heißt: Sie muß versuchen, ihre institutionellen Arrangements so zu gestalten, daß sie zwischen den verschiedenen Weltanschauungen ein Höchstmaß an Freiheit und Gleichheit garantieren, statt geheiligten Traditionen treu zu bleiben" (2012, 73 und 85).

Mit diesen Überlegungen gibt Taylor seinen Ausführungen eine beziehungsreiche Pointe: Um ein angemessenes Verständnis von demokratischen Neutralitätsvorstellungen zu entwickeln, gilt es, den *politischen* Begriff der Laizisierung von dem *soziologischen* Begriff der Säkularisierung zu unterscheiden. Während nämlich die Laizisierung des politischen Raums den Prozess der Trennung von Staat und Kirche umfasst, geht es bei der Säkularisierung um die Begrenzung des religiösen Einflusses auf die Gesellschaft. Soll aber staatliche Neutralität „eine Antwort auf Vielfalt" sein (2012, 77 und 57), dann muss sich der Staat in den Augen Taylors notwendig „zu laizisieren versuchen", „ohne dabei jedoch die Säkularisierung" gesellschaftlich voranzutreiben (2011, 25).[16]

In dieser Entsoziologisierung entdeckt Taylor nun den genuinen Sinn eines sich revitalisierenden Begriffs des Politischen, der unverkennbar vernunft*kritische* Züge trägt; Taylor ist sich nämlich darüber im Klaren, dass im funktionalen Ausdifferenzierungsprozess einer heterarchischen Gesellschaft die mit der ursprünglichen Trennungsthese verknüpften Normativitätserwartungen gerade unerfüllt geblieben sind: Die Übernormierung der Vernunft hat hier eher zu einer signifikanten De-Politisierung und De-Säkularisierung von Demokratie[17] und Zivilgesellschaft (vgl. Berger 1999) geführt. An diesen Paradoxien des klassischen Vernunftrechts muss sich also die politische Philosophie der Gegenwart zunehmend abarbeiten, und Taylor wagt insofern einen kühnen Neuentwurf, als dass er die Nicht-Identität von Politik und Religion, von Staat und Gesellschaft als ein konstitutives Moment des Politischen selbst zu denken versucht. Ein solcher Sinn des Politischen soll die antagonistischen Fliehkräfte von System und Lebenswelt, von Staat und Gesellschaft behutsam einhegen, die säkularen Grenzen zwischen Öffentlichkeit und Privatheit hermeneutisch durchlässiger machen und die Legitimität beanspruchenden Einlassungen religiöser Vernunftbürger würdigen. Das politische Denken ist hier also weder religiöse Hegemonie (Schmitt) noch elitäre Stiftung (Lefort), sondern vielmehr ein Ort des *Nicht-Identischen*, der durch beständige Fragilisierung im Medium kriti-

---

[16] Ähnlich formuliert auch Habermas in Bezug auf Rawls: „Die Säkularisierung des Staates ist nicht dasselbe wie die Säkularisierung der Gesellschaft" (Habermas 2012, 40).

[17] Der Begriff der „Postdemokratie" ist von Jacques Rancière (2002) und Colin Crouch (2008, 24) in die Debatte eingeführt worden. Er bezeichnet den zur Hülle gewordenen Demos, der die ökonomische Verdinglichung seiner Interessen durch die Inszenierung von leeren Polit-Spektakeln zu überspielen sucht.

scher Vernunftreflexion der säkularistischen Fetischbildung entgegenwirkt und so die Anerkennung von spiritueller Vielfalt erst ermöglicht.[18]

2.   Das Politische in Politischer Theologie und Politischer Philosophie

Es ist sicherlich nicht zu hoch gegriffen, wenn man konstatiert, dass Taylors Versuche einer interpretatorischen Neuausrichtung des modernen Säkularismus vor allem auf einen fundamentalen Paradigmenwechsel innerhalb der politischen Theoriebildung selbst abzielen. Das vorherrschende liberalistische Primat der Trennung von Politik und Religion soll hier durch eine differenzsensible Hermeneutik der Laizität abgelöst werden. Mit diesem argumentativen Strategiewechsel erhofft sich Taylor, die normative Doppelsinnigkeit des Politischen als Nicht-Identität von Religion und Politik erhalten zu können. Vernunftkritik und vernünftiger Pluralismus müssen dabei immer einander angeglichen und begrifflich ausbalanciert werden; ein apriorischer Säkular-Algorithmus, der hier rein immanent Ordnung in die Dinge bringen und eine Hierarchie der Bedeutungen festlegen könnte, verweist Taylor in den mythischen Bereich der Aufklärung (vgl. 2012, 80). Das bedeutet: Zum einen vollzieht sich die politische Differenz zum Liberalismus der Trennungsthese bei Taylor als Kritik an der säkularistischen Selbstüberhöhung der Vernunft; zum anderen aber verteidigt Taylor auf institutioneller Ebene das staatliche Neutralitätsprinzip als unabdingbare Voraussetzung eines existenziellen Wertepluralismus. Taylors spezifische ‚Kunst der Trennung‘, um eine Formulierung von Walzer zu variieren, besteht also darin, die unterschiedlichen Weltanschauungen des Guten in einem gemeinsamen Raum öffentlich geteilter Gründe zusammenzuführen, ohne sie ineinander aufgehen zu lassen. Vernunftkritik ist so nur als Religionskritik möglich und umgekehrt. Diese von Taylor erkannte (positive) Ambivalenz des Politischen richtet sich sowohl gegen theologische als auch gegen säkularistische Vereinnahmungen: „Das Problem besteht darin, daß eine von Vielfalt geprägte Demokratie nicht mehr auf eine Zivilreligion oder auch Gegenreligion zurückgreifen kann, so beruhigend solch ein Rückgriff auch wäre, weil sie damit ihre eigenen Prinzipien verraten würde. Wir sind zu einem übergreifenden Konsens verurteilt" (2012, 73).

Taylors Überlegungen zu einem ‚weichen‘ Vernunftverständnis und einem tendenziell weltoffenen Säkularismus sind allerdings normativ nicht selbstbezüglich; vielmehr versuchen sie eine Antwort auf die übergeordnete Problematik zu finden, wie sich in demokratischen Staaten politische Identitäten herausbilden, erhalten und regenerieren können. Taylor nimmt damit die Frage nach den Legitimitätsvoraussetzungen der modernen säkularen Ordnung wieder in Angriff: Denn wenn die Idee der Volkssouveränität die normative Mitte vorrevolutionärer Gesellschaften verwaisen lässt (Lefort spricht auch von einer „leeren Mitte"), dann ist es an der Reihe der Bürger, dem Staat eine Enti-

---

[18] So erinnert Taylor auch daran, dass staatliche Neutralität per definitionem nie „absolut" sein könne; die „Voreingenommenheit zugunsten bestimmter Grundwerte" sei vielmehr „*konstitutiv* für liberale Demokratien": „Insofern der Staat neutral gegenüber den Glaubens- und Wertsystemen der Bürger ist, *verteidigt* er ihre Gleichheit sowie ihre Freiheit, ihre eigenen Ziele zu verfolgen" (2011, 26).

tät und einen Willen zuzuschreiben, der zugleich als Ausdruck ihrer Freiheit gedacht werden kann.[19] Und genau in diesem Denkzusammenhang platziert Taylor nun sein Modell der ‚offenen Laizität': Gewissermaßen handelt es sich hier um eine politisch-pluralistische Umstellung der vormals politisch-theologischen Herrschaftssoziologie etwa von Böckenförde; dessen Feststellung nämlich, dass „der freiheitlich, säkularisierte Staat von Voraussetzungen" lebe, die er selbst „nicht garantieren" könne, ohne dabei „seine Freiheitlichkeit aufzugeben" (Böckenförde 1967, 112 f.), transferiert Taylor in die nicht weniger anspruchsvolle, paradoxale Legitimitätssystematik pluralistischer Gesellschaftsordnungen, die einen übergreifenden Konsens *ohne* Hintergrundkonsens zu denken erlaubt.

Vergleicht man nun Taylors Versuch, das Politische als eine Selbstkritik der praktischen Vernunft in eine Theorie von Öffentlichkeit zu implementieren, mit den Ansätzen von Rawls und Habermas, dann fällt zunächst eine große Gemeinsamkeit auf: Beide Denker stimmen mit Taylor darin überein, dass der Kantische Rationalismus nicht zu einem Säkularismus werden darf; so stellt bei Rawls die Unhintergehbarkeit des Pluralismus eine entscheidende Vernunftgrenze dar, während Habermas auf den latenten Defätismus einer rein immanenten Haltung verweist. Dieser Rückzug der Vernunft auf bzw. hinter ihre Grenzen lässt „einschließende Sichtweisen" zu, in der auch religiöse Werte zu einer Vertiefung des demokratischen Grundkonsenses beitragen können (vgl. insbesondere Rawls 1993, 354–363; Habermas 2005). Gleichwohl unterscheiden sich beide Philosophen in einem wesentlichen Punkt von Taylor, insofern ihre Säkularismuskritik *nicht* auf eine metaphysische Gleichstellung von Vernunft und Religion hinausläuft: Vernünftige Deliberation setzt weiterhin einen öffentlichen Vernunftgebrauch,[20] zumindest aber Übersetzungsfähigkeit[21] der Argumente voraus. Der Einfluss der Religion in der

---

[19] „Damit […] Menschen vereint handeln, mit anderen Worten, sich beraten können, um einen gemeinsamen Willen zu bilden, der ihnen als Grundlage für ihr Handeln dient, braucht es ein hohes Maß an gemeinsamem Engagement, am Gemeinschaftssinn. Eine Gesellschaft dieser Art setzt Vertrauen voraus […]. Mit anderen Worten, ein moderner demokratischer Staat erfordert ein ‚Volk' mit starker kollektiver Identität. Die Demokratie verpflichtet uns zu einem viel stärkeren wechselseitigen Engagement für das gemeinsame politische Unternehmen, als von den auf hierarchische Ordnung und Unterwerfung gegründeten Gesellschaften früherer Zeiten verlangt wurde" (2012, 66 und 68).

[20] So formuliert Rawls ein grundsätzliches „Proviso" für die aus umfassenden Lehren des Guten angeführten Begründungen im Kontext des öffentlichen Vernunftgebrauchs: „Ich glaube jetzt […] daß die vernünftigen unter diesen Lehren jederzeit herangezogen werden, vorausgesetzt nur, daß in gebührender Zeit öffentliche Begründungen, so wie sie eine vernünftige politische Konzeption sie liefert, vorgebracht werden, um das zu stützen, was von den umfassenden Lehren gestützt werden soll" (Rawls 1993, 50).

[21] Habermas sieht in der Institutionalisierung des Übersetzungsvorbehaltes eine Grundvoraussetzung konsensualer Deliberation, deren Vernunftpolitik sich ja gerade an der Fähigkeit zur Perspektivenübernahme bemisst. Gleichwohl macht er geltend, dass es hier nicht zur Gänze „um die ‚Wahrheit' religiöser Geltungsansprüche" gehe, sondern lediglich „um den übersetzungsfähigen Wahrheits*gehalt* religiöser Äußerungen" (2012, 51). Dieses Ansinnen von Habermas, eine Aneignung von Religion ohne Religionsphilosophie zu betreiben, habe ich an anderer Stelle kritisiert: Mit diesem Vorgehen setzt nämlich Habermas die religiösen Traditionen „langfristig der Zumutung aus, ausschließlich nach ihrer Übersetzbarkeit und nicht nach ihrem Wahrheitsgehalt beurteilt

Öffentlichkeit bleibt damit begrenzt – in unterschiedlichem Maße zwar, aber doch so, dass nach Taylor ihre erkenntnistheoretische Sonderstellung im Vergleich zur Vernunft jederzeit erkennbar bleibt (2012, 75–77).

An diesem Punkt nun entzündet sich genau der Widerspruch von Taylor. Denn in dem erkenntnistheoretischen Proviso der Vernunft bringt sich seiner Auffassung nach ein versteckter Säkularismus zur Geltung, der Religion nur dann akzeptiert, wenn man öffentliche Gründe nachschiebt oder ihre Wahrheitsgehalte übersetzt.[22] Der Parlamentarismus der Vernunft hat sich in Taylors Augen somit noch nicht gänzlich von den mythischen Schlacken der Aufklärung befreit; immer noch geht es darum, die religiöse Vernunft in die säkularen Bereiche der praktischen Vernunft einzuhegen, um wesentlich zu gleichen Einsichten und damit zu einer narzisstischen Selbstbestätigung zu kommen – was Religion in letzter Konsequenz aber entweder überflüssig oder gefährlich macht (2012, 76). Es ist daher nicht das geringste Verdienst von Taylor, in seiner Auseinandersetzung mit Rawls und Habermas auf diese versteckten Domestizierungsmechanismen des politischen Liberalismus aufmerksam gemacht zu haben; so lange nämlich Vernunft als selbstbestimmte und unabhängige Instanz wahrgenommen wird, ist sie Partei im Kampf der Glaubensmächte – aller Inklusionsrhetorik zum Trotz (vgl. dazu Höffe 2013; Stein 2013).

Freilich darf die Berechtigung von Taylors Kritik an einer post-säkularen Revision des öffentlichen Vernunftgebrauchs nicht mit einer Zustimmung zu dem von ihm erarbeiteten Lösungsweg verwechselt werden: Denn der Vorschlag, die Bürden der Vernunft durch eine Radikalisierung der politischen Bedeutung von Religion gleichmäßiger zu verteilen, enthält seine ganz eigenen Tücken insofern, als dass hier der systematische Versuch unternommen wird, den Unterschied zwischen Vernunft und Religion selbst zu deflationieren. Existenzial-ontologisch gesehen geht es bei dieser Unterscheidung nämlich nicht um die Sortierung von Gründen, sondern um die Anerkennung von existenziellen Glaubensdispositiven, die in ihren spirituellen Bezugnahmen miteinander um Sinn und Fülle konkurrieren (vgl. dazu Kühnlein 2013). Diese Bezugnahmen lassen sich nach Taylor nicht übersetzen, „weil es sich um Bezugnahmen handelt, die das spirituelle Leben bestimmter Menschen wirklich berühren, das anderer hingegen nicht" (2012, 94).[23]

---

zu werden. Dies führt zu einer inneren Erosion des Übersetzungsbegriffs, denn unter dieser Voraussetzung verschwindet die ursprüngliche Bedeutung des Übersetzten völlig. Was übrig bleibt, ist eine Vorstellung von Übersetzung, die über ihre Wahrheit im Laufe ihrer Tätigkeit selbst entscheidet – und damit genau der Entwicklung einer selbstbezüglichen Vernunftvorstellung Vorschub leistet, von der sich Habermas ursprünglich distanzieren wollte" (Kühnlein 2009, 546).

[22] „Was Habermas betrifft, so ist er stets von einem erkenntnistheoretischen Bruch zwischen säkularer Vernunft und religiösem Denken ausgegangen und gibt ersterer den Vorzug. Die säkulare Vernunft reiche aus, um die erforderlichen normativen Schlussfolgerungen zu ziehen, etwa, um die Legitimität des demokratischen Staatswesens zu begründen oder eine politische Ethik zu entwerfen." Zwar hat Habermas seine Einstellung zum religiösen Diskurs, wie Taylor positiv vermerkt, in den letzten Jahren verändert, doch an seiner „grundlegenden erkenntnistheoretischen Unterscheidung" hält er zum großen Bedauern Taylors nach wie vor fest (2012, 76).

[23] Deshalb werden auch die im Zeichen einer Renaissance des Religiösen beigebrachten Einschnitte im Vernunftverständnis als besonders schmerzvoll erfahren, weil sie nach Taylor unser moralisches Selbstverständnis berühren; denn in der ‚kritischen ‚Fixierung auf die Religion' bringt sich

Taylor begegnet also dem versteckten Säkularismus der Vernunft mit einer ebenso verdeckt operierenden Sakralisierung; dadurch schafft er es, auf einer *modalen* Ebene das Wissen an den Glauben anzugleichen und die Dimension des Politischen unter der Hand zu theologisieren: Taylors Vorgehen erinnert hier an Jaspers große Konzeption des philosophischen Glaubens, der sein Wissen durch den Glauben an die Vernunft bestimmt: „Da steht nicht Wissen gegen Glaube, sondern Glaube gegen Glaube. [...] Offenbarungsglaube und Vernunftglaube stehen polar zueinander, sind betroffen voneinander, verstehen sich zwar nicht restlos, aber hören nicht auf im Versuch, sich zu verstehen. Was der je einzelne Mensch in sich für sich selbst verwirft, kann er im Anderen als dessen Glauben doch anerkennen" (Jaspers 1962, 100 f.). Und analog dazu heißt es bei Taylor, dass der Niedergang des christlichen Glaubens „großenteils als Resultat des Aufstiegs anderer *Glaubens*formen gesehen" werden könne: nämlich „als Ergebnis des *Glaubens* an die Wissenschaft oder die Vernunft" (2007, 17; Hervorhebungen M. K.).

Nun mag es ja durchaus sein, dass die Modalisierung des Wissens an den Glauben zu sozialpsychologisch verwertbaren Konsequenzen in der Integrationsanalyse führt, doch philosophisch handelt es sich hier eher um ein Nullsummenspiel: Denn wie lassen sich soziale Kooperationsformen überhaupt verwirklichen, wenn im gesellschaftlichen Miteinander nur ein babylonisches Stimmengewirr herrscht? Gerade die Existenzialisierung des Pluralismus lässt die gesellschaftliche Ressource Solidarität problematisch werden und ist nicht per se schon Teil der Lösung.

Interessanterweise greift Taylor diese Problematik indirekt selbst auf, wenn er überlegt, wie die Minimalmoral des umgreifenden Konsenses gesellschaftlich unterstützt werden könnte; da eine vereinheitlichende Ontologie des Allgemeinen als Hintergrundkonsens ausfällt, bewegt er sich wieder auf eine „politische Ethik" zu, die „Toleranz" und „gegenseitigen Respekt" als Gelingens*voraussetzung* für die von der pluralistischen Laizität in Gang gesetzten Lernprozesse ansieht (2011, 139–146; vgl. auch 2011a). Taylors Glaubenshermeneutik ist also politisch gerade nicht selbstgenügsam; ihr ist ein Ethos vorgeordnet, dessen dialogische Kraft sich aus der normativ überschießenden Selbstreflexivität praktischer Vernunft ergibt. *Existenziell* mögen deshalb Taylors Hinweise auf die modale Ähnlichkeit der Erfahrungsbedingungen von Vernunft und Glauben überzeugend sein; doch als *politischer* Bürger kommt es darauf an, ein *Wissen* zu entwickeln, wie man gerecht mit kulturellen, moralischen und religiösen Differenzen – kurzum: mit spiritueller Diversität – umzugehen hat.

---

zuvorderst eine zentrale Sinn- und Verstehensvoraussetzung der modernen Existenz zur Geltung, die in der Aufklärung einen wahrheitsumspannenden Prozess der Befreiung von alten Autoritäten sieht. Die erkenntnistheoretische Unterscheidung zwischen säkularer Vernunft und Religion avanciert also im neuzeitlichen Säkularisierungsprozess zu einem konstitutiven Ausdruck des Erkennens und Erfahrens von Welt überhaupt. Sie stellt, um mit Taylors Worten zu sprechen, die zentrale „Bedingung der Erfahrung" von spiritueller Fülle dar (Taylor 2007, 16).

3. Literatur

Berger, P. L. 1999: The Desecularization of the World. Resurgent Religion and World Politics, Washington.

Böckenförde, E.-W. 1967: Die Entstehung des Staates als Vorgang der Säkularisation, in: ders., Recht, Staat, Freiheit. Studien zur Rechtsphilosophie, Staatstheorie und Verfassungsgeschichte, Frankfurt/M., 92–114.

Crouch, C. 2008: Postdemokratie, Frankfurt/M.

Gauchet, M. 1998: La religion dans la démocratie. Parcours de la laicité, Paris.

Habermas, J. 2005: Zwischen Naturalismus und Religion. Philosophische Aufsätze, Frankfurt/M.

– 2012: ‚Das Politische‘ – Der vernünftige Sinn eines zweifelhaften Erbstücks der Politischen Theologie, in: E. Mendieta/J. VanAntwerpen (Hrsg.): Religion und Öffentlichkeit, Frankfurt/M., 28–52.

Höffe, O. 2010: Thomas Hobbes, München.

– 2013: Religion im säkularen Zeitalter. Zu Charles Taylors Opus Magnum Ein säkulares Zeitalter, in: M. Kühnlein (Hrsg.): Das Politische und das Vorpolitische. Über die Wertgrundlagen der Demokratie, Baden-Baden, 361–370 (im Erscheinen).

Jaspers, K. 1962: Der philosophische Glaube angesichts der Offenbarung, München.

Kühnlein, M. 2005: Liberalismuskritik und religiöser Artikulationsvorsprung: Charles Taylors theistische Freiheitsethik, in: Theologie und Philosophie 80, 176–200.

– 2008: Religion als Quelle des Selbst. Zur Vernunft- und Freiheitskritik von Charles Taylor, Tübingen.

– 2009: Zwischen Vernunftreligion und Existenztheologie: Zum postsäkularen Denken von Jürgen Habermas, in: Theologie und Philosophie 84, 524–546.

– (Hrsg.) 2010: Kommunitarismus und Religion, Berlin.

– 2011: Religion als Auszug der Freiheit aus dem Gesetz? Charles Taylor über die Vermessungsgrenzen des säkularen Zeitalters, in: M. Kühnlein/M. Lutz-Bachmann (Hrsg.): Unerfüllte Moderne? Neue Perspektiven auf das Werk von Charles Taylor, Frankfurt/M., 388–445.

– 2013: Immanente Ausdeutung und religiöse Option. Zur Expressivität des säkularen Zeitalters (Charles Taylor), in: T. M. Schmidt/A. Pitschmann (Hrsg.): Religion und Säkularisierung. Ein interdisziplinäres Handbuch, Stuttgart (im Erscheinen).

Lefort, C. 2014: Die leere Mitte. Essays 1945–2005, Frankfurt/M.

Lilla, M. 2007: The Stillburn God. Religion, Politics, and the Modern West, New York.

Meier, H. 1994: Die Lehre Carl Schmitts. Vier Kapitel zur Unterscheidung Politischer Theologie und Politischer Philosophie, Stuttgart.

Nagel, Th. 1995: Moralischer Konflikt und politische Legitimität, in: B. v.d. Brink/W. v. Reijen (Hrsg.): Bürgergesellschaft, Recht und Demokratie, Frankfurt/M., 325–359.

Palaver, W. 2011: Ist das Theologische vermeidbar? Politische Theologie von Thomas Hobbes bis in unsere Gegenwart, in: ders. u. a. (Hrsg.): Politische Philosophie versus Politische Theologie? Die Frage der Gewalt im Spannungsfeld von Politik und Religion, Innsbruck, 229–252.

Rancière, J. 2002: Das Unvernehmen. Politik und Philosophie, Frankfurt/M. 2002.

Rawls, J. 1987: Der Gedanke eines übergreifenden Konsenses, in: ders., Die Idee des politischen Liberalismus, Frankfurt/M. 1992, 293–332.

– 1993: Politischer Liberalismus, Frankfurt/M. 1998.

Schmitt, C. 1928: Verfassungslehre, Berlin 1993.

Stein, T. 2013: Religiöse und weltanschauliche Wahrheitsansprüche in der Demokratie: politisch oder vorpolitisch?, in: M. Kühnlein (Hrsg.): Das Politische und das Vorpolitische. Über die Wertgrundlagen der Demokratie, Baden-Baden, 181–198.

Taubes, J. (Hrsg.) 1983: Der Fürst dieser Welt. Carl Schmitt und die Folgen, München [2]1985.

Taylor, Ch. 1991: Das Unbehagen an der Moderne, Frankfurt/M.

– 1996: Drei Formen des Säkularismus, in: O. Kallscheuer (Hrsg.): Das Europa der Religionen, Frankfurt/M., 217–246.
– 2007: Ein säkulares Zeitalter, Frankfurt/M.
– 2009: Die Bedeutung des Säkularismus, in: R. Forst u. a. (Hrsg.): Sozialphilosophie und Kritik, Frankfurt/M., 672–696.
– 2011: Laizität und Gewissensfreiheit (zusammen mit J. Maclure), Frankfurt/M.
– 2011a: Replik, in: M. Kühnlein/M. Lutz-Bachmann (Hrsg.): Unerfüllte Moderne. Neue Perspektiven auf das Werk von Charles Taylor, Frankfurt/M., 821–861.
– 2012: Für eine grundlegende Neubestimmung des Säkularismus, in: E. Mendieta/J. VanAntwerpen (Hrsg.): Religion und Öffentlichkeit, Frankfurt/M., 53–88.
– 2013: Die bloße Vernunft, in: U. Willems u. a. (Hrsg.): Moderne und Religion. Kontroversen um Modernität und Säkularisierung, Bielefeld, 415–446.

Personenregister

Abel, O.   135
Abrams, Ph.   147f.
Aegidius Romanus   68, 71
Albertino Mussato   71
Albertus Magnus   59
Albrecht III.   84
Albrecht, M.   183, 185
Anton, H. H.   71
Arendt, H.   126f., 163
Aristoteles   25–38, 55–64, 70f., 73f., 77, 79, 106, 113, 117f., 120, 127, 129, 185
Asal, S.   169
Ashcraft, R.   157
Aubrey, J.   117, 119, 123
Augustinus   39–52, 61, 63
Averroes   61
Avicenna   61

Bacon, F.   117
Bagshaw, E.   147–152
Baron. H.   101
Battocchio, R.   71
Baudry, L.   77
Baumgarten, A.   185
Bayle, P.   136, 138, 141
Beck, L. W.   184
Beckmann, J. P.   77
Bejan, T. M.   163
Berger, P. L.   225
Berlin, I.   91f.

Berman, D.   121
Berman, H.   60
Blom, Ph.   138
Bobonich, C.   21
Böckenförde, E.-W.   111, 164, 170, 191, 194f., 227
Bonagratia von Bergamo   79, 82
Bonifaz VIII.   70f., 73
Bordt, M.   11
Brachtendorf, J.   42, 48, 51
Brandt, R.   178–180, 182f.
Brieskorn, N.   105, 113
Brochard, V.   141
Bruno, G.   198
Burke, E.   170–173

Cadili, A.   72
Cassirer, E.   93
Cavendish, W.   117
Cell, H. R.   168
Chabod, F.   94
Chastel, A.   101
Cherbury, H. v.   117, 169
Cicero   40, 46, 59, 69, 185
Cole, T.   127
Coreth, E.   105
Courtenay, W. C.   72, 77
Cranston, M.   145
Creech, Th.   118
Crouch, C.   225